능엄경 강화楞嚴經講話 2

능엄경 강화 2
楞嚴經 講話

이운허 강설

동국역경원

대불정여래밀인수증요의제보살만행수릉엄경 2
大佛頂如來密因修證了義諸菩薩萬行首楞嚴經

차례

|제4권|

16. 세계와 중생이 생기던 일 • 9
17. 인연이란 의심을 덜게 하다 • 136

Ⅱ. 삼마제三摩提를 말하여 일문一門으로 들어가게 하다 • 161
  1. 두 가지 결정한 뜻 • 161

|제5권|

  2. 맺힌 것을 푸는 일 • 285
  3. 원통圓通을 얻다 • 342
    1) 육진원통六塵圓通 • 342
    2) 육근원통六根圓通 • 373
    3) 육식원통六識圓通 • 389
    4) 칠대원통七大圓通 • 411

|제6권|

      5) 관음보살의 이근원통耳根圓通 • 467
      6) 문수文殊의 선택 • 565
  4. 도량 차리고 수행하는 일 • 648
      1) 네 가지 율의律儀 • 648

|제7권|

      2) 다라니 외우는 일 • 721
      3) 다라니의 공덕 • 771
      4) 신장神將들이 보호함 • 810

Ⅲ. 선나禪那를 말하여 수행의 제위諸位를 보이다 • 818
  1. 십이유생十二類生이 생김 • 818

대불정여래밀인수증요의제보살만행수릉엄경
大佛頂如來密因修證了義諸菩薩萬行首楞嚴經
|제4권|

당 천축 사문 반랄밀제 역
唐 天竺 沙門 般剌蜜帝 譯

오장국 사문 미가석가 역어
烏萇國 沙門 彌伽釋迦 譯語

보살계제자전정간대부동중서문하평장사청하 방융 필수
菩薩戒弟子前正諫大夫同中書門下平章事淸河 房融 筆授

봉선사 사문 운허용하 강설
奉先寺 沙門 耘虛龍夏 講說

능엄경 강화

제4권

16. 세계와 중생이 생기던 일

> 爾時 富樓那彌多羅尼子 在大衆中
> 이시 부루나미다라니자 재대중중

이때에 부루나미다라니자가 대중 중에 있어서,

> 卽從座起 偏袒右肩 右膝着地
> 즉종좌기 편단우견 우슬착지

자리에서 일어나 오른 어깨를 벗어 메고 오른 무릎을 땅에 대고,

> 合掌恭敬 而白佛言
> 합장공경 이백불언

합장하고 공경하여 부처님께 아뢰었다.

이제부터 제4권인데, 『능엄경』 가운데 가장 어렵다는 글입니다. 글도 어렵게 되어 있지만, 처음 여래장묘진여성如來藏妙眞如性에서 산하대지山河大地 생기는 얘기를 하는 것이 그냥 한번 얘기해 가지고는 납득하기가 어렵습니다. 또 부루나미다라니자도 설법제일 부루나인데도, 참말 이 법문이 심오하다고 하는 말입니다.

大威德世尊
대 위 덕 세 존

대위덕 세존이시여,

위威라는 것은 지혜를 가리키는 말이고, 덕德은 자비를 가리키는 말입니다.

善爲衆生 敷演如來 第一義諦
선 위 중 생 부 연 여 래 제 일 의 제

중생들을 위하여 여래의 제일의제를 잘 부연하시나이다.

제일의제는 일진법계一眞法界를 가리키는 말이니까 부처님께서 법문 잘하신다는 얘기를 하고, 그렇게 좋은 법문을 하셨는데도 자기는 잘 모르겠다는 얘기를 하고 있습니다.

世尊常推 說法人中 我爲第一
세 존 상 추 설 법 인 중 아 위 제 일

세존께서 항상 미루시기를, 설법하는 사람 중에 내가 제일이라고 하사오나,

추推 자는 '대중 가운데 나를 추천해서 설법인 가운데 제일이라고 늘 말씀하셨습니다', 그 말입니다. 그러니까 법을 대중 가운데 제일로 잘 알아야 할 텐데 잘 모르겠다는 말입니다.

설법제일이라고 하지만,

今聞如來 微妙法音
금 문 여 래 미 묘 법 음

이제 여래의 미묘한 법음을 듣사옵고,

처음에서부터 제3권까지 내려오면서 하신 법문을 듣고,

猶如聾人 逾百步外 聆於蚊蚋
유 여 농 인 유 백 보 외 영 어 문 예

마치 귀먹은 사람이 백 보 밖에서 문예의 소리를 듣는 것과 같아서,

문蚊은 모기 소리, 예蚋는 등에 소리인데, 문과 예가 비슷합니다. 모기와 등에 소리는 가까이 있어도 못 듣는데 백 보 밖에서 듣기는 더 어렵고, 또 귀가 밝은 사람도 못 듣겠는데 귀먹은 사람이 들을 수가 있겠습니까? 무슨 말인지 모르겠다는 내용입니다.

本所不見 何況得聞
본 소 불 견 하 황 득 문

본소에서도 보지 못하는데, 어떻게 얻어 들을 수 있겠나이까?

부처님께서 이 법문을 잘 말씀하셨지만 설법제일인 저도 잘 모르겠습니다.

佛雖宣明 令我除惑
불 수 선 명 영 아 제 혹

부처님께서 비록 분명하게 말씀하시어 저로 하여금 의혹을 제除하게 하시나,

今猶未詳斯義 究竟無疑惑地
금 유 미 상 사 의 구 경 무 의 혹 지

지금 이 뜻을 자세히 알지 못하여 끝까지(究竟) 의혹이 없지 못하나이다.

대강은 짐작하지만 구경진리究竟眞理는 잘 모르겠다는 말입니다. 유미猶未라는 미未 자를 두 번 새겨야 하는데, 사의구경斯義究竟을 자세히 하지 못하다는 데서 한 번 새기고, 또 무의혹지가 되지 못하다는 데서 새겨서 미未 자 하나에 두 번 새김을 해야 합니다.

그러니까 저도 잘 모르겠다, 이 말입니다.

世尊 如阿難輩
세 존 여 아 난 배

세존이시여, 아난과 같은 무리는,

이 무리는 다 초학初學이 되어서 아라한이 되지 못했으니까 수다원만을 증證했습니다.

雖則開悟
수 즉 개 오

비록 깨달아 알았다고 하나,

아난이 저 위에서 설게찬불說偈讚佛한 것이 자기가 알았다고 한 것이니까 알았다고는 하지만,

習漏未除
습 루 미 제

익힌 루漏는 없어지지 못했거니와,

습루는 번뇌입니다. 저는 번뇌가 다했는데도 잘 모르는데, 아난 같은 이는 아직 번뇌를 다하지 못했는데 어떻게 잘 알겠습니까, 그 말입니다.

我等會中 登無漏者
아 등 회 중 등 무 루 자

저희들 회중에서 무루에 오른 자도,

여기는 아라한이 된 사람들입니다.

雖盡諸漏 今聞如來 所說法音 尚紆疑悔
수 진 제 루 금 문 여 래 소 설 법 음 상 우 의 회

비록 제루가 다하였사오나, 지금 여래의 설한 바 법음을 듣사옵고 오히려 의회에 얽히었나이다.

우紆 자는 얽매인다는 말이니까 의심에 얽매이고 뉘우침에 얽매인다는 말입니다. 그러니까 지금 여기에서 자취로 말하자면 아집번뇌我執煩惱는 끊었지만 법집번뇌法執煩惱는 그대로 남아 있습니다. 그런데 소승에서는 법집은 알지도 못해서 아집번뇌를 끊고는 열반에 들었다고 하니까 수진제루라고 쓴 것입니다.

부루나도 모든 루漏가 다 없어지지는 못했지만, 소승으로는 무학위無學位에 올라갔으니까 제루를 다했다고 쓴 것입니다. 이것이 대승으로서 온갖 번뇌가 다 끊겨졌다고 하면 등각위等覺位에 올라가서 구상차제九相次第 가운데 생일업상生一業相, 업상業相을 끊고야 성불한다고 하는 것이니까 그렇게 아주 미세한 번뇌는 끊기 어려운 것인데, 지금 소승에서는 아집번뇌만 끊으면 번뇌가 없어져 열반을 득했다고 하고 있습니다. 그래서 수진제루라는 말은 소승 아라한으로서 하는 말입니다.

이것이 다 부루나가 의심을 물었기 때문에 제4권의 법문이 나오는 것입니다.

世尊 若復世間 一切根塵 陰處界等
세존 약부세간 일체근진 음처계등

세존이시여, 만일 다시 일체 세간의 근根 · 진塵 · 음陰 · 처處 · 계界 등이,

육근 · 육진 · 오음 · 십이처 · 십팔계가 하는 등等 자는 칠대七大도 여기에 다 포함된다는 말입니다.

皆如來藏 淸淨本然
개 여래장 청정본연

다 여래장이어서 청정하고 본연하다 하오면,

따로 근진번뇌根塵煩惱가 있는 게 아니라 다 여래장이어서 청정하고 본연하다고 하면 그렇다면 온갖 것이 다 여래장인데, 그 말입니다. 즉 '일체근진음처계등一切根塵陰處界等이 다 여래장청정본연如來藏淸淨本然일진댄',

云何忽生 山河大地 諸有爲相
운하 홀생 산하대지 제유위상

어찌하여 홀연히 산하대지의 모든 유위상이 생기었사오며,

유위상은 산하대지에 있는 중생까지를 다 가리키는 말입니다. 이것이 처음 생긴 문제 하나를 얘기한 것이고,

> 次第遷流 終而復始
> 차 제 천 류 종 이 부 시

차제로 천류하여 마쳤다가 다시 비롯하옵니까?

차례로 변천해 흘러 가지고 끝이 났다가는 다시 시작한다, 우리가 죽었다 살아나고 살았다가 죽는 것이라는, 그래서 이 두 가지를 묻는 것입니다.

홀생忽生, 처음 생긴 것을 묻고, 생겼다가 없어져 말면 그만일 텐데 종이부시해서 자꾸 상속하는 두 가지를 물었습니다.

그러니까 아래의 대답은, 청정본연한 여래장에서 산하대지 생기던 얘기를 합니다. 즉 산하대지 생기는 것 하나, 차제로 천류해서 종이부시하는 것 하나, 그 두 가지를 다 얘기하게 됩니다.

또 하나는,

> 又如來說 地水火風 本性圓融 周遍法界 湛然常住
> 우 여 래 설 지 수 화 풍 본 성 원 융 주 변 법 계 담 연 상 주

또 여래께서 말씀하시되, 지·수·화·풍이 본성이 원융하여 법계에 주변하여 담연히 상주한다 하시더니,

부처님 말씀 가운데서 모순되는 것을 묻습니다.

> 世尊 若地性遍 云何容水
> 세 존 약 지 성 변 운 하 용 수

세존이시여, 만일 지地의 성성性이 주변하다면 어떻게 수水를 용납하며,

수대水大와 지대地大는 서로 성질이 달라서 지대가 가득 찼다고 하면 수대는 한 방울도 있을 곳이 없어야 하지 않겠느냐는 말입니다. 그러면 성질이 다른 지대도 변만계遍滿界하다고 하고, 수대도 변만법계遍滿法界하다고 하니, 지대가 변遍했다고 하면 수대는 용납하지 못해야 할 것 아니냐는 말입니다.

水性周遍 火則不生
수 성 주 변 화 즉 불 생

수水의 성성性이 주변하다면 화火는 생하지 못할 것인데,

서로 상극되고 반대되는 것인데,

復云何明 水火二性 俱遍虛空 不相陵[1]滅
부 운 하 명 수 화 이 성 구 변 허 공 불 상 능 멸

다시 어떻게 수水·화火의 이성이 함께 허공에 주변하여 서로 능멸하지 아니하오니까?

서로 능멸하지 않는 그 이유를 밝힐 수가 있겠습니까, 그 말입니다.

지地·수水·화火만 얘기하고, 풍대風大가 아직 안 나왔습니다.

---

[1] 고려대장경에는 敎으로 되어 있으나, 송본·원본·명본에는 본문과 같이 되어 있다. 이하 같음.

> 世尊 地性障礙 空性虛通 云何二俱 周遍法界
> 세존 지성장애 공성허통 운하이구 주변법계

세존이시여, 지地의 성性은 장애하는 것이고, 공空의 성性은 허통한 것인데, 어떻게 둘이 함께 법계에 주변하옵니까?

여기는 지금 오대五大 가운데서는 풍대風大가 빠지고, 공대空大가 들어왔고, 지·수·화·풍의 사대 가운데서는 풍대는 없어지고 공대가 들어왔으나, 그러나 얘기하기에 마땅하도록 한 것이니까 별 뜻은 없습니다.

청정본연한데 산하대지가 생긴 것이 의심나고, 또 지대와 화대·수대·풍대가 각각 성질이 다른데 어떻게 주변법계하는지가 의심입니다.

> 而我不知是義攸往
> 이 아 부 지 시 의 유 왕

제가 이 뜻(이치)의 돌아갈 바를 알지 못하오니,

왕往 자는 돌아갈 귀歸, 귀속될 바라는 말입니다.

> 唯願如來 宣流大慈 開我迷雲
> 유원여래 선류대자 개아미운

오직 원컨대 여래께서는 대자를 선류하사 저의 미운을 열어 주소서.

미운은 의심을 가리키는 말입니다. 그렇게 이제 자기가 원하는 것을 밝혀 달라고 해 놓고 자기 혼자만이 알기를 원하는 것이 아니라,

> 及諸大衆 作是語已
> 급 제 대 중 작 시 어 이

대중과 함께 이 말을 지어 마치고는,

대중이 다 이런 말을 하지는 않았겠지만, 부루나가 대중 대표로 한 말이니까 '대중이 작시어이'라고 해도 괜찮습니다.

> 五體投地 欽渴如來 無上慈誨
> 오 체 투 지 흠 갈 여 래 무 상 자 회

오체를 땅에 던지고, 여래의 위없는 자회를 흠앙欽仰하고 있었다.

질문 토吐를 대중들이 전부 얘기한 것으로 보지 말고, '급제대중及諸大衆은' 이 말이 끝나자 오체투지했다고 보는 것이 어떻겠습니까?
답 급제대중及諸大衆의 급及 자는 및의 뜻이니까, 대중과 같이, 이런 말입니다. 작시어이作是語已가, 말은 부루나가 한 것이지만 대중도 그와 같은 뜻을 다 가지고 있으니까 작시어이라고 합니다.

> 爾時世尊 告富樓那 及諸會中 漏盡無學 諸阿羅漢
> 이 시 세 존 고 부 루 나 급 제 회 중 누 진 무 학 제 아 라 한

이때 세존께서 부루나와 회중의 루漏가 다한 무학인 아라한들에게 말씀하셨다.

무학이 곧 아라한입니다.

> 如來今日 普爲此會 宣勝義中 眞勝義性
> 여래금일 보위차회 선승의중 진승의성

여래가 금일에 널리 이 회중을 위하여 승의 중의 진승의성을 선설宣說하여,

승의 중의 진승의라는 것은 일진법계—眞法界, 제일의제第一義諦를 말합니다. 승의는 대단히 수승한 이치라는 말이니까 세속법이 아니라는 말인데, 그 가운데서도 진승의, 참 승의를 얘기하겠다고 했습니다. 승의라는 말은 세속에 대해서 세간의 뜻보다 수승한 이치를 말하는데, 법상종法相宗에서는 온蘊·처處·계界는 세간승의世間勝義요, 사제四諦는 도리승의道理勝義요, 이공진여二空眞如는 증득승의證得勝義요, 일진법계는 승의승의勝義勝義라고 해서 4종 승의를 말합니다.

> 令汝會中 定性聲聞
> 영여회중 정성성문

너희 회중의 정성성문과,

정성성문과 부정성성문不定性聲聞이 있습니다. 정성성문은 아주 결정된 성품이기 때문에 성문으로만 남아 있지 보살도 되지 못하며, 부정성성문은 보살이 되든, 성문이 되든 아직 결정되지 않은 걸 말합니다. 성性이 결정되어 한 발자국도 옮길 수 없는 정성성문과,

> 及諸一切 未得二空 廻向上乘 阿羅漢等
> 급 제 일 체 미 득 이 공 회 향 상 승 아 라 한 등

및 모든 일체의 이공을 얻지 못한 이들과 상승으로 회향한 아라한들로 하여금,

아공我空·법공法空, 이공을 미득이라고 했지만, 이 사람들은 법공만 못 얻었지 아공은 얻었습니다. 그러니까 말은 이공이라고 했지만 법공을 가리키는 말입니다. 미未 자가 이공을 얻지 못하고 상승으로 회향하지는 못한다는 말입니다.

정성성문은 상승으로 회향하지 못하는데 부정성 가운데도 아직 이공을 얻지 못해서 불승佛乘으로 올라가지 못한 아라한 등과 나(부루나)로 하여금 올라가도록 이렇게 하겠다, 그 말입니다(定性聲聞까지도).

> 皆獲一乘 寂滅場地 眞阿練若 正修行處
> 개 획 일 승 적 멸 장 지 진 아 련 야 정 수 행 처

일승의 적멸장지이며 참된 아련야인 정수행할 처處(길)를 모두 얻게 하리니,

일승은 일불승一佛乘을 말합니다. 삼승과 일승을 얘기하는데, 성문승, 연각승, 보살승 하는 것은 삼승인데, 일승이라는 것은 성문승, 연각승, 보살승을 따로따로 가르는 게 아니라 다 부처 될 수 있는 것을 말합니다. 그래서 『법화경』에 보면 양거羊車·녹거鹿車·우거牛車 해 놓고, 또 백우거白牛車를 얘기해 놓기도 했는데, 삼승 외에 일승이 있다 이렇게 보기도 하고, 또 어떤 이는 삼승 가운데 보살승이 내내 일승인데 일불승이 따로 있겠느

냐고 해서 삼승만 있고 사승四乘이 없다 이렇게 보기도 합니다.

　삼승만 있지 사승이 없다고 하면 보살승이 성불하는 것이다 이렇게 보기도 하는데, 지금 일승이라 하는 것은 삼승에 대해서 하는 말이니까 일체중생이 다 성불할 수 있는 일승, 일불승으로서 부처 되는 것은 다 마찬가지라는 얘깁니다.

　적멸장지는 열반입니다. 열반을 번역하면 적멸이니까.

　아련야는 번잡하고 시끄러운 게 없어서 수행할 만한 곳을 말하는데, 난초 란蘭 자를 써서 아란야阿蘭若라고도 해서 한문으로 번역할 때에 음을 이렇게도 번역하고 저렇게도 번역하는데, 다 절을 가리킵니다. 지금 우리가 절을 난야蘭若라고 하는데, 아련야의 줄임말입니다.

　그래 이제 내가 일승이며, 적멸장지인 진아련야, 정수행처, 성불할 때까지 수행할 수 있는 법문을 얘기해 주겠다는 말입니다.

> **汝今諦聽 當爲汝說**
> 여 금 제 청　당 위 여 설

　너희들은 이제 자세하게 들으라. 마땅히 너를 위하여 말하리라.

> **富樓那等 欽佛法音 默然承聽**
> 부 루 나 등　흠 불 법 음　묵 연 승 청

　부루나 등이 부처님의 법음을 흠앙하여 묵연히 듣잡고 있었다.

　법문해 준다고 하니까 들으려고 가만히 있는 것입니다.

佛言 富樓那 如汝所言 淸淨本然 云何忽生山河大地
불언 부루나 여여소언 청정본연 운하홀생산하대지

부처님께서 말씀하셨다.

부루나야, 네 말대로 청정하고 본연하다면 어찌하여 홀연히 산하대지가 생기었는가 하거니와,

네가 이렇게 물으니, 그 말입니다.

『능엄경』을 처음으로 가장 원만하게 주해註解를 한 스님은 장수 자선長水子璿 선사인데, 교가敎家로서는 대가입니다. 그런데 이 스님이 광조廣照 선사라고 해서 넓을 광廣 자에, 비칠 조照 자를 쓰시는 광조 선사를 찾아갔습니다. 그는 선객禪客인데, 낭야산瑯琊山에 계신다고 해서 거기를 찾아가 "청정본연淸淨本然커니 운하홀생산하대지云何忽生山河大地닛고?(청정본연한데 어째서 산하대지가 생겼습니까?)" 이렇게 물었습니다.

거기에 대해서 광조 선사가 소리를 높여서 하는 말이 "청정본연인데 운하홀생산하대지냐?" 이렇게 대답했습니다.

그러니까 장수 스님이 『능엄경』을 다 주해했으니까 이 얘기를 물었던 것입니다.

묻기는 "청정본연커늘 운하홀생산하대지오니까?" 이렇게 물었는데, 거기에 대답은 "청정본연한데 운하홀생산하대지냐?" 청정본연한데 왜 산하대지가 생겼다는 말이냐?

그러니까 교가에서는 청정본연한데 운하홀생산하대지라고 하는 것을 이론적으로 따져야 하겠고, 선가禪家로서는 다 청정본연한데, 무슨 산하대지가 있겠느냐는 얘기입니다.

그래 예전에는 선사들도 다 분명하게 경을 알았지, 지금과 같이 경은

하나도 안 보고, 뿐만 아니라 경을 보면 타락한 사람처럼 여기고 그러지는 않았습니다. 광조 선사도 경을 모르고 그렇게 얘기한 것은 아닙니다.

그래서 이제 부루나가 물은 것을 다시 들어 놓고,

> 汝常不聞
> 여 상 불 문

네가 항상 듣지 못했는가?

> 如來宣說 性覺妙明 本覺明妙
> 여 래 선 설 성 각 묘 명 본 각 명 묘

여래가 선설하기를, 성각은 묘명하고 본각은 명묘하다 하였느니라.

우리 본각 자리인 불성 자리에서 산하대지 생기는 것을 얘기하는데, 산하대지가 생긴 근원 되는 성각性覺 자리를 가리키는 말입니다.

성각이나 본각이나 다 같은 말이다, 이렇게 보는 이도 있고, 그렇다면 성각이나 본각 중에 하나만을 말하지 무엇 때문에 두 가지를 얘기했겠느냐고 해서 본래 자성自性 자리로부터 구족해 나온 것이 성각이니까 각覺의 작용이 생기지 않은, 아직 용用을 발하지 않고 본성 자리에 구족해 있는 체體로만 있는 것을 성각이라 하고, 본각이란 본래부터 있는 각覺이지 새로 닦아 증득한 것이 아니라고 해서 본本이라고 했습니다. 성각性覺의 성性 자는 성품으로 각이라고 말하는 것이지 작용 생기는 것을 가리키지 않고, 본각이란 본래부터 있는 각이지 닦아서 증득한 것이 아니라고 해서 성각과 본각을 얘기했는데, 묘명妙明이나 명묘明妙가 다 같은 말이겠지만, 성각은 묘명하고, 본각은 명묘라고 그랬습니다.

이것도 보면, 묘妙는 체를 가리키는 말이고, 명明은 용用을 가리키는 말이니까 묘명이라고 하는 말은 자체에서부터 용이 생길 수 있는 걸 가리키는 말이고, 명묘라고 하는 것은 용을 거두어 가지고 체로 돌아가는 것이라고 합니다.

묘명이란 적조寂照, 고요할 적寂 자, 비칠 조照 자, 그러니까 묘妙는 적寂이고 명明은 조照니까 묘명이라는 말은 적조라는 말이고, 명묘라는 말은 조적照寂이라는 말입니다.

그러니까 본래 우리 성품 자리에는 산하대지가 없다는 것을 말합니다. 여래께서 항상 보살들에게 성각 자리는 묘명하고, 본각 자리는 명묘하다는 말을 할 때에 아라한들이 곁에 있어서 들었겠다, 내가 보살들에게 이런 말 하는 것을 부루나, 네가 듣지 못했느냐는 말입니다.

富樓那言 唯然世尊
부 루 나 언 유 연 세 존

부루나가 말하였다.
그렇습니다, 세존이시여,

유唯 자는 어른께 대답할 유 자입니다. 이것을 어떤 이는 '오직 그러합니다'라고 하는데, 오직이 아니라 승인한다는 뜻입니다.

我常聞佛宣說斯義
아 상 문 불 선 설 사 의

제가 항상 부처님께서 이런 이치 말씀하시는 것을 들었나이다.

佛言 汝稱覺明
불 언 여 칭 각 명

부처님께서 말씀하셨다.
네가 각覺이라 명明이라 칭하는 것은,

부루나가 각명覺明을 얘기한 것은 아니지만 부처님께서 각명 말씀하시는 것을 부루나가 들었다고 하니까 각명 얘기하는 걸 들을 때에, 이 말입니다. 각명은, 성각은 묘명하고 본각은 명묘라는 그 성각, 본각의 각覺 자와, 묘명하고 명묘하다는 명명 자입니다.

각명은 각覺과 명明입니다. 그러니까 '각覺이라 명明이라' 하는 것은, 성각묘명性覺妙明 본각명묘本覺明妙라, 그 말입니다.

爲復性明 稱名爲覺
위 부 성 명 칭 명 위 각

다시 성性이 명명한 것을 칭하여 각覺이라 하느냐,

본래 밝은 건데, 밝다는 것을 얘기하지 않아도 본래 밝은 걸 구족해 있으니까 각覺이라고만 이름해서 그 밝은 것을 그 가운데 포함시켰다고 생각하느냐는 말입니다.

각覺의 성性 자리가 밝을 것의 이름을 각覺이라고만 한다 하느냐, 그러니까 이건 성각, 본각 그 진각眞覺을 가리키는 말입니다.

爲覺不明 稱爲明覺
위 각 불 명 칭 위 명 각

각覺이 불명한 것을 칭하여 명명할 각覺이라 한다 하느냐?

본래 진각眞覺 자리는 명명을 구족한 것인데, 각覺이 밝지 않은 건 망각妄覺입니다. 명각明覺은 밝혀야 할 각입니다.

그러니까 억지로 갖다 대서 각체覺體는 밝지 않은데 명明을 억지로 갖다 대서 밝게 만드는, 밝혀야 할 각이라고 하느냐, 그렇게 본다는 말입니다.

하나는 진각이고, 하나는 망각인데, 부루나 너는 어떻게 생각하느냐고 묻는 얘깁니다.

자성自性 자리 밝은 이름을 각이라고만 해서, 각이라는 가운데 명이 포함되어 있다고 생각하느냐, 각 자체는 밝지 않은데 억지로 명을 갖다 대서 밝혀야 할 각이라고 생각하느냐, 그 말입니다.

성각性覺은 묘명妙明하고, 본각本覺은 명묘明妙라고 한 것의 위의 것은 진각이요, 아래의 것은 망각인데, 어떻게 생각하고 있는지 진眞과 망妄을 들어서 부루나의 대답을 기다려 보는 것입니다.

참말 아는지 모르는지 시험해 보는 것입니다.

富樓那言 若此不明 名爲覺者 則無所[2]明
부 루 나 언 약 차 불 명 명 위 각 자 즉 무 소 명

부루나가 말하였다.

---

[2] 고려대장경에는 무無로 되어 있으나, 송본·원본·명본에는 본문과 같이 되어 있다.

만일 이 밝힐 것 없는 것을 각覺이라 이름한다면, 소명이 없겠나이다.

명明이 없으니 뭘 밝히겠습니까?

위각불명爲覺不明, 각覺이 자체는 밝지 않은데 명明을 거기다 더해서 밝게 명각明覺이라고 해야 참말 옳은 말이지, 불명不明, 본 자체가 밝지 않은 걸 각이라고 한다면 그 각 가지고 무슨 작용을 합니까, 그 말입니다.

명明이 있어야 중생제도도 할 텐데, 명이 없다고 하면 어떻게 각이라고 하겠습니까, 이 말은 '위각불명爲覺不明을 칭위명각稱爲明覺', 각 자리는 밝지 않은데 그것을 밝혀야 할 각이라고 그래야 하겠습니까, 그 말입니다. 다시 말하면 진각眞覺 그것은 명이 없는데, 그것 가지고는 아무 소용이 없다, 그래서 부루나는 망각妄覺이 옳다는 것입니다.

각이라고 하면 뭘 밝혀야 할 텐데, 자체가 밝지 않으니 어떻게 각 작용을 하겠습니까, 이렇게 얘기하고 있으니까 부처님과는 정반대되는 뜻을 가지고 각이라 명이라 하는 것을 생각하고 있는 것입니다.

佛言 若無所明 則無明覺
불 언 약 무 소 명 즉 무 명 각

부처님께서 말씀하셨다.
만일 밝힐 것이 없을진댄 명명할 각覺이 없겠다 하거니와,

네가 말하기를 '약차불명若此不明을 명위각자名爲覺者인댄 즉무소명則無所明이라' 하니, 네 뜻이 만일 약무소명인댄 즉무명각이라, 밝힐 바가 없으면 곧 명각이 없겠다, 무명각이 아니라 명각이 없겠다, 그 말입니다.

이렇게 얘기를 하니, 부루나 네가 이렇게 말하니, 다시 말하자면 '약차불명을 명위각자인댄 즉무소명이라', 소명이 없어서 각覺이라 할 수 없다

는 이런 말을 하니, 만약 소명이 없으면 곧 명각이 없으리라고 생각을 하니, 그 말입니다.

그래서 부처님께서 부루나가 한 말을 갖다 놓고 또 말씀하십니다.

有所非覺
유 소 비 각

소所가 있으면 각覺이 아니요,

소所 자는 앞의 '약무소명若無所明인댄' 할 때의 소를 말합니다. 밝힐 바가 있다고 하면 새로 명明을 갖다 대 놓는 것이니까 진각眞覺 자체에 명을 구족해 있는 각은 아니다, 그 말입니다.

소명所明이 있어야 하겠다고 하니, 소명이 있다면 즉 명을 갖다 대서 밝힐 바가 있다고 하면 그 뜻이니까 소所 자 하나가 소명이라는(所明을 가리키는) 말입니다.

無所非明
무 소 비 명

소所가 없으면 명明이 아니요,

소명所明이 없다고 하면 각覺의 본체, 본 밝은 것이 아니라는 말입니다. 즉 소명이 없으면 그것은 명명이라고 할 수가 없다는 말입니다. 그래 소명이 있어도 안 되고, 소명이 없어도 안 된다는 것입니다.

소명이 있으면 본각 자리가 아니고, 소명이 없으면 또 명명이 아니리니,

> 無明又非覺湛明性
> 무 명 우 비 각 담 명 성

　명明이 없으면 각覺의 담명한 성性이 아니니라.

　앞에서 무소無所면 비명非明이라 했던 비명을 무명無明이라고 했습니다.
　본래 담명한 것이 각覺인데, 각 자체에 밝은 작용이 없다고 하면, 각담명성은 되지 않는다, 그러니 소명이 있다 없다 해서는 안 된다, 그 말입니다.
　위에서 '유소有所면 비각非覺이요', 새로 명明을 대 놓은 것이니, 본각 자체가 아니다, 즉 본각 자리가 본래 구족한 각覺이 아니요, '무소無所면 비명非明이라', 소명이 없다고 하면, 지금 본각 자리의 본래 밝은 것을 모르는 것이니까 본각이 묘명妙明, 명묘明妙라는 명이 될 수 없으니, 명이 될 수가 없다고 하면 각의 담명성이라고 할 수가 없다, 그러니 지금 여기의 소명이 있다 없다는 말이 성립하지 못한다는 얘깁니다. 그럼 소명이 있다고도 할 수가 없고 없다고도 할 수가 없는데 어떻게 되느냐, 거기에 대한 결론입니다.

> 性覺必明　妄爲明覺
> 성 각 필 명 　망 위 명 각

　성각은 반드시 밝건만, 허망하게 명각이 되었느니라.

　이것을 계환사戒環師가 얘기할 때는 '성각性覺이 필명必明하야 망위명각妄爲明覺이라', 성각 자리가 너무 밝아서, 너무 밝기 때문에 온갖 것을 자꾸 밝히려고 하는 게 생겼다고 해서 망위명각이라 했다는 말입니다.

계환사의 해解에 '강생요지왈필명强生了知曰必明이라', 억지로 요지了知를 내려고 하는 것을 필명이라고 한다고 되어 있어서, 으레 제방諸方에서 '성각이 필명하야 망위명각이라', 이렇게 하고 있습니다. 그런데 성각이 필명하다고 하면, 성각필명한 명각明覺을 고쳐 가지고 다시 성각 자리로 이르러 가도, 또 필명해지지 않겠느냐, 즉 필명한 데다가 허물을 둔다고 하면, 즉 성각 자리가 필명한 데다가 허물을 씌워 망위명각이 되었다고 하면, 즉 성각 자리가 본래 망각될 성품을 구비해 가지고 있는 것 아니냐, 이겁니다.

그래서 '성각이 필명커늘'이라고 해서 성각 자리는 으레 밝은 것인데, 밝은 것까지는 잘못이 없는데, 망妄 자에다 허물을 대서 망으로 명각이 되었다, 망이 아니면 명각이 안 된다는 얘깁니다.

그래 망妄 자에다 허물을 두어야 성각 자리는 본래 허물이 없는 게 되지 성각이 늘 필명하다고 하면 망이 명각 되고, 또 필명해서 망이 명각되겠다(妄爲明覺), 그러나 뜻이 안 맞다는 얘깁니다.

『정맥소正脉疏』에도 성각이 본래 밝은 것인데, 밝히는 작용이 없으면 뭘하겠느냐는 말과 같이, 으레 명명明을 구족해 성각은 묘명한 자리인데, 망妄으로 명각이 되었다, 이렇게 봅니다.

위에서는 이론을 얘기한 것이고, 여기에서는 산하대지 생기는 근본, 즉 망위명각을 얘기합니다. 망위명각은 무명無明인데 무명으로 생겨 가지고서 업상業相, 전상轉相이 다 생겨 나옵니다.

그래서 이 성각필명은 청정본연인데 망위명각 때문에 홀생산하대지忽生山河大地한다, 그래서 망위명각, 산하대지 생기는 얘기를 여기에서 차례차례 하는 겁니다.

覺非所明
각 비 소 명

각覺은 소명이 아니건만,

각覺은 진각眞覺이니, 각 자체는 밝힐 바가 아니다. 앞의 '유소有所면 비각非覺이요, 무소無所면 비명非明이라'라는 얘기인데, 소명은 진각 자리여서 밝힐 것이 아니라는 말입니다.

능명能明은 망명妄明·망각妄覺·무명無明을 가리키는 말이고, 소명은 진각 자리를 가리키는 말이니, 진각 자체는 밝힐 것이 아니다, 그걸 밝혀야 한다고 명明을 가할 것이 아니다, 그 말입니다. 그러니까 각覺은 능能, 소所가 상대해서 능명·소명이 있는 게 아니라는 말입니다.

능명은 무명 자리요, 소명은 진각 자리다, 이 각이라고 하는 진각 자리는 그 각 자체는 소명, 밝혀야 할 것이 아닌데, 거기다가 명을 가해 밝혀야 할 각이라고 하는 그게 잘못이라는 말입니다.

각覺은 밝힐 바가 아니건만,

因明立所
인 명 입 소

명明을 인하여 소所가(를) 섰는지라(세움이라).

저 위의 '성각性覺이 필명必明하야 망위명각妄爲明覺이라'라고 하는 건 본래 근본무명根本無明이고, 인명립소라고 하는 것은 마음이 동하는 걸 업상業相이라고 하니까 그 무명이 한 번 동하는 업상을 가리킵니다.

인명因明의 명明은 능명能明인데, 그 능명을 인해 가지고 소所가 성립하게 되었다. 각覺 자리를 밝힌다고 해서 소所가 된 그게 업상이라는 것입니다. 아직까지 인명이 나타나지는 않았고, 그저 그 밝히려고 하는 무명의 작용 때문에 업상이 생겼다는 얘기뿐입니다.

그래서 인명립소하니까,

所旣妄立
소 기 망 립

소所가 이미 망妄으로 섰다고 하면,

소所 자는 소명所明이 허망하게 생겼다고 하면, 그 말입니다. 인명립소因明立所를 명위망명名爲妄明이기 때문에 '소所가 이미 망妄으로 섰다고 하면', 이 말은 업상業相 생긴 것을 다시 갖다 얘기한 것입니다.

生汝妄能
생 여 망 능

너의 망능을 생하나니,

능히 네가 밝히려고 하는 망능을 낸다, 이것은 전상轉相을 말합니다. 전상을 능히 본다고 해서 능견상能見相이라고 했습니다.

업상業相에는 능能, 소所가 없고 일념一念이 초동初動한 것뿐인데, 거기서 상대가 생겼으니까 그걸 밝히려고 하는 게 전상입니다. 위에서 망위명각妄爲明覺이라 한 것은 근본무명根本無明이고, 각覺은 소명所明이 아닌데, 망명妄明을 인해 가지고 소所가 섰다는 이게 업상입니다.

업상이 생기면, '소기망립所旣妄立하면 생여망능生汝妄能이라', 업상에서 뭘 분별하려고 하는 게 능견상인데, 분별, 즉 절대에서 상대가 생기는, 다시 말하면 세계가 생기는 시초가 여기에서부터라는 말입니다.

업상 자리는 동同과 이異가 없는데, 망능이 생기니까 업상에 의해 견상見相의 이異가 생겨서 현상現相을 분별하려고 하는 것입니다.

無同異中
무 동 이 중

동同과 이異가 없는 가운데서,

동同이란 무차별無差別 경계요, 이異는 유차별有差別 경계입니다.
아래 내려가다 보면 '허공위동虛空爲同이요 세계위이世界爲異'하여 '허공은 동同이 되고 세계는 이異가 된다'라는 말이 있는데, 허공은 다 같아서 차별이 없는 무차별 경계이고, 세계는 산하대지니까 산은 물이 아니고, 땅은 돌이 아니어서 제각기 다른 유차별 경계라는 말입니다.

그래서 동同과 이異가 없다고 하는 것은 동은 무차별 경계요 이는 유차별 경계인데, 본래 무차별, 유차별이 없다, 즉 업상業相 자리에서는 동이同異가 없다는 것입니다.

동同과 이異가 없는 가운데에,

熾然成異
치 연 성 이

치연하게 이異를 이룸이라.

치연은 부산하게 불이 일어나 활활 타는 것을 말합니다. 세계가 생기는 것도 여러 가지로 부산하게 생겨서 치연하게 이異를 이룬다고 했습니다.

이라는 것은 유차별 경계니까 본래 동이同異가 없는 가운데서 치연하게 이가 생겼다. 이것은 업상業相, 전상轉相 다음의 현상現相을 말합니다.

우리가 흔히 쓰는 말의 현상은 밖으로 나타나는 경계를 뜻하는데, 이 현상은 그런 뜻이 아니고, 팔식 가운데 능견상能見相 중의 소견상所見相, 현상이란 볼 바인 소견상이라고 그랬으니까 팔식 가운데 생기는 것을 말합니다.

지금의 예를 들자면, 영화를 보려고 할 때 그 필름 속에 온갖 영상들이 들어 있지만 아직 화면에 상영되지 않은 경계를 말하니까 우리의 팔식 가운데서 업상, 전상, 현상의 삼세三細는 아직 경계가 안 생긴 것입니다.

그런데 경계상境界相이라고 하는 것은, 우리 팔식 가운데 세간 경계가 생길 분分이 들어 있는 산하대지의 종자가 들어 있는 것을 가리키는 말입니다. 그래서 치연성이라는 것이 아직까지 산하대지가 생겨 나온 것이 아니라 업상 가운데 능히 보려는 전상이 있으면 볼 상대인 현상이 있어야 하니까 그것이 팔식 가운데 있는 것이지, 아직 세계가 벌어지지는 않고 차차 벌어질 분分이 팔식 가운데 있는 것을 말합니다. 그래서 견분見分과 상분相分을 말하는데, 팔식의 견분은 견상見相이요, 상분은 현상現相이니까 그게 다 팔식 가운데 들어 있는 것이라는 얘깁니다. 무동이無同異는 업상을 말하니까 그 업상 가운데서 치연히 이異를 이루었으나, 이것은 경계상인 현상을 가리키는 말입니다.

그래 현상까지 생겼고,

異彼所異
이 피 소 이

저 이異한 바를 이異하다 하여,

소이所異라는 이異 자는 치연성이熾然成異라는 이異 자입니다. 이피異彼라는 이異 자는 같지 않다, 부동不同이라는 뜻으로 봅니다. 저 다른 바를 다르다고 해서 저것은 다르다, 그렇게 차별을 낸다는 말입니다. 소이는 차별 경계인데 '차별 경계가 허공과 다르다고 해서', '허공과 같지 않다고 해서', 이런 말입니다.

저 이異한 바를 다르다고 분별하기 때문에,

因異立同
인 이 입 동

이異를 인하여 동同을 세우고,

세계는 다른데 허공은 같은 것이니까 아직 세계가 생긴 것은 아니지만 다른 것을 볼 때에 이것이 허공과 같지 않다고 해서 다른 것을 인해 가지고 같은 걸 세운다. 그래서 지금 동同과 이異가 따로따로 분별이 생기는 것입니다.

'치연성이熾然成異하야 이피소이異彼所異'한 그 이異가 소이所異인데, 그걸 다르다, 차별 경계다, 이렇게 생각을 해서 인이립동이라, 즉 다른 걸 인해 가지고 또 동同을 세운다는 말입니다.

다른 것은 산하대지요, 같은 것은 허공인데, 이건 차별 경계요, 저건 무차별 경계라 하는 차별을 낸다는 말입니다.

同異發明
동 이 발 명

동同과 이異를 발명하고서는,

허공은 같고 산하대지는 다르다고 해서 동同과 이異를 발명해 놓고는,

因此復立 無同無異
인 차 부 립 무 동 무 이

이를 인하여 다시 동同이 없고 이異가 없음을 세우느니라.

무동무이를 『정맥소』에서는 중생이라고 그랬습니다. 어째서 무동이라 하느냐면 허공에 아무것도 없는 것을 동同이라고 하는데, 중생은 모양이 따로따로이니까 허공에 모양 없는 것과는 같지 않다고 해서 무동이라 그랬고, 이異는 산하대지를 말하는데, 우리 중생에게는 온갖 것을 분별 작용하는 영묘靈妙한 각覺, 영각靈覺이 있어서 산하대지인 무정물과는 다르다고 해서 무이라고 합니다.

다시 말하자면 중생의 모양이 제각기 다르기 때문에 허공과 같지 않은 것이 무동이고, 또 중생은 영묘한 각지覺知 자리가 있어서 온갖 분별을 할 줄 아는 것이 저 산하대지의 분별하지 못하는 것과는 같지 않기 때문에 무이라고 했습니다.

무동무이를 중생으로까지 보기는 대단히 어려운 일인데, 이론상으로 말할 수는 있지만 어려운 일인데도 동同과 이異를 분명히 발명해서 중생이라고 썼다는 말입니다.

동同이라고 하는 것은 허공이요, 이異라고 하는 것은 산하대지인 무정

물인데, 허공과 산하대지, 이걸 의지해서 중생이 생긴다고 하는 것이 무동무이라고 썼다는 말입니다. 그래서 무동무이를 세워서 그것이 중생 경계라고 그렇게 얘기했습니다.

> **如是擾亂 相待生勞**
> 여 시 요 란   상 대 생 로

이와 같이 요란함에 상대하여 피로함이 생기고,

이게 이제 육진상六塵相의 처음 상相인 지상智相입니다.

[편자 주] 이 대목부터 '피무동이彼無同異 진유위법眞有爲法'까지 보완분임.

> **勞久發塵**
> 노 구 발 진

피로함이 오래되어 진塵을 발하여서,

피로함이 오래라는 것은 상속하여 부단不斷하는 뜻이니까, 즉 육진六塵 중의 상속상相續相을 말합니다.

진塵을 발하였다는 진은 염착染着함이니, 즉 집취상執取相을 말합니다.

> **自相渾濁**
> 자 상 혼 탁

자상이 혼탁하나니,

이것은 계명자상計名字相을 말합니다.

논론論에는 이 계명자상을 '의어망집依於妄執 분별가명언상分別假名言相'이라 해서, '망집을 의지해서 분별하여 가假로 이름해 상相이라 한다'라고 되어 있습니다.

由是引起塵勞煩惱
유 시 인 기 진 로 번 뇌

이로 말미암아 진로와 번뇌를 인기하느니라.

이것은 기업상起業相입니다.

起爲世界
기 위 세 계

기起하여서는 세계가 되고,

이게 업계고상業繫苦相입니다.

靜成虛空
정 성 허 공

정靜하여서는 허공이 되나니,

虛空爲同 世界爲異
허공위동 세계위이

허공은 동동同이요, 세계는 이이異가 되는지라,

彼無同異 眞有爲法
피무동이 진유위법

저 동이가 없는 것이 참으로 유위법이 되었느니라.

覺明空昧 相待成搖
각명공매 상대성요

각覺의 명명과 공空의 매매昧가 상대하여 요동搖動함이 생기나니,

각覺은 성각性覺이요, 명명은 망명妄明인데, 각체覺體는 진각眞覺이라고 해도 괜찮지만, 명명은 망명妄明을 말합니다.

공매라는 것은, 저 위에서도 일어나서는 세계가 되고, 고요한 것은 허공이 되었다고 했는데, 허공 자체는 어두운 것입니다.

또 전에도 회매위공誨昧爲空, 어두워져서 허공이 되었다는 그런 얘기도 했지만, 그냥 봐도 이 우주가 생길 때에 허공이 먼저 생기고, 허공이 생긴 후에 유형물인 형상 있는 물건들, 지·수·화·풍이 생겨 그것이 작용을 해서 산하대지가 생길 테니까 공空은 어두운 것입니다.

'각覺의 밝은 것과 공空의 어두운 것이 서로 대대待對하기 때문에 흔들린 것을 이룬다', 밝고 어두운 것은 형상 있는 물건이 아니니까, 밝은 게 오

고 어두운 게 가니까 이론으로는 흔들린다고 하겠지만 형상 있는 게 아니기 때문에 그런 의미로 흔들리는 바람 생기는(風大) 원인을 얘기할 때에(흔들리는 게 風大니까) 흔들리는 이유를 각명공매가 상대해서 흔들린다, 이렇게 얘기합니다.

지금 보아도 그렇지만, 밤에는 어둡다가 새벽 동이 틀 때에 바람이 일어난다고 합니다. 그것이 왕래하니까(오고 가고) 요搖가 생긴다는 것이 이유가 될 수 있는 말입니다.

각覺의 명명明과 공空의 매매昧가 서로 대대待對해서 명명明이 오면 어두운 게 가고, 어두운 게 오면 명명明이 가서 요搖하기 때문에,

故有風輪
고 유 풍 륜

그런고로 풍륜이 있어서,

이것이 풍대風大가 생기는 얘깁니다.

인도에서 당시에 말하기를 지구 최하층에 풍륜이 있다고 그랬습니다. 풍륜 자체의 길이가 얼마라고 얘기할 수 없을 만큼의 엄청난 큰 풍륜이 있어서 세계를 떠받치고 있다, 그렇게 얘길 했는데, 지금 우리가 볼 때 공기가 이 지구를 둘러싸고 있으니까 공기가 지구를 떠받들고 있다고 해도 잘못될 게 없을 것 같습니다.

그래서 그때는 풍륜이라 그랬고,

執持世界
집 지 세 계

세계를 집지하였느니라.

이것은 온 세계 전체를 가리키는 말입니다. 사바세계 하나만이 아니라, 『화엄경』에 보면, 화장장엄세계華藏莊嚴世界라고 하는 굉장히 많은 세계가 꽃 위에 있다고 했는데, 꽃 위에 있는 것까지는 모르겠으나 그 세계는 풍륜이 받들고 있다, 풍륜 밑은 허공이고, 공륜空輪이라는 말은 안 했지만, 허공을 의지해서 풍륜이 있고, 풍륜 위에 세계가 있다고 그랬다는 말인데, 지금 풍대 생기는 얘기를 하고 있습니다.

因空生搖
인 공 생 요

공空을 인하여 요동함이 생기고,

각명覺明과 공매空昧한 것이 상대해서 요搖를 이룬다고 하니까 그건 인공생요라 해서 공을 인해 요搖가 생긴다고 하는 바람 생기는 얘기를 하고,

堅明立礙
견 명 입 애

명明을 굳혀서 애礙를 세우니,

명明 자는 각명覺明을 말합니다. 밝은 것을 굳힌다는 것이 우리 마음으로는 굳게 고집하는 것일 테고, 또 그냥 보면 명明 자체는 바람에 스쳐 가지고 굳어질 텐데, 이 명明을 굳히면 애礙가 된다고 할 때부터 벌써 그것은 형상이 있게 되는 것이고, 형상이 있기 때문에(礙라는 것은 통하지 못한다는

말이니까) 형상 있는 건 통하지 못하게 된다는 말입니다. 바람이 생기고 그 바람이 각명覺明을 굳혀서 명명이 엉겨 응결해서 애礙가 된다는 그런 말입니다.

흔한 예로, 묵을 쑤어서 공기에 내놓으면 그것이 공기에 접촉이 되어 가지고 겉이 꾸덕꾸덕해지는데, 그것도 견명입애라고 할 수 있는 것입니다.

또한 각명이니까 어두운 걸 굳힌 게 아니라 밝은 걸 굳힌 거니까,

彼金寶者 明覺立堅
피금보자 명각입견

저 금보는 명각이 견명堅明하여진 것이라,

금보는 금이라는 말인데, 그 각명覺明 자리의 명각이 견명하다 그랬으니까 견堅하는 거기가 굳혀진 것을 세운 것이라는 말입니다.

故有金輪 保持國土
고유금륜 보지국토

그런고로 금륜이 있어 국토를 보지하였느니라.

금륜이란 지대地大인데 지대는 흙과 돌과 금을 말하니까 그 지대 가운데 가장 굳은 게 금보이어서 금보가 지대를 대표한 것입니다.

앞에서 얘기하던 세계에 대한 얘기는 풍륜風輪이 밑에 있고, 풍륜 위에는 수륜水輪이 있어서 한정 없이 깊은 물이 바람 위에 있다고 그랬는데(지

금 우리가 볼 때 물이 땅을 인해서 고여 있는 것이지만) 바람 위에 수륜이 있고, 수륜 위에 금륜이 있고, 금륜 위에 토륜土輪이 있는데, 이게 땅, 그렇게 해서 세계가 되었다고 얘기하는데, 지대 생긴 근본을 말할 때에 견명립애堅明立礙라고 하는 것은, 각명覺明 자리를 굳혀 가지고 애礙하는 게 되었다는 것을 가리키는 말입니다.

앞 권(제2권)에서 '공회암중空晦暗中 결암위색結暗爲色'이라 해서 어두운 그것을 결정시켜 가지고 색이라는 물질이 생겼다고 하는 것이니까 그거나 이거나 같은 말일 겁니다.

堅覺寶成
견 각 보 성

각覺을 굳혀 금보金寶가 되고,

명각明覺을 굳혀 금보가 된다는 것인데, 그건 내내 위에서 한 얘기와 같습니다.

搖明風出
요 명 풍 출

명明을 흔들어 풍風이 출出하여서는,

'각명공매覺明空昧 상대성요相待成搖'라고 그랬으니까 밝은 것을 흔들어서 바람이 난다, 그러면 여기에서 금이 생기고, 그 위에서 풍대가 생기고, 그 다음에 금보가 생긴 얘기를 했으니까 위에서 한 말을 다시 하는 얘깁니다.

　명明을 흔들어서 바람이 나 가지고, 그렇게 해서 금보와 풍대가 생기고는,

風金相摩
풍 금 상 마

　풍風과 금金이 서로 마찰하나니,

　금은 굳은 것이고 풍은 흔드는 것이니까 무슨 물건이든지 흔들리는 것을 따라서 마찰이 생기고, 마찰하게 된다고 할 것 같으면 열이 생기는 것이니까 풍대와 금보가 서로 마찰하기 때문에,

故有火光 爲變化性
고 유 화 광　위 변 화 성

　그런고로 화광이 있어 변화하는 성性이 되었느니라.

　풍륜風輪이 세계를 받들고 있다고 하지만 화대火大는 뭘 받들고 있는 건 아닌데, 온갖 것은 변화하는 작용을 한다는 것입니다.
　태워서 재 만드는 그런 일도 변화하는 것이고, 따뜻한 곳에 뭘 두면 변한다든가 해서 화대의 작용이 온갖 것을 변화시키는 작용을 가지고 있으니까 변화하는 성性이 된다. 그래서 화대 생기는 얘기를 한 겁니다.
　지금까지 풍대가 생기고, 지대가 생기고, 화대가 생기는 작용을 얘기했습니다.

寶明生潤
보 명 생 윤

보寶의 밝은 것은 윤潤을 내고,

밝은 것이 본래 견명립애堅明立礙해서 금보가 되었으니까(우리가 봐도 금은 환하고 밝은 것이니까) 그래서 명명입니다. 보寶 자는 금보를 말합니다. 쇠가 윤습潤濕한 것인데, 윤습이란 물 생기는 얘깁니다.

火光上蒸
화 광 상 증

화광은 위로 증蒸하나니,

불은 자꾸 올라가는 것이니까 화대는 위에 생깁니다.
그래서 금보에 화대가 얹히게 될 것 같으면 금보가 축축해서 물도 되겠지만 뜨거워서 녹으면 물이 되니까 화광은 상증하기 때문에,

故有水輪 含十方界
고 유 수 륜 함 시 방 계

그런고로 수륜이 있어 시방세계를 함윤含潤하였느니라.

저 위에서 풍륜 위에 수륜이 있고, 수륜 위에 세계가 있다고 했으니까 그래서 그것을 포함하고 있다고 그랬습니다.

지금 우리가 봐도, 이 세계가 산보다는 물이 더 많은 걸 보면, 물이 들

어 가지고 세계를 다 포함하고 있다고 할 수 있을 것입니다.

그래서 여기까지는 지·수·화·풍이 들어서 온갖 만물을 내는 것이니까 능히 이루는 지·수·화·풍을 얘기했습니다.

또 지·수·화·풍이 있어서 땅도 되고 나무도 되고 하는 거니까,

火騰水降 交發立堅
화 등 수 강 교 발 입 견

화火는 등등騰하고 수水는 강강降하여서 서로 발발發하여 견애堅礙가 성립하는데,

불은 위로 올라가는 성질을 가졌고, 물은 아래로 내려가는 성질을 가졌는데, 그 화火와 수水가 서로 발명해 가지고는 굳어져 땅이 생긴다는 얘깁니다.

서로 발發해서 굳은 땅이 생기게 되는데 생길 때,

濕爲巨海 乾爲洲潭
습 위 거 해 건 위 주 단

젖은 편으로는 거해가 되고, 마른 편으로는 주단이 되었나니,

젖은 편으로는(水와 火가 들어 생기니까) 수대水大의 편이 많아서 큰 바다가 되고, 마른 편으로는 주洲와 단潭이 되었다는 말인데, 주는 물 가운데 있는 대륙을 가리키는 말이고, 단이란 조그마한 섬들을 가리킵니다.

지금 '교발입견交發立堅이라' 굳은 걸 이룬다고 했는데, 습위거해, 젖은

편으로는 바다가 되었다. 바다의 물은 굳은 게 아니지만 땅이 오목한 곳에 물이 고여 있는 것을 바다라고 하지 물 혼자만 있는 건 아니니까, 그래, 그 교발입견交發立堅이란 것을 가지고 보면 바다의 물을 받치고 있는 바다, 그러니까 바닥에 있는 바다를 가리키는 말입니다.

그래서 수대, 화대는 위에서 생겼으니까 그 수대, 화대가 들어 바다가 생긴 곳에는 바다에 사는 중생이 있게 되고, 또 섬에는 육지의 중생이 있는 것이니까 이것은 중생이 사는 처소를 성립하게 된다는 말입니다.

그렇기 때문에,

> 以是義故 彼大海中 火光常起
> 이 시 의 고 피 대 해 중 화 광 상 기

이런 이치로 대해 중에는 화광이 항상 일어나고,

이시以是는 '이런 인연으로'나 같은 말입니다.

수대와 화대가 들어서 바다도 되고 육지도 되었기 때문에 큰 바다 가운데 항상 불빛이 일어난다는 말인데, 이런 것을 우리는 경험해 보지 못했지만 사공들의 말에 의하면 바다에 환한 빛이 생긴다고 그럽니다.

수대와 화대가 어울려 가지고 바다가 생긴 것이기 때문에 바다는 물이지만 본래 물과 불이 어울려서 생긴 것이기 때문에 불기운이 늘 있어서 바다 가운데도 화광이 있다 그러는데, 아마 바다 옆에 사는 사람이나 밤에 배 타고 다니는 사람들은 종종 이런 화광이 상기常起하는 일을 보는 모양입니다.

이 불은 활활 타는 불이 아니고 환하게 되는, 그러니까 바다는 물로 된 것 같지만 불과 물이 들어선 것이니까 불기운이 없어지지 않고 있어서 화

광이 상기한다는 말이고,

> 彼洲潭中 江河常注
> 피 주 단 중 강 하 상 주

저 주단 중에는 강하가 항상 흐르느니라.

육지를 말합니다. 본래 육지가 불과 물이 들어서 이루어진 것이기 때문에 불 쪽으로 해서는 육지가 생겼지만 물 기운이 있기 때문에 강하가 흐르고, 샘이 흐른다는 말입니다.

우리말에는 강江과 하河가 다르지 않지만 중국에서의 강江 자는 양자강을 가리키는 강 자이고, 하河는 황하를 가리키는 하河 자입니다. 양자강이 남쪽에 있기 때문에 남쪽에 있는 물들은 대개 강이라는 이름을 가지고 있고, 북쪽에 있는 물들은 하라는 이름을 가졌다고 그럽니다. 그래서 중국에서의 강과 하의 한문 말은 좀 다르겠지만 우리말은 강이란 말이 있지 하라는 말은 없습니다.

여기에서는 지금 바다가 생기고 육지가 생기는 것을 얘기했고, 이제 육지가 생길 때 산 생기는 얘기를 합니다.

불은 올라가고, 물은 내려가기 때문에 교발립견交發立堅이라고 했는데, 그렇게 교발립견할 때에,

> 水勢劣火
> 수 세 열 화

수水의 세력이 화火보다 열劣하면,

물 세력은 적고 불 세력이 많아진다는 말이니까 불의 세력이 자꾸 올라가서 산이 생긴다는 말입니다.

수세가 불 세력보다 열劣하면,

> **結爲高山**
> 결 위 고 산

응결하여 고산이 되나니,

산의 위로 뻗은 것이 불 모양이 되어 있습니다.
이제 증거를 댑니다.

> **是故山石 擊則成炎 融則成水**
> 시 고 산 석 격 즉 성 염 융 즉 성 수

그런고로 산석이 격擊하면 화염火焰이 되고, 융融하면 수水가 되느니라.

산에 있는 돌끼리 마주치면 불꽃이 일어나니까 산에는 불기운이 있다는 것이고, 또 물 기운이 있기 때문에 산에 있는 돌을 녹여 버리면 그것도 물이 될 수가 있다는 얘깁니다(이 물은 먹을 수 있는 물이 아니지만).

쇠를 녹이면 쇳물이 되듯이 돌을 녹이면 돌 물이 될 수 있다, 녹여서 물이 되도록 해 보지는 않았지만 열을 높이면 그렇게 될 겁니다. 그래서 산 가운데는 불의 기분과 물의 기분을 가지고 있다는 것을 증명하는 말입니다.

이건 산에 있는 중생들 사는 곳이 생겼다는 말이고,

土勢劣水
토 세 열 수

토土의 세력이 수水보다 열劣하면,

흙이 지금 생겼으니까(흙과 물이 들어 가지고 땅이 생기는데) 흙의 세력이 물보다 열劣하면,

抽爲草木
추 위 초 목

추출하여 초목이 되나니,

흙은 그냥인데, 초목은 거기서 쭉 올라갔다는 말입니다.
그런고로 이제 토土와 수水가 들어서 초목 된 증거를 듭니다.

是故林藪 遇燒成土 因絞成水
시 고 임 수 우 소 성 토 인 교 성 수

그런고로 임수林藪가 소燒를 만나면 토土를 이루고, 쥐어짬을 인하면 수水를 이루느니라.

임林은 나무가 모여 있는 곳이고, 수藪는 풀이 모여 있는 곳입니다. 교絞 자는 쥐어짠다는 말입니다.

초목은 물과 흙이 들어서 된 것이기 때문에 임수林藪가 타게 되면 흙을 이루게 되고, 그 초목을 쥐어짜면 거기서 물이 나온다는 말입니다. 그래서 초목은 흙과 물이 들어서 되었다는 걸 증명하는 말입니다.

산에 사는 중생이 생기고, 바다에 사는 중생이 생겼는데, 그게 다 지·수·화·풍이 들어서 그렇게 생겼다는 얘깁니다.

交妄發生
교 망 발 생

망妄을 교호交互하여 발생하여,

교交 자는 '망妄이 얽혀 가지고'의 뜻입니다.

각명공매覺明空昧가 다 망妄이니까 망이 서로 얽혀 가지고 발생해서 지·수·화·풍이 되고, 산하대지가 생기는데,

遞相爲種
체 상 위 종

번갈아 서로 종자가 되나니,

화대가 들어 가지고 수대를 낸다든지, 수대가 들어 가지고 흙을 낸다든지 해서 번갈아 서로서로 씨가 되어 가지고 산하대지가 생겼다는 말입니다.

以是因緣 世界相續
이 시 인 연 세 계 상 속

이러한 인연으로 세계가 상속하느니라.

산하대지홀생山河大地忽生을 얘기했는데, 그것이 계속되어 없어졌다가는 또 생기고, 없어졌다가 또 생기는 그게 상속입니다.

'운하홀생산하대지云何忽生山河大地해서 차제천류次第遷流하여 종이부시終而復始이닛고?'라고 물은 데서 종이부시라는 말이 상속이라는 말입니다. 그래 여기에서 홀생과 상속을 얘기해서 세계가 생기던 얘기를 했습니다. 지금 세계가 상속하고, 중생이 상속하고, 업과가 상속하는 얘기를 하고 있습니다.

부루나가 물은 데에 대한 대답으로 세계 생기는 얘기를 했고,

> 復次富樓那 明妄非他
> 부 차 부 루 나 명 망 비 타

또 부루나야, 명明인 망妄이 다른 것이 아니라,

각명공매覺明空昧, (명명 때문에) 망위명각妄爲明覺이라는 명명 자니까 명망明妄이라는 말입니다.

명명이 망妄으로 생겨서 명망이라 그랬는데, 그 명인 망이 다른 것이 아니라,

> 覺明爲咎
> 각 명 위 구

각覺의 명명이 허물이 되는 것이니,

저 위에서 성각性覺은 묘명妙明하고 본각은 명묘明妙라고 하던 그 각覺의 밝은 이것이 허물이 되어 가지고 잘못되어 명각明覺이 생기고, 명각에서부터 각명공매覺明空昧가 상대성요相待成搖해서 풍대風大가 생기고, 지대地大가 생기고, 수대水大가 생기고, 화대火大가 생긴 것입니다. 그러니까 이것은 무명의 근본 원인을 든 것입니다.

명명인 망妄이 다른 것이 아니라 각명覺明 자리에서 망위명각妄爲明覺이라 했던 그 각의 명이 허물이 되어서 무명이 생겼다는 얘깁니다.

명망明妄은 그 망妄 자를 얘기하는데, 그래서 그 망이 생기면,

所妄旣立
소 망 기 립

소所인 망妄이 이미 성립되면,

소망은 '망妄인 바'이니까 상대가 성립되는 얘깁니다. 본래 각명覺明 자리는 상대가 없는데, 저 위에서 인명소립因明所立, 명明을 인해서 소所를 세웠다고 했으니까 소所인 망妄이 상대지망相對之妄입니다(業相을 말함).

명망明妄 때문에 이미 소所가 서면,

明理不踰
명 리 불 유

밝은 이理가 넘어가지 못하느니라.

위에서 '너의 망능妄能을 내었다'라는 그것을 말한 것이니, 곧 전상轉相

을 말합니다.

> 편자주 이 대목부터 '유시분개견각문지由是分開見覺聞知'까지 보완분임.

以是因緣 聽不出聲
이 시 인 연 청 불 출 성

이러한 인연으로 듣는 것은 성聲을 초출超出하지 못하고,

곧 현상現相을 말합니다.

見不超色
견 불 초 색

보는 것은 색을 초출하지 못하느니라.

色香味觸 六妄成就
색 향 미 촉 육 망 성 취

색·향·미·촉의 육망이 성취되고,

이것은 중음中陰을 이루는 얘기이며, 육망은 육진六塵을 가리킵니다.

由是分開見覺聞知
유 시 분 개 견 각 문 지

이로 인하여 견見·문聞·각覺·지知를 분개하여,

육근 때문에 육근의 작용이 생기니, 대진중조업大塵中造業입니다. 그걸 분배해서 따로따로 나올 때에,

同業相纏
동 업 상 전

같은 업業이 서로 얽히고,

이게 다 저 위의 순업발현循業發現을 가리키는 말입니다.
업이 같으면 서로 전박纏縛하게 되는데, 가령 부모와 아들의 업이 같아야 한데 어울려져 아들이 생기는 것처럼 같은 업은 서로 얽히게 되고,

合離成化
합 리 성 화

합合하고 이離하여 성成하며 화化하느니라.

합하고 이離해 가지고, 합해 가지고는 습생濕生을 이루게 되고, 떠나 가지고는 (離) 화化한다는 건, 지옥에 간다든지, 극락에 간다든지 그러는 것이니까 이離한다는 것은 화생化生을 가리키는 말입니다.

'유시분개견각문지由是分開見覺聞知 동업상전同業相纏 합리성화合離成化', 이렇게 태胎·난卵·습濕·화化의 중생이 생기게 되는데, 이 분개견각문지 동업상전과 합리성화하기 전을 중음中陰으로 본다는 겁니다.
여기를 중음이라고 해야(봐야) 이 아래의 말이 새겨지니까, 그래서 이

중음이라는 말이, 이 몸을 가졌다가 다음 몸 받기 전을 가리키는데, 여기에서는 전음前陰이 없습니다.

중음 생기기 전의 전음은 없는데, 지금 무한히 생사가 계속되는 것을 어디든지 한 곳을 끊고 얘길 해야 할 거니까 중음부터 얘기한 것입니다. 그렇다고 해서 중음 생기기 전이 없다는 것은 아닙니다.

그러나 중음 생기기 전은 얘기하지 않고, 중음부터 후음後陰 생기는 얘기를 하게 되는 것입니다.

見明色發
견 명 색 발

명明을 보아서 색이 발하고,

이 위까지는 글로만 봐도 이유가 성립된다고 할 수가 있는데, 견명색발은 '밝은 것을 보아서 색을 발하고', 그렇게 토를 달 수밖에 없습니다.

명明을 밝게 보아 색이 발하고,

明見想成
명 견 상 성

밝게 보고는 상想을 이루는데,

'보는 것을 밝혀서', 또는 '밝게 보아서' 그래 가지고는 상想을 이룬다, 이러는데 그냥 봐서는 견명색발見明色發이라는 말부터도 어떻게 되는지 모르고, 명견상성도 알 수 없는데, 색발은 형상 있는 물질이 발한다는 말이 되고, 명견상성이란 생각이 생긴다는 말이 되는데, 이것을 대강 봐 가지고는 이유가 닿지 않는다는 얘깁니다.

그래서 이건 '중음신中陰身이 부모를 구하러 가는 것을 얘기하는 것이다'라고 해야 맞는다고 그럽니다. 대강 봐서는 뜻이 안 되는데, 중음신이 부모 찾아가는 것으로 봐서는 이유가 된다는 말입니다.

중음신이 자기가 의사가 있어서 부모들을 찾아가는 게 아니라 업력業力에 의해 찾아가게 되는데, 인연이 없는 곳은 캄캄하고, 인연이 있는 곳에는 환하게 밝은 게 생긴다는 얘깁니다. 중음신이 인연 있는, 자기 부모 될 이가 있는 데는 환하게 길이 트여 있게 되고, 다른 데는 캄캄한 이것이 견명색발입니다. 밝은 것을 보고 따라가면 그것이 색발입니다. 부모는 물질로 된 색이니까 밝은 데를 따라가면 거기에 부모 될 이가 있다, 그 말입니다.

견명색발을 다시 말하자면 밝은 것을 보고 따라간다고 할 것 같으면 색발色發(色은 물질이니까), 물질이 발한다는 것은 부모 될 이가 지금 거기 있다는 말입니다. 그래서 거기서 부모를 만났는데, 밝게 보고는 상想을 이룬다는 것입니다(明見想成).

부모 될 이가 있으니까 이것은 남자, 이것은 여자, 이렇게 분별하는 게 명견明見입니다. 밝게 보아 가지고는 생각을 이루게 되는데, 가령 남자 중음신이라고 하면, 남자 중음신은 어머니를 상대해서 사랑하는 생각이 생기고, 여자 중음신은 아버지를 상대해서 태胎에 들어간다는 말입니다. 그래서 어머니가 아이를 임신해 가지고 있을 때에 아기가 여자면 등을 어머니 쪽으로 대고 있고, 남자는 등이 밖으로 가고 앞이 어머니를 향해 있다는 것입니다.

그게 남자 중음신은 어머니와 이성異性이니까 어머니를 상대해 가지고 들어가기 때문에 그렇고, 여자 중음신은 아버지를 상대했기 때문에 그렇다, 생리학상으로도 아마 그런 모양입니다.

그러니까 명견상성이라는 것이, 색이 발하여 부모가 있는 곳을 가서 분명하게 여성인지 남성인지를 보아서(明見) 생각을 이루게 된다(想成), 가령 남자 중음신이면 어머니에 대해서 애정愛情이 생기게 되고, 아버지에 대해서는 미운 생각이 생기게 된다고 이 아래에서도 그런 얘기를 했습니다.

그래 그 상상이 생기는데,

異見成憎
이 견 성 증

견見이 다르면 미움을 이루고,

견見은 소견, 견해니까, 남자 중음신은 '아버지와는 소견이 다르고', 그 말입니다. 그렇게 되면 어머니와는 이성異性이니까 소견所見이 같게 됩니다. 남자 중음신은 아버지를 좋아하지 않는다는 말입니다.

同想成愛
동 상 성 애

상상이 같으면 사랑을 이루며,

남자 중음신은 어머니에 대해서 생각이 같으니까 어머니를 사랑하게 된다, 그 말입니다.

동상성애하는 그 애정을 흘러 넣어 가지고는,

流愛爲種
유 애 위 종

사랑을 흘려 넣어 종자가 되고,

그 종자가 어머니 뱃속에 들어가는 것입니다.

納想爲胎
납 상 위 태

상상想을 받아들여 태胎가 되는데,

동상성애同想成愛니까 그 생각을 자꾸 들여서는 태胎에 든다. 그래서 중음신이 부모를 찾아가서 태에 들어간다고 해야 글이 맞는다고 그럽니다.

계환사戒環師는 중음신 얘기를 하지 않았습니다. 그러나 『정맥소』에서도 중음신 얘기를 했고, 더구나 『지장소指掌疏』에서는 더 분명하게 얘기를 했습니다.

그래서 '유애위종流愛爲種하고 납상위태納想爲胎'하는 것은, 중음이 다시 후음後陰을 받는 것이라고 합니다.

그렇게 해서 부모의 태중에 들어서 다시 몸을 받게 되는데,

交遘發生
교 구 발 생

교구하여 생을 발할 적에,

이건 아버지, 어머니를 가리키는 말입니다. 즉 부모가 교구발생해서 생명이 하나 생기게 되는 겁니다.

교구발생할 때에,

吸引同業
흡 인 동 업

같은 업業을 흡인하나니,

업業이 같아야지 아들 될 사람은 착한데 부모가 나쁘다면 업이 같지 않기 때문에 들어갈 수 없게 됩니다.

동업을 흡인한다는 것은 부모가 아들을 흡인하는 것이고, 위에서 '동업(異見)은 증憎을 이룬다'라는 것은, 아들이 부모에게 대해서 동업을 가리키는 말입니다.

故有因緣 生羯囉藍 遏蒲曇等
고 유 인 연 생 갈 라 람 알 포 담 등

이런 인연으로 갈라람과 알포담 등이 생기느니라.

갈라람은 부모의 태중에 들어가서 초칠일 되는 그동안을 말하는데, 번역하면 응활凝滑입니다. 엉길 응凝 자와 미끄러울 활滑 자를 써서 응활인데, 코처럼 한데 엉켜서 끈끈한 기가 있는 것이 부모의 태중에 있다는 것이고, 알포담이란 이칠일, 8일부터 14일까지인데, 우리가 일을 해서 손이 부르튼다고 하면, 그 속에는 물집이 생기고 겉에는 꺼풀이 있는 걸 가죽 피皮

변의 포胞라고 하는데, 갈라람 때는 응활하기만 하던 것이 이칠일 될 때는 겉이 딴딴한 것이 생겨서 포胞가 생기는 그걸 알포담이라고 그랬습니다.

여기까지는 중생이 생기는 시초를 얘기했고,

> 胎卵濕化 隨其所應
> 태 란 습 화 수 기 소 응

태 · 란 · 습 · 화가 그 응할 바를 따라서,

태생이 되든지, 난생이 되든지, 습생이 되든지, 화생이 되든지 다 따라갈 수가 있다. 그러니까 갈라람 · 알포담 때는 다 같이 그만한 것이 있지만, 거기서부터 이제 태생은 태생 되는 길을 가게 되고, 난생은 난생 되는 길을 가게 되고, 습생 · 화생이 제각기 생기는 이치가 달라서 그 상응相應할 바를 따라서 사생四生이 갈라지게 된다는 그런 말입니다.

> 卵唯想生
> 난 유 상 생

난卵은 상상만으로 생기고,

난생卵生은 정情은 없고, 생각만 가지고 생기게 된다는 말입니다.

> 胎因情有 濕以合感
> 태 인 정 유 습 이 합 감

태胎는 정情을 인하여 있게 되고, 습濕은 합슴으로써 감感하고,

습생은 자기가 될 인因, 중음신 그것은 있지만 따뜻한 기운과 합해서 습기에 들어 가지고 생기게 되는 거니까 그게 합감입니다.

化以離應
화 이 리 응

화化는 이離함으로써 응하느니라.

그래서 위에서는 합리성화合離成化를 말했습니다. 여기에서 떠났다가 저기에서 나는 게 화생이니까 떠나는 것으로써 응하게 된다. 그래서 태·란·습·화가 상想·정情·합合·리離와 상응해서 따로따로 변해 날 때에 제각기 자기의 적당한 인연으로 만나 생기게 된다는 말입니다.

질문 태·란·습·화 사생 중에 이(蝨)는 화생이라는데 어떻습니까?
답 없던 게 생기니까 화생이라고 하지만 다른 데서 옮겨 와서 그렇지, 이는 분명히 난생입니다.

질문 그런데 나무에서 자라는 벌레라든지 메뚜기 등도 다른 데서 생긴 게 아니라 그 나무 자체 내內에서 생긴단 말입니다.
답 우리가 볼 때는 다른 원인을 모르지만 나무에 생기는 것도 다른 데에서 들어갔지, 들어가지 않을 수 없고, 또 과일 속에 생긴 벌레도 다른 데서 종자가 들어가서 날 것입니다. 그런데 지금 여기에서 보면 태생과 난생만 부모를 가자하고, 습생과 화생은 부모와 상관이 없다 이랬는데, 식물, 동물학상으로는 다 처음에는 부모를 의지해 종자가 생겨 가지고 습생하기

도 하고 화생하기도 하는 것이지 종자가 없이 하는 건 아닌데, 부모가 씨 내놓은 것은 얘기하지 않고, 습생은 합해 가지고만 생기고, 화생은 떠나 생긴다고 그렇게 얘기했습니다.

질문 습생의 예를 들어 주십시오.
답 반딧불이나 노래기같이 축축한 데서 생기는 것을 습생이라고 합니다.

질문 그렇다면 과일 안에서 생긴 벌레도 습생이라 할 수 있습니까?
답 화생을 둘로 보는데 굼벵이가 매미 되는 이런 것도 화생은 화생인데, 불교에서의 화생은 천당이나 지옥도 이 몸 그대로 가서 나니까 그것도 화생이라는 말입니다. 육취六趣로 말하면, 천天과 옥獄을 가리키는 말이고, 굼벵이가 매미 되는 것은 전세화생轉蛻化生이라고 해서 구를 전轉 자 하고, 허물 벗을 세蛻 자를 씁니다.

질문 그런데 매미가 알을 낳아서 굼벵이가 되었거든요?
답 그러니까 그 원인을 따져 보면 다 부모를 가자하는데 그냥 볼 때는 부모를 가자하는 것 같지가 않다는 말입니다.

질문 매미가 나무에다 알을 낳게 되면 그게 화해서 굼벵이가 됩니까?
답 그럴 겁니다. 누에는 벌레인데 날아다니는 나비가 된다, 그래서 그런 것들을 구를 전轉 자 하고, 허물 벗을 세蛻 자를 써서 전세화생이라고 그럽니다.

情想合離 更相變易
정 상 합 리 갱 상 변 역

정情 · 상想 · 합合 · 리離가 서로서로 변역하되,

태생은 정情이고, 난생은 상想이고, 습생은 합合이고, 화생은 리離입니다. 그러니까 난생은 늘 난생으로만 있는 게 아니라 습생이 화생 되기도 하고, 난생이 태생 되기도 해서 그렇게 달라진다는 얘깁니다.

所有受業 逐其飛沈
소 유 수 업 축 기 비 침

있는바 수업을 따라서 비飛하고 침沈함을 따르나니,

그 비침 가운데는 태 · 란 · 습 · 화 사생이 다 포함되는 말인데, 새 같은 중생은 날아다니고, 조개 같은 것은 물속에 있으니까 비침입니다.

以是因緣 衆生相續
이 시 인 연 중 생 상 속

이 인연으로 중생이 상속하느니라.

위에서의 세계는 중생이 의지하고 있는 무정물인 의보依報를 가리키는 말이고, 여기는 정보正報를 가리키는 말입니다.

앞에서 갱상변역更相變易이라고 했는데, 꼭 분명하게 얘기한 데는 없지만 태생은 대개가 태생으로 다시 생기는데, 어떻게 하다 보니 난생이 되고, 난생은 대개 난생으로 다시 생기는데, 어떻게 하다 보니 다르게 되고 할 것 같아요. 그래서 보면 사람은 흔히 사람으로 될 것 같은 생각이 듭니다.

사람이 죽어 소가 된다든지 지옥에 간다든지 그런 것들은 업이 지중至重한 경우이고, 보통으로는 다시 사람이 될 것 같습니다. 왜냐하면 다 사람으로 하는 행동을 익혔고, 또 인신人身으로 크게 나쁜 짓만 안 하면 죽어서 십분十分의 팔八이나 구九는 사람이 되지 않을까 생각합니다.

불교에서 우둔하고 미련한 사람을 초생지인初生之人이라고 하는데, 짐승 등이 되었다가 처음으로 사람이 되어 총명하지도 못하고 꾀가 없다는 말입니다.

사람이 죽어 또 사람이 되면 먼저 사람으로서 익힌 바가 있으니까 좀 나을 테고, 두 번 세 번 사람 되고 세 번 네 번 사람 되는 게 다를 것입니다. 총명한 것도 업業 때문이고, 미련한 것도 업 때문이라고 하는데, 그 업 때문이란 것은 자기가 익힌 바이니까 가령 수행인이 정情을 잊고, 공부에 일생 동안 전념한다고 하면, 그 힘으로 내생에 난다면 총명해질 테고, 정진력이 더 있을 겁니다. 그렇지 않으면 다 같은 사람인데 어떤 사람은 총명하고 어떤 사람은 총명하지 못한 이유가 뭐라고 하겠느냐는 얘깁니다.

예수교에서는 하느님의 섭리로 하느님의 뜻으로 된다고 하지만, 하느님이 따로 존재하는 것이 아니라 한문에도 보면 '천天은 즉 리야理也(하늘이 곧 이치다.)'라고 했으니까 우리의 마음이라고 보면 된다는 얘깁니다.

예수님 당시에는 하느님의 존재가 따로 있어서 형상을 가지고 뜻대로 했었지만, 지금에 와서는 하느님이라는 존재를 찾아보기 힘드니까 리理, 즉 우주의 진리라고 하면 안 맞을 게 없습니다. 하늘이라고 하든지 진리라고 하든지 그건 섭리라는 말도 되니까 틀릴 것이 없습니다.

예수교에서는 우주의 진리로 된다고 하는 것이기 때문에 있는바 수업受

業을 따라서 달리 비침飛沈하는 것이 분명하게 드러나지는 못한다 하더라도 진리의 화현化現으로 어떻게 된다고 하면 얘기는 될 수가 있습니다. 하느님의 존재를 따로 인정한다는 것을 그냥 그렇게 믿는 이도 있겠지만, 학식을 가진 이라면 잘 믿지 않을 것입니다.

요전에 해인사에 있었을 때 의정부에 주둔하고 있는 한 미군 장교가 "서양에서는 이 세계가 하느님의 뜻이라고 해서 그렇게들 믿고 있는데, 불교에서는 어떻게 생각하는지, 세계가 생기고 중생이 생기는 이유를 분명히 얘기해 줄 사람이 있으면 들어 봤으면 좋겠다."라고 하는 그런 얘기를 들었습니다.

필요하면 언제든지 오라고 했는데도 오진 않았지만, 그런 것으로 보아 지식이 있는 사람들은 하느님이 만든다고 하는 것을 받아들이려고 하는 것 같지 않습니다.

일반적으로 그걸 믿으니까, 다른 이유를 분명히 들고 나오기 전에 부인할 수 없으니까 그냥 지나쳐 버리지만, 그냥 지나쳐 버려서는 안 되는 문제입니다.

우리가 생각이 없어서이지 어떻게 되어서 사람의 얼굴이 제각기 다르며, 또 뜻과 행동이 다른지 알아야 합니다.

저 위에서 산하대지, 제유위상諸有爲相이 운하홀생云何忽生이며, 또 생겨 가지고는 차제次第로 천류遷流해서 종이부시終而復始하는 것을 물었는데, 그 얘기를 하면서 상속이라는 말을 했는데, 홀생해 가지고 종이부시하는 것까지를 말한 것입니다.

富樓那 想愛同結
부 루 나 상 애 동 결

부루나야, 상상과 애愛가 함께 맺혀서,

위에서 정情·상想·합合·리離를 얘기했는데, 상상과 애愛가 함께 맺혔다는 것은 남녀 관계를 말하는 것입니다.

愛不能離
애 불 능 리

애愛를 능히 여의지 못하므로,

애愛 자 하나가 상상까지 포함하고 있습니다. 처음에 상을 해 가지고 애가 생긴다, 먼저 생각이 있고, 상 가운데는 아직 애는 생기지 않고 상이 차차 밀접한 관계를 맺게 되면, 거기서 애가 생긴다는 말입니다.

맺힌다는 것은 결박되어 벗어나지 못한다는 말이니까 애불능리하면 애정의 속박을 받게 되는 것입니다.

그러한 이유로 해서,

則諸世間 父母子孫 相生不斷
즉 제 세 간 부 모 자 손 상 생 부 단

모든 세간의 부모와 자손이 서로 생하여 끊이지 않나니,

아버지가 아들을 낳고 아들이 손자를 낳는다고 해도 상생이라는 말이 되지만, 불교에서 볼 때는 다른 곳에 가서 아들이 아버지 되고, 아버지가 아들 된다고 봅니다. 부단이라는 말이 상속이나 같습니다.

> 是等 則以欲貪爲本
> 시 등 즉 이 욕 탐 위 본

이 등等은 욕탐이 근본이 되었느니라.

부모 자손이 상생부단相生不斷하는 것은 애욕의 탐貪이 근본이 된다는 것이니까 인과因果, 업과業果 얘기를 하는 것입니다.

그래서 이것은 음욕, 욕탐을 가리키는 말이고,

> 貪愛同滋
> 탐 애 동 자

탐貪과 애愛가 함께 자滋하여,

불을 자滋 자, 이것은 자양滋養이라고 하듯이 윤택하게 한다는 말인데, 탐애한다는 것은, 좋은 걸 먹고자 하여 짐승 등을 잡아먹으려는 것을 말하는 겁니다. 그러니까 이성을 사랑하는 애탐은 아닙니다.

탐貪과 애愛가 함께 이 몸을 자양하게 되어서,

> 貪不能止 則諸世間 卵化濕胎
> 탐 불 능 지 즉 제 세 간 난 화 습 태

탐貪을 능히 그치지 못하여 모든 세간의 란卵·화化·습濕·태胎가,

태·란·습·화라고만 쓰기 싫으니까 바꾸어서 란·화·습·태라고 썼습니다.

隨力强弱 遞相吞食
수 력 강 약 체 상 탄 식

힘의 강약을 따라서 번갈아 서로 탄식하나니,

잠자리가 파리를 잡아먹는다든지, 제비가 잠자리를 잡아먹는 것이 다 힘의 강약을 따르는 것입니다.

동자同滋의 자滋 자가 이 몸을 자양한다는 말이니까 먹는 것은 몸을 잘 길러 가지기를 위한 것입니다.

是等 則以殺貪爲本
시 등 즉 이 살 탐 위 본

이 등等은 살탐으로 근본이 되느니라.

죽이지 않으면 먹지 못하니까 살생하는 것입니다. 욕탐은 음행이요, 살탐은 짐승 잡아먹는 것이고, 이제 도탐盜貪을 얘기합니다. 도盜 자의 뜻이, 주지 않는 것을 가지는 것이 도요, 또 몰래 가지는 것도 도라고 그랬습니다.

以人食羊 羊死爲人 人死爲羊
이 인 식 양 양 사 위 인 인 사 위 양

인人으로서 양羊을 먹으면 양은 죽어 인이 되고, 인은 죽어 양이 되어서,

> 如是乃至 十生之類 死死生生 互來相噉
> 여시내지 십생지류 사사생생 호래상담

이와 같이 십생의 유類들이 죽고 죽고 나고 나면서 번갈아 와서 서로 먹되,

십생은 십류중생十類衆生을 말합니다.

> 惡業俱生 窮未來際
> 악업구생 궁미래제

악업으로 함께 생하여 미래제를 다하나니,

> 是等 則以盜貪爲本
> 시등 즉이도탐위본

이 등等은 도탐으로 근본이 되느니라.

사람이 양羊을 잡아먹는 것은 살탐殺貪인데, 양이 죽어 사람이 되면 아무한테 잡혀먹혔으니 그걸 잡아먹어야 하겠다는 생각은 없습니다. 다만 그것은 업보를 의지한 것입니다.

중생들이 살생하는 악업으로 늘 나게 되어서 미래제가 다하도록 자꾸 서로 번갈아 잡아먹는다, 이게 사람으로서 양을 잡아먹는 것은 살탐이지만 양이 죽어서 사람이 되고 사람이 죽어 양이 되어 가지고 볼 때는 어째서 죽었는지 모르게 됩니다.

그러니까 이것이 살殺 · 도盜 · 음淫, 삼업三業의 탐貪 때문입니다.

汝負我命
여 부 아 명

너는 나의 명命을 빚지고,

사람이 양을 잡아먹었으니까 양 쪽에서 볼 때는 네가 내 목숨 하나 빚졌다, 그러니 갚아야 한다, 나를 잡아먹었으니 내가 너를 잡아먹어야겠다는 그런 얘깁니다. 여기를 아부여명我負汝命라고 해도 됩니다.

我還汝債[3]
아 환 여 채

나는 도리어 너의 빚을 갚아서,

명命을 졌으면 명을 갚는 것도 빚 갚는 것이고, 돈을 졌으면 돈을 갚는 것도 빚 갚는 것입니다.

그러니까 위에서 여부아명汝負我命이라 한 것은 내가 네 목숨을 빚졌으니 갚아야 한다, 이것은 생명으로 하는 말이고, 아환여채라는 것은 힘으로 한다든지 돈으로 한다든지 해서 빚을 갚는다는 말입니다.

그런데 각각 하나씩만 들었는데, 말하자면 여부아명汝負我命, '네가 내 명命을 빚졌기 때문에', 여환아명汝還我命, '너는 나한테 명命을 갚아야 한다', '네가 나한테 빚을 졌으니 갚아야 한다', 이렇게 나와야 할 텐데, 하나

---

3 고려대장경에는 채여債汝로 되어 있으나, 송본 · 원본 · 명본에는 본문과 같이 되어 있다.

씩만 써서 문장을 줄였다는 말입니다.

> 以是因緣 經百千劫 常在生死
> 이 시 인 연 경 백 천 겁 상 재 생 사

이런 인연으로 백천 겁을 지나면서 항상 생사에 있느니라.

났다가는 죽고 났다가는 죽고, 서로 잡아먹게 된다는 말입니다.

> 汝愛我心 我憐汝色
> 여 애 아 심 아 련 여 색

너는 나의 마음을 사랑하고, 나는 너의 얼굴을 사랑하여,

용모, 모양을 가리키는 말이고, 서로가 통해야 한다는 말입니다.

> 以是因緣 經百千劫 常在纏縛
> 이 시 인 연 경 백 천 겁 상 재 전 박

이러한 인연으로 백천 겁을 지나면서 항상 전박해 있느니라.

> 唯殺盜婬 三爲根本
> 유 살 도 음 삼 위 근 본

오직 살殺·도盜·음婬 세 가지가 근본이 되는 것이니,

以是因緣 業果相續
이 시 인 연   업 과 상 속

이러한 인연으로 업과가 상속하느니라.

업業이란 인因입니다. 업을 지어 가지고 과果를 받는 거니까 업의 인, 업인業因입니다. 그러니까 업과상속이나 인과상속因果相續이나 같은 말입니다.

운하홀생산하대지云何忽生山河大地 제유위상諸有爲相의 세계상속世界相續은 산하대지를 가리키는 말이고, 중생상속衆生相續은 유위상有爲相인데, 중생 생기는 근본을 업과상속으로 본 거니까 업과도 유위입니다.

富樓那 如是三種 顚倒相續
부 루 나   여 시 삼 종   전 도 상 속

부루나야, 이와 같은 세 가지가 전도하게 상속하는 것은,

무명無明으로부터 생긴 것이니까 잘못된 전도상속이라고 그랬습니다.

皆是覺明 明了知性
개 시 각 명   명 료 지 성

모두 각명의 명료지하는 성性이,

여기의 각명은 각명공매覺明空昧의 각명과 같은 말입니다. 각명은 각覺 가운데 명明이 으레 가리어져 있으니까 곧 체體를 가리키는 말이고, 그 작

용이 명료지명了知입니다.

> ### 因了發相
> 인 료 발 상

요지了知함을 인하여 상相을 발發하며,

업상業相, 전상轉相, 현상現相으로 얘기할 때에 인료因了라는 것은, 능견상能見相이니까 전상을 가리키는 말입니다.

발상은 현상現相을 말합니다. 이것을 '요발상了發相을 인해서', '명료하게 발명하는 모양을 인해서' 이렇게도 새기는 이가 있나 본데, 『정맥소』에서는 '요지하는 것을 인해서', 즉 '전상을 인해서 발상, 현상을 발한다', 이렇게 봅니다.

> ### 從妄見生
> 종 망 견 생

망견을 좇아 생하나니,

인료발상하는데 3종 전도顚倒가 다 망妄으로부터 생하게 된다, 그렇게 되는 것이기 때문에 여기에서 분명히 대답하는 겁니다.

> ### 山河大地 諸有爲相 次第遷流 因此虛妄 終而復始
> 산 하 대 지 제 유 위 상 차 제 천 류 인 차 허 망 종 이 부 시

산하대지의 모든 유위상이 차제로 천류하며, 이 허망함을 인하여 마치고 다시 비롯하느니라.

차제천류하야 종이부시함을 부루나가 물었는데, 여기 인차허망이 그 대답입니다.

종망견생從妄見生, 망견으로 좇아 생하는 것이니까 이 허망한 것을 인해 가지고 종이부시한다, 산하대지 제유위상이 차제천류하는데, 허망한 것을 인해 가지고 종이부시하게 된다는 말입니다.

홀생忽生하는 것도 얘기하고, 종이부시하는 것도 얘기해서 부루나의 물음에 답한 내용입니다.

그 대답을 듣고 또 의심이 생겨 다시 묻습니다.

> 富樓那言 若此妙覺 本妙覺明
> 부루나 언 약차묘각 본묘각명

부루나가 말하였다.
만일 이 묘각의 본묘한 각명이,

묘각은 성불한다는 묘각이 아니고, 우리의 본래 있는 성각묘명性覺妙明, 본각명묘本覺明妙한 그 묘각을 가리키는 말입니다.

일체중생이 다 구족해 가지고 있는 성품 자리인 묘각이 본래부터 묘하고 본래부터 각覺하고 본래부터 명明하다, 이런 말입니다.

그러니까 이것은 성각묘명, 본각명묘한 그 얘기지, 성각性覺이 망위명각妄爲明覺되어서 하는 얘기는 아닙니다.

與如來心 不增不減
여 여래심 부증불감

여래의 마음으로 더불어 증增하지도 않고 감減하지도 않거늘,

본래 성각묘명, 본각명묘한 그 자리니까 부처님 마음이 중생보다 더한 것도 아니고, 중생의 마음이 부처님 마음보다 감한 것도 아니어서 똑같다는 말입니다.

부증불감한 이 가운데서,

無狀 忽生山河大地諸有爲相
무상 홀생산하대지제유위상

까닭 없이 산하대지의 모든 유위상이 홀연히 생겼다면,

부처님 말씀대로 그렇다면,

如來今得 妙空明覺
여래금득 묘공명각

여래께서 이제 묘공명각을 얻었사오니,

중생과 같이 무명이던 것을 닦아 성불해서 묘공명각을 얻었으니, 이 말입니다. 묘각 자리의 본묘각명本妙覺明이라는 말이나, 여기에서의 묘공명각이라고 하는 말이나 같습니다.

부처님이 되셔서 각覺을 증득하신 그것이나, 중생이 본래부터 있는 성

각, 본각이나 같지 않습니까, 이 말입니다.

다시 말하자면, 중생도 본래 본묘각명한 자리에서 산하대지의 제유위상이 생겼으니, 부처님께서 묘각·명각을 증득하신 것도 우리의(중생의) 본각과 같은 것이니, 성불하여도 거기에 산하대지가 생겨야 하지 않습니까, 그 말입니다.

> 山河大地 有爲習漏 何當復生
> 산 하 대 지 유 위 습 루 하 당 부 생

산하대지의 유위인 습루가 어느 때에 다시 생 하나이까?

위에서는 제유위상諸有爲相이라고 했는데 그것은 중생을 가리키는 말이고, 습루習漏는 업과業果로 보자는 얘깁니다.

중생도 본묘각명本妙覺明에서 산하대지가 생겼으니(부처님께서 성불하신 본묘각명도 중생과 같은 것이니) 부처님도 산하대지가 생기게 될 텐데(꼭 생겨야 할 텐데), 어느 때 생기느냐 이겁니다.

때만 묻는 게 아니라 부처님께서 다시 중생 됩니까, 이걸 물은 것입니다. 이것은 누구든지 가질 수 있는 의심인데,『원각경圓覺經』에서 금강장金剛藏보살도 그런 내용을 물었습니다.

이제는, 부처는 깨닫고 나서는 다시는 중생이 되지 않는 것을 비유로 얘기합니다. 그냥 말해서는 잘 이해할 것 같지 않으니까 비유로 말씀하시는 겁니다.

> 佛告富樓那 譬如迷人
> 불 고 부 루 나 비 여 미 인

부처님께서 말씀하셨다.

부루나야, 마치 미迷한 사람이,

길 잘못 드는 것이 미迷한 것입니다. 길을 잘못 든다는 것은, 동서남북을 분간 못 하여 그런 것이니까 길 잃은 아이도 그래서 미아迷兒라고 합니다.

於一聚落 惑南爲北
어 일 취 락 혹 남 위 북

어떤 취락에서 남을 혹하여 북이라 한다면,

일一은 어떤이라는 말이고, 취락은 동리洞里(동네)를 가리키는 말입니다. 처음으로 간 동네에서는 방위가 분명하지 못할 수도 있어서 남쪽을 북쪽이라 하고, 북쪽을 남쪽이라 하는, 그것을 혹남위북이라고 합니다.

此迷爲復因迷而有
차 미 위 부 인 미 이 유

이 미迷가 다시 미함을 인하여 있는 것인가,

본래 미迷한 것을 인해서 지금 미가 생겼느냐는 말입니다. 이 미는 지금 생긴 미가 아니라 본래 근본미根本迷가 있어서 그 미로부터 혹남위북惑南爲北을 하고 있느냐는 말입니다.

因悟所出
인 오 소 출

오悟를 인하여 생긴 것인가?

분명히 남쪽인 줄 아는 거기서 북쪽이라 하느냐는 말입니다.

富樓那言 如是迷人 亦不因迷
부 루 나 언 여 시 미 인 역 불 인 미

부루나가 말하였다.
이와 같이 미迷한 사람은 또한 미를 인하지도 않았고,

又不因悟
우 불 인 오

또한 오悟를 인하지도 않았나이다.

답부터 내놓고, 이유를 얘기합니다.

何以故 迷本無根
하 이 고 미 본 무 근

왜냐하면 미迷가 본래 뿌리가 없사온데,

본래 미迷하던 사람이 아니고, 지금 여기 와서 그렇지 그 미가 근본이 없다는 말입니다.

```
云何因迷
운 하 인 미
```

어떻게 미迷를 인했다 하며,

여기 들어오기 전에는 이 사람이 미迷하지 않았으니까 미를 인해서 혹 남위북한다고 할 수가 없다는 말입니다.

```
悟非生迷 云何因悟
오 비 생 미   운 하 인 오
```

오悟에서는 미迷가 생기지 않거늘, 어찌 오를 인했다 하오리까?

미迷에서 생긴 것도 아니고 오悟에서 생긴 것도 아니라는 말입니다. 말하자면 다른 곳에서는 분명히 동서남북을 잘 알던 사람이니까 오한 것인데, 그렇게 오하던 사람이 지금 여기 와서 미했으니까 오에서 생겼다고 할 수가 있지만, 그것은 다른 곳에서 오한 것이지 이곳에서는 오하지 않았다 이겁니다.

그래서 오를 인하여 미가 생기지 않았다, 그러니 미는 까닭 없이 생긴 것이지 원인이 있을 수 없다는 얘깁니다.

```
佛言 彼之迷人 正在迷時
불 언  피 지 미 인  정 재 미 시
```

부처님께서 말씀하셨다.

저 미迷한 사람이 정히 미에 있는 때에,

정히 미迷해서 남쪽을 북이라고 하고 있을 때에,

倏有悟人
숙 유 오 인

문득 오悟한 사람이,

중생에 대해서는 부처님일 것이고, 사람으로 봐서는 지방의 방위를 잘 아는 사람이,

指示令悟
지 시 영 오

지시하여 깨닫게 한다면,

가르쳐 준다고 해서 당장 아는 것은 아니겠지만, 가르쳐 주는 말을 듣고 차차 생각을 해서(이게 깨는 것임) 남쪽을 북이라 하다가 다시 북이 아니고 남인 줄을 아는 것입니다.

富樓那 於意云何
부 루 나 어 의 운 하

부루나야, 어떻게 생각하느냐?

> 此人縱迷 於此聚落 更生迷不
> 차 인 종 미 어 차 취 락 갱 생 미 부

이 사람이 비록 미迷하였으나 이 취락에서 다시 미가 생기겠는가?

아는 사람이 일러 주어서 북쪽이라고 하던 걸 분명히 남쪽인 줄 안 후에 또다시 그 동리에서 남쪽을 북이라고 하겠느냐, 그 말입니다.

> 不也 世尊
> 불 야 세 존

그렇지 않습니다, 세존이시여,

처음엔 몰라서 그랬지 한번 안 후에야 그 동리에서는 언제든지 남이라고 하지 북이라고 안 합니다, 그 말입니다. 즉 한번 깬 다음에는 다시 미迷하지 않는다, 그러니까 부처님이 된 후에는 산하대지 제유위상이 안 생긴다는 말입니다.

> 富樓那 十方如來 亦復如是
> 부 루 나 시 방 여 래 역 부 여 시

부루나야, 시방 여래도 그러하니라.

지금 본묘각명本妙覺明을 얻었으면 묘본각명妙本覺明 그대로 있지 다시 중생이 되지 않는다, 산하대지 제유위상이 안 생긴다는 말입니다.

此迷無本
차 미 무 본

이 미迷가 근본이 없어서,

혹남위북惑南爲北하던 그 미迷가 본래 미할 근본원인根本原因이 없다는 것입니다.

性畢竟空
성 필 경 공

성性이 필경에 공空하니라.

왜 본래 공空한고 하니, 남을 북이라고 생각할 때에 그렇다고 남쪽이 북쪽 되지는 않았다는 말입니다.

공연히 생각만 그렇게 하고 있지 공하지 않고 사실이라면, 남쪽이 북쪽 되어야 할 텐데 그 사람이 아무리 남을 북이라고 생각해도 남이 북으로 변하지는 않는다는 말입니다. 그래서 미迷가 공空하다는 것입니다.

昔本無迷
석 본 무 미

예전에 본래 미迷하지 않았거늘,

본래 깬 사람이지 미迷한 사람이 아니었는데,

似有迷覺
사 유 미 각

미각이 있는 듯하니,

사유似有라는 말이, 그 사람은 지금 남을 북이라고 하고 있지만 사실 남이 북이 되지 않았는데 참말 미각迷覺이 있는 듯할 뿐이라는 겁니다. 있긴 있는데 미迷한 듯하기만 하다는 그 말입니다.

覺迷迷滅 覺不生迷
각 미 미 멸 각 불 생 미

미迷를 깨달아 미가 멸하면, 각覺에서는 미가 생기지 않느니라.

남을 북이라고 하던 그 미迷를 깨달으면(깨달으면 迷가 없어지니까) 그 각覺하는 중에는 다시 미가 생하지 않는다, 그래서 부처님 된 후에는 다시 중생 되지 않는다, 그 말입니다.

그런데 계환사戒環師나, 다른 사람들은 미를 깨달은 미, 즉 '각미지미覺迷之迷가'라고 미를 위에 붙여서 그 '미를 미한 줄 아는', '미를 각하던 미가 멸하면', 이렇게 해석한 이도 있습니다. 그렇게도 할 수는 있지만 '미를 각해서 미가 멸하면', 이렇게 하는 것이 쉽고 분명할 것 같습니다.

각한 자리에서는 다시 미가 생하지 않는다, 그러니까 부처님께서 중생 되지 않는다는 말이고, 그게 한 가지 비유, 방소方所를 미했다는 미방지유迷方之喻입니다.

또 한 가지,

> **亦如瞖人 見空中華**
> 역 여 예 인 견 공 중 화

또한 예瞖한 사람이 허공 중의 화華를 보다가,

예瞖는 눈이 피로해져서 눈병이 날 예瞖 자입니다.

> **瞖病若除 華於空滅**
> 예 병 약 제 화 어 공 멸

예瞖한 병이 없어지면 화華가 허공에서 멸하나니,

> **忽有愚人 於彼空華 所滅空地**
> 홀 유 우 인 어 피 공 화 소 멸 공 지

홀연히 어떤 우인이 저 공화가 멸한 공지에서,

> **待華更生**
> 대 화 갱 생

화華가 다시 나기를 기다린다면,

지금 여기에서 꽃이 있다가 없어지니까 또다시 나리라 하는 것과 같이 부처님께서 성불하셨지만 또다시 중생 되리라 하는 말과 같습니다.

汝觀是人 爲愚爲慧
여관시인 위우위혜

네가 관하라. 이 사람을 어리석다 하겠는가, 지혜롭다 하겠는가?

富樓那言 空元無華 妄見生滅
부루나언 공원무화 망견생멸

부루나가 말하였다.

허공에 원래 화華가 없거늘 허망하게 (화華의) 생멸을 보는 것이니,

본래 허망하여 사실이 아닌데,

見華滅空 已是顚倒
견화멸공 이시전도

화華가 허공에서 멸함을 보는 것이 이미 전도이거늘,

있어야 멸하지, 본래 없던 것인데 멸한다고 한 것부터가 잘못된 것인데,

敕令更出 斯實狂癡
칙령갱출 사실광치

다시 나기를 기다린다면, 이것은 실로 광치거늘,

또다시 허공 나기를 기다린다고 하면,

> 云何更名 如是狂人 爲愚爲慧
> 운하갱명 여시광인 위우위혜

어찌 다시 이런 광인을 어리석다, 지혜롭다 하오리까.

아무것도 모르는 이런 사람은 어리석다, 지혜롭다 말할 가치도 없다는 말입니다.

> 佛言 如汝所解
> 불언 여여소해

부처님께서 말씀하셨다.
네 해解한 바(所見)가 그렇다면,

허공에서 꽃이 없어진 걸 보고 다시 나리라 하는 것을 어리석다, 지혜롭다 말할 것도 없다고 하는 그 소견대로 한다고 하면,

> 云何問言 諸佛如來 妙覺明空
> 운하문언 제불여래 묘각명공

어찌 제불여래의 묘각의 명공에서,

何當更出 山河大地
하 당 갱 출 산 하 대 지

언제 다시 산하대지가 생기느냐고 묻느냐?

언제 다시 산하대지가 생기느냐고 묻고 있으니, 너도 광치狂癡로구나, 그런 말입니다. 그러니까 부처 되면 다시 중생 안 된다는 두 번째 비유입니다.

처음엔 미방지유迷方之喩였고, 두 번째는 공화지유空華之喩였으며, 이제 금광지유金鑛之喩입니다.

又汝金鑛 雜於精金
우 여 금 광 잡 어 정 금

또 금광에 정금이 섞였으나,

금광은 돌에 금이 섞여 있는 것이고, 정금은 순금純金을 말합니다.

其金一純 更不成雜
기 금 일 순 갱 불 성 잡

그 금이 한번 순금이 되면 다시는 섞이지 아니하며,

금광일 때는 돌과 섞여 있지만 한번 순금이 되면 돌과 섞여 다시 금광이 되지 않는다, 부처가 다시 중생이 되지 않는다는 세 번째 비유입니다.

본래 돌이 따로 있고, 금이 따로 있다가 섞인 게 아니고, 처음 생길 때부터 섞여서 금광이 되었으니, 이게 진眞과 망妄이다, 무시無始라는 얘깁니다.

진만 무시인 것이 아니라 망도 무시이어서 언제부터 망이 새로 생긴 데가 없다, 망이 진을 의지해서 생긴다고 하는데, 망이 진을 의지해서 생긴다고 하면, 망 생기기 전에 진, 망이 있지 않았을까 그렇게 생각할 수 있습니다.

망이 생기기 전에 진, 망이 있다가 진을 의지해서 망이 생겼다고 볼 수가 있는데, 금광의 비유처럼 금이 따로 있고 돌이 따로 있어서 섞였듯이 진도 무시이고, 망도 무시라는 말입니다.

如木成灰 不重爲木
여 목 성 회 부 중 위 목

마치 나무가 재가 되면 다시 나무가 되지 않는 것과 같아서,

나무는 중생을 가리키고, 회灰는 부처님을 가리키는데, 역시 한번 부처를 이루면 다시 미迷하지 않는다는 뜻입니다. 언제든지 이런 얘기가 나오면 이런 비유를 경마다 많이 들어 놓았는데, 어느 한 비유만 들면 사견邪見에 빠질 염려가 있기 때문입니다. 가령 미혹이 허공의 꽃 같다고만 하면 미혹이 본래 없는 것이라고 가볍게 생각하고, 미혹이 경鏡 같다면 미迷의 종자가 원래 진眞에 섞여 있는가 하는 등 제2의 허물이 생기기 때문에 이 불불부미설佛不復迷說에는 이렇듯 네 가지 비유를 연거푸 드는 게 상례입니다.

> 諸佛如來 菩提涅槃 亦復如是
> 제불여래 보리열반 역부여시

제불여래의 보리와 열반도 다시 이와 같으니라.

보리, 열반을 증득한 후에는 다시 번뇌가 있어서 중생 되지 않는다고 해서, 왜 산하대지 제유위상이 생겨 가지고 종이부시終而復始하느냐에 대답을 했고, 또 아래는 실제를 대답합니다.

> 富樓那 又汝問言 地水火風 本性圓融 周遍法界
> 부루나 우여간언 지수화풍 본성원융 주변법계

부루나야, 또 네가 묻되, 지·수·화·풍의 본성이 원융하여 법계에 주변하였다면,

지금 이 얘기는 위에서 부루나가 의심해 물었던 얘기들입니다.

> 疑水火性 不相陵滅
> 의수화성 불상능멸

수성水性과 화성이 서로 능멸하지 않는가 의심하고,

'수대水大가 있으면 화대火大가 있을 수 없고, 화대가 있으면 수대가 있을 수 없는데, 어떻게 주변법계합니까?'라고 그걸 하나 물었고,

> 又徵虛空 及諸大地 俱遍法界 不合相容
> 우 징 허 공 급 제 대 지 구 변 법 계 불 합 상 용

또 허공과 대지가 다 법계에 주변하였다면 서로 용납하지 못하리라 하거니와,

허공은 트인 것이고, 대지는 막힌 것이니까 지대地大가 공대空大를 용납하고, 공대가 지대를 용납하는 것이 합당하지 않겠다고 네가 의심하여 물으나, 본여래장묘진여성本如來藏妙眞如性 가운데는 지대와 공대를 용납하지 못한다(圓融할 수가 없다.)고 하는 그런 이유가 안 생긴다는 것을 말하려는 것입니다.

> 富樓那 譬如虛空體非群相
> 부 루 나 비 여 허 공 체 비 군 상

부루나야, 마치 허공의 체가 여러 모양은 아니로되,

여러 가지 모양이란, 흐리다든지 맑다든지 비가 온다든지 등을 말하는데, 그냥 허공이어서 이런 여러 모양이 다 없다는 말입니다.

> 而不拒彼諸相發揮
> 이 불 거 피 제 상 발 휘

여러 상相이 발휘함을 거부하지 않음과 같으니라.

제상諸相이나 군상群相이나 같은 말입니다.

얼마든지 비 올 때는 비 오고, 한쪽에서는 바람이 불고 하더라도 그냥 그대로 내버려 두지, 그런 것들을 거부하지 않는다는 말입니다.

편자 주] 이 대목부터 '운하중소云何中宵 운무지시雲霧之時 불생광요不生光耀'까지 보완분임.

여기에서 부루나 존자가 왜 서로를 용납하여 능멸하지 않느냐고 물은 것에 대해서 허공과 허공 안에 존재하는 모든 물상物相과의 관계를 예로 들어서 허공 안에 모든 것이 존재하되 허공이 그들의 존립을 방해하지 않는다는 것을 들어서 여래장 가운데는 지·수·화·풍과 모든 것이 생길 수 있고, 서로 능멸하지 않는다는 도리를 말씀하시려고 합니다.

所以者何 富樓那 彼太虛空 日照則明
소 이 자 하 부 루 나 피 태 허 공 일 조 즉 명

왜냐하면 부루나야, 저 태허공이 해가 비추면 밝고,

雲屯則暗 風搖則動 霽澄則淸 氣凝則濁
운 둔 즉 암 풍 요 즉 동 제 징 즉 청 기 응 즉 탁

구름이 둔屯한즉 어둡고, 바람이 요搖하면 동하고, 비가 개이면 맑고, 기운이 엉기면 흐리고,

土積成霾 水澄成映 於意云何
토 적 성 매 수 징 성 영 어 의 운 하

먼지가 쌓이면 흙비가 되고, 물이 맑으면 비치나니, 뜻에 어떠한가?

| 如是殊方 諸有爲相 |
| 여 시 수 방   제 유 위 상 |

이와 같이 여러 방면의 모든 유위상이,

| 爲因彼生 爲復空有 |
| 위 인 피 생   위 부 공 유 |

저것들로 인하여 생기는가, 다시 허공에 있는 것인가?

이것은 지금 부처님께서 부루나의 물음에 대해서 대답을 하시기 위해 사건을 설정해 놓으신 겁니다.

그 다음엔 해명 부분인데,

| 若彼所生 富樓那 且日照時 旣是日明 |
| 약 피 소 생   부 루 나   차 일 조 시   기 시 일 명 |

만일 저것들로 인하여 생긴다면, 부루나야, 해가 비출 적에 그것이 해의 밝음일 것이니,

> 十方世界 同爲日色 云何空中 更見圓日
> 시 방 세 계 동 위 일 색 운 하 공 중 갱 견 원 일

시방세계가 동일한 햇빛일 터인데, 어찌하여 공중에서 다시 둥근 해를 보게 되는가?

다시 말하면 허공과 해가 엄연히 다르다, 그러니 꼭 해에서 나왔다는 얘기가 안 맞는다는 방향입니다.

> 若是空明 空應自照
> 약 시 공 명 공 응 자 조

만일 허공의 밝음이라면, 허공이 응당히 스스로 비출 것이거늘,

> 云何中宵 雲霧之時 不生光耀
> 운 하 중 소 운 무 지 시 불 생 광 요

어찌하여 중소에 구름이 끼었을 적에는 빛(光耀)을 내지 못하는가?

그래서 허공 자체에서 광명이 나오는 것도 아니고, 해에서만 나오는 것도 아니고, 허공이 광명과 관계가 있는 것도 아니고 없는 것도 아닌 존재이므로 허공이 모든 것을 거부하지 않듯이 여래장은 모든 생멸에 대해서 거부하지 않을 뿐만 아니라 서로 용납한다고 다음 장에 말씀하시려는 복선이 됩니다.

當知是明 非日非空 不異空日
당 지 시 명 비 일 비 공 불 이 공 일

마땅히 알라. 이 밝은 것은 해도 아니요 공空도 아니며, 공과 일日과 다르지도 아니하니라.

해도 아니고 공空도 아니라고 하는 비일비공은 인연을 부인하는 말이고, 공일과 다르지 않다는 불이공일은 인연이 아니라는 것을 부인하는 말입니다. 말하자면 인연도 아니고, 자연도 아니라는 말입니다.

그럼 어떻게 된 일이냐? 어디든지 이게 정답입니다.

觀相元妄 無可指陳
관 상 원 망 무 가 지 진

상相으로 보면 원래 허망하여 가히 지진할 수 없나니,

모양으로 보면 원래 허망한 것인데, 허공 때문이니, 해 때문이니 할 게 어디 있느냐는 말입니다.

가리켜서 뭐라고 이유 댈 수 없는 것이,

猶邀空華 結爲空菓
유 요 공 화 결 위 공 과

마치 공화에서 공과가 맺히기를 기다리는 것과 같거늘,

요邀 자는 다른 것을 청해 온다는 요 자입니다. 그러니까 허공에 있는 꽃을 가져다가(꽃에서는 열매가 맺히니까) 허공의 열매 맺히기를 기다리는 것과 같다, 즉 공화 자체도 없는데 공과가 어디 있겠느냐는 말입니다.

> 云何詰其 相陵滅義
> 운 하 힐 기 상 능 멸 의

어찌 서로 능멸陵滅하는(하지 않는?) 뜻을 힐난하겠는가?

실제라야 물과 불이 서로 합하지 못한다고 하지, 화대와 수대가 본래부터 허망한 것인데, 능멸하지 않는 걸 따질 수가 있겠느냐는 말입니다.

> 觀性元眞 唯妙覺明
> 관 성 원 진 유 묘 각 명

성性으로 관하면 원래 진眞이어서 오직 묘각명뿐이니,

화대火大도 여래장에서 나온 것이고, 수대水大도 여래장에서 나온 것이니, 성품으로 보면 다 진眞이라는 말입니다.

> 妙覺明心 先非水火
> 묘 각 명 심 선 비 수 화

묘각명한 마음이 본래 수水도 화火도 아니거늘,

선先 자는 본래부터라는 말입니다. 그러니까 성품으로 보면 수대, 화대가 어디 있느냐, 그 말입니다.

> 云何復問 不相容者
> 운 하 부 문 불 상 용 자

어찌하여 다시 서로 용납하지 못하리라고 묻는가?

> 眞妙覺明 亦復如是
> 진 묘 각 명 역 부 여 시

참으로 묘한 각명도 다시 이와 같아서,

> 汝以空明 則有空現
> 여 이 공 명 즉 유 공 현

네가 공空으로써 증명하면 공이 나타나고,

저 위에서 '수중생심隨衆生心하고 응소지량應所知量하야 순업발현循業發現이라' 하는, 그 말입니다. 이것이 허공이다 하면 허공이 생기는 그것이 수중생심이라 할 수 있습니다.

> 地水火風 各各發明 則各各現
> 지 수 화 풍 각 각 발 명 즉 각 각 현

지·수·화·풍으로 각각 발명하면, 즉 각각 나타나고,

若俱發明 則有俱現
약 구 발 명 즉 유 구 현

만약 한꺼번에 발명하면 함께 나타나느니라.

중생들이 발명하는 대로 나타나는, 수중생심하고 응소지량하야 순업발현 하는 것이니까 무엇이 생길 거다 하면 얼마든지 나타나는데, 실제 물건이 있어서 나타나는 게 아니라 허망한 것이다, 그 말입니다.

云何俱現
운 하 구 현

어떤 것이 함께 나타남인가?

위에서 각각 발명하면 각기 나타나고, 한꺼번에 발명하면 한꺼번에 나타난다고 했는데, 각각 발명해서 각각 나타나는 것은 알기 쉬우니까 빼고, 한꺼번에 나타나는 것만을 얘기했습니다.

富樓那 如一水中 現於日影 兩人同觀 水中之日
부루나 여일수중   현어일영   양인동관 수중지일

부루나야, 한 물속에 해의 그림자가 나타나거든 두 사람이 물속의 해를 함께 보다가,

그때는 물 가운데 해 그림자가 하나입니다.

> 東西各行 則各有日 隨二人去
> 동 서 각 행 즉 각 유 일 수 이 인 거

동과 서로 각기 가면, 해도 두 사람을 각각 따라가되,

이제 한꺼번에 둘이 나타납니다.

> 一東一西 先無准的
> 일 동 일 서 선 무 준 적

하나는 동으로 가고, 하나는 서로 가서 본래 준적이 없나니,

적的 자는 분명하다는 말이니까 표준한 실제가 없다, 물은 여래장에 비유하고, 해그림자가 나타나는 것은 칠대七大가 나타나는 것을 비유하는 말입니다.

해는 하나인데 둘로 따라가는 것을 보고,

> 不應難言 此日是一 云何各行 各日旣雙 云何現一
> 불 응 난 언 차 일 시 일 운 하 각 행 각 일 기 쌍 운 하 현 일

응당히 힐난해 말하기를, 이 해가 하나인데 어찌하여 각각 가느냐? 각각 가는 해가 이미 둘인데 어찌하여 하나로 나타났더냐 할 것이 아니니,

하나가 둘 되는 것과 둘이 하나 되는 것을 말하는데, 한꺼번에 발명하면 한꺼번에 나타나고, 하나씩 발명하면 하나씩 나타나는 것이지 그것을

힐난할 수가 없다, 즉 선무준적先無准的이라 그 말입니다.

그 적的 자는 확실하다는 말이니까 준적准的이 없기 때문에 하나가 둘 되고, 둘이 하나 될 수가 없는 것입니다.

그러면 어찌 되느냐?

> **宛轉虛妄 無可憑據**
> 완 전 허 망 무 가 빙 거

완연히 허망하여 빙거할 수 없느니라.

빙憑 자나 거據 자나 의지한다는 말입니다. 실제가 있어야 하나다 둘이다 하지, 허망한 것을 뭐라고 얘기할 수가 있겠느냐, 그 말입니다.

그리고 이제 중생과 부처님이 다르다는 얘기와 여래장에 대해서 제각기 자기가 발명하는 대로 나타난다는 얘깁니다.

> **富樓那 汝以色空**
> 부 루 나 여 이 색 공

부루나야, 네가 색과 공으로써,

색 아니면 공이고 공 아니면 색이니까 온갖 만상이 색, 공 외에는 없는 것입니다.

> **相傾相奪 於如來藏**
> 상 경 상 탈 어 여 래 장

여래장에서 상경하고 상탈하므로,

상경이란, 저울대가 이쪽은 내려가고 저쪽은 올라가서 힘 있는 편은 내려가고 힘없는 편은 올라가서 서로 기울어진다는 말입니다.

상탈이란, 색이 있을 땐 공空이 없어지고 공이 있을 땐 색이 없어진다는 말입니다.

而如來藏 隨爲色空 周遍法界
이 여 래 장 수 위 색 공 주 변 법 계

여래장도 따라서 색色과 공空이 되어 법계에 주변하나니,

여래장에 대해서 이건 색이다, 이건 공이다 하기 때문에 여래장 가운데 색이 생기고 공이 생겨서 법계에 주변하는 중생세간의 일을 얘기하는 겁니다.

이것은 중생들이 하는 거니까 염연기染緣起를 따라서 온갖 것이 제각기 나타나는데, 중생들 생각에는 색이 아니면 공이고 공이 아니면 색이어서 색일 때는 공이 없고 공일 때는 색이 없다고 생각하고 있기 때문에 이 여래장이 중생들의 상경相傾, 상탈相奪하는 그것을 따라 색도 되고 공도 됩니다(隨爲色空).

색이라고 하면 색이 나타나고 공이라고 하면 공이 나타나서 염연기로 생기는 온갖 것도 법계에 주변하게 됩니다.

是故於中 風動空澄 日明雲暗
시 고 어 중 풍 동 공 징 일 명 운 암

이런고로 그 가운데서 바람은 동하고, 허공은 맑고, 해도 밝고, 구름은 어둡나니,

衆生迷悶 背覺合塵
중 생 미 민 배 각 합 진

중생이 미민하여 각覺을 등지고 진塵에 합하므로,

본각 자리는 등지고 염진染塵에다 합하기 때문에,

故發塵勞 有世間相
고 발 진 로 유 세 간 상

고로 진로를 발하여 세간의 상相이 있느니라.

진塵은 티끌이고, 로勞는 피로하다는 말이니까 온갖 염법染法이 생기는 중생 세간을 얘기했고, 또 이제 부처님의 무애無礙한 정연기淨緣起를 얘기합니다.

我以妙明 不滅不生 合如來藏
아 이 묘 명 불 멸 불 생 합 여 래 장

나는 묘명하여 불멸불생함으로써 여래장에 합하므로,

아我는 부처님입니다.

> **而如來藏 唯妙覺明 圓照法界**
> 이 여 래 장 유 묘 각 명 원 조 법 계

여래장이 오직 묘각명이어서 법계에 원조하나니,

중생은 여래장을 등지는 상경相傾, 상탈相奪인데, 여기는 여래장에 합한다는 말입니다. 그런고로 부처님 경계로 볼 때는 여래장이 오직 묘각명뿐입니다.

저기는 조照하는 작용이 없으니까 주변법계, 염연기하는 것이고, 이것은 정법淨法이 생기는 것이니까 법계를 원조하게 되는 것입니다.

그렇기 때문에,

> **是故於中 一爲無量 無量爲一**
> 시 고 어 중 일 위 무 량 무 량 위 일

이런고로 그중에서 일이 무량이 되고, 무량이 일이 되며,

일一은 리理를 가리키고, 무량은 사事를 가리키며, 서로 원융한 뜻을 얘기하는 것입니다.

> **小中現大 大中現小**
> 소 중 현 대 대 중 현 소

소小한 가운데 대大를 나투고, 대大한 가운데 소小를 나투며,

큰 것은 리理를 가리키고, 작은 것은 사事를 가리키는 말인데, 차별을

내지 않기 때문에 원융한 것을 말하고 있습니다.

그래서 결과는,

不動道場 遍十方界
부 동 도 량   변 시 방 계

도량에서 동動하지 않고 시방계에 주변하며,

도량은 수도하는 장소입니다. 부동도량은 리理를 가리키고, 변시방계는 사事를 가리키는 말입니다.

身含十方 無盡虛空
신 함 시 방   무 진 허 공

몸에 시방의 무진한 허공을 함수含受하며,

몸은 정보正報요, 무진허공은 의보依報입니다.

於一毛端 現寶王刹
어 일 모 단   현 보 왕 찰

1모단에 보왕찰을 나타내고,

보왕은 부처님인데, 보왕찰이라고 했으니까 불찰佛刹이나 같은 말입니다.

> **坐微塵裏 轉大法輪**
> 좌 미 진 리 전 대 법 륜

미진 속에 앉아서 대법륜을 전轉하나니,

부처님 경지는 이렇게 된다는 말입니다.

> **滅塵合覺**
> 멸 진 합 각

진塵을 멸각滅覺하고 각覺에 합할새,

염연기染緣起는 다 없애 버리고 본각 자리에 합하기 때문에,

> **故發眞如 妙覺明性**
> 고 발 진 여 묘 각 명 성

고로 진여의 묘각명한 성性을 발하느니라.

각覺은 체體를 가리키는 말이고, 묘명妙明은 상相을 가리키는 말인데, 이는 여래장이 사事로 보면 여래장 아닌 것이 없고, 리理로 보면 모두 아니라고 하여 여기를 흔히들 공여래장空如來藏과 불공여래장不空如來藏을 말한 것이라고 그럽니다. 이것은 염染, 정淨을 통해서 하는 말입니다.

부처님은 진리에 합하고, 중생들은 진리를 등져서 제각기 다른데,

> 而如來藏 本妙圓心
> 이 여 래 장 본 묘 원 심

여래장의 본래 묘원한 마음은,

이 而 자는 위의 말을 이어서 '그렇지만'이라고 합니다.

> 非心非空 非地非水 非風非火
> 비 심 비 공 비 지 비 수 비 풍 비 화

심心도 아니고, 공空도 아니고, 지地도 아니고, 수水도 아니고, 풍風도 아니고, 화火도 아니며,

모두 부인하는 말이니까 여래장이라는 말입니다.

칠대七大 가운데 공·지·수·화·풍은 나오고, 근대根大와 식대識大는 마음 심心 자 하나를 가지고 표했습니다.

> 非眼 非耳鼻舌身意 非色 非聲香味觸法 非眼識界
> 비 안 비 이 비 설 신 의 비 색 비 성 향 미 촉 법 비 안 식 계
> 如是乃至 非意識界
> 여 시 내 지 비 의 식 계

안眼도 아니고, 이·비·설·신·의도 아니며, 색도 아니고, 성·향·미·촉·법도 아니며, 안식계도 아니고 내지 의식계도 아니니라.

육근六根이 아니고 육진六塵이 아니고 십팔계가 아니라는 말입니다.

위는 세간법이고, 이건 출세간법인데 이제 십이인연을 얘기합니다.

> 非明無明 明無明盡
> 비 명 무 명   명 무 명 진

명明도 무명도 아니고, 명과 무명이 다함도 아니며,

비非 자 하나가 무명진까지 내려옵니다. 명明이 다한다는 것은 염연기染緣起로 나오는 것이고, 무명이 다한다는 것은 정연기淨緣起로 들어가는 것입니다. 본래 무명이 십이인연의 처음인데, 첫머리의 명明 자는 본래 명明인데 무명이 된다는 의미로 쓰였습니다.

> 如是乃至 非老非死 非老死盡
> 여 시 내 지 비 노 비 사 비 노 사 진

이와 같이 내지 노老도 아니고, 사死도 아니고, 노와 사가 다함도 아니며,

노老도 아니고 사死도 아니라는 것은 십이인연의 생기차제生起次第를 가리키는 말이고, 노사진은 십이인연이 멸해지는 차제를 가리키는 말입니다.

진盡 자는 멸해진 것이고, 진 자가 아닌 것은 연기緣起로 내려오는 것이고, 그러니까 그것은 연기법이 아니라는 말입니다.

> **非苦非集 非滅非道 非智非得**
> 비 고 비 집 비 멸 비 도 비 지 비 득

고苦도 아니고, 집集도 아니고, 멸滅도 아니고, 도道도 아니고, 지智도 아니고, 득得도 아니니라.

지智는 고·집·멸·도를 능히 증證하는 능증지지能證之智요, 득得이란 그 지智로 고·집·멸·도를 닦아서 얻어지는 소증지리所證之理인데, 이것이 아니라는 말입니다.

『심경心經』에서는 무지역무득無智亦無得이라, 지도 없고 득도 없다고 그랬습니다.

그것을 어떤 이는 '무지無智도 역무득亦無得이다', 지智 없다고 하는 그 자리도 무득이다 그러는데, 지는 지혜요, 득得은 리理니까 리理와 득得이 능증能證·소증所證을 가리키는 말이지, 무지도 득得하지 못한다, 이렇게 새기는 것은 글로는 그럴 법하지만, 뜻에는 맞지 않습니다.

이제 육바라밀六波羅蜜이 아니라는 말을 하는데 모두 범어로 썼습니다.

> **非檀那 非尸羅 非毗梨耶 非羼提 非禪那 非鉢剌若**
> 비 단 나 비 시 라 비 비 리 야 비 찬 제 비 선 나 비 발 랄 야
> **非波羅蜜多**
> 비 바 라 밀 다

단나도 아니고, 시라도 아니고, 비리야도 아니고, 찬체도 아니고, 선나도 아니고, 발랄야도 아니고, 바라밀다도 아니며,

단나는 보시요, 시라는 지계持戒요, 비리야는 정진인데, 우리는 보시·

지계·인욕忍辱을 먼저 하는데, 정진이 먼저 나왔습니다. 발랄야는 반야般若라는 말이니까 지혜라는 말이고, 그것은 다 육바라밀을 가리키는 말인데, 그 육도행六道行을 가지고 이르러 갈 곳이 바라밀다니까 여기에서 '바라밀다도 아니다', 즉 능히 이르는 자와 갈 바가 다 아니라고 했습니다.

> 如是乃至 非怛闥阿竭 阿羅訶 三耶三菩 非大涅槃
> 여시내지 비달달아갈 아라하 삼야삼보 비대열반
> 非常非樂 非我非淨
> 비상비락 비아비정

이와 같이 내지 달달아갈도 아니고, 아라하도 아니고, 삼야삼보도 아니고, 대열반도 아니고, 상常도 아니고, 낙樂도 아니고, 아我도 아니고, 정淨도 아니니라.

달달아갈은 여래라는 말이고, 아라하는 응공應供이라는 말이니까 아라한이나 같은 말입니다.

삼야삼보는 정변지正遍知가 아니라는 말이고, 대열반에 대한 덕德이 상常·낙樂·아我·정淨이니까 그건 여래법도 아니다, 그래서 전부 다 아니라고 했으니까 공여래장空如來藏이라는 말입니다.

> 以是俱非世出世故
> 이시구비세출세고

이렇게 세世와 출세가 모두 아니므로,

이것이 왜 모두 여래장이 아닌고 하니, 세간, 출세간법이 아닌 것을 쓰는 연고다. 아닌 까닭이라고 해서 고故 자가 위의 말을 맺기도 하고, 아래를 일으키는 말도 됩니다.

> 卽如來藏 元明心妙
> 즉여래장 원명심묘

여래장의 원래 명명하고 묘한 마음은,

아닐 때는 세간, 출세간법이 다 아니고, 그렇다고 할 때는 세간, 출세간법이 다 그렇다는 불공여래장不空如來藏을 말합니다.

위에서는 본묘원심本妙元心이라고 했는데, 여기에서는 원명심묘라고 해서 좀 달라졌는데, 그 아래는 다 같습니다.

> 卽心卽空 卽地卽水 卽風卽火 卽眼 卽耳鼻舌身意
> 즉심즉공 즉지즉수 즉풍즉화 즉안 즉이비설신의
> 卽色 卽聲香味觸法 卽眼識界 如是乃至卽意識界
> 즉색 즉성향미촉법 즉안식계 여시내지즉의식계

곧 심心이요 곧 공空이요, 곧 지地요 곧 수水요, 곧 풍風이요 곧 화火이며, 곧 안眼이요, 곧 이·비·설·신·의며, 곧 색이요, 곧 성·향·미·촉·법이며, 곧 안식계요 내지 곧 의식계이니라.

> 卽明無明 明無明盡
> 즉명무명 명무명진

곧 명明이요 무명이며, 명과 무명이 다함이며,

즉卽 자 하나에 다 통하니까 네 번을 붙여야 합니다.

> 如是乃至 卽老卽死 卽老死盡
> 여시내지 즉노즉사 즉노사진

이와 같이 내지 곧 노老요 곧 사死이며, 곧 노와 사가 다함이며,

> 卽苦卽集 卽滅卽道 卽智卽得
> 즉고즉집 즉멸즉도 즉지즉득

곧 고苦요 곧 집集이요, 곧 멸滅이요 곧 도道요, 곧 지智요 곧 득得이니라.

> 卽檀那 卽尸羅 卽毗梨耶 卽屬提 卽禪那 卽鉢剌若
> 즉단나 즉시라 즉비리야 즉찬제 즉선나 즉발랄야
> 卽波羅蜜多
> 즉바라밀다

곧 단나요 곧 시라요, 곧 비리야요 곧 찬제요, 곧 선나요 곧 발랄야

요, 곧 바라밀다이며,

```
如是乃至 卽怛闥阿竭 卽阿羅訶 三耶三菩 卽大涅槃
여시내지 즉달달아갈 즉아라하 삼야삼보 즉대열반
卽常卽樂 卽我卽淨
즉상즉락  즉아즉정
```

내지 곧 달달아갈이요 곧 아라하요, 곧 삼야삼보요 곧 대열반이요, 곧 상常이요 곧 낙樂이요, 곧 아我요 곧 정淨이니라.

그래서 여기는 모두 그렇다고 하는 불공여래장不空如來藏입니다.

왜 그런고 하니,

```
以是卽俱世出世故 卽如來藏 妙明心元
이시즉구세출세고 즉여래장 묘명심원
```

이렇게 다 곧 세世와 출세이므로 곧 여래장의 묘명한 마음의 원元이,

즉卽과 비非를 다 한데 어울려서 다 인정하고 다 부인하는 말입니다.

```
離卽離非 是卽非卽
이즉이비  시즉비즉
```

즉卽을 여의고 비非를 여의었으며, 이 즉卽이요 즉이 아니거늘,

위의 불공여래장에서는 세간, 출세간에 다 즉卽했는데, 이離는 즉卽한 것도 아니고 비非한 것도 아니라는, 즉과 비를 쌍으로 부인하는 말입니다.

즉卽을 이離했다는 것은 아닌 듯하고, 비非를 이離했다는 것은 맞는 듯하니까 그래서 이것을 공空·불공 여래장이라 합니다.

위(離卽離非)의 이離는 아니라는 말이고, 여기(是卽非卽)의 즉卽 자는 즉도 인정하고 비도 인정하니까 시즉시비是卽是非라고 해야 할 텐데, 시비是非라고 하는 말이나 비즉非卽이라고 하는 말이나 뜻은 같으니까 글을 좀 멋지게 해 보려고 비즉이라고 썼습니다. 그러니까 즉이라는 것도 인정하는 말이니까 즉이 아니라고 하는 것이 시비나 같은 말입니다. 말하자면 원칙으로는 이즉이비離卽離非이며 시즉시비라고 해야 할 텐데, 시비라고 쓰지 않고 비즉이라고 썼다는 말입니다.

여래장 자체가 공空일 때는 전부 공이고, 즉卽일 때는 전부 즉이고, 또 비와 즉이 겸할 때는 다 겸하고, 아니라고 할 때는 다 아니고, 이렇다는 말입니다.

그래서 이제 공여래장·불공여래장·공불공여래장空不空如來藏을 겸해서 뭐라고 형용할 수 없는 그런 여래장 자체인데,

如何世間 三有衆生
여 하 세 간 삼 유 중 생

어찌 세간의 삼유 중생이냐,

삼유는 욕계·색계·무색계의 삼계라는 말입니다.
이것은 곧 세간 사람을 가리키는 말이고,

及出世間 聲聞緣覺
급 출 세 간 성 문 연 각

출세간의 성문과 연각이,

소승을 가리킵니다.

以所知心 測度如來 無上菩提 用世語言 入佛知見
이 소 지 심 측 도 여 래 무 상 보 리 용 세 어 언 입 불 지 견

아는바 마음으로써 여래의 무상보리를 측도하여 세간의 언어로써 부처님의 지견에 들겠는가?

중생이나 소승들이 아무리 자기 소견을 가지고 얘기한다고 하더라도 여래장 자체를 뭐라고 세간 말로는 할 수 없다는 말입니다.

그것만 가지고는 이해가 안 되니까 또 비유를 들어 얘기합니다.

譬如琴瑟箜篌琵琶
비 여 금 슬 공 후 비 파

비유컨대 마치 금琴·슬瑟·공후·비파가,

금琴은 7현이니 거문고를 말하며, 슬瑟은 25현이며, 공후는 거문고와 비슷하며 14현이요, 비파는 4현으로 되어 있는데, 네 가지가 다 현악기입니다.

슬을 비파 슬이라고 하는데, 비파는 분명히 다르고, 우리말로 옮길 때

그런 뜻이 없어서 그랬는지는 모르나 슬瑟을 비파라고 하는 것은 잘못된 것입니다.

> 雖有妙音 若無妙指 終不能發
> 수 유 묘 음 약 무 묘 지 종 불 능 발

비록 묘음이 있으나 만일 묘지가 없으면 마침내 능히 발할 수 없는 것이니,

타기를 잘 타야 소리가 나지 우리 손으로는 못 하니까 네 악기에 묘음이 있는 것은 여래장이요, 묘한 손가락은 부처님이요, 우리는 묘지妙指가 없으니 우리가 그걸 타면 여래장의 용用에 들어가지 못하고, 부처님이 타야 들어갑니다.

그래 비유를 하나 들어 놓고,

> 汝與衆生 亦復如是 寶覺眞心 各各圓滿
> 여 여 중 생 역 부 여 시 보 각 진 심 각 각 원 만

너와 다못 중생이 또한 다시 이와 같아서 보각인 진심이 각각 원만하건만,

너는 부루나를 말합니다. 공후, 비파의 소리는 잘 타면 잘 나고 못 타면 소리가 못 나는 것과 같이 부처님이나 중생이나 여래장묘진여성如來藏妙眞如性이 있으니까 보각진심은 다 같다는 말입니다.

如我按指 海印發光
여 아 안 지 해 인 발 광

내가 손가락을 짚으면 해인같이 광光을 발하고,

안按 자는 거문고를 타기 위해서 손가락을 갖다 대는 겁니다.

부처님께서 여래장에서 생각하실 때는 온갖 것이 다 자유자재로 나타난다는 것을 묘음妙音이 난다고 비유했습니다.

汝暫擧心 塵勞先起
여 잠 거 심 진 로 선 기

너는 잠깐만 마음을 들어도 진로가 먼저 일어나나니,

같은 악기지만 잘 타고 못 타고에 따라 소리가 달라지는 것처럼 여래장은 같지만 정淨과 염染이 다르다는 말입니다.

由不勤求 無上覺道
유 불 근 구 무 상 각 도

무상각을 부지런히 구하지 않고,

무상각이란 아뇩다라삼먁삼보리라는 말입니다.

부처 될 대승법大乘法은 구하지 않고,

> 愛念小乘 得少爲足
> 애 념 소 승 득 소 위 족

소승을 애념하여 소少를 얻고 족함을 삼는 탓이니라.

중생들은 소승도 모르니 말할 나위도 없지만, 조그마한 소승 열반, 분단생사分段生死만 초월한 그걸 얻어 가지고는 명묘원심明妙元心을 삼아서 이만하면 되었다, 이보다 더 좋은 건 없다고 생각하는 것을 말미암아서(由)이다, 그런 말입니다.

말하자면 부처님과 중생이 다 같은데 부처님은 언제 무명無明이 생기겠느냐고 물은 것이니까 거기에 대해 지금 하는 말입니다.

> 富樓那言 我與如來 寶覺圓明 眞妙淨心 無二圓滿
> 부 루 나 언 아 여 여 래 보 각 원 명 진 묘 정 심 무 이 원 만

부루나가 말하였다.
저와 다못 여래가 보각이 원명하여 참되고 묘정한 마음이 둘이 없이 원만하건만,

보각원명은 체體를 가리키고, 진묘정심은 용用을 가리키는 말인데, 부처님의 여래장이나 부루나의 여래장이 다 같이 원만하다는 말입니다.

> 而我昔遭 無始妄想 久在輪廻
> 이 아 석 조 무 시 망 상 구 재 윤 회

제가 옛적부터 무시망상을 만나서 오랫동안 윤회함에 있을새,

무명에서 생기는 게 망상이니까 망상이 내내 무명입니다.

```
今得聖乘 猶未究竟
금 득 성 승  유 미 구 경
```

지금에 성승을 얻었으나 오히려 구경하지 못했지만,

소승으로 아라한을 증득했으니까 성승이라고 했습니다.
무여열반無餘涅槃을 얻지 못했으나,

```
世尊諸妄 一切圓滅
세 존 제 망  일 체 원 멸
```

세존께서는 모든 망상이 일체 원멸하사,

부처님도 부루나와 같이 원래 망妄이 있지만 일체가 원만하게 없어져서,

```
獨妙眞常
독 묘 진 상
```

홀로 묘하고 진상하시나이다.

독獨 자는 상대가 없는 절대라는 말입니다.

敢問如來
감 문 여 래

감히 여래께 묻노니,

다 같은데, 부루나가 성과聖果를 얻었다 해도 부처님만 독묘진상獨妙眞常하시니,

一切衆生 何因有妄 自蔽妙明
일 체 중 생 하 인 유 망 자 폐 묘 명

일체중생은 무슨 인因으로 망妄이 있어서 묘명한 것을 스스로 가리고,

원래 없는 게 아니고, 무명에 가리어서 작용을 못 하는 것뿐입니다.

受此淪溺
수 차 윤 닉

이 윤닉을 받나이까?

무명 생기는 게 무슨 인因이냐고 묻는 것입니다.

佛告富樓那 汝雖除疑 餘惑未盡
불 고 부 루 나 여 수 제 의 여 혹 미 진

부처님께서 부루나에게 말씀하셨다.
네가 비록 의심을 제하였으나 남은 의혹이 다하지 못하였으니,

말하자면 소승이 아집我執은 없어졌으나 법집法執이 남아 있으니까 아직 다 없어지지 못했다는 말입니다.

```
吾以世間 現前諸事 今復問汝
오 이 세 간  현 전 제 사  금 부 문 여
```

내가 이 세간에 현전하는 사事로써 지금 다시 네게 물으리라.

의심이 없어지지 못한 그것을 얘기해 주는 것입니다.

```
汝豈不聞 室羅城中 演若達多
여 기 불 문  실 라 성 중  연 야 달 다
```

네가 듣지 못했는가? 실라벌 성중의 연야달다가,

연야달다演若達多를 연약달다라고 읽는 사람이 있는데, 우리나라 말로는 약若인데 중국말에 ㄱ받침이 없습니다. 그래서 중국 사람이 번역을 했으니까 연야달다라고 해야 하며, 또 반야般若라는 것도 우리말로는 반약이라고 읽어야 하지만, 중국의 음을 따라서 반야라고 하는 것과 같습니다.

```
忽於晨朝 以鏡照面
홀 어 신 조  이 경 조 면
```

홀연히 아침에 거울에 얼굴을 비춰 보다가,

신조는 이른 아침입니다. 요즘은 유리가 흔해서 거울도 흔하지만 그때는 유리나 거울이 대단히 희귀한 것이었습니다.

愛鏡中頭 眉目可見
애 경 중 두 미 목 가 견

경중의 머리는 미목이 얌전(可見)한 것을 애愛하여,

거울 가운데 있는 머리가 자기 그림자가 비친 것임을 모르고 다른 사람인 줄 아는 것입니다.

미목가견은 눈썹과 눈만이 아니라 코와 볼, 얼굴이 잘생겼다는 말입니다.

그러니까 거울 가운데 있는 사람의 머리는 미목가견인 것을 사랑하고,

嗔責己頭 不見面目
진 책 기 두 불 견 면 목

자기의 머리에는 얼굴과 눈을 볼 수 없으매,

내 머리가 눈도 없고 코도 없다고 하는 말입니다.

以爲魑魅 無狀狂走
이 위 이 매 무 상 광 주

이매가 되었다고 진책嗔責하여 까닭 없이 미쳐서 달아났다 하니,

이매는 도깨비입니다.

연야달다는 어리석은 사람으로 처음 거울을 본 모양입니다.

무상無狀은 '까닭 없이'라는 말입니다.

```
於意云何 此人何因 無故狂走
어의운하 차인하인 무고광주
```

어떻게 생각하는가? 이 사람이 무슨 인으로 까닭 없이 미쳐 달아났겠는가?

```
富樓那言 是人心狂 更無他故
부루나언 시인심광 갱무타고
```

부루나가 말하였다.

그 사람은 마음이 미쳤을 뿐이요, 다시 다른 까닭이 없습니다.

그러니까 미목眉目이 없다고 달아난 것이 마음이 미친 것뿐이다, 즉 정신이 바로 되지 않아서이다, 그 말입니다.

아무런 까닭이 없다, 우리의 무명을 미쳤다는 것에 비유한 말입니다.

부루나가 한 말을 들으시고,

```
佛言 妙覺明圓 本圓明妙
불언 묘각명원 본원명묘
```

부처님께서 말씀하셨다.

묘각이 원명하여 본래 원명묘하거늘,

각覺 자리의 묘하고 밝고 원만한 것이 새로 닦아서 된다든지 하는 게 아니고 본래부터 있는 원명묘한 것인데,

> 旣稱爲妄 云何有因
> 기 칭 위 망 운 하 유 인

이미 망妄이라 칭하거늘 무슨 인因이 있겠는가?

원인이 있으면 실제입니다. 그러니 허망한 망의 원인을 찾으려 해서는 안 된다는 얘깁니다.

마음이 미쳐 달아난 것뿐이지 머리가 없어진 것도 아니고 아무 까닭도 없다, 무엇 때문에 미迷해서 윤닉淪溺했느냐는 그 망妄의 인因, 까닭이 없다는 말입니다.

> 若有所因 云何名妄
> 약 유 소 인 운 하 명 망

만일 인因한 바가 있다면 어찌 망妄이라 하겠는가?

까닭이 있으면 실제이지 망妄이 아니다, 까닭이 없으니까 망이라고 했다, 즉 망의 원인이 없다는 것을 얘기한 것입니다.

그러면 어째서 무명이 생겼는가?

自諸妄想 展轉相因
자 제 망 상 전 전 상 인

스스로의 모든 망상이 전전히 서로 인因이 되고,

원래부터 까닭이 있지 않은 것이기 때문에 망妄을 인해서 망이 생기는 것이지 원인이 있었던 게 아니라는 말입니다.

진眞에서 망妄이 생겼다고 하지만 진과 망이 하나인데, 망이란 망을 모른다는 말이니까(眞이 없이 妄이라 할 수가 없으니까) 말을 하려니 의진기망依眞起妄이라, 진을 의지해 망이 생겼다고 하지 진이 망을 냈다는 말은 아닙니다.

從迷積迷
종 미 적 미

미迷로 좇아 미를 쌓아,

전전상인展轉相因이니까 미迷로 좇아 가지고, 또 미가 생겨 자꾸 쌓아진다는 말입니다.

以歷塵劫
이 력 진 겁

진겁을 지났으므로,

> **雖佛發明 猶不能返**
> 수 불 발 명 유 불 능 반

비록 부처님께서 발명하여도 오히려 돌이키지 못하느니라.

이것을 두 가지로 볼 수가 있는데, 부처님께서 아무리 원인이 없는 것을 말씀하신다고 하더라도 중생들이 그것을 깨닫지 못한다. 즉 원인 없는 그 자리로부터 본자리에 돌아가지 못한다. 부처님께서 발명하셨지만 중생들이 능히 돌아가지 못한다. 이렇게 볼 수가 있고, 또 한 가지는 비록 부처님께서 발명하시려 해도 본래 이것은 까닭이 없는 것이니까 부처님도 능히 그 까닭은 집어내지 못한다. 무명이 없는 것인데, 부처님인들 어떻게 얘기하겠느냐, 그래 유불능반이다 하는 이 두 가지로 새길 수가 있습니다.

> **如是迷因**
> 여 시 미 인

이와 같이 미迷한 인因은,

위에서 미迷한 것 때문에 있는 것도 아니고 오悟한 것 때문에 있는 것도 아니라고 했던 얘기가 지금 내려오는 것인데, 미했기 때문에 있는 것이지 오했기 때문에 있는 것이 아닙니다.

> **因迷自有**
> 인 미 자 유

미迷를 인하여 스스로 있는 것이니,

미迷한 것 때문에 스스로 산하대지인 과果가 생긴다. 연야달다가 미친 때문이지 다른 때문이 아니듯이 미 때문에 있는 것이지 다른 때문이 아니라는 말입니다.

識迷無因
식 미 무 인

미迷가 인因이 없음을 알면,

이건 지금 깨닫는 겁니다.
미한 자체가 원인이 없는 줄 알면,

妄無所依
망 무 소 의

망妄이 의지할 바가 없으리라.

미迷를 의지한 게 망妄인데, 미가 무인無因한 것을 깨달아 놓으면 망이 어디를 의지해서 생길 수가 없다는 말입니다.
망 자체가 의지할 데가 없다고 하면,

尙無有生 欲何爲滅
상 무 유 생 욕 하 위 멸

오히려 생한 바도 없거늘, 무엇을 멸하려 하겠는가?

생했어야 멸하는 것이 있지 본래 생하는 것도 없는데 망妄을 멸하려고 할 게 어디 있느냐는 얘깁니다.

이제 깨달은 사람의 경계를 얘기합니다.

> 得菩提者 如寤時人 說夢中事
> 득 보 리 자　여 오 시 인　설 몽 중 사

보리를 얻은 이는 깬 사람이 꿈 이야기를 하는 것 같아서,

득得 자는 깨닫는다는 말입니다.

보리를 얻었다는 건 깬 사람이니까 꿈을 꿀 때는 미迷했지만, 깨서는 몽중의 일을 말하는 것과 같다는 말입니다.

> 心縱精明 欲何因緣 取夢中物
> 심 종 정 명　욕 하 인 연　취 몽 중 물

마음은 비록 정명하지만, 무슨 인연으로 몽중의 물物을 취할 수 있겠는가?

꿈꾸던 일은 분명히 나타나지만, 꿈꾸던 중의 물건을 실제로 가져다 취하지 못한다, 즉 허망하다는 얘깁니다.

취取 자는 사실을 잡아다 댈 수 있겠느냐는 말입니다.

> 況復無因 本無所有
> 황 부 무 인 본 무 소 유

하물며 다시 인因이 없어서 본래부터 없는 것이랴?

잠자기 때문에 꿈이 생겼고, 본래 아무것도 없고, 공연히 미迷해서 그런 것뿐이라는 말입니다.

> 如彼城中 演若達多 豈有因緣 自怖頭走
> 여 피 성 중 연 야 달 다 기 유 인 연 자 포 두 주

마치 저 성중의 연야달다가 어찌 인연이 있어서 제 머리를 두려워하여 달아났으리오.

연야달다가 도깨비라고 하여 달아난 그것이 까닭이 없다는 말입니다.

> 忽然狂歇 頭非外得
> 홀 연 광 헐 두 비 외 득

홀연히 광狂이 쉬면 머리를 밖에서 얻은 것이 아니며,

미쳐서 달아날 때도 머리는 그냥 머리대로 있는데, 공연히 마음이 미쳐서 도깨비와 같이 미목眉目이 없다 하여 달아났지, 그 미迷한 것이 없어지기만 하면 이 산하대지가 없다는 말입니다.

헐歇 자는 미한 것이 없어진다는 말입니다.

> **縱未歇狂 亦何遺失**
> 종 미 헐 광 역 하 유 실

비록 광狂이 쉬지 아니한들 또한 어찌 유실하리오.

미친 게 쉬었다면 정신이 돌아오는 것인데, 미쳐 달아날 때도 머리는 머리대로 있으니까 조금도 유실한 게 없다. 여래장묘진여성如來藏妙眞如性은 그냥 있다. 그런 말입니다.

누구든지 원인을 찾으려고 하는데, 부처님 말씀은 '원인이 있으면 미迷를 망妄이라고 하겠느냐, 그러니 원인이 없다', 그렇게 말씀하십니다.

> **富樓那 妄性如是**
> 부 루 나 망 성 여 시

부루나야, 망성이 이런 것이니,

성性 자는 망妄의 체성, 망의 자체를 말합니다.

> **因何爲在**
> 인 하 위 재

인因이 어디에 있으리오.

망妄이 생겼다는 그 인因이 어찌 있겠느냐, 없다는 말입니다.

앞에서 망성여시妄性如是, 꿈꾸고 난 것과 같다고 했으니까 이 광狂이 쉰다고 하면 어떻게 해야 쉴 수가 있겠는가, 그 미迷를 쉬는 요건을 얘기하는 겁니다.

> 汝但不隨 分別世間 業果衆生 三種相續
> 여 단 불 수 분 별 세 간 업 과 중 생 삼 종 상 속

네가 다만 세간 · 업과 · 중생의 세 가지 상속함을 따라서 분별하지 않으면,

저 위에서 세간 · 중생 · 업과를 얘기했는데, 이건 업業이다, 과果다, 세간이다, 출세간이다 분별하니까 자꾸 여러 가지가 생기지만, 미친 것을 따로 쉬는 방법이 있는 게 아니라 분별하지만 않으면 된다는 말입니다. 분별이란 차별을 내서 이렇다, 저렇다 하는 것인데, 3종 상속하는 것을 따라 분별하지만 않으면 된다, 이것이 바로 닦는 일이 없이 닦는 무수지수無修之修입니다. 분별하지 않는 것이 닦는 것입니다.

> 三緣斷故
> 삼 연 단 고

삼연이 끊어진 고로,

연緣 자는 인연이라는 말이 아니고, 3종 상속을 분별하는 그 연입니다.

> 三因不生
> 삼 인 불 생

삼인이 생기지 아니하여,

위에는 연緣이고 아래는 인因이어서 인과 연이 있는 것 같지만, 연이 따로 있는 게 아니고 분별하지만 않으면 인이 끊어진다는 말이고, 연이 셋이니까 인도 셋인데, 삼인은 세혹경계細惑境界요, 삼연三緣은 진혹경계塵惑境界를 말합니다. 그러니까 삼연을 따라 분별하던 삼인도 없어진다는 말입니다. 이게 망의 원인이 없어지는 것입니다.

| 則汝心中 演若達多 狂性自歇 |
| 즉 여 심 중 연 야 달 다 광 성 자 헐 |

너의 심중에 있는 연야달다의 광성이 스스로 쉬게 될 것이며,

우리가 온갖 것을 차별하지만 않으면 마음 가운데 있는 미친 증세가 다 쉰다, 우리가 아집我執과 법집法執으로 분별하기 때문에 중생이 따로 있고 부처가 따로 있지, 그렇지만 않으면 다 같다는 얘깁니다.

| 歇則菩提 勝淨明心 本周法界 不從人得 |
| 헐 즉 보 리 승 정 명 심 본 주 법 계 부 종 인 득 |

쉰즉, 보리의 승勝하게 정명한 마음이 본래 법계에 주변한 것이라, 사람을 좇아 얻지 않거늘,

누가 일러 주어서 닦아 얻는다든지 하는 게 아니라 미친 증세만 쉬면 (머리가 본래 있는 것과 같이), 3종 분별하는 것만 없다면 승정명심이 본래부터 법계에 충만해 있으니까 다른 사람으로부터 얻는 것이 아니라는 말입

니다.

그러니 애써 공부하지 않아도 분별만 안 일으키면 된다는 얘깁니다.

何藉劬勞肯綮修證
하 자 구 로 긍 경 수 증

어찌하여 구로긍경수증함을 가자假藉하리오.

구劬 자는 힘들여서 애쓴다는 말이고, 로勞 자는 그렇게 해서 피로하게 된다는 말입니다. 긍肯 자는 골간육骨間肉, 뼈 사이에 붙은 살이고, 경綮이란 힘줄이 한데 모인 것을 말합니다.

여러분은 아직 『장자莊子』를 안 배웠지만, 『장자』 중에 '기경긍경지미상技經肯綮之未嘗'이라는 말이 나옵니다. 소를 잡는 포정庖丁이 얼마나 재주가 능한지 뼈와 살이 붙은 그 사이로 칼날이 들어간답니다. 살을 베든지 뼈를 베든지 해야 칼이 무뎌질 텐데, 뼈와 살이 아무리 꼭 붙었다지만 그 사이가 있어서 그 사이로 칼날이 들어가니 칼날이 무뎌질 턱이 없다는 것입니다. 그래서 이 포정이 19년을 소를 잡았어도 지금 갈아 놓은 칼 같았다는 얘긴데, 힘줄과 뼈와 살이 붙은 그 사이로 칼이 들어갈 만큼 공부하는 게 긍경수증이라, 이건 분명히 『장자』에 나온 것을 얘기한 것입니다.

하자구로라는 것은 보통 말이고, 긍경이란 『장자』에서 나온 말이고, 수증이란 불교에서 하는 말입니다. 그래서 세간 · 업과業果 · 중생의 3종 상속하는 것만 분별하지 않으면, 따로 닦을 게 없다는 말입니다.

미迷해서 그걸 모르니까 자꾸 애써 닦는 것이지 참말 알고 닦을 때는 무수지수無修之修, 닦을 게 없이 닦아야 한다, 분별하지 않아야 한다, 그 말입니다.

그러니까 여래장묘진여성如來藏妙眞如性이 본래 구족해 있다는 얘깁니다. 또 거울 가운데 있는 영상, 그대로 거울이 되어야지 영상을 떼 버리고 거울이 된다고 하면 미륵불이 하생하더라도 안 된다는 것입니다.

그래, 이것이 선禪 하는 이와 교敎 하는 이의 차이인데, 교학敎學하는 이들은 3아승지겁을 또박또박 닦아서 번뇌가 끊어져야 한다고 하는데, 그 가운데서도 『화엄경華嚴經』이나 『능엄경』 같은 원교圓敎에서는 또박또박 닦는 것을 말하지 않고, 닦을 게 없다, 깨닫기만 하면 된다, 이렇게 되어 있습니다.

譬如有人 於自衣中 繫如意珠
비 여 유 인 어 자 의 중 계 여 의 주

마치 어떤 사람이 자기의 옷 중에 여의주를 매고 있으면서도,

용龍이 여의주를 물고 있다는 것 외엔 우리는 여의주를 보지 못했습니다만, 여의주가 인도 말로는 마니摩泥인데, 여의주만 가지면 온갖 일이 뜻과 같이 된다는 그런 뜻의 얘깁니다.

不自覺知 窮露他方 乞食馳走
부 자 각 지 궁 로 타 방 걸 식 치 주

스스로 알지 못하고 궁하게 타방으로 다니면서 걸식함과 같아서,

여의주를 가지고 있으면서도 있는 줄을 모르고는 품팔이해서 밥을 얻어먹고 다닌다는 얘깁니다.

雖實貧窮 珠不曾失
수실빈궁 주부증실

비록 진실로 빈궁하지만 여의주는 일찍이 잃지 아니했느니라.

여기에서는 옷 속에 여의주가 있다고만 했습니다만, 『법화경』에서의 비유는 어떤 궁한 사람이 잘사는 친구의 집에 가서 대접을 잘 받고 하룻밤을 잤는데, 그 친구는 볼일이 있어 일찍 나가야 되었다. 이 가난한 사람이 곤히 자고 있어 깨우지도 못하고, 옷고름 속에 여의주를 달아 주고는 볼일을 보러 나갔다. 이 가난한 사람은 옷 속에 여의주가 달린 것은 모르고, 여전히 품을 팔아서 밥을 얻어먹다가 다시 그 잘사는 친구를 만났는데, 아무 때 여의주를 몸에 달아 주었다는 얘기를 하면서 "아직도 그러고 있느냐?"라는 얘기를 해주어 그 여의주를 팔아 훌륭히 잘살았다는 얘기가 있습니다.

여기에서는 사실만 끌어오고, 친구 만났다는 얘기는 안 해서 모르게 되었으나, 사실은 그런 긴 얘깁니다.

忽有智者
홀유지자

문득 지혜 있는 사람이,

주인집 친구, 법으로 하자면 부처님을 가리키는 말입니다.

여의주를 차고도 걸식하는 사람은 여래장, 불성佛性 자리가 있는 것을 모르고 육도六道로 다니면서 구차하게 사는 중생이고, 여의주를 달아 주었던 지혜 있는 사람은 부처님을 가리킵니다.

> 指示其珠 所願從心 致大饒富 方悟神珠 非從外得
> 지시 기주 소원 종심 치대 요부 방오 신주 비종 외득

그 주珠를 지시하면 소원이 마음을 좇아 대요부에 이르러서 바야흐로 신주가 밖으로 좇아 얻은 것이 아님을 알 것이니라.

제 몸에 가지고 있지 다른 데 있지 않다는 것을 아는 것과 같이 지금 우리가 허망하다고 하는 것이 나라고 하는 것 때문인데, 우리에게도 불성佛性 자리가 있으니, 알기만 하면 그만이라는 얘깁니다.

연야달다가 미쳐서 달아났지만 머리는 없어지지 않은 것처럼, 우리에게도 여래장묘진여성如來藏妙眞如性이 있다는 말입니다.

여기까지 해서 4권 처음에 부루나가 물었던 부처님과의 문답이 끝나고, 이 아래는 처음과 같이 다시 아난과의 문답이 이어집니다.

17. 인연이란 의심을 덜게 하다

> 卽時阿難 在大衆中 頂禮佛足 起立白佛
> 즉시 아난 재대 중중 정례 불족 기립 백불

그때 아난이 대중 중에 있다가 불족에 정례하고 기립하여 부처님께 아뢰었다.

> 世尊現說 殺盜婬業 三緣斷故 三因不生 心中達多
> 세존현설 살도음업 삼연단고 삼인불생 심중달다
> 狂性自歇 歇卽菩提 不從人得
> 광성자헐 헐즉보리 부종인득

세존께서 현설하시되, 살업殺業・도업盜業・음업의 삼연이 끊어지므로 삼인이 생기지 아니하여 심중에 있는 연야달다의 광성이 스스로 쉬게 될 것이며, 쉰즉 보리라, 다른 사람을 좇아 득得하는 것이 아니라 하시니,

연緣은 추혹麁惑을 분별하는 것이고, 인因은 세혹細惑을 분별하는 것입니다.

> 斯則因緣 皎然明白
> 사 즉 인 연 교 연 명 백

이것은 인연인 것이 교연명백하옵거늘,

삼연三緣이 단고斷故로 삼인三因이 불생不生하면 보리를 얻는다고 했으니까 인연이 분명하다는 말입니다.

> 云何如來 頓棄因緣
> 운 하 여 래 돈 기 인 연

어찌하여 여래께서 인연을 모두 버리시나이까?

돈頓 자는 한꺼번에라는 말이고, 기棄 자는 버린다는 말이니, 부인한다는 말입니다.

지금 부처님 말씀에 의지해도 인연이 분명한데, 왜 인연이 아니라고 하시느냐는 말입니다.

我從因緣 心得開悟
아 종 인 연 심 득 개 오

나도 인연을 좇아 마음에 개오함을 얻었나이다.

世尊 此義何獨 我等年少 有學聲聞
세 존 차 의 하 독 아 등 연 소 유 학 성 문

세존이시여, 이 이치는 어찌 아我 등 나이 어린 유학성문뿐이오리까?

차의란 인연으로써 깨닫는 뜻입니다. 아직 아난 존자는 초과初果만을 얻고 대승 아라한을 얻지 못했으니까 유학이라고 했습니다.

今此會中 大目犍連 及舍利弗 須菩提等 從老梵志
금 차 회 중 대 목 건 련 급 사 리 불 수 보 리 등 종 노 범 지

이 회중에 있는 대목건련, 사리불, 수보리 등도 노범지를 따르다가,

범지란 범행자梵行者의 뜻인데, 인도에서는 불교가 생기기 이전에 출가

한 사람을 다 범지라고 했습니다. 목건련 등이 다 범지를 따라다니면서 외도外道를 공부하던 사람들입니다. 범지들은 젊었을 때는 나가서 공부하다가 삼십쯤 되어 다시 집에 돌아와 애기도 낳고 살림을 살다가 늙어지면 또다시 나가서 범지 노릇을 한다고 그럽니다.

질문 범지라는 말이 언제부터 생긴 것입니까?
답 부처님 전에도 범지들이 있었는데, 부처님이 있어서 비구라는 말이 따로 생기게 되었습니다.

사문沙門이라는 말도, 처음에는 어디든지 출가했던 사람은 다 사문이라고 했는데, 나중에 와서는 불교에 출가한 사람만을 말하게 되었습니다. 그래, 출가한 사람을 범지라고 그럽니다.

聞佛因緣
문 불 인 연

부처님의 인연을 듣고,

제법종연생諸法從緣生 제법종연멸諸法從緣滅이라는 그 말씀을 듣고,

發心開悟 得成無漏
발 심 개 오 득 성 무 루

마음이 개오하여 무루를 이루었거늘,

지금 목건련이나 사리불이나 수보리는 사실은 소승무루小乘無漏이지 대

승무루大乘無漏는 아닙니다.(我執만 없어졌지 法執은 아직 남아 있다.)

今說菩提 不從因緣
금 설 보 리 부 종 인 연

지금 말씀하시되, 보리는 인연을 좇지 아니한다 하시니,

헐즉보리歇卽菩提이지 인연을 좇는 게 아니라고 인연을 부인하는 것입니다.

지금 자연이라는 말은 안 했지만, 인연이 아니면 자연이라고 하니까 아난의 생각에 '그럼 자연이겠다', 이렇게 하는 말입니다.

則王舍城 拘舍梨等 所說自然 成第一義
즉 왕 사 성 구 사 리 등 소 설 자 연 성 제 일 의

그렇다면 왕사성의 구사리 등이 말하는 자연이 제일의가 되겠나이다.

인연이 아니라고 하니, 그렇다면 자연일 테니 그 자연이 제일의가 될 것 같다고 아난이 의심 나서 하는 말입니다.

唯垂大悲 開發迷悶
유 수 대 비 개 발 미 민

바라건대 대비를 드리우사 미민함을 개발하소서.

아난의 생각에는 분명히 인연이 아니면 자연인 것 같은데, 인연도 아니고 자연도 아니라는 말씀을 해 달라는 말입니다.

> 佛告阿難 卽如城中 演若達多 狂性因緣
> 불 고 아 난 즉 여 성 중 연 야 달 다 광 성 인 연

부처님께서 아난에게 말씀하셨다.
저 성중에 있는 연야달다의 광성인 인연이,

연야달다가 사실 거울을 보고 미친 것이니까 여기에서 인연이라고 하면 거울 본 인연이라고 할 수가 있습니다.

미친 성질의 까닭이,

> 若得滅除
> 약 득 멸 제

만약 멸제되면,

광성狂性 인연이 없어진다고 하면,

> 則不狂性 自然而出
> 즉 불 광 성 자 연 이 출

곧 불광의 성性이 자연으로 출할 것이니,

광성 인연이 없어지면 불광성이 자연히 나타난다, 아난이 인연이 아니

면 자연이라고 하는 것이, 광성 인연이 없어지면 불광성이 자연이출이라고 하는 것이니, 네가 인연, 자연을 이렇게 생각하고 있구나, 그 말입니다.

因緣自然 理窮於是
인 연 자 연 이 궁 어 시

인연이다 자연이다 한 이론이 이에서 다하느니라.

네가 지금 광성 인연이 없어지면 불광성이 자연이출이라 하니, 그 광성 인연이 없어지면, 불광성도 인연으로 생겨야 인연이 될 테고, 또 광성 자연自然이 없어져야 불광성이출不狂性而出이 자연이라고 할 텐데(자연 아니면 인연이니, 인연이 없어졌으면 자연이 오니까) 인연, 자연, 그 둘에서 떠나면 이론이 끝난다, 즉 인연이다, 자연이다 하는 말이 성립되지 않는다는 말입니다.

阿難 演若達多頭本自然
아 난 연 야 달 다 두 본 자 연

아난아, 연야달다의 머리가 본래 자연이라면,

이 아래 얼마 동안 같은 말이 반복되는데, 지금 여기에서는 연야달다의 머리를 가지고 인연도 아니고 자연도 아닌 얘기를 하고 있습니다.

연야달다의 본래 생긴 머리, 그러니까 자연으로 있는 머리라는 말로서, 머리를 가지고 자연을 부인하는 얘깁니다.

本自其然
본 자 기 연

본래 스스로 그런 것이어서,

본래 어떻게 되든 다 자연이겠다, 그 말입니다.

無然非自
무 연 비 자

어떤 것이든 자自가 아닌 게 없을 터인데,

무기자연無其自然이라고 하면 쉬울 텐데 그걸 떼어 놓았습니다.

미목眉目이 잘생겼든지 못생겼든지 자연 아닌 게 없다. 그래서 무연비자無然非自라 했는데, 무기자연無其自然이나 같은 말입니다.

何因緣故 怖頭狂走
하 인 연 고 포 두 광 주

무슨 까닭으로 머리가 무섭다고 달아났느냐?

이것을 '인연인 까닭으로'라고 새긴다면, 거울 보기 때문에 광성狂性이 생겼으니까 '거울 본 인연인 까닭으로' 이렇게 되어야 하는데, 그렇다면 인연을 가지고 자연을 부인하는 게 되고, 또 인연을 부인할 때는 자연을 가지고 부인하고, 이렇게 한다면 교란攪亂까지 된다는 얘깁니다. 그러니까 자연을 부인하면 자연만 부인하지 인연을 가지고 자연을 부인해서는 안 되겠다는 말입니다.

그래서 하인연고를 거울 본 인연이라고 하면, '어찌해서 그 거울 본 인연으로, 인연인 까닭으로 포두광주하느냐?(머리가 무섭다고 달아났느냐?)' 그렇게 할 텐데, 그렇게 하지 않고 인연도 까닭이고, 고故 자도 까닭이니까 하何 자는 '무슨'으로 보아 하인연고를 '무슨 까닭으로' 이렇게만 새기자, 그 말입니다.

미목眉目이 있든지 없든지 머리는 본래 무연비자無然非自, 다 자연 아닌 게 없을 텐데 왜 머리가 미쳤다고 달아났느냐는 얘기니까 이것은 머리를 가지고 자연을 부인하는 말입니다.

다음은 또 머리를 가지고 인연을 부인합니다.

若自然頭
약 자 연 두

만일 자연인 머리가,

본래부터 그러한 머리니까 자연두입니다.

因緣故狂
인 연 고 광

인연인 연고로 미쳤다면,

이것은 분명히 거울 본 인연인 까닭으로 미쳤다면, 그 말입니다.
머리는 본래 자연인데, 거울 본 인연으로 해서 머리가 미쳤다고 하면,

何不自然 因緣故失
하 부 자 연 인 연 고 실

어찌하여 자연이(자연인 머리가) 인연인 연고로 잃어지지는 않았는가?

아주 없어져야 할 것 아니냐, 머리가 잃어지지 않았으면 거울 본 인연 때문에 미친 게 아니다, 그 말입니다. 저 위에서는 머리를 놓고 자연을 부인했고, 여기에서는 머리를 놓고 인연을 부인한 말입니다.

그러니까 거울 본 인연 때문에 미쳤다고 하면, 거울 본 인연 때문에 실제로 머리가 없어졌어야 인연이 성립하는데, 머리가 없어지지 않았으니까 인연이 아니라는 말입니다.

여기는 또 인연, 자연이 다 아닌 것을 얘기합니다.

本頭不失 狂怖妄出
본 두 불 실 광 포 망 출

본래의 머리가 잃어지지 않은 것을 광포가 허망하게 출出했다면,

이건 자연인 머리가 아니고 본래 가지고 있는 머리가 늘 그대로 있는데, 괜히 허망하게 생긴 것이니,

曾無變易
증 무 변 역

일찍이 변역함이 없거늘,

何藉因緣
하 자 인 연

어찌 인연을 가자假藉하리오.

인연 때문에 그런 게 아니다 해서 인연, 자연을 다 부인하는 말입니다.

本狂自然 本有狂怖
본 광 자 연 본 유 광 포

본래 미친 것이 자연이라면 본래부터 공포가 있었을지니,

본래 미친 증세가 있다면 본래부터 미친 증세가 있어야 할 것 아니냐, 그 말입니다.

未狂之際 狂何所潛
미 광 지 제 광 하 소 잠

미치지 아니한 때는 광狂이 어디에 잠潛했던고?

거울을 보고서 미쳤으니까 거울 보기 전에는 미치지 않았는데, 그때도 미친 것이 자연이라고 하면 거울 보기 전에는 미친 증세가 나타나지 않았으니 어디 숨었느냐, 그 말입니다. 그러니까 자연으로 미친 게 아니다, 즉 미친 것을 가지고 인연을 부인하는 말입니다.

不狂自然
불 광 자 연

미치지 않은 것이 자연이라면,

이 글을 '미치지 않은 것이 자연이라면', 이렇게 볼 수밖에 없는데, 그게 아니라 미친 것이 자연 아니라고 하면, 불不 자가 광狂 자와 바뀌어 광불자연狂不自然이라고 해야 합니다.

'미치지 않은 것이 자연이라고 하면'이 아니라, '미친 것이 자연이 아니라고 하면' 이렇게 해야 되겠다, 그 말입니다.

그렇다면 미친 게 자연이 아니니까 이것은 인연이라는 말이 된다, 그 말입니다.

頭本無妄 何爲狂走
두 본 무 망 하 위 광 주

머리가 본래 망妄이 없거늘, 어찌 미쳐 달아났으리오.

머리는 본래 그대로 있는데, 미쳐 달아난 것은 거울 본 인연이니까 인연이 아니라는 얘깁니다. 그래서 이것은 미친 것을 두고 자연도 아니고 인연도 아니라는 것을 얘기한 것입니다.

若悟本頭
약 오 본 두

만일 본래 머리를 깨달아,

거울 보기 전부터 있는 제 머리, 그러니까 거울을 보았든지 안 보았든지 그대로 본래 있던 머리니까 미친 후에도 지금 그대로 있는 것입니다.

識知狂走
식 지 광 주

미쳐서 달아난 줄을 알면,

까닭 없이 미친 증세가 생겨서 달아난 줄만 알면,

因緣自然 俱爲戲論
인 연 자 연 구 위 희 론

인연, 자연이 다 희론이 되리라.

인연 때문에 미쳤다, 자연 때문에 미쳤다, 인연 때문에 머리가 없어졌다, 자연 때문에 머리가 없어졌다 등의 말이 다 장난거리이지 실제가 아니라는 말입니다.

是故我言 三緣斷故 卽菩提心
시 고 아 언 삼 연 단 고 즉 보 리 심

이런고로 내가 말하되, 삼연이 끊어진 고로 곧 보리심이라 하느니라.

살殺·도盜·음婬의 세 가지 희론이 없어진다고 하면 곧 보리심이다, 단斷 자는 일부러 끊는다는 게 아니고 분별하지 않는다는 말입니다. 불수분별不隨分別이라고 했으니까 인연, 자연을 다 부인하고, 분별하지만 않으면 곧 보리심이라고 하는 얘깁니다.

삼연이 끊어지면 곧 보리심이라고 하니까 보리심이란 것이 없던 게 생겼나 하여 보리심도 생멸하는 것이라고 생각할까 봐서 여기에서는 또 생멸 아닌 것을 얘기합니다.

菩提心生 生滅心滅
보리심생 생멸심멸

보리심이 생한다면 생멸심은 멸했을 것이니,

예전엔 없던 보리심이 삼연이 끊어졌기 때문에 생겼다고 하면(보리심이 생하고 생멸심이 멸한다고 그렇게 생각을 하면) 생멸 아닌 것이 보리니까 지금 우리가 생멸심을 가지고 있는데, 보리심이 생겨 생멸심이 멸한다면, 보리심은 생하고 생멸심은 멸한 것이니, 그것도 생멸이라는 말입니다.

此但生滅
차단생멸

이것도 다만 생멸뿐이니라.

세상 사람이나 아난이 생각할 때, '보리심이 생기고 생멸심이 멸한다', 이렇게 생각을 한다면, 그것도 참말 보리심이 아닌 생멸이다, 그 말입니다.

> 滅生俱盡 無功用道 若有自然
> 멸 생 구 진 무 공 용 도 약 유 자 연

멸멸과 생생이 모두 다하여 공용이 없는데 자연이 있다고 하면,

보리심이 생하고 생멸심이 멸하는, 그 멸과 생이 다해서 아무것도 닦아 증득할 게 없는 거기에 만약 자연이 있다고 그렇게도 얘기한다, 그 말입니다.

> 如是則明自然心生 生滅心滅 此亦生滅
> 여 시 즉 명 자 연 심 생 생 멸 심 멸 차 역 생 멸

이와 같이, 즉 자연심이 생하고 생멸심이 멸함을 밝혔거니와 이것 또한 생멸이니라.

> 無生滅者 名爲自然
> 무 생 멸 자 명 위 자 연

생멸이 없는 것을 자연이라 한다면,

위에서는 멸생구진滅生俱盡해서 무공용도無功用道에 자연이 있다고 하고, 여기에서는 생멸이 없는 것을 자연이라고 했지만, 생멸 없는 게 어디 있느냐, 그 말이 성립될 수 없다는 말입니다.

> **猶如世間 諸相雜和 成一體者 名和合性**
> 유여세간 제상잡화 성일체자 명화합성

마치 세간에서 모든 것이 섞여서 일체가 된 것을 화합성이라 하고, 화합을 가리키는 말입니다.

> **非和合者 稱本然性**
> 비화합자 칭본연성

화합이 아닌 것을 본연성이라 함과 같나니,

본연이란 자연이라는 말입니다. 제상諸相이 잡화雜和한 것이 화합인데, 화합 아닌 것이 본연이라고 하면, 저 위에서 생멸 없는 것을 자연이라고 한 것과 같은 말이 됩니다.

　제상諸相이 잡화雜和한 것을 화합성和合性이라 하고, 화합 아닌 것은 본연성(自然)이라고 한다면 말은 되겠지만, 화합 아닌 물건이 어디 있느냐, 저 위에서 말한 귀모토각龜毛兎角과 같아서 실상이 없다는 그 말입니다. 그러니 무생멸자無生滅者 명위자연名爲自然이라고 하는 말이, 말은 되지만 이유가 성립되지 않는다, 그 말입니다.

　그럼 어떻게 되느냐,

> **本然非然**
> 본연비연

본연이라 본연이 아니라 함과,

본연성이 자연성이나 같은 말이니까 본연은 자연이라는 것을 인정하는 말이고, 비연非然은 자연을 부인하는 말입니다.

和合非合
화 합 비 합

화합이라 화합이 아니라 하는,

화합은 화합을 인정하는 말이고, 비합의 합슴 자 하나가 화합을 뜻해서 비합은 화합을 부인하는 말입니다.

그러니까 여기까지는 '자연과 비자연과 화합과 비화합과' 이런 말입니다.

合然俱離
합 연 구 리

화합과 자연을 함께 여의고,

합슴 자는 화합, 비화합을 합한 합 자이고, 연然 자는 자연, 비자연을 합한 연 자입니다.

그러니까 화합 비화합은 합이요, 본연 비연은 연然이니까 합과 연을 다 떠나고(부인하고),

離合俱非
이 합 구 비

여의었다 합했다 함도 모두 아닌 것이라야,

리離 자는 합연구리合然俱離한다는 리이고, 합合 자는 위의 합과는 다른, 리의 반대되는 합입니다.

리離 자는 떠난다는 것이고, 합合 자는 합한다, 그러니까 이합離合이라는 합合 자는 비리非離라는 리離가 아니니, 그 위의 합合 자와 같이 해서는 안 된다는 말입니다.

합과 연을 다 여의고, 리離하는 것도 아니고 합하는 것도 아니고, 리와 합을 다 부인한 그 자리에서,

此句方名無戲論法
차 구 방 명 무 희 론 법

이 구句가 바야흐로 이름이 희론이 아닌 법이니라.

그러니 인연, 자연이 다 희론이지 진정한 본뜻이 되지 못한다, 즉 무희론법은 인연이다, 화합이다, 인연도 아니고 화합도 아니다, 그렇다, 아니다 하는 것이 모두 없어지는 것을 말합니다.

菩提涅槃 尙在遙遠
보 리 열 반 상 재 요 원

보리와 열반이 아직도 요원하여서(멀리 있어서),

非汝歷劫 辛勤修證
비 여 역 겁 신 근 수 증

네가 여러 겁을 지나면서 애써(辛勤) 수증할 수 있는 것이 아니며,

신辛 자도 애쓴다는 말이고, 근勤 자도 부지런히 한다는 말입니다.
인연, 자연이라는 소견 가지고는 역겁歷劫을 수증한다 하더라도, 그게 없어져야지 그걸 가지고는 보리, 열반에 들지 못한다 하는 그런 이유를 얘기합니다.

雖復憶持 十方如來 十二部經 淸淨妙理
수 부 억 지 시 방 여 래 십 이 부 경 청 정 묘 리

비록 다시 시방 여래의 십이부경의 청정한 묘리를 억지하기를,

부처님 얘기는 다 청정묘리이니까 십이부경에 있는 청정묘리를 다문제일多聞第一인 아난이 억지하기를,

如恒河沙 秖益戲論
여 항 하 사 지 익 희 론

항하사와 같이 하더라도 희론만 더할 뿐이니라.

말로는(戲論에는) 인연이다 자연이다 얘기하지만 공부하는 데는 실제 소

득이 없다는 얘깁니다.

> 汝雖談說 因緣自然 決定明了
> 여 수 담 설 인 연 자 연 결 정 명 료

네가 비록 인연과 자연을 결정코 명료하게 말하여,

누구든지 알 수 있도록 그렇게 얘기를 한다는 말입니다.

> 人間稱汝 多聞第一
> 인 간 칭 여 다 문 제 일

인간들이 너를 칭하여 다문제일이라 하나,

> 以此積劫 多聞薰習 不能免離 摩登伽難
> 이 차 적 겁 다 문 훈 습 불 능 면 리 마 등 가 난

이렇게 적겁을 다문훈습하였어도 능히 마등가의 난을 면하지 못하고,

네가 다문하면서도 마등가의 주력 때문에 음실婬室에 들어갔으니, 네가 그걸 면하지 못했지 않느냐, 그 말입니다.

> 何因待我佛頂神呪 摩登伽心 婬火頓歇
> 하 인 대 아 불 정 신 주 마 등 가 심 음 화 돈 헐

어찌 나의 불정신주를 대하고서야 마등가의 마음의 음화가 몰록 쉬고,

불과 같은 마등가의 음심淫心이 능엄신주楞嚴神呪 때문에 한꺼번에 없어졌다는 말입니다.

> 得阿那舍 於我法中 成精進林
> 득 아 나 함 어 아 법 중 성 정 진 림

아나함을 얻어서 나의 법 중에서 정진림을 이루었으며,

마등가가 제삼과第三果인 아나함과를 얻어 비구니가 되어 정진림을 이루었으며,

> 愛河乾枯 令汝解脫
> 애 하 건 고 영 여 해 탈

애하가 건고하여 너로 하여금 해탈하게 하였겠느냐?

지금 여기에서 마등가에게 홀렸다가 나온 것만이 아니라 영원히 아난 존자와 마등가녀는 얽히지 않는다는 말입니다. 말로는 아난 존자와 마등가녀가 과거 5백 생 동안 부부의 인연이 있어 가지고 그렇게 되었다고 하는데, 지금 와서는 마등가가 정진림을 이루어서 애하가 건고했으니까 이후부터는 애욕에 관계가 없으니까 그게 능히 해탈이라 그 말입니다.

> 是故阿難 汝雖歷劫 憶持如來 秘密妙嚴
> 시고아난 여수역겁 억지여래 비밀묘엄

이런고로 아난아, 네가 비록 역겁 동안 여래의 비밀하고 묘엄한 것을 억지하여도,

> 不如一日 修無漏業 遠離世間 憎愛二苦
> 불여일일 수무루업 원리세간 증애이고

1일 동안에 무루업을 닦아 세간의 증애이고를 원리함만 같지 못하느니라.

그러니까 무루업 닦는 게 낫다, 그 말입니다.

이때 아난은 초과初果만을 증득한 사람이요, 마등가녀는 음녀이지만 제삼과第三果를 능엄신주에 의해 증득했으니까,

> 如摩登伽 宿爲婬女
> 여마등가 숙위음녀

마등가는 숙세에 음녀이나,

불법을 닦으려는 생각도 없고 본래부터 선근도 없었지만,

> 由神呪力 銷其愛欲 法中今名性比丘尼
> 유신주력 소기애욕 법중금명성비구니

신주의 힘으로 말미암아 그 애욕이 소멸하고, 나의 법 중에서 성 비구니라 이름하며,

저 위에서는 정진림精進林이라 했고, 여기에서는 성 비구니라 했는데, 마등가는 성性이고, 마등가의 이름은 발길제鉢吉帝입니다. 한문으로 번역해서 바리때 발鉢 자 하고, 길할 길吉 자, 임금 제帝 자를 써서 발길제인데, 뭐 음으로 번역한 거니까 뜻으로는 별 상관이 없지만, 범어로 발길제란 본성本性이라는 뜻입니다.

마등가를 성 비구니라고 하는 것이 이름이 발길제라고 해서, 그걸 번역하면 성性이니까 지금에 와서 성 비구니라 이름한다, 그 말입니다.

與羅睺母 耶輸陀羅 同悟宿因
여 라 후 모 야 수 다 라 동 오 숙 인

라후라의 모母인 야수다라와 함께 숙인을 깨달아,

아난 존자와 마등가가 과거 5백 생 동안 부부가 되었고, 또 야수다라와 싯달타 태자가 과거 5백 생 부부 노릇 하던 애정이 같다는 그게 동오숙인입니다.

야수다라도 지금에 와서 비구니가 되어 가지고 숙인을 깨달았고, 또 여기의 마등가도 비구니가 되어 가지고 5백 생 부부 되었던 숙인을 깨달은 그것이 같다는 동同 자입니다.

知歷世因 貪愛爲苦
지 력 세 인 탐 애 위 고

역세(여러 世)의 인因이 탐애로 고苦가 된 줄을 알고,

탐애가 고苦가 된 것을 마등가도 알고, 야수다라도 알았다는 말입니다.

> 一念薰修 無漏善故
> 일 념 훈 수 무 루 선 고

일념 동안 무루의 선善을 훈수한 고로,

마등가도 무루선근無漏善根을 닦았고, 야수다라도 무루선근을 닦았기 때문에,

> 或得出纏
> 혹 득 출 전

혹은 전박纏縛에서 벗어나고,

이것은 마등가를 가리키는 말입니다.

> 或蒙授記
> 혹 몽 수 기

혹은 수기를 받았거늘,

이것은 야수다라의 수기를 말합니다. 이 야수다라의 수기 받은 얘기가 『법화경』에 나오는데, 그래서 『능엄경』을 『법화』 후後라고 그럽니다.

그래서 위의 혹或 자는 마등가를 가리키는 말이고, 아래의 혹或 자는 야수다라를 가리키는 말인데, 야수다라도 여자이고, 마등가도 여자이며, 본래 그런 생각도 없던 사람이지만 이 신주력神呪力을 말미암아 일념 동안에 무루선근을 닦아 번뇌를 초월하고, 생사를 초월했는데, 그 말입니다.

그런데 아난, 너는,

如何自欺
여 하 자 기

어찌 스스로 속아서,

다문多聞하여 인연이다, 자연이다 그런 말만 하고, 무루업을 닦지 못하기 때문에 스스로를 속인 것입니다.

尙留觀聽
상 류 관 청

아직도 관청함에 머무르고 있는가?

눈으로 보고, 귀로 듣고, 분별 낸다는 말입니다.

지금 여성들도 변변하지 못한 근기根機이지만 이런 과果를 얻었는데, 아난은 여태도 무루선無漏善을 닦아 깨닫지 못하고, 관청觀聽하는 그 자리에만 머물러 있으니 가련하다는 말입니다.

그래서 여기까지 해서 사마타奢摩他의 얘기가 끝나는데, 즉 계환사戒環師가 말한 견도분見道分이 끝났습니다.

이제부터는 삼마제三摩提를 얘기합니다.

Ⅱ. 삼마제三摩提를 말하여 일문一門으로 들어가게 하다

1. 두 가지 결정한 뜻

> 阿難及諸大衆 聞佛示誨
> 아 난 급 제 대 중 문 불 시 회

아난과 대중들이 부처님의 가르침을 듣고,

> 疑惑銷除 心悟實相
> 의 혹 소 제 심 오 실 상

의혹이 소제되고, 마음에 실상을 깨달아,

> 身意輕安 得未曾有
> 신 의 경 안 득 미 증 유

몸과 뜻이 경안하여 미증유함을 얻고,

重復悲淚 頂禮佛足 長跪合掌 而白佛言
중부비루 정례불족 장궤합장 이백불언

거듭 다시 슬피 울며 불족에 정례하고 합장하여 부처님께 아뢰었다.

無上大悲 淸淨寶王 善開我心
무상대비 청정보왕 선개아심

무상대비이신 청정보왕께서 저의 마음을 잘 열어 주시며,

能以如是 種種因緣 方便提獎
능이여시 종종인연 방편제장

능히 이러한 종종 인연과 방편으로 제장하여,

引諸沈冥 出於苦海
인제침명 출어고해

제침명에서 이끌어 고해에서 출出하게 하시나이다.

침沈은 물속에 빠진다는 말이고, 명冥은 어둡다는 말입니다.

> 世尊 我今雖承如是法音 知如來藏 妙覺明心 遍十方
> 세존 아금수승여시법음 지여래장 묘각명심 변시방
> 界 含育如來 十方國土 淸淨寶嚴 妙覺王刹
> 계 함육여래 시방국토 청정보엄 묘각왕찰

세존이시여, 제가 이제 이런 법음을 받잡고 여래장인 묘각의 밝은 마음이 시방계에 두루 하여 여래의 시방 국토에 있는 청정한 보배로 장엄한 묘각왕찰을 함육하는 줄 알았사오나,

지여래장知如來藏의 지知 자가 여기까지 내려옵니다.

> 如來復責 多聞無功 不逮修習
> 여래부책 다문무공 불체수습

여래께서 다시 책責하시기를, 다문이 공功이 없어 수습함만 못하다 (미치지 못하다.) 하시오니,

> 我今猶如旅泊之人
> 아금유여여박지인

저는 지금 마치 여박하던 사람이,

육지에 가다가 자는 것을 여旅라고 하고, 바다에 가다가 자는 것을 박泊이라고 그럽니다.

> 忽蒙天王 賜與華屋
> 홀 몽 천 왕 사 여 화 옥

문득 천왕이 주는 화옥을 입은 것 같나이다.

몽蒙 자는 주는 것을 입었다는 말이니까 받았다는 말입니다. 천왕이란 왕이 하늘과 같다는 뜻입니다.

> 雖獲大宅 要因門入
> 수 획 대 택 요 인 문 입

비록 대택을 얻었으나 문을 인해 들어감을 요要하오니,

집만 얻어 가지고는 소용없으니까 문으로 들어가야겠다, 그러니까 지금 문을 모르겠다는 말입니다.

> 唯願如來 不捨大悲 示我在會 諸蒙暗者 捐捨小乘
> 유 원 여 래 불 사 대 비 시 아 재 회 제 몽 암 자 연 사 소 승
> 必獲如來 無餘涅槃 本發心路
> 필 획 여 래 무 여 열 반 본 발 심 로

원컨대 여래께서 대비를 버리지 마시고 이 회중에 있는 몽암한 이들에게 개시開示하여 소승을 버리고 여래께서 무여열반에 나아가시려고 발심하던 길을 걷게 하십시오.

소승과 대승에서 각기 다르게 무여열반과 유여열반有餘涅槃을 얘기하는

데, 소승에서는 몸이 열반에 들지 않은 것을 유여열반이라고 하고, 몸까지 없어지는 것을 무여열반이라고 하며, 대승에서는 부족한 것이 없이 끝까지 이르러 간 것을 무여열반이라고 합니다. 여기에서는 여래의 무여열반이니까 대승을 가리키는 말입니다.

> 令有學者 從何攝伏 疇昔攀緣
> 영 유 학 자 종 하 섭 복 주 석 반 연

유학들로 하여금 무엇을 좇아 옛날의 반연을 섭복하고,

주疇 자, 석昔 자가 다 옛적이라는 뜻입니다. 온갖 육진六塵을 반연하던 번뇌를 가리키는 말입니다.

> 得陀羅尼 入佛知見
> 득 다 라 니 입 불 지 견

다라니를 얻어 부처님의 지견에 들어가게 하겠나이까?

다라니는 총지總持이니까 온갖 것을 다 포함해 가졌다는 다라니를 얻어서 종하從何, 어떻게 불지견에 들어가겠느냐고 묻는 말입니다.

> 作是語已 五體投地 在會一心 佇佛慈旨
> 작 시 어 이 오 체 투 지 재 회 일 심 저 불 자 지

이 말을 지어 마치고 오체를 투지하여 회중이 일심으로 부처님의

자비하신 교지敎旨를 기다렸다.

> 爾時世尊 哀愍會中 緣覺聲聞 於菩提心 未自在者
> 이 시 세 존 애 민 회 중 연 각 성 문 어 보 리 심 미 자 재 자

이때 세존께서 회중에 있는 연각, 성문들로서 보리심에 자재하지 못한 이들을 애민하시며,

> 及爲當來 佛滅度後 末法衆生 發菩提[4]心
> 급 위 당 래 불 멸 도 후 말 법 중 생 발 보 리 심

및 당래와 불멸도한 후 말법의 중생들로서 보리심을 발하려는 이를 위하여,

> 開無上乘 妙修行路 宣示阿難 及諸大衆
> 개 무 상 승 묘 수 행 로 선 시 아 난 급 제 대 중

무상승 묘수행로를 개開하여 아난과 대중들에게 선시하셨다.

그것이 부처님의 설법하시는 본뜻입니다.

---

4 고려대장경에는 살薩로 되어 있으나, 송본·원본·명본에는 본문과 같이 되어 있다.

> 汝等決定 發菩提心 於佛如來 妙三摩提 不生疲倦
> 여등결정 발보리심 어불여래 묘삼마제 불생피권

너희들이 결정코 보리심을 발하여 여래의 묘한 삼마제에 피권함을 내지 않으려거든,

이제 여기에서 삼마제에 대한 얘기를 하려는 겁니다.

> 應當先明 發覺初心 二決定義
> 응당선명 발각초심 이결정의

마땅히 각(覺)을 발하려는 초심의 두 가지 결정한 뜻을 먼저 밝혀야 하느니라.

> 云何初心 二義決定
> 운하초심 이의결정

무엇을 초심의 두 가지 결정한 뜻이라 하느냐?

> 阿難 第一義者 汝等 若欲捐捨聲聞 修菩薩乘 入佛知見
> 아난 제일의자 여등 약욕연사성문 수보살승 입불지견

아난아, 제일의는, 너희 등이 성문을 버리고 보살승을 닦아 부처님

의 지견知見에 들려거든,

저 위에서도 불지견을 얘기했는데, 『법화경』의 근본 뜻이 개시오입開示悟入 불지지견佛知之見입니다.

부처님께서 세상에 출현하신 목적인 일대사인연一大事因緣이 부처님의 지견을 열고, 가리어져 모르고 있던 것을 보여 주고, 그래서 중생들로 하여금 불지견에 들게 하는 데 있습니다.

> 應當審觀 因地發心 與果地覺 爲同爲異
> 응당심관 인지발심 여과지각 위동위이

마땅히 인지의 발심이 과지의 각覺으로 더불어 같은가, 다른가를 살펴야 하느니라.

지금 여기에서의 말은 생멸심生滅心으로 인심因心을 삼으면 생멸과生滅果를 얻게 되고, 불생멸심不生滅心으로 인을 삼아 수행을 해야 불생멸과不生滅果를 얻는다는 말을 인지발심因地發心이 각지覺地에 이르러 간 결과로 더불어 위동위이한 것들을 살펴야 한다고 얘기를 했습니다.

> 阿難 若於因地 以生滅心 爲本修因
> 아난 약어인지 이생멸심 위본수인

아난아, 만일 인지에서 생멸심으로써 수행할 인을 삼고,

다른 데서는 식심識心을 위주로 공부해 가지고서 보리, 열반을 얻는다고 하는데, 이 『능엄경』에서는 식심은 생멸심이니까 안 되고, 육근에 있는

성품, 근성根性을 불생멸심이라고 하는 게 특별히 다릅니다.

```
而求佛乘 不生不滅 無有是處
이 구 불 승  불 생 불 멸  무 유 시 처
```

불승의 불생불멸 구하려 함은 옳지 아니하니라.

```
以是義故 汝當照明 諸器世間
이 시 의 고  여 당 조 명  저 기 세 간
```

이러한 뜻인 고로 네가 마땅히 기세간을 조명하라.

기세간은 산하대지, 무정세간無情世間입니다.

```
可作之法 皆從變滅
가 작 지 법  개 종 변 멸
```

가히 만들어진 법은 모두 변멸하느니라.

가작지법을 기세간器世間에 대도 될 텐데, 기세간까지 떼고 다시 시작해 놓았습니다. 작作이란 없던 것을 지어낸다는 말이니까 본래부터 있는 게 아니라 법을 지어낸다는 말입니다. 사람이 뭘 짓는 게 아니라 없던 것이 생기는 것을 가작지법이라고 합니다.

질문 가작지법이라는 말이 이미 만들어진 것을 말합니까, 만들어지는 것을 말합니까?

답 만들어진 것이든지 지금 만드는 것이든지, 과거이고 현재이든 간에 없던 게 생기는 건 다 가작지법입니다.

질문 가작可作은 만들 수 있는 걸 말하는 것 아닙니까?
답 과거든 현재든 미래든 상관없이 없던 것이 생기면 나중에는 다 멸한다는 말입니다. 즉 유위법은 다 멸한다는 말입니다.

阿難 汝觀世間 可作之法
아 난 여 관 세 간 가 작 지 법

아난아, 네가 세간의 가작지법을 관하라.

誰爲不壞
수 위 불 괴

어느 것이 괴壞하지 않느냐?

괴壞나 변멸變滅이나 같은 말이니까 가작지법은 다 망가진다는 말입니다.

然終不聞 爛壞虛空
연 종 불 문 난 괴 허 공

그러나 허공이 난괴한다는 것은 듣지 못했으니,

란爛 자는 물러서 썩어진다는 말이고, 망가진다는 말입니다. 난괴는 변멸變滅인데, 허공은 변멸하지 않는다는 말입니다.

```
何以故 空非可作
하 이 고  공 비 가 작
```

하이고오? 허공은 가작을 아니하나니,

늘 그대로 무시무종無始無終하고 있어서 없던 게 생긴 가작이 아니라는 말입니다.

```
由是始終 無壞滅故
유 시 시 종  무 괴 멸 고
```

이로 말미암아 시종에 괴멸하지 않는 까닭이니라.

```
則汝身中 堅相爲地
즉 여 신 중  견 상 위 지
```

너의 신중에서 견상은 지대地大요,

굳어서 없어질 수가 없고 서로 장애한다는 그런 의미에서 지대라고 합니다.

> 潤濕爲水 煖觸爲火 動搖爲風
> 윤 습 위 수   난 촉 위 화   동 요 위 풍

윤습은 수水가 되고, 난촉은 화火가 되고, 동요는 풍風이 되느니라.

우리 몸 가운데 있는 사대四大를 말한 것인데, 이 몸도 가작지법이니까 없어지는 것입니다.

> 由此四纏 分汝湛圓 妙覺明心
> 유 차 사 전   분 여 담 원   묘 각 명 심

이 사대의 전纏함으로 말미암아 너의 담원한 묘각명심을 분分하여,

전纏 자는 얽어맨다는 말이니까 전박纏縛되어 사대 때문에 조금도 융통하지 못하게 된다는 말입니다.

분分 자는 갈라서 분격分隔해 놓는다는 말입니다.

> 爲視爲聽 爲覺爲察
> 위 시 위 청   위 각 위 찰

보고 듣고 깨닫고 살피게 하여,

코로 냄새 맡는다든지, 혀로 맛본다든지, 몸으로 깨닫는 게 다 각覺이고, 찰察이란 의근意根의 작용이니까 이건 다 육근의 작용을 얘기하는 것입니다.

본래는 담원묘각명심湛圓妙覺明心이어서 분별이 없던 우리의 본성 자리

가 사대의 얽매이는 것을 말미암아 가지고, 견見·문聞·각覺·지知 하는 것이 생기게 된다는 말입니다.

> 從始入終 五疊渾濁
> 종 시 입 종 오 첩 혼 탁

시始를 좇아 종終에 들기까지 오첩으로 혼탁하느니라.

오탁五濁이 생기는 이야기입니다.

> 云何爲濁
> 운 하 위 탁

어떤 것을 탁濁이라 하는가?

> 阿難 譬如淸水 淸潔本然
> 아 난 비 여 청 수 청 결 본 연

아난아, 비유컨대 마치 청수는 본연히 청결하고,

흐린 것을 맑힌 게 아니라 본래 깨끗한 물이니까 우리의 본성을 말하는 것입니다.

> 卽彼塵土 灰沙之倫
> 즉 피 진 토 회 사 지 륜

저 진토와 회사의 윤倫은,

윤倫은 그런 종류라는 뜻입니다.

本質留礙 二體法爾 性不相循
본 질 유 애 이 체 법 이 성 불 상 순

본질이 유애한 것이어서 이체가 으레 성性이 서로 순循하지 않느니라.

이체란 물과 흙이고, 법이란 으레 법여시法如是라고도 하는데, 법여시란 우리말에는 없는데, 아마 불교에서 예전부터 하던 말인 모양입니다.

有世間人 取彼土塵 投於淨水 土失留礙 水亡淸潔
유 세 간 인 취 피 토 진 투 어 정 수 토 실 유 애 수 망 청 결

세상 사람이 저 진토塵土를 가져다가 청정한 물에 넣으면, 흙은 유애하던 것을 잃어버리고, 물은 청결한 것이 없어져서,

容貌汨然 名之爲濁
용 모 골 연 명 지 위 탁

용모가 골연한 것을 이름해 탁濁이라 하나니,

汝濁五重 亦復如是
여 탁 오 중 역 부 여 시

너의 탁濁인 오중도 다시 이와 같으니라.

여기에서 이제 오탁五濁을 얘기하는 겁니다.

阿難 汝見虛空 遍十方界
아 난 여 견 허 공 변 시 방 계

아난아, 네가 허공이 시방계에 두루 함을 볼 적에,

空見不分
공 견 불 분

허공과 견見이 구분되지 아니하여,

끝이 없는 허공이 어디까지가 허공이고, 어디까지가 견見인지 나뉘지 않는다, 경계선이 분명하지 않다, 그 말입니다.

有空無體 有見無覺
유 공 무 체 유 견 무 각

허공은 체體가 없고, 견見은 각覺이 없거든,

공空은 자체가 없으니까 아무것도 없고, 본다고 하는 것은 의근이 작용을 해줘야지 안식만 가지고는 거울에 영상이 비치는 것과 같아서 깨닫는 작용이 없다는 말입니다.

그래서 그 무체한 허공과 무각한 견見이,

> **相織妄成**
> 상 직 망 성

서로 짜이어 허망한 것을 이루었나니,

짠다고 하는 것은 베 짜듯이 짜서 한 번 짜 놓으면 다시 풀 수 없는 것을 말합니다.

> **是第一重 名爲劫濁**
> 시 제 일 중 명 위 겁 탁

이것을 제일중으로 겁탁이라 이름하느니라.

『능엄경』에서 말하는 오탁은 다른 데와는 다릅니다. 우선 겁탁을 볼 때도, 다른 데서는 인수백세人壽百歲라고 해서 사람의 수명이 백 세 될 때부터 수명이 차차 짧아져서 시대가 흐리다고 겁탁劫濁으로 보는데,『능엄경』에서는 오음五陰 가운데 색음色陰을 의지해서 겁탁이 생겼다고 하여 다른 데서의 겁탁과 성질이 좀 다릅니다.

지금 색色과 공空의 둘을 따로 얘기하지만 색즉시공色卽是空도 되는 것이고, 공일현색空一顯色 역시 색에다 잡는 것이니, 색을 보는 것이 견見이고, 그러니 이건 색음으로부터 겁탁이 생긴다는 얘기를 한 겁니다. 이 아래에 흐린 것을 전부 다 맑혀야 될 것을 얘기합니다.

겁탁의 겁劫은 시대를 말하는 것이니까 (결암위색結暗爲色하여 색이 처음 생기는) 시대가 흐리다는 말이고, 이제 견탁見濁을 얘기하는데, 견탁이란 소견所見이 흐리다는 말입니다.

> 汝身現摶四大爲體
> 여 신 현 단 사 대 위 체

너의 몸은 현재 사대가 뭉치어 체가 되어,

흙을 쥐어 뭉치듯 뭉친다는 단摶 자입니다. 몸은 사대가 체가 되었는데, 마음으로부터 각覺하는 작용을 하지, 사대 육신은 각하는 작용을 안 가집니다.

> 見聞覺知 擁令留礙
> 견 문 각 지 옹 령 유 애

견·문·각·지를 막아 하여금 유애하게 하고,

우리 본성 자리에서 할 수 있는 육근의 작용을 다 가리키는데, 사대가 견·문·각·지 하는 그 작용을 막아서 유애하게 하니까 눈으로는 보기만 하고, 귀로는 듣기만 하지 공통共通을 못 합니다.

원래 우리의 마음자리인 본성은 육진六塵 경계를 깨달아 아는 것인데, 사대가 견·문·각·지를 옹擁해서 유애하도록 한다는 말입니다.

水火風土 旋令覺知
수 화 풍 토 선 령 각 지

수·화·풍·토를 선旋하여 하여금 각지하게 하거든,

　수·화·풍·토는 지·수·화·풍을 달리 표현한 것입니다. 수·화·풍·토는 견·문·각·지하는 이것이 들어서 견·문·각·지와 본本 우리 성품과 같이 만든다는 말입니다.

　수·화·풍·토는 각지覺知하는 작용이 없는데, 견·문·각·지가 들어서 도리어 각지하게 한다, 그래서 견·문·각·지 하고 수·화·풍·토 하는 이것이,

相織妄成
상 직 망 성

서로 짜이어 허망한 것을 이루었나니,

是第二重 名爲見濁
시 제 이 중 명 위 견 탁

이것을 제이중으로 견탁이라 이름하느니라.

又汝心中 憶識誦習
우 여 심 중 억 식 송 습

또 너의 심중에 억습憶習 · 식습識習 · 송습誦習하여,

습習 자는 억습 · 식습 · 송습에 다 통하는 말입니다.

억憶은 과거 일을 기억한다는 말이고, 식識은 현재의 것을 안다는 말이고, 송誦은 미래의 것을 짐작한다는 말이어서 삼세三世 것을 보고 듣고 해서 좋다 나쁘다 하기 때문에 번뇌가 생기는 것이니까.

性發知見 容現六塵
성 발 지 견 용 현 육 진

성性은 지견을 발하고, 모양은 육진을 나타내나니,

용容은 얼굴이니까 모양이라 새깁니다.

억식송습憶識誦習할 바의 경계가 있어야 하니까 억식송습하는 건 심중의 작용이고, 억식송습할 바는 육진을 가리키는 말입니다.

離塵無相 離覺無性
이 진 무 상 이 각 무 성

진塵을 여의고는 상相이 없고, 각覺을 여의고는 성性이 없거든,

육진 경계를 여의고는 억식송습하는 모양이 없고, 견 · 문 · 각 · 지 하는 그 각覺을 여의고는 육진의 성품이 없는 것이니(性 자는 육진의 성품이니까), 그래서 유지有知 · 무지無知, 알고 모르는 그것이,

相織妄成
상 직 망 성

서로 짜이어 허망한 것이 되었으니,

是第三重 名煩惱濁
시 제 삼 중 명 번 뇌 탁

이것을 제삼중으로 번뇌탁이라 이름하느니라.

또 중생탁衆生濁을 얘기하는데, 중생탁은 행음行陰으로부터 생깁니다.

又汝朝夕 生滅不停
우 여 조 석 생 멸 부 정

또 네가 조석으로 생멸이 정지停止하지 아니하여,

아침저녁으로 마음이 일어났다 없어졌다 하는 게 생멸이고, 행음行陰이란 생각이 가만있지 않고 계속되어 가는 것입니다. 그래서 행음을 말할 때 빨리 흐르는 물이 가만히 있는 것 같지만 자꾸 계속 흘러가는 것처럼 행음 역시 그와 같다고 얘기했습니다.

색色은 사대四大, 물질을 가리키는 말이고, 수受는 물질을 받아들이는 것이며, 상음想陰은 생각하는 것인데, 우리의 생각이 가만있지 않고, 자꾸 변해지는 그것이 행음입니다.

행行 자는 사람이 간다는 말이니까 간다는 것은 자꾸 계속되어서 머물러 있지 않는 것과 같이 우리가 볼 때는 생각이 가만있는 것 같지만 조금도 가만있지 않고 계속 가고 오고 하는 것입니다.

그런데 뒤에 오는 생각이 앞의 생각을 추월하지는 못한다, 마치 사람이 외나무다리를 건널 때 뒷사람이 아무리 빨라도 앞에 가는 사람을 넘지 못하는 것처럼 행음도 그와 같다는 얘기입니다. 그래서 조석으로 생멸해서 그치지 않는다는 말입니다.

그런데 행음의 작용을 가지고 어떻게 하는가 하면,

> **知見每欲留於世間**
> 지 견 매 욕 류 어 세 간

지견은 매양 세간에 머무르고자 하고,

지견이란 좋다, 나쁘다 하는 것인데, 이것은 옳게 생각하는 것이 아니라 우리의 잘못된 생각을 말하는 것입니다. 우리가 오래 살려고 하는 것도 세간에 머물러 있으려고 하는 것이고, 죽은 후에도 못자리를 좋은 데 쓰려고 하는 것이 다 세간에 남아 있으려는 것입니다.

> **業運每常遷於國土**
> 업 운 매 상 천 어 국 토

업운은 매양 국토에 옮아가려 하거든,

업운이란, 업을 지으면 업을 따르는 것을 말하니, 즉 일본의 업을 지으면 일본에서 살게 되고, 미국의 업을 지으면 미국에서 살게 되고, 천상의 업을 지으면 천상에 가게 되고, 극락세계의 업을 지으면 극락세계에 가는 등 여기에서 떠나 다른 데로 가는 것입니다.

업운은 이 국토에서 저 국토로 옮아가려고 하고, 알음알이하는 우리의 소견은 그냥 있으려고 하는 게 원칙입니다. 지견知見은 세간에 있으려고 하고, 업운은 다른 데로 가려고 하고, 있으려는 지견과 반대로 가려고 하는 업운이 서로 짜인다는 말입니다.

相織妄成 是第四重 名衆生濁
상 직 망 성 시 제 사 중 명 중 생 탁

서로 짜이어 허망함을 이루었나니, 이것을 제사중으로 중생탁이라 하느니라.

중생이란 세간에 머물러 있으려고 하고, 또 업을 지어서 여기 살다가 다른 데로 가려고 하는 것이니, 있으려는 생각과 가려고 하는 생각이 정반대되는데, 있는 것도 아니고 가는 것도 아닌 그것을 중생탁이라고 한다는 말입니다. 그러니까 행음行陰이 중생탁의 근본이라는 얘기입니다.

이 아래는 명탁命濁입니다.

汝等見聞 元無異性
여 등 견 문 원 무 이 성

너희들의 견見과 문聞은 원래 다른 성性이 없건마는,

지금 우리는 중생이 되어 육신을 가지고 있으니까 매매昧해서 눈으로는 보기만 하고, 귀로는 듣기만 하는 것이지, 우리의 본 여래장묘진여성如來藏妙眞如性인 불성 자리는 이 몸이 생기기 전에도 있고, 이 몸이 없어도 있는 것이어서 불성 자리는 보기만 하고, 듣기만 하는 이런 것이 없어서 견見하고 문문聞하는 것이 원래 다르지 않다는 말입니다.

> 衆塵隔越 無狀異生
> 중 진 격 월 무 상 이 생

중진이 격월하여 까닭 없이 다름이 생겼느니라.

중진은 육진六塵이니 격월하여 색色을 보고, 성聲을 듣게 된 것이 까닭 없이 다름이 생긴 것이다. 곧 사대가 육근을 이루고, 육근이 견문見聞을 막아서 통하지 못하게 됨을 말한 것입니다.

> 性中相知 用中相背 同異失准
> 성 중 상 지 용 중 상 배 동 이 실 준

성性 중에는 상지하나, 용用 중에는 상배하여 동同과 이異가 표준을 잃었거든,

제팔식第八識의 체성體性으로는 상지하니 지각이 동일함이요, 공용功用으로는 상배하니 견見은 문聞이 아니고, 각覺은 지知가 아닌 것이며, 상지함으로는 같은 듯하여 이異가 아니요, 상배함으로는 다른 듯하여 동同이 아니니, 이것이 표준을 잃는다는 말입니다.

> 相織妄成 是第五重 名爲命濁
> 상직망성 시제오중 명위명탁

서로 짜이어 허망한 것이 되었나니, 이것을 제오중第五重으로 명탁이라 하느니라.

명탁이란, 오래 살지 못하고 생명이 흐리다는 말인데, 여기에서는 지금 식음識陰 자체가 명탁이라는 말입니다. 그래서 『능엄경』의 오탁五濁은 다른 경의 오탁보다 좀 다른데, 이 다섯 가지 흐린 것은 생멸하는 것이므로 이걸 가지고 공부해서는 부처의 자리에 이르지 못한다는 말입니다.

그래서 처음에 생멸하는 마음을 가지고는 불생멸하는 과果를 얻지 못한다고 해서 발심할 때와 과를 얻을 때가 같은가 다른가를 보라고 하는 것을 이결정의二決定義 가운데 첫째로 든 겁니다.

여기에서 오탁을 얘기한 것은, 오탁은 생멸하는 것이므로 이 오탁을 없애 버려야 불생멸하는 성性을 얻게 된다는 얘기를 하는 것입니다.

> 阿難 汝今欲令 見聞覺知 遠契如來 常樂我淨
> 아난 여금욕령 견문각지 원계여래 상락아정

아난아, 네가 이제 견・문・각・지로 하여금 여래의 상常・낙樂・아我・정淨에 계합하려 하거든,

계契 자는 일치되려고 한다는 말입니다. 그러니까 인지因地의 발심이 과지果地의 각覺과 같아지려면,

> 應當先擇 死生根本
> 응 당 선 택 사 생 근 본

응당히 먼저 생사 근본을 택거擇去하고(택해 버리고),

> 依不生滅 圓湛性成
> 의 불 생 멸 원 담 성 성

불생멸하는 원담성성을 의지하여 이루어야 하나니,

상·낙·아·정한 열반 자리에 들어가려면 육근의 생사 근본을 택해 버리고, 불생멸하는 원담성을 의지해서 성취해야 하는 것이니, 어떻게 해야 생사 근본을 버리고 원담성을 의지하겠느냐, 그것을 여기에서 말하고 있습니다.

> 以湛旋其虛妄滅生 伏還元覺
> 이 담 선 기 허 망 멸 생 복 환 원 각

담湛으로써 허망하게 생멸함을 돌이켜 복伏하여 원각으로 돌이키고,

생사에 생멸하는 허망한 이것을 돌이켜서 불생불멸하는 본각 자리로 돌이켜 온다는 말입니다.

> 得元明覺 無生滅性
> 득 원 명 각 무 생 멸 성

원래의 명각인 무생멸성을 얻어,

> 爲因地心 然後圓成 果地修證
> 위 인 지 심 연 후 원 성 과 지 수 증

인지심을 삼은 연후에 과지의 수증을 원만히 성취해야 하느니라.

흐린 것을 전부 다 맑혀야 하는 것이니까 비유를 가지고 오탁을 맑히는 얘깁니다.

> 如澄濁水 貯於淨器
> 여 징 탁 수 저 어 정 기

탁수를 맑히려면 정기에 저貯하여,

선정을 닦아 그것을 가지고 정진하는 것을 말합니다.

> 靜深不動
> 정 심 부 동

정靜이 깊어서 동하지 아니하면,

정靜 자는 동하지 않는다는 말입니다.

> 沙土自沈 淸水現前
> 사 토 자 침 청 수 현 전

사토는 침沈하고, 청수는 현전하나니,

> 名爲初伏客塵煩惱
> 명 위 초 복 객 진 번 뇌

이름이 처음으로 객진번뇌를 복伏하는 것이요,

복伏이란 아주 끊어 버리는 게 아니라 굴복시켜서 다시 나타나지 못하게 하는 것입니다. 마치 풀이 나는데 위에 무엇을 덮는다든지, 돌로 누른다든지 하는 것처럼 번뇌의 작용이 생기지 않게 우선 동작하지 못하게 하는 것을 말합니다.

> 去泥純水 名爲永斷根本無明
> 거 니 순 수 명 위 영 단 근 본 무 명

니泥를 버린 순전純全한 물은 이름이 근본무명을 영단하는 것이니라.

객진번뇌客塵煩惱는 추번뇌麁煩惱요, 근본무명은 세번뇌細煩惱인데, 그걸 끊어서 오탁을 맑혀야 한다는 말입니다.

> **明相精純 一切變現**
> 명 상 정 순 일 체 변 현

명상이 정순하면 일체가 변현하되,

우리의 번뇌망상 가운데도 산하대지가 현전하지만, 이것은 옳게 나타나는 것이 아닙니다. 그러나 명상이 순일純一하면 거울의 밝은 그림자가 나타나듯이 '우리의 본성 자리에 산하대지가 변현하지만', 그 말입니다.

> **不爲煩惱**
> 불 위 번 뇌

번뇌가 되지 않고,

앙금이 가라앉은 것을 흔들면 다시 흙탕물이 되지만, 그 앙금을 버리면 그 위에 온갖 것이 다 나타나도 번뇌가 되지 않는다는 말입니다.

> **皆合涅槃 淸淨妙德**
> 개 합 열 반 청 정 묘 덕

다 열반의 청정한 묘덕에 합하리라.

두 결정의決定義 가운데 이것이 첫째입니다. 인지因地의 발심發心이 과지果地의 각覺과 같은가 다른가를 살피라고 했는데, 닦으려는 마음이 불생멸하는 것을 가지고 닦아야 불생멸하는 과果를 얻지, 생멸심을 가지고 닦으면 과도 생멸이라는 말입니다.

> 第二義者 汝等必欲 發菩提心
> 제 이 의 자 여 등 필 욕 발 보 리 심

제이第二는 너희들이 반드시 보리심을 발하여,

> 於菩薩乘 生大勇猛 決定棄捐 諸有爲相
> 어 보 살 승 생 대 용 맹 결 정 기 연 제 유 위 상

보살승에 대용맹을 내고 결정코 유위상을 버리려거든,

> 應當審詳 煩惱根本
> 응 당 심 상 번 뇌 근 본

마땅히 번뇌의 근본을 자세히 살펴보되,

> 此無始來 發業潤生
> 차 무 시 래 발 업 윤 생

이것이 무시래로 업을 발하며 생生을 윤潤하나니,

발업무명發業無明과 윤생무명潤生無明이 있습니다. 발업하는 무명이란, 지금의 우리처럼 살아 있을 때에 업을 짓는 것을 말하고, 윤생하는 무명이란 중음신中陰身이 부모를 찾아갈 때에 그 부모에 대해서 애초에 사랑하고 미워하는 생각을 일으키는 것을 말합니다. 업을 지어 놓은 것이 마른 콩과

같다고 하면, 그 콩을 불려 땅속에 심어야 싹이 나는 것은 윤생입니다.

발업무명이란 번뇌의 근본인데, 이것이 무시래로 발업도 하고 윤생도 한다는 말입니다.

> 誰作誰受
> 수 작 수 수

무엇이 짓고 무엇이 받는가 하라.

업은 무엇이 짓고, 나중에 윤생은 무엇이 받는가 하는 것을 잘 살펴야 한다는 말입니다.

> 阿難 汝修菩提 若不審觀 煩惱根本
> 아 난 여 수 보 리 약 불 심 관 번 뇌 근 본

아난아, 네가 보리를 닦으려 하되, 번뇌의 근본을 자세히 살펴보지 않고는,

> 則不能知 虛妄根塵 何處顚倒
> 즉 불 능 지 허 망 근 진 하 처 전 도

허망한 근진이 하처가 전도한 것인 줄 알지 못하리니,

> 處尚不知 云何降伏 取如來位
> 처 상 부 지 운 하 항 복 취 여 래 위

처處를 아직 알지 못하고는 어떻게 항복 받고, 여래의 위位를 취하겠는가.

지금 생사 근본인 전도顚倒한 매듭을 푸는 얘기를 하고 있습니다.

> 阿難 汝觀世間 解結之人
> 아 난 여 관 세 간 해 결 지 인

아난아, 너는 세간의 매듭 푸는 사람을 보라.

> 不見所結 云何知解
> 불 견 소 결 운 하 지 해

맺힌 바(곳)를 보지 못하고야 어떻게 풀 줄을 알겠는가.

> 不聞虛空 被汝隳裂
> 불 문 허 공 피 여 휴 열

허공을 네가 휴열했다는 말은 듣지 못하였으니,

휴열은 망가뜨려 버린다는 말입니다.

> 何以故 空無相形 無結解故
> 하 이 고 공 무 상 형 무 결 해 고

왜냐하면 허공은 형상이 없어서 맺히고 풀림이 없는 연고니라.

허공은 맺힌 데가 없으니 푼다고 할 수가 없겠지만, 우리의 육근은 맺혀 있는 것이고, 그것이 생사의 근본이므로 맺힌 것을 풀어야 한다는 얘기입니다.

> 則汝現前 眼耳鼻舌 及與身心 六爲賊媒
> 즉 여 현 전 안 이 비 설 급 여 신 심 육 위 적 매

너의 현전한 안·이·비·설·신·심의 여섯이 적매가 되어,

이것이 바로 육근이 맺혔다는, 즉 전도한 곳이라는 말입니다.

적매란 도적의 중신애비라는 말이니, 가령 봉은사에서 사는 사람은 봉은사 안의 내력을 잘 아니까 밖에 있는 도적과 연락해서 훔쳐 가도록 하는 것을 적매라고 합니다.

우리가 본래 구족한 여래장의 본성 공덕을 다 없애 버리고 육근이 도적의 중신애비가 되어,

> 自劫家寶
> 자 겁 가 보

스스로 가家의 보寶를 겁취劫取하나니,

육근은 중신애비이고, 육진六塵은 도적이 된 그걸 가지고 가보를 훔쳐 가는 것이니,

由此無始 衆生世界 生纏縛故
유 차 무 시 중 생 세 계 생 전 박 고

이로 말미암아 무시로 중생 세계에 전박을 생하는 연고로,

於器世間 不能超越
어 기 세 간 불 능 초 월

기세간에서 초월하지 못하느니라.

번뇌가 한 꺼풀 가리어서 본체를 보지도 못하고, 조그마한 판자만 하나 있어도 뚫고 지나가지도 초월하지도 못하는 것이니, 중생 세간의 전박纏縛만 풀면, 기세간에서 초월할 수 있다는 얘깁니다.

阿難 云何名爲衆生世界
아 난 운 하 명 위 중 생 세 계

아난아, 무엇을 중생 세계라 이름하는가?

세世는 시간적으로 하는 말이고, 계界는 공간적으로 하는 말입니다.

世爲遷流 界爲方位
세 위 천 류   계 위 방 위

세世는 천류하는 것이요, 계界는 방위이니,

지금 중생 세계의 세世와 계界를 얘기하고 있습니다.

汝今當知
여 금 당 지

네가 지금 마땅히 알라.

東西南北 東南西南 東北西北 上下爲界
동 서 남 북   동 남 서 남   동 북 서 북   상 하 위 계

동·서·남·북·동남·서남·동북·서북·상·하는 계界가 되고,

　동서남북은 사방四方이고, 동남 등은 간방間方이므로 서북까지 해서 팔방八方이며, 여기에 상·하를 더함은, 시방十方을 가리키는 말입니다.

過去未來 現在爲世
과 거 미 래   현 재 위 세

과거·미래·현재는 세世가 되는 것이니,

시방 삼세를 말하고 있습니다.

位方有十 流數有三
위 방 유 십   유 수 유 삼

방위는 십十이요, 유수는 삼三이니라.

유수란 세世의 천류遷流하는 수효입니다.

一切衆生
일 체 중 생

일체중생이,

중생들의 몸뚱이는 공간이고, 나서부터 지금까지 내려온 것은 시간입니다. 공간을 의지해서 시간을 지나는 게 중생이니까 그런 중생이,

織妄相成 身中貿遷 世界相涉
직 망 상 성   신 중 무 천   세 계 상 섭

망妄을 짜서 이루어 신중에서 무천하여 세계와 상섭하느니라.

시간과 공간이 허망한 것을 짜 가지고 이루어졌기 때문에 신중에 무천하여 세계와 상섭한다는 말입니다.

무貿 자는 무역한다는 말이니, 무역은 있는 것을 가지고 없는 것을 바꾼다는 말이고, 천遷 자는 여기 있는 물건이 다른 데로 가고, 다른 데의 물건이 이리로 오는 것으로 왔다 갔다 한다는 말입니다. 그래서 우리 몸 가운데 시방 삼세가 있어서 기세간의 시방 삼세와 서로 교섭하게 된다는 말입니다.

> 而此界性 設雖十方 定位可明 世間祗目 東西南北
> 이 차 계 성 설 수 시 방 정 위 가 명 세 간 지 목 동 서 남 북

이 계계(界)의 성성(性)이 비록 시방이나, 일정한 방위로 가히 분명한 것은 세간에서 다만 동·서·남·북만 지목하나니,

동서남북이 사방의 원칙입니다. 그런데 여기에서는 왜 시방에서 상하와의 사이는 말하지 않았느냐는 얘기를 하고 있습니다.

> 上下無位 中無定方
> 상 하 무 위 중 무 정 방

상과 하는 정위定位가 없고, 중간은 정방이 없느니라.

상하무위란 동쪽에서 보면 동쪽에 대한 상방上方이고, 서쪽에서 보면 서쪽에 대한 상방이지 상방이라는 일정한 정위定位가 없다는 말입니다.

중무정방의 중中이란 간방間方, 즉 동남의 간방이라는 것이 한쪽은 동에 붙고 한쪽은 남에 붙었기 때문에 일정한 방위가 없게 된다는 말입니다. 그래서 세상에서는 동서남북의 넷만 말하고, 상하와 간방은 안 친다는 얘긴데, 지금 열두 가지로 변하는 것을 얘기하려고 하는 말입니다.

> 四數必明 與世相涉 三四四三 宛轉十二
> 사 수 필 명 여 세 상 섭 삼 사 사 삼 완 전 십 이

사수(四方)가 필명하여 세世로 더불어 상섭하되, 3과 4, 4와 3이 완전하여 12가 되고,

3×4는 12이므로 방위를 놓고 삼세를 셈한다든지, 삼세를 놓고 방위를 셈한다든지 다 마찬가지인데, 그 뜻으로 삼사三四, 사삼四三이라고 했습니다.

> 流變三疊 一十百千
> 유 변 삼 첩 일 십 백 천

유변하여 세 번 첩疊하여 일, 십, 백, 천이 되나니,

유流는 자꾸 변해 오면서, 변變은 변해서 많아진다는 말입니다. 『능엄경』에서 이걸 분명하게 하기가 어렵다는 것인데, 세 번을 첩疊해서 일, 십, 백, 천이 된다는 것은 차차 변해서 올라가는 것을 말합니다.

하나가 열이 되고, 열이 백이 되고, 백이 천이 된다는 말을 일, 십, 백, 천이라고 했는데, 유변삼첩의 제일첩第一疊은 삼세를 사방으로 셈하든지, 사방을 삼세로 셈하든지 하여 열둘이 되고, 제이첩第二疊은 본래 방소方所라고 하면 시방이 되는데, 그것을 줄여 사방이 된 거니까 동쪽도 열(十)을 만들고, 서쪽도 열을 만들고, 남쪽도 열을 만들고, 북쪽도 열을 만들면 40방四十方이 된다는 얘기입니다.

그것을 삼세로 셈하면 120이 된다는 말인데, 시간도 본래 과거 삼세, 현재 삼세, 미래 삼세, 현전일념現前一念 등 열이 있으니, 모두 실제라는 것입니다. 그것을 사방으로 셈하면 역시 120이 되는 그것이(두 번 곱하는) 제이첩입니다.

다음에는 제삼첩第三疊인데, 예전부터 말하기를 동서남북, 각 시방씩 해서 40방이 되었는데, 그 40방을 낱낱이 시방씩 셈하면 4백 방이 된다고 했습니다.

그 4백 방을 삼세로 셈한다고 할 것 같으면 1천2백이 되고, 또 세世로 볼 때 30세를 낱낱이 10세씩 셈하면 3백 세가 되니까 그 3백 세를 사방으로 곱해도 1천2백이 된다고 이렇게 얘기합니다.

그런데 40방을 또 열씩 셈해서 4백 방을 만들고, 그 4백 방을 시방씩 셈한다고 하면 4천 방이 되는데, 왜 거기에다 다시 삼세를 셈하여 1만 2천 방을 만들지 않느냐, 이겁니다.

그러나 40방을 30세에다 셈해도 1천2백이 되고, 30세를 40방에다 셈해도 1천2백이 되면, 더할 필요가 없지 않겠느냐는 얘기입니다. 『정맥소正脉疏』에는 그런 얘기가 없는데, 『지장소指掌疏』에서 그런 얘기를 했습니다.

유변삼첩하여 일십백천이라는 말은 뜻이 어려운 것도 아니고, 묘한 이치가 있는 것도 아닌데, 복잡해서 웬만한 선까지는 용납하기가 어렵고, 어쨌든 1천2백 공덕을 만들기 위해서 한 말입니다.

눈에도 1천2백 공덕이 있고, 귀에도 1천2백 공덕이 있다는 등의 얘기인데, '신중무천身中貿遷하여 세계상섭世界相涉'이라는 게 내내 그 말입니다. 즉 이 몸에 있는 육근도 밖에 있는 시방 삼세와 같은 것이니, 상섭하게 된다는 말입니다.

> 總括始終 六根之中 各各功德 有千二百
> 총괄시종 육근지중 각각공덕 유천이백

시始와 종終을 총괄하면 육근 중에 공덕이 각각 1천2백이 있느니라.

육근이 다 신중무천身中貿遷이니까 육근 가운데서 낱낱이 안근眼根의 공덕도 1천2백이고, 이근耳根의 공덕도 1천2백이고, 육근이 각각 1천2백 공덕이 있다는 것입니다.

왜 그런고 하니, 눈으로 본다고 할 때 동쪽도 보고, 서쪽·남쪽·북쪽도 보는데, 동쪽에 있는 시방도 보고, 서쪽·남쪽·북쪽에 있는 시방도 보는 것이 눈의 작용이라는 말입니다.

그리고 시간으로 봐도 과거 30세三十世에도 보고, 현재 30세에도 보고, 미래 30세에도 보는 게 눈의 작용이고, 눈만 아니라 소리도 시방 삼세의 것을 다 듣고, 냄새도 시방 30세의 것을 다 맡으니까 구족히 말할 것 같으면 육근이 다 1천2백 공덕이 있다는 말입니다.

저 위에서 '유변삼첩하여 일십백천'이라고 해서 시간과 공간을 통해서 1천2백을 만들어 놓았는데, 눈도 그렇고 귀도 그렇고 해서 육근의 공덕이 각각 1천2백 공덕이 있으니까 1천2백씩 더하면 7천2백이겠는데, 실상은 1천2백이 원만한 것도 있고, 1천2백이 못 되는 것도 있기 때문에 『법화경』에도 그런 얘기가 있지만, 육근에 6천 공덕이 있다고 하는 것입니다.

원래는 낱낱의 육근이 다 1천2백 공덕이 있어야 하겠지만, 따져 보면 1천2백이 되는 것도 있고, 되지 않는 것도 있다는 얘깁니다.

阿難 汝復於中 克定優劣
아난 여부어중 극정우열

아난아, 네가 이 중에서 우優하고 열劣한 것을 정하여 보라.

육근이 제각기 1천2백 공덕이 원만한가 원만하지 못한가를 정해 보라는 말인데, 이제 그것을 따져 보는 것입니다.

如眼觀見 後暗前明
여안관견 후암전명

눈으로 관견함은 뒤는 어둡고, 앞은 밝으니라.

뒤는 어두우니까 공덕이 없습니다. 눈은 어두운 데는 못 보고 돌아서도 역시 뒤는 못 보고 앞만 봅니다.

前方全明 後方全暗 左右傍觀 三分之二
전방전명 후방전암 좌우방관 삼분지이

전방은 온전히 밝고, 후방은 온전히 어두우며, 좌와 우로는 곁으로 보아 삼분三分의 이二가 되나니,

여기에서는 아마 '좌우방관은(좌쪽과 우쪽에서 곁으로 보는 것은) 삼분지이三 分之二라', 이렇게 했을 겁니다. 그렇다면 좌쪽에도 삼분의 이를 보고, 우쪽에도 삼분의 이를 본다는 말인데, 1천2백 공덕이라고 했으니까 동서남북 사방으로 해서 한 방에 3백 공덕이 있어야 1천2백 공덕이 될 게 아니겠습니까.

그런데 앞에는 전명全明이니까 3백 공덕은 보는 것이고, 후암後暗이라 했으니 뒤의 3백 공덕은 못 보는 것이며, 좌우방관하는 것은 삼분의 이라고 했으니까 3백 공덕 가운데 삼분의 이이면 좌쪽으로도 2백 공덕만 보고, 우쪽으로도 2백 공덕만 볼 것입니다.

그러니 좌로 2백, 우로 2백, 앞이 3백이면 모두 7백 공덕밖에 안 되니, 안 맞는다는 얘깁니다. 그래서 예전 사람들은 앞을 볼 때에 정면 가운데는 3백 공덕이 있는 게 아니라 2백 공덕이 있다고 했습니다.

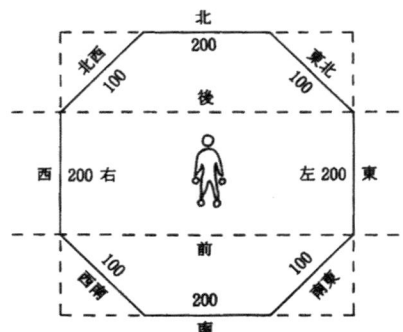

그리고 동남간東南間이라고 하면, 남쪽에서 50이고, 동쪽에서 50이고 해서 반반半半이 백百이 된다는 얘깁니다. 그러니까 앞으로만 할 게 아니라 반반이 되어야 하니까, 동남간 하면 동쪽에도 50, 남쪽에도 50해서 간방間方이 백이 되었으니까 좌우도 그렇게 하면 3백이 됩니다.

좌우 간방이라고 하면, 오른쪽으로 보는 것도 가운데로는 2백을 보고, 옆으로는 귀 때문에 막혀서 50만 볼 테니, 삼분의 이라고 하는 것은 250을 만듭니다. 왼쪽으로 보는 것도, 전방은 2백이고 간방엔 50을 보니까 역시 250이 됩니다. 앞에서처럼 삼분의 이가 2백만 되면 부족하니까 좌우방관해서 5백을 만들고, 앞에 있는 3백 하고 총 8백이 된다는 말입니다.

그래서 '좌우방관은 삼분지이라'라고 토를 달아 좌쪽에도 삼분의 이를 보고, 우쪽에도 삼분의 이를 본다고 할 때는 가운데는 2백, 가로는 50씩을 봐야 8백 공덕이 된다는 말인데, 내가 주장하는 것은 '좌우방관하야 삼분지이이니'라는 토를 달면, 좌쪽, 우쪽은 겉으로만 보니까 앞으로는 전부 보고, 좌우로는 방관하고 하는 것을 통틀어서 삼분의 이다. 즉 1천2백의 삼분의 이라고 해서 앞에는 전부 다 보고, 뒤에는 전부 다 못 보고, 좌우는 방관이니까 보는 것만 삼분의 이라고 하면 8백이 된다, 이겁니다.

그러므로 토를 그렇게 달면 구차하게 가운데는 2백, 양 가로는 50, 이렇게 할 필요가 없지 않겠냐, 이겁니다. 어쨌든 눈은 전부 다 못 보니까 가에서부터 앞으로만 보는 것이 8백 공덕이라 하니, 8백만 만들어 놓으면 되는 겁니다.

결론적으로 '좌우방관은 삼분지이라'라고 하려면, 좌쪽에도 삼분의 이이고, 우쪽에도 삼분의 이를 치니까 전과 같이 가운데는 2백을 치고, 가에는 50씩을 쳐야 합해 8백이 된다고도 할 수가 있고, 또 그렇게 구차스럽게 하는 것보다는 '좌우방관하야 삼분지이이다'라고 해서 후방은 전암全暗이니까 모르고, 전방은 전명全明이니까 알며, 또 좌우방관까지 통틀어서 전체의 삼분지이라고 '하야' 토를 달면 되지 않겠냐, 이겁니다.

統論所作功德不全
통론소작공덕부전

통틀어 논하면 짓는 바의 공덕이 온전하지 못하여,

다 통틀어서 안근의 짓는 공덕(눈으로 보는 공덕)을 논해 보면, 뒤는 못 보니까 좌우방관은 삼분의 이밖에 안 됩니다.

三分言功 一分無德
삼분언공 일분무덕

삼분으로 공을 말하면 일분은 덕이 없어서,

1천2백에서 세 몫으로 나누어 공을 얘기할 때에 일분은 공덕이 없으니까(1천2백 공덕에서 삼분의 일분은 없으니까) 이분만 남으면 8백이 됩니다.

이 문장에서 '삼분언공에 일분무덕이라' 해서 하나는 공功이고, 하나는 덕德인데, 하나씩을 빼고 썼습니다.

當知眼唯八百功德
당지안유팔백공덕

마땅히 알라. 눈은 오직 8백 공덕이니라.

눈은 온전하지 못하다는 말입니다.

如耳周聽 十方無遺
여 이 주 청 시 방 무 유

귀로는 두루 들어서 시방에 빠짐이 없나니,

귀는 어디서 나는 소리든지 다 듣습니다.

動若邇遙 靜無邊際
동 약 이 요 정 무 변 제

동動함으로는 가깝고 먼 것이 있는 듯하나 고요함으로는 변제가 없나니,

동한다는 것은 소리가 나는 것입니다. 가까운 데 것은 잘 들리고, 먼 데 것은 잘 안 들리는데, 약若 자는 이邇하고 요遙한 것이 있는 듯하다는 말입니다.

정무변제라는 말은, 우리가 소리 나는 것만 듣는 게 아니라 소리 안 나는 것도 듣는데, 소리 안 나는 것은 천 리 밖에서도 다 들을 수가 있습니다. 이렇게 다 들으니까 귀가 원만하다는 얘깁니다.

當知耳根 圓滿一千二百功德
당 지 이 근 원 만 일 천 이 백 공 덕

마땅히 알라. 이근耳根은 1천2백 공덕이 원만하니라.

육근 가운데서 셋은 8백 공덕만 있고, 셋은 1천2백 공덕이 다 있으니까,

그래서 그걸 대면 6천 공덕이 나오는 겁니다.

> **如鼻齅聞 通出入息**
> 여 비 후 문 통 출 입 식

코로 맡는 것은 출입식을 통하나니,

> **有出有入**
> 유 출 유 입

출식出息이 있고, 입식入息이 있으나,

숨을 내쉬는 것도 있고, 들이쉬는 것도 있지만,

> **而闕中交**
> 이 궐 중 교

중간의 교체交替는 궐闕하니,

숨을 내쉬었다가 들이키는 그 중간은 아무 작용이 없습니다. 출식·입식·중간 이렇게 셋인데, 중간은 궐闕이니까 아무 공덕이 없다는 말입니다.

> **驗於耳根 三分闕一**
> 험 어 이 근 삼 분 궐 일

이근은 삼분三分의 일一을 궐闕하였으므로,

출식·입식·중간 해서 셋인데, 중간엔 아무 공덕도 없으니까 삼분의 일이 궐闕했습니다.

當知鼻唯八百功德
당 지 비 유 팔 백 공 덕

마땅히 알라. 비근鼻根은 오직 8백 공덕이니라.

如舌宣揚
여 설 선 양

혀로 선양함은,

혀는 맛보는 일도 하고 말하는 일도 하기 때문에 맛보는 데 대해서 1천 2백 공덕을 이룰 수가 없습니다.

선양한다는 것은 얘기하는 것으로서, 여기에서는 말하는 공능을 취한 것입니다.

盡諸世間 出世間智
진 제 세 간 출 세 간 지

세간과 출세간의 지智를 다하나니,

중생은 출세간 지혜는 없으나 세간 지혜는 있고, 소승이나 대승에서는 세간, 출세간 지智를 다 알 수가 있으니, 어쨌든 지혜로는 온갖 것을 다 말할 수 있다는 것입니다.

言有方分
언 유 방 분

말에는 방분이 있으나,

말을 아무리 한다고 해도 말로는 참으로 원만하게 할 수가 없습니다. 방方이란 한쪽이니까 원圓이 못 되고 일부분밖에 안 되며, 분分이라는 것도 일부분이라는 말이니까 전체가 안 되는 것입니다.

그래서 말로는 방분이 있기 때문에 아무리 해도 원만하게 얘기할 수는 없지만,

理無窮盡
이 무 궁 진

이理는 궁진함이 없는지라.

능히 말하는 것은 방분이 있어서 원만하지 못하다 하더라도, 선양할 바의 진리는 궁진함이 없으니, 얼마든지 할 수가 있는 게 아니냐는 말입니다.

當知舌根 圓滿一千二百功德
당 지 설 근 원 만 일 천 이 백 공 덕

마땅히 알라. 설근은 1천2백 공덕이 원만하니라.

이 궁진한 것을 가지고 세간, 출세간 지智를 얘기한 것이니, 1천2백 공덕을 갖추었다는 말입니다.

> 如身覺觸 識於違順
> 여 신 각 촉 식 어 위 순

몸으로 촉촉觸을 각覺함은 거스름과 순順함을 알되,

촉촉觸하는 것이 내 몸과 마음에 알맞은 것도 있고 틀린 것도 있는데, 위違는 틀리는 것이고, 순順은 알맞다는 말입니다.

> 合時能覺
> 합 시 능 각

합할 적에는 능히 각覺하고,

밖에 있는 촉진觸塵이 몸에 와서 합할 때에는 능히 깨닫고,

> 離中不知
> 이 중 부 지

이離하면 알지 못하나니,

촉진觸塵이 신근身根과 떠났을 때는 알지 못한 것이니,

離一合雙
이 일 합 쌍

이離하면 일一이요, 합하면 쌍雙이라.

어째서 이일합쌍이라 하는지 그 이유가 나와야 하는데, 이離 중엔 부지不知니까 부지하는 것, 모르는 건 하나라는 것입니다(離一).

합할 때 쌍雙이라고 하는 쌍 자는 '위違와 순順을 다 깨닫는다. 위도 아니고 순도 아니다'라고 예전에 어떤 어른이 밝혔는데, 이일합쌍의 이유를 밝혀야 하니까 그렇게 한 것입니다. 그러니까 쌍은 아는 것이니까 둘은 아는 것이고, 일一은 모르니까 삼분의 일은 모르는 것입니다.

驗於舌根 三分闕一
험 어 설 근 삼 분 궐 일

설근은 삼분三分의 일一을 궐闕하였으니,

삼분간三分間에 이離가 하나이고 합合은 쌍雙이니까(離는 모르는 것이니까) 하나는 궐闕한다는 말입니다.

當知身唯八百功德
당 지 신 유 팔 백 공 덕

마땅히 알라. 신근身根은 오직 8백 공덕이니라.

> 如意默容 十方三世 一切世間 出世間法
> 여 의 묵 용 시 방 삼 세 일 체 세 간 출 세 간 법

뜻으로는 시방 삼세의 일체 세간법과 출세간법을 묵용하되, 보고 듣고 하는 것과 모든 것을 다 용납하는 게 묵용입니다.

> 惟聖與凡 無不苞容 盡其涯際
> 유 성 여 범 무 불 포 용 진 기 애 제

성聖과 다못 범凡을 포용하지 아니함이 없어서 그 애제를 다하나니,

  범凡은 세간이고, 성聖은 출세간입니다. 그러니까 성인의 경계도 포용하고, 범부의 경계도 포용해 다했다는 말입니다.
  애涯란, 물가 애 자이므로 물과 육지가 접해 있는 곳으로 육지로서 끝이라는 말입니다. 그러니 애제를 다한다는 것은 끝까지 생각한다는 말입니다.

> 當知意根 圓滿一千二百功德
> 당 지 의 근 원 만 일 천 이 백 공 덕

마땅히 알라. 의근은 1천2백 공덕이 원만하느니라.

  그래서 육근 공덕의 셋은 1천2백 공덕이고, 셋은 8백 공덕이니까 6천 공덕이 됩니다.

阿難 汝今欲逆 生死欲流
아 난 여 금 욕 역 생 사 욕 류

아난아, 네가 이제 생사의 흐름을 거슬러,

욕欲은 애욕愛欲입니다. 한강물을 거슬러 끝까지 올라가면, 산의 물 한 방울 나오는 데까지 올라갈 수 있듯이 생사의 욕류를 거슬러서,

返窮流根 至不生滅
반 궁 류 근 지 불 생 멸

흐르는 근원을 돌이켜 다하여 불생멸에 이르고자 한다면,

근본 뿌리까지를 끝까지 올라가(返 자는 올라간다는 말입니다.) 끝까지 가서, 생사욕류生死欲流는 생멸인데(거기서부터 생멸이 생기니까) 생사의 욕류를 거슬러 끝까지 올라가면 생멸하지 않는 곳까지를 거슬러 올라갈 수 있다.

열반은 불생멸이고, 지금 우리는 생멸하는 것인데, 이 생사를 거슬러 가지고 열반까지 증득해서 불생멸하는 데까지 이르러 가려고 한다면,

當驗此等 六受用根 誰合誰離 誰深誰淺 誰爲圓通
당 험 차 등 육 수 용 근 수 합 수 리 수 심 수 천 수 위 원 통
誰不圓滿
수 불 원 만

마땅히 이 등 6종의 수용하는 근根이 어느 것은 합하고, 어느 것은 이離하며, 어느 것은 깊고, 어느 것은 얕으며, 어느 것은 원통하고, 어

느 것은 원만하지 않은 줄을 험驗해야 하나니,

수受 자는 경계를 받아들인다는 말이고, 용用 자는 공덕을 내어 작용을 한다는 그게 수용근이라는 말입니다. 원통과 원만은 같은 말입니다.

험驗 자는 마땅히 이 수용근이 어느 것은 합하고 여의며, 어느 것은 심深하고 천淺하며, 어느 것은 원통하고 원만하지 못한 것인지를 증험해서 안다는 말입니다. 그런데 여기에서 깊은 것은 좋고 옅은 것은 나쁘며, 원통은 좋고 불원만不圓滿은 나쁠 테지만, 합습과 이離는 어떻게 봐야 하느냐가 문제입니다. 그냥 보기에는 합은 옳고, 이는 나쁜 것이라고 생각하는 게 원칙일 테지만 그렇지가 않다는 겁니다.

진감眞鑑은 합중지合中知와 이중지離中知를 말했는데, 합중지合中知는 직접 와서 봐야 아는 것이니까 8백 공덕밖에 안 되며 온전하지 못한 것이고, 이중지는 눈으로 뭘 보는 것도 중간에는 비어 있고 다른 데 것을 보게 되듯이 떠나서 아는 것을 말했습니다. 귀로 듣는 것도, 소리가 저쪽에 있는 걸 여기에서도 들으니까 이중지라고 할 수가 있습니다.

육근으로 볼 때 떠난 것을 이離 중에서 아는 것은 원만하고, 합중지는 와 봐야만 안다는 얘깁니다. 코에도 냄새는 가까이(와야만) 있어야만 맡고, 혀에도 맛을 갖다 대야 알지 조금만 떨어져도 모르며, 몸도 마찬가지로 합해야만 아는 이것이 합중지입니다.

그래서 합중지는 얕고(淺), 이중지는 깊다(深) 이렇게 얘길 하는데, 그렇게 본다면 수합수리라고 할 때에 합은 합중지로 보고, 이離는 이중지로 본다, 즉 리離 자가 더 낫다는 말이고, 그냥 뜻으로 볼 때는 합하면 이치에 합하는 것이고, 이離하면 이치에서 떠나는 것이니까 합습 자가 더 낫다는 말이 됩니다.

아마 계환사戒環師나 이런 이들은 합합과 심深과 원통圓通을 좋다는 뜻으로 본 모양인데, 진감眞鑑은 합중지와 이중지를 내세워서 이離가 낫다고 했습니다.

그러나 그건 볼 탓입니다만, 하나는 합습은 이치에 합하고, 이離는 이치에 어긋나니까 합이 더 낫다고 보고, 또 하나는 합중지와 이중지로 보아 이중지가 더 낫다고 보고 그랬습니다.

若能於此 悟圓通根
약 능 어 차 오 원 통 근

만일 능히 여기에서 원통한 근根을 오悟하여,

육근 가운데서 어느(根) 것이 원통한 근根인 줄을 깨닫는다는 말입니다. 여기에서 지금 원통만 얘기했지만, 위에서 말한 여섯 가지, 합습·리離·심深·천淺·원통·불원통까지 다 합해서 하는 말일 것입니다.

逆彼無始 織妄業流 得循圓通 與不圓根 日劫相倍
역 피 무 시 직 망 업 류 득 순 원 통 여 불 원 근 일 겁 상 배

저 무시로 망妄을 짜서 된 업業의 흐름을 거슬러서 원통함을 순循하면, 불원不圓한 근根과는 일日과 겁劫으로 배倍하게 되리라.

일日은 하루이고, 겁劫은 1,280만 년이니까 겁이 더 많은 것인데, 원통근圓通根을 가지고 공부하면 하루 해서 될 것을 불원통근을 가지고 공부하면 몇 겁을 해야 한다는 것이 일겁상배입니다.

그러니까 원통근을 따라 해야 쉽고, 불원통근을 따라 하면 안 된다는 말이며, 깊고 얕은 것으로 본다면 깊은 근을 따라 해야지 얕은 근을 따라 해서는 안 된다는 말입니다.

그래서 위에서도 전제했듯이 불생멸심을 가지고 공부를 해서 불생멸과를 얻어야겠다, 그 말입니다.

> 我今備顯 六湛圓明 本所功德 數量如是
> 아 금 비 현 육 담 원 명 본 소 공 덕 수 량 여 시

내가 지금 여섯 가지 담원명한 본소공덕(性의 본래 갖추어진 공덕)의 수량을 이와 같이 비현했으니,

비현을 수량여시까지 내려와서 새겨도 되고, '육근 공덕을 비備하면 수량이 이와 같다' 이렇게 새겨도 되고, 이건 어디다 새겨도 말이 됩니다. 이 말은 앞에서 어떤 근根은 8백 공덕이요, 어떤 근은 1천2백 공덕이라고 했던 그 말입니다.

> 隨汝詳擇 其可入者
> 수 여 상 택 기 가 입 자

너를 따라 그 가히 입入할 만한 것을 자세히 선택하라.

수여는 네 마음대로라는 말입니다. 네가 육근 가운데서 어느 것을 가지고 공부해야 불생멸하는 데에 들어갈 만한지, 그 가히 들어갈 만한 것을 마음대로 자세히 가려 봐라, 그 말입니다.

> 吾當發明 令汝增進
> 오 당 발 명 영 여 증 진

내가 마땅히 발명하여 너로 하여금 증진하게 하리라.

어느 것으로 하면 쉽고, 어느 것으로 하면 쉽지 못한가를 얘기할 테니, 너희들이 여기에서 원통한 것을 자세히 가려내라는 말입니다. 왜 가려야 하는지 그 필요성을 얘기하는 것입니다.

> 十方如來 於十八界 一一修行
> 시 방 여 래 어 십 팔 계 일 일 수 행

시방의 여래는 저 십팔계에서 하나씩 수행하여,

십팔계十八界를 다한다는 말이 아니라 그 가운데서 어느 것이든지 하나를 가지고 수행하면 된다는 말입니다. 원만한 것만 가지고 하는 게 아니라 눈을 가지고 해도 되고, 색신色身을 가지고 해도 할 수가 있다는 얘깁니다.

십팔계 가운데서 저마다 하나씩을 수행해서,

> 皆得圓滿 無上菩提
> 개 득 원 만 무 상 보 리

모두 원만한 무상보리를 얻었으되,

부처님네가 똑같이 이근원통耳根圓通만 한 게 아니라 제각기 십팔계 중에 어느 하나만 가지고 해도 무상보리가 원만한 것이니(부처님 경지는 그런

것이니),

於其中間 亦無優劣
어 기 중 간 역 무 우 열

그 중간에 우優와 열劣이 없으나,

성인의 경계로는 우열이 없으나, 그 말입니다.

但汝下劣 未能於中 圓自在慧
단 여 하 열 미 능 어 중 원 자 재 혜

다만 너는 하열하여 능히 그 가운데서 원만자재한 지혜를 얻지 못하였나니,

너는 하열하니까 부득불 가려 가지고 해야겠다는 말입니다.

故我宣揚 令汝但於一門深入
고 아 선 양 영 여 단 어 일 문 심 입

고로 내가 선양하여 너로 하여금 다만 한 문으로 깊이 들어가게 하리라.

그러니 네가 잘 선택해서 원통한 것을 골라 취해야 한다는 말입니다.

일문심입이란, 육근을 낱낱이 여섯 번을 푸는 게 아니라 어느 근根이든지 한 근만 풀면, 다른 오근은 따라서 한꺼번에 풀어진다, 그러니까 한 매

듭만 풀면 된다는 얘깁니다.

> 入一無妄 彼六知根 一時淸淨
> 입 일 무 망 피 육 지 근 일 시 청 정

하나에 들어 망홍이 없어지면 저 육지근이 일시에 청정하리라.

하나의 자체가 허망한 것 때문에 중생 노릇을 하는데, 허망한 게 없어지는 것은 본성 자리입니다.

육지근이란, 여섯 가지 지견知見하는(알음알이 하는) 근이라는 말입니다. 저 위에서 아난이 집은 지었지만 들어갈 문이 있어야겠다고 했는데, 육근 가운데 어느 한 근을 가지고 끝까지 공부해 들어가면 된다는 말입니다.

> 阿難白佛言 世尊 云何逆流 深入一門 能令六根 一
> 아 난 백 불 언 세 존 운 하 역 류 심 입 일 문 능 령 육 근 일
> 時淸淨
> 시 청 정

아난이 부처님께 아뢰어 말하였다.
세존이시여, 어찌해야 흐름을 거슬러 한 문에 깊이 들어가서 육근이 일시에 청정하리까?

어떻게 해야 하는지 한 근根을 가지고 공부하는 방법을 묻고 있습니다.

佛告阿難 汝今已得須陀洹果
불 고 아 난 여 금 이 득 수 다 원 과

부처님께서 아난에게 말씀하셨다.
네가 지금 수다원과를 얻어,

수다원과는 성문 사과四果 가운데 첫째입니다.

已滅三界 衆生世間 見所斷惑
이 멸 삼 계 중 생 세 간 견 소 단 혹

이미 삼계의 중생 세간에서 견見에서 끊을 바 혹을 멸하였으나,

견見 자는 견도위見道位라는 말입니다. 대승으로는 초지初地가 견도위이고, 소승으로는 수다원이 견도위인데, 소승에서는 아집我執만 끊지만 대승에서는 법집法執까지 끊습니다.

아난은 수다원과를 얻었으니까(견도위가 수다원과니까) 견도위에서 끊을 바 혹惑은 이미 다 멸해졌다, 즉 아집 가운데 견소단혹見所斷惑이 없다는 것입니다.

견도위에서 끊을 혹惑이 여든여덟 가지인데, 견소단혹은 그 팔십팔사八十八使를 말합니다. 팔십팔사는 법수法數에 보면 낱낱이 다 나와 있습니다.

그 십사번뇌十使煩惱로 삼계의 사제四諦에 대하여 모두 팔십팔사가 있는데, 그게 견도위에서 끊는 것입니다.

然猶未知 根中積生 無始虛習
연 유 미 지 근 중 적 생 무 시 허 습

그러나 오히려 근根 중에 적생한 무시의 허습은 알지 못하였으니,

근중이란 육근 가운데에서라는 말입니다. 법집法執만 모르는 것이 아니라 견도위에서도 쉬운 것만 끊었지, 아집我執 가운데서도 깊은 것은 못 끊었다는 말입니다.

번뇌장煩惱障, 소지장所知障으로 말하면, 아집 가운데 번뇌장은 끊었지만 소지장은 못 끊었고, 더구나 대승으로 말하면, 법집이 있는 줄도 모르는 것입니다.

彼習要因 修所斷得
피 습 요 인 수 소 단 득

저 습習은 종요로이 수修에서 단斷한 바를 인하여야 얻거늘,

피습은 적생무시허습積生無始虛習입니다. 수修 자는 수도위修道位라는 말인데, 성문 사과에는 수다원과·사다함과·아나함과·아라한과가 있습니다. 수다원은 견도위요, 사다함·아나함은 수도위이며, 아라한은 증과위證果位입니다.

그래서 수소단혹修所斷惑이라는 아집我執의 구생번뇌俱生煩惱는 이과二果, 삼과, 사과까지 가면서 끊는 것이니까 그 번뇌가 있는 것을 네가 알지 못한다, 그 말입니다. 이것을 견소단혹見所斷惑·수소단혹·견혹見惑·수혹修惑이라고 하는데, 견혹은 견도위에서 끊는다는 말이고, 수혹은 수도위에서 끊는다는 말입니다.

대승으로 보면 초지가 견도위니까 초지에서 팔십팔사를 끊고, 이지에서 증과證果까지 올라가면서 (삼계를 아홉으로 나누어서) 삼계는 구지九地인데, 각 지마다 구품혹九品惑이 있으니까 9×9는 81품이 되는데, 81품을 수도위에서 다 끊고야 묘각妙覺인 아라한에 올라가는 것입니다.
견소단혹과 수소단혹을 분명히 알아야 합니다.

> 何況此中 生住異滅 分劑頭數
> 하 황 차 중 생 주 이 멸 분 제 두 수

하물며 이 가운데 생·주·이·멸하는 분제와 두수일까 보냐.

차중이란 근根, 즉 육근 가운데를 말합니다. 이것은 구상차제九相次第에다가 생·주·이·멸을 배대하여 생은 가장 세세細한 업상業相 하나이고, 주는 전상轉相·현상現相·지상智相·상속相續의 넷이며, 이는 집취執取·계명計名의 이상二相이고, 멸은 조업造業 하나라고 했습니다. 그런데 수보受報는 이미 보報를 받은 것이니까 그건 멸할 수가 없습니다.

그렇게 갖다 대어 생·주·이·멸의 번뇌를 끊는 것이 각 지마다의 명목이 같지 않고, 낱낱이 여긴 얼마다 저긴 얼마다 하는 그게 분제두수입니다.

위에서의 수소단혹도 모르는데, 더구나 그 가운데 있는 생·주·이·멸의 분제두수는 네가 다 알지 못한다. 그래서 끊기 어려운 것이고, 또 끊어야 할 텐데 넌 아직 못 끊었으니까 의심이 남아 있는 것이라는 얘깁니다.

그래서 육근 중에 하나만 하면, 나머지 오근이 다 없어진다고 했으니까,

> 今汝且觀 現前六根 爲一爲六
> 금 여 차 관 현 전 육 근 위 일 위 육

지금 네가 또 현전의 육근이 일인가 육인가를 보라.

육근이 하나인지 여섯 개로 따로 있는지를 묻는 것입니다.

阿難 若言一者 耳何不見
아 난 약 언 일 자 이 하 불 견

아난아, 만일 하나라고 말할진댄, 귀는 어찌 보지 못하며,

하나라고 하면 다 통해야 할 텐데, 귀로도 보아야 할 게 아니냐, 그 말입니다.

目何不聞 頭奚不履 足奚無語
목 하 불 문 두 해 불 리 족 해 무 어

눈은 어찌 듣지 못하며, 머리는 어찌 밟지 못하며, 발은 왜 말이 없는가.

하나라고 하면 전부 다 할 수 있어야 할 테니, 하나가 안 된다는 것을 파破하는 말입니다.

若此六根 決定成六
약 차 육 근 결 정 성 육

만약 이 육근이 결정코 여섯이라면,

如我今會 與汝宣揚 微妙法門 汝之六根 誰來領受
여아금회 여여선양 미묘법문 여지육근 수래영수

내가 이 회중에서 너에게 미묘한 법문을 선양할 때 너의 육근에서 어느 것이 받는가.

육근 가운데 무엇이 와서 내가 법문하는 것을 듣느냐, 그 말입니다.

阿難言 我用耳聞
아난언 아용이문

아난이 말하였다.
제가 귀를 써서 듣나이다.

佛言 汝耳自聞
불언 여이자문

부처님께서 말씀하셨다.
네 귀가 듣는데,
귀 혼자만이 듣는다고 하면,

何關身口 口來問義
하관신구 구래문의

몸과 입은 무슨 관계가 있어서 입으로는 뜻을 물어오고,

> 身起欽承
> 신 기 흠 승

몸은 일어나 공경하는가.

  귀로만 듣는다고 하면 몸과 업은 상관이 없을 텐데, 입으로 묻고, 몸으로 일어나서 절하는 것이 관계가 없지 않느냐, 즉 이 뜻이 따로 있다고 하는 것도 안 된다는 얘깁니다.

> 是故應知 非一終六 非六終一
> 시 고 응 지 비 일 종 육 비 육 종 일

이런고로 응당히 알아라. 일이 아니라 마침내 육인 듯하며, 육이 아니라 일인 듯하거니와,

  꼭 여섯이라는 말이 아니고, 여섯인 듯하다는 말입니다.

> 終不汝根 元一元六
> 종 불 여 근 원 일 원 육

마침내 너의 근은 원래 일도 아니고 육도 아니니라.

  따로따로 있는 걸 보면, 여섯인 것 같은데 하나라고도 할 수 없고 여섯이라고도 할 수 없다, 그 말입니다. 즉 우리가 지금 근根으로 벌어져 나온

것은 여섯이지만, 여래장묘진여성如來藏妙眞如性이 작용하는 것은 같은 것이니까 그래서 비일비육非一非六이라는 것입니다.

> 阿難當知 是根非一非六
> 아 난 당 지 시 근 비 일 비 육

아난아, 마땅히 알라. 이 근은 일도 아니요, 육도 아니건만,

본래 자체로는 일이라고 할 것도 육이라고 할 것도 없는데, 왜 일이라 육이라 하는 것이 생겼는고 하니,

> 由無始來 顚倒淪替
> 유 무 시 래 전 도 윤 체

무시래로 전도하게 윤체淪替하므로,

> 故於圓湛 一六義生
> 고 어 원 담 일 육 의 생

고로 원담한 데서 일이라 육이라 하는 뜻이 생겼나니,

무시래로 전도윤체하기 때문에 일이라 육이라 하는 게 생기게 된다는 말입니다.

> 汝須陀洹 雖得六銷 猶未亡一
> 여 수 다 원 수 득 육 소 유 미 망 일

너 수다원이 비록 육은 소망銷亡했으나 아직 일은 없어지지 못하였느니라.

　육근이 소銷했다고 하는 것을 『금강경』에서는, 색·성·향·미·촉·법이 색·성·향·미·촉·법에 들어가지 않는 것을 수다원이라 한다고 그랬습니다.

　색·성·향·미·촉·법이 거기에 홀리지 않으니까 그걸 육이 소銷했다고 하지만, 하나가 미망未亡이란 것은, 육해일망六解一亡, 일망一亡이라고 하는 법집法執을 모른다, 그 말입니다.

　육해일망, 여섯이 다 해결되면 하나까지 없어져야 하는데, 색·성·향·미·촉·법에 들어가지 않는 것을 수다원이라고 하니까 지금 아난은 수다원을 얻었기 때문에 육진六塵에 속지는 않지만, 일一은 아직도 없애지 못하고, 그대로 남아 있다는 말입니다.

> 如太虛空 參合群器
> 여 태 허 공 참 합 군 기

마치 태허공을 여러 그릇에 참합하고는,

　방 안에는 방 안대로 허공이 담겨 있고, 세모난 그릇에는 세모나게, 모난 그릇에는 모나게, 둥근 그릇에는 둥글게 담겨 있는 그게 참합군기입니다.

由器形異 名之異空
유 기 형 이   명 지 이 공

그릇의 형형形이 다름으로 말미암아 허공이 다르다 이름하고,

이것은 세모난 공空, 네모난 공, 둥근 공 이렇게 이름한다는 얘기인데, 그릇을 보고 하는 말이지 허공 자체가 무슨 세모나고, 네모난 게 있겠느냐, 이겁니다. 이건 곧 육근이 생긴 얘깁니다.

除器觀空 說空爲一
제 기 관 공   설 공 위 일

그릇을 제하고 허공을 보고는, 허공이 하나라 설함과 같거니와,

하나라고 한다는 것이, 그릇 여럿을 놓고 있다가 다른 그릇을 치우니까 하나라는 말이 있지, 본래부터 없는데 하나라는 말이 어디 있겠느냐는 말입니다. 즉 본래 허공이 하나라는 말은 안 맞는다, 그 말입니다.

그러니까 이異라는 것을 의지해서 하나라는 말이 생긴 것이지 다른 것이 없어질 때는 하나도 없어진다. 다른 것 때문에 하나라는 이름이 있었으니까 다른 것이 다 없어지면, 하나라는 말도 없다는 것입니다.

彼太虛空 云何爲汝 成同不同 何況更名 是一非一
피 태 허 공   운 하 위 여   성 동 부 동   하 황 갱 명   시 일 비 일

저 허공이야 어찌하여 너에게 같기도 하고 같지 않기도 하겠느냐?

하물며 하나라 하나가 아니라 하겠느냐?

> 편자주 │ 이 한 대목은 노사老師께서 강의하실 때 빠뜨리신 부분이므로 원문만 보완했음.

則汝了知 六受用根 亦復如是
즉 여 요 지 육 수 용 근 역 부 여 시

즉 너의 요지하는 육수용근도 또한 다시 이와 같으니라.

육근이 생겼으니까 귀다, 코다, 눈이다 이렇게 다르다고 하는 것이지, 육근이 다 없어질 때는 하나라고 하는 것도 없어진다는 얘깁니다. 그래서 그것이 설공위일說空爲一이니, 즉 육근 때문에 하나라고 하는 것이니, 육근이 다 없어지면 하나라고 할 것도 없다는 말입니다.

여기에서부터 이제 육근 생기는 얘기를 합니다.

由明暗等 二種相形
유 명 암 등 이 종 상 형

명명明明·암암暗暗 등 2종이 서로 형형形形함으로 말미암아,

이것은 육근에 대해 상대하니까 진塵입니다.

등等 자는 통通·색塞 등 여러 가지가 있으니까 등이라고 쓴 것입니다.

상형相形, 서로 형저形著한다는 것은, 어두운 것이 나타나면 밝은 것이 없어지고, 밝은 것이 나타나면 어두운 것이 없어진다는 말입니다.

於妙圓中 粘湛發見
어 묘 원 중 점 담 발 견

묘원한 중에서 담湛을 접粘하여 견見을 발하고,

담湛 자는 묘원의 담, 고요한 그 자리를 말합니다.

점粘은 붙을 점 자인데, 담연湛然한 자리를 건드린다는 말입니다. 그래서 견見을 발하게 되는데, 다시 말하면 담연한 자리는 육근이 생길 필요가 없는데, 우리의 여래장묘진여성을 명암이 들어와서 건드린다는 말입니다. 그러니까 밖의 어두운 걸 보려는 생각이 생기는 그게 점담발인데, 이게 지금 눈의 보는 작용, 명암 등을 깨닫는 작용, 즉 견見이 생기는 얘기를 하고 있는 것입니다.

見精映色
견 정 영 색

견見의 정精이 색을 비추며,

견見이 아직 눈으로 나와 보는 게 아니고, 마음으로 보려고 하는 게 있기 때문에 거친 것이 아닌, 정미로운 것이라고 해서 견정이라고 썼습니다.

색은 명암이고, 영색은 그 색을 비춰 들인다는 말입니다. 거울의 밝은 것이 물건을 비춰 들여서 그 가운데 나타내는 것이니까 아직 이것은 눈 생기기 전, 우리의 여래장묘진여성 자리가 견이 생겨 가지고(눈이 생길 때에 색을 비춰 들여서 그 見精과 색이 합해 된 것이 눈이니까) 눈이 색을 볼 수 있는 것입니다.

結色成根
결색성근

색을 결結하여 근을 이루었으니,

앞에서 '공회암중空晦暗中에 결암위색結暗爲色이라'고 했었습니다만, 이 근根은 눈이 아니라 능히 눈으로 볼 수 있는(눈의 보는 작용) 승의근勝義根입니다.

점담발견粘湛發見은 견見하는 작용이 처음으로 생기는 얘기이고, 결색성근이란 승의근이 생기는 얘긴데, 승의근이 어째서 생겼는고 하니, 견見의 정精이 색을 비추어 들여 가지고, 그 색을 결정해서 근을 이루었다는 얘깁니다. 그러니까 이 근은 아직 부진근浮塵根인 눈이 아니고 능히 본다는 승의근입니다.

根元目爲淸淨四大
근원목위청정사대

근의 원元은 지목하여 청정한 사대라고 하고,

이 근根은 육근의 근원, 부진근인 안근의 근원입니다. 승의근이 있기 때문에 부진근이 생기니까 아직 흐려지지 않았기 때문에 근의 근원을 이름하여 청정사대라고 합니다. 역시 사대는 사대인데, 이 청정사대는 천안통天眼通을 하거나 성인이 가진 눈이지, 우리 중생이 하는 눈의 작용은 아닙니다.

'견정見精이 영색映色하야 결색성근結色成根하니, 근원은 목위청정사대요' 하는 이것은, 승의근이 생긴 얘깁니다.

저 위에서 봉사가 눈은 멀었지만 능히 어둠을 본다고 하는 것이 승의근의 작용입니다. 그러니까 부진근을 의지해서 승의근이 작용하는 것입니다.

因名眼體
인 명 안 체

인하여 안眼의 체라 이름하며,

여기에서부터는 부진근을 얘기하는 것입니다.

如蒲萄朶 浮根四塵
여 포 도 타 부 근 사 진

포도타와 같은 부근의 사진이라,

포도타는 포도알과 같이 새까만 눈을 가리키며, 사진은 성·향·미·촉을 말합니다.

저 위에서는 청정사대清淨四大라고 하고, 여기에서는 부근사진이라고 그랬는데, 능히 이루는 능성사대能成四大와 이루어 놓은바 소성사대所成四大가 있고, 소성사대는 사진을 가리킵니다.

청정사대라고 하고, 부근사진이라고 했지만, 사대라고 하는 가운데 사진이 포함되어 있고, 부근사진이라고 하는 가운데도 사대가 포함되어 있습니다. 이것을 능조사대能造四大와 소조사대所造四大라고 하여 팔대八大라고 합니다.

> ### 流逸奔色
> 유 일 분 색

유일하여 색으로 달아나느니라.

부진근浮塵根에서 망견妄見을 발하여 색진色塵을 따라 유전流轉한다는 뜻입니다. 따라서 이것은 부진근이 되는 것을 말합니다. 그러니까 부진근으로부터 승의근勝義根이 흘러나와 가지고 색으로부터 생기기 때문에 눈의 보는 작용이 있게 된다는 얘긴데, 이와 같이 육근의 얘기가 조금씩만 다르지 글의 배열(法)이 거의 같습니다.

> ### 由動靜等 二種相擊
> 유 동 정 등   이 종 상 격

동動·정靜 등 2종이 서로 격격함으로 말미암아,

동할 때는 정이 없어지고 정할 때는 동이 없어지는 그게 상격이라고 그랬습니다.

> ### 於妙圓中 粘湛發聽 聽精映聲
> 어 묘 원 중   점 담 발 청   청 정 영 성

묘원한 중에서 담잠을 접점하여 청청을 발발하고, 청청의 정정이 성성에 영영하며,

소리를 영영한다는 말이 잘 안 맞지만, 한문 글자에 색을 비춘다는 것

과 같이 소리를 거두어들인다는 글자는 없어서 영映 자를 갖다 쓰는 것입니다.

卷聲成根
권 성 성 근

성聲을 권卷하여 근을 이루었으니,

이 근根 자는 승의근을 가리키는 말입니다.

根元目爲淸淨四大
근 원 목 위 청 정 사 대

근의 원元은 청정한 사대라 하고,

因名耳體
인 명 이 체

인하여 이耳의 체라 이름하며,

如新卷葉 浮根四塵
여 신 권 엽 부 근 사 진

신권엽과 같은 부근사진이,

신권엽이란, 옥수수 잎처럼 처음 잎이 나올 때부터 말려 가지고 나오는 것을 말합니다. 이것을 내가 처음에는 잎을 따다 햇볕에 말리면 말라 오그라드는 것이라고 봤는데, 그게 아니고 신新, 새로 나오는 것이니까 싹트면서 이파리가 말려 나오는 그것이 신권엽이라는 것을 알았습니다. 그러니까 귀의 생긴 모양이 신권엽과 같다는 얘깁니다.

流逸奔聲
유 일 분 성

유일하여 성聲으로 달아나느니라.

由通塞等 二種相發
유 통 색 등 이 종 상 발

통通·색塞 등 2종이 서로 발함으로 말미암아,

於妙圓中 粘湛發聽 聽精映香
어 묘 원 중 점 담 발 후 후 정 영 향

묘원한 중에서 담湛을 접점粘하여 후聽를 발하고, 후의 정精이 향에 영映하며,

納香成根 根元目爲淸淨四大 因名鼻體
납 향 성 근 근 원 목 위 청 정 사 대 인 명 비 체

향을 납納하여 근을 이루었으니 근의 원元은 청정한 사대라 하고, 인하여 비鼻의 체라 하며,

如雙垂爪 浮根四塵
여 쌍 수 조 부 근 사 진

쌍수조와 같은 부근의 사진이,

流逸奔香
유 일 분 향

유일하여 향으로 달아나느니라.

쌍수조雙垂爪가 지금 분명하지 못한데, 아마 손가락 하나에 손톱이 둘이 있는 것인 듯하고, 코의 모양을 가리키는 말입니다.

由恬變等 二種相參
유 념 변 등 이 종 상 참

염恬·변變 등 2종이 서로 참합參合함으로 말미암아,

염恬은 맛이 없는 것이고, 변變은 맛이 있는 것입니다.

於妙圓中 粘湛發嘗 嘗精映味
어 묘 원 중 점 담 발 상 상 정 영 미

묘원한 중에서 담湛을 접粘하여 상嘗을 발하고 상의 정精이 미味에 영映하며,

絞味成根 根元目爲淸淨四大 因名舌體
교 미 성 근 근 원 목 위 청 정 사 대 인 명 설 체

미味를 교絞하여 근이 되었으나 근의 원은 청정한 사대라 하고, 인하여 설舌의 체라 이름하며,

如初偃月 浮根四塵
여 초 언 월 부 근 사 진

초언월 같은 부근의 사진이,

초언월은 혀의 생김이 반쯤 둥그런 초생달과 같다는 뜻입니다.

流逸奔味
유 일 분 미

유일하여 미味로 달아나느니라.

> 由離合等 二種相摩
> 유 리 합 등 이 종 상 마

이離·합合 등 2종이 서로 마摩함으로 말미암아,

> 於妙圓中 粘湛發覺 覺精映觸
> 어 묘 원 중 점 담 발 각 각 정 영 촉

묘원한 중에서 담湛을 접粘하여 각覺을 발하고, 각覺의 정精이 촉觸에 영映하며,

> 摶觸成根 根元目爲淸淨四大 因名身體
> 단 촉 성 근 근 원 목 위 청 정 사 대 인 명 신 체

촉觸을 단摶하여 근이 되었으니, 근의 원元은 청정한 사대라 하고, 인하여 신身의 체라 하며,

> 如腰鼓顙 浮根四塵
> 여 요 고 상 부 근 사 진

요고의 상顙과 같은 부근의 사진이,

요고란 장구를 말하고, 상顙은 장구에 가죽이 달린 것을 말하는데, 장구에 가죽 붙인 이것을 우리나라 말로 뭐라고 하는지 모르겠습니다. 장구

치는 사람에게 물어보면 분명히 이름이 있어서 알 수 있을 텐데, 물어봐야겠다고 하면서도 여태까지 못 물어봤습니다.

그러니까 이것은 몸 생긴 것이 장구와 가죽이 합한 것과 같다는 애깁니다.

流逸奔觸
유 일 분 촉

유일하여 촉觸으로 달아나느니라.

由生滅等 二種相續
유 생 멸 등 이 종 상 속

생·멸 등 2종이 서로 계속함을 말미암아,

뜻으로 아는 건 생멸이니까 생이 없어지면 멸이 오고 멸이 없어지면 생이 오는 것입니다.

於妙圓中 粘湛發知 知精映法
어 묘 원 중 점 담 발 지 지 정 영 법

묘원한 중에서 담湛을 접粘하여 지知를 발하고, 지의 정精이 법에 영映하며,

攬法成根 根元目爲淸淨四大 因名意思
남 법 성 근 근 원 목 위 청 정 사 대 인 명 의 사

법을 남취攬取하여 근이 되었으니, 근의 원은 청정한 사대라 하고, 인하여 의사라 이름하며,

如幽室見 浮根四塵
여 유 실 견 부 근 사 진

유실에서 보는 것 같은 부근의 사진이,

부진근浮塵根인 염통을 캄캄한 방에서 보는 것과 같다고 했습니다.

流逸奔法
유 일 분 법

유일하여 법으로 달아나느니라.

육근이 생기던 얘기를 했는데, 이제 그 결론입니다.

阿難 如是六根 由彼覺明 有明明覺
아 난 여 시 육 근 유 피 각 명 유 명 명 각

아난아, 이 육근은 저 각覺의 밝은 데에 밝히려는 명각이 있으므로,

각覺의 밝은 데는 본각本覺의 진명眞明이요, 밝히려는 명각明覺은 망妄

으로 명각이 된 것입니다.

　밝히려고 하는 그게 망각妄覺인데, 밝히려고 하는 그런 작용을 하는 명각이 있음을 말미암아서,

失彼精了
실 피 정 료

　저 정료함을 잃어버리고,

　위에서 묘원妙圓 중에 담연湛然한 것을 점점粘하여 견見을 발했다, 청聽을 발했다 등을 말했는데, 각명覺明 자리는 진명眞明인데, 망각이 있기 때문에 저 정료한 진명을 잃어버리고,

粘妄發光
점 망 발 광

　망妄에 접점接粘하여 광광光光을 발하는 것이니라.

　망妄은 망심妄心으로서 명암이나 동정動靜 등의 진塵을 가리키는 말입니다. 망을 점점粘한다는 것은 승의근勝義根과 부진근浮塵根이 생기는 얘기고, 광光을 발한다는 것은 눈으로는 보게 되고, 귀로는 듣게 되는 그런 것을 말합니다. 위에서는 육근이 생기던 것을 낱낱이 얘기했고, 이제 그걸 통합해서 결론을 맺습니다.

是以汝今 離暗離明
시 이 여 금 이 암 이 명

시이로 네가 지금 암暗을 여의고 명명을 여의면,

암暗과 명명은 진塵인데, 명·암 2종 때문에 담원湛圓한 중에서 점담발견粘湛發見한다고 그랬으니까 그 진塵을 여의면,

無有見體 離動離靜 元無聽質 無通無塞 臭性不生
무 유 견 체 이 동 이 정 원 무 청 질 무 통 무 색 후 성 불 생

보는 체성이 없을 것이고, 동動을 여의고 정靜을 여의면 듣는 성질이 없을 것이고, 통함이 없고 색塞함이 없으면 맡는 성품이 생하지 못할 것이고,

非變非恬 嘗無所出
비 변 비 념 상 무 소 출

변變이 아니고 염恬이 아니면 맛봄이 출出한 바가 없을 것이요,

변變은 변한 맛이고, 염恬은 아무 맛도 없는 것입니다.

不離不合 覺觸本無
불 리 불 합 각 촉 본 무

이離가 아니고 합合이 아니면 촉觸을 깨달음이 없을 것이다.

> 無滅無生 了知安寄
> 무 멸 무 생 요 지 안 기

멸이 없고 생이 없으면 요지함이 어디 있겠는가.

안安 자는 어디에라는 말이고, 기寄 자는 의지한다는 말이니까 안기安寄는 어디에 무엇을 의지해 있겠느냐는 말입니다.

> 汝但不循動靜合離 恬變通塞 生滅暗明 如是十二 諸
> 여 단 불 순 동 정 합 리 염 변 통 색 생 멸 암 명 여 시 십 이 제
> 有爲相
> 유 위 상

네가 다만 동動·정靜·합合·리離·념恬·변變·통通·색塞·생生·멸滅·명明·암暗의 십이 유위의 상相을 따르지 아니하고,

여기는 지금 진塵을 여의어 가지고 근根의 본성 자리를 회복하는 얘기를 하고 있습니다. 그런데 동정은 듣는 것을 가리키고, 합리는 몸으로 깨닫는 것을 가리키는 말이니까 순서는 좀 달라도 이렇게도 보고, 저렇게도 보는 것이니까 별다른 이유는 없습니다.

그리고 이 말의 뜻은 '육진六塵의 지배를 받지 않는다고 하면', 그 말입니다.

隨拔一根
수 발 일 근

마음대로 일근을 뽑아내어,

수隨 자는 '육근 가운데서 어느 것이든지'라는 뜻입니다. 뽑아낸다는 것은 푼다는 말입니다.

脫粘內伏 伏歸元眞 發本明耀
탈 점 내 복 복 귀 원 진 발 본 명 요

접粘한 것을 탈脫(벗김)하여 안으로 굴복시키고, 원진에 돌아가서 본래의 명요함을 발하게 되리라.

점망발광粘妄發光하던 것을 해탈해 버리고, 육진六塵의 지배를 받지 않게 된다는 말입니다. 우리의 본래 성품 자리에 복귀하면 새로 생기는 것이 아니라 본래부터 성품 속에 구족해 있던 명요한 것을 밝히게 된다. 즉 육근을 가자假藉하지 않고, 본여래장묘진여성本如來藏妙眞如性에서 육근의 작용이 나온다는 말입니다.

耀性發明
요 성 발 명

요耀하는 성품이 발명하면,

저 위의 수발일근隨拔一根을 전제하고 하는 말이니까 그 본명을 발해서

요성이 발명해진다면,

諸餘五粘
제 여 오 점

나머지 (다른) 오근五根의 접점한 것도,

점망발광粘妄發光하던 그 접점이 나머지 (다른) 오근입니다.
어느 근根이든지 육근 가운데서 한 근만 빼어 본명요本明耀한 것이 발한다고 하면, 나머지의 다섯 가지 점했던 것도,

應拔圓脫
응 발 원 탈

발拔함에 응하여 원만하게 해탈하게 되리라.

근根 하나만 진塵에서 초월해 가지고 본각성품本覺性品을 발하게 되면, 어느 것이든지 한 근 뽑아내는 것을 따라서 다른 다섯 근도 원만하게 진塵에서 해탈하게 된다는 말입니다. 그러니까 육근 중에서 어느 한 근만 가지고 공부해도 된다는 것입니다.
그렇게 되면,

不由前塵 所起知見
불 유 전 진 소 기 지 견

전진으로 일으킨바 지견을 말미암지 아니하여,

이것은 앞에서 말했던 육진六塵입니다.

명암 때문에 보는 작용이 있고, 동정 때문에 듣는 작용이 있는데, 육근 가운데 둘만 들었습니다.

지견知見의 지知는 의리적으로 아는 것을 가리키는 말이고, 견見은 안근으로 보는 것을 가리키는 말입니다.

그러니까 진塵 때문에 근根이 작용하는 것을 말미암지 않고,

明不循根
명 불 순 근

밝음이 근을 따르지 않고,

불순, 근을 따르지 않는다는 것은, 육진에 얽매이지 않고 능히 해탈할 수 있는 첫 방편입니다.

우리 중생은 육진을 따라 눈은 명암을 보고, 귀는 동정을 듣는 등 이런 것에서 벗어나지 못하고 속박을 받고 있지만, 이렇게 되면 그걸 따라가지 않는다는 말입니다.

밝히 아는 것이(육근의 작용이) 근을 따르지 않고,

寄根明發
기 근 명 발

근을 기寄하여 명명을 발하면,

기츩 자는 가자假藉한다는 말입니다.

눈 때문에 보는 것이 아니라 원래 보는 것이 있을 텐데, 눈에 붙인다든지 근에 붙인다든지, 근에 가자해서 명발, 본 성품 자리가 발하게 되면,

> **由是六根 互相爲用**
> 유 시 육 근 호 상 위 용

이로 말미암아 육근이 서로서로 작용하게 되리라.

육근호용六根互用이란 눈으로는 보기만 하는 게 아니라 듣기도 하고, 냄새도 맡고, 육근의 작용을 다하며, 눈만 그런 게 아니라 귀·코도 다 그렇게 된다는 말입니다.

우리는 근근을 따르기 때문에 동쪽에 있는 것을 보려면 왼쪽으로 머리를 돌려야 하고, 서쪽에 있는 걸 보려면 오른쪽으로, 하늘에 있는 것을 보려면 머리를 젖혀야 하지만, 부처님이나 보살은 눈으로 보는 것 같지만 가만 앉아서도 위아래, 동서를 다 본다는 말입니다.

그러니까 근근을 따르지 않는 기근명발寄根明發, 근에 붙어서 어쨌든 무슨 근을 의지하기는 하는데, 마음대로 어디든지 근에 붙어서 명明을 발하게 된다. 그러면 육근이 호용互用하게 된다. 즉 그런 것을 얻는다는 말입니다.

그러고도 아난과 대중이 부처님 말씀을 믿지 않을 것 같아서 포용하는 전례를 들어서 다시 얘기를 합니다.

> **阿難 汝豈不知**
> 아 난 여 기 부 지

아난아, 네가 어찌 알지 못하는가?

네가 알 거 아니냐, 알 것이다, 그 말입니다.

> 今此會中 阿那律陀 無目而見
> 금차회중 아나율타 무목이견

지금 이 회중의 아나율타는 눈이 없으나 보고,

아나율타는 봉사지만, 천안통天眼通을 얻은 이니 눈으로 보는 게 아닙니다. 그러니까 근根으로 보는 것 같지만, 근을 의지하지 않고도 본다는 그걸 얘기하는 것입니다.

> 跋難陀龍 無耳而聽
> 발 난 타 용 무 이 이 청

발난타용은 귀가 없으나 듣고,

이게 분명한 출처는 없으나 인도에서나 중국에서 일반인들이 얘기할 때에 용은 귀로 듣는 게 아니라 뿔로 듣는다고 해서 각청角聽이라 한다고 그럽니다. 용이 귀가 있는지는 모르나 귀가 없어도 듣긴 들을 테니까 뿔로 듣는다고 해서 각청이라고 하는 걸 보면, 귀가 아니고도 듣는다, 이 말입니다. 중국에서 뿔로 듣는다고 했기 때문에 우리나라에서도 그렇게 인정하고, 부처님께서 말씀하신 걸 보면 인도에서도 그런 얘기가 있는 것 같습니다.

殑伽神女 非鼻聞香
긍 가 신 녀 비 비 문 향

긍가 신녀는 코가 아니나 향을 맡고,

긍가는 항하恒河입니다. 본래 긍가하殑伽河인데 지금 항하라고 쓰고 있으며, 그 항恒 자를 항이라고도 하고, 긍殑이라고도 합니다. 그러니까 지금 우리가 항하라고 하고 있지만, 인도에서의 본 이름이 긍가하니까 긍가라고 해야 옳은 것입니다. 긍가란, 번역하면 천당래天堂來인데, 항하의 근원이 설산에 있는 아뇩달지에서부터 나온다는 뜻입니다. 그러니까 긍가는 항하라는 말입니다. 인도에는 대개의 신들이 여신인데, 긍가하를 맡는 신도 여신입니다.

과거에 사리불이 양반 노릇을 많이 하여 교만한 마음이 있었습니다. 그래 하루는 항하를 건너려고 하니, 항하의 신이 여자인데, 그 신을 불러야 물이 흐르지 않게 해서 건너갈 수가 있으니, 그 여신을 업신여기는 말로 "소비小婢야!"라고 불렀다고 그럽니다. 그 사리불의 물이 흐르지 않게 하라는 명령을 받고, 물이 흘러가지 않게 해서 건너가게 하곤 했는데, 항하 신녀가 항상 불만에 있던 차에 부처님께 하소연을 했습니다. 다 같은 부처님 제자인데, 사리불이 나 보고 자꾸 '소비'라고 하니, 그렇지 않도록 해 달라고.

부처님께서 항하 신녀에게 말하기를 과거 5백 생 동안 바라문 노릇 한 양반의 습기가 있어서 그런 것이지 참말 너를 업신여겨서 그러는 게 아니니 나무라지 말라고 하시고, 다시 사리불을 불러서 말씀하시기를, "왜 항하 신녀를 보고 소비라고 하느냐?" 하니, 사리불이 말하되, "잘못했습니다." 그러고는 또다시 "소비야, 이젠 그렇게 안 하마."라고 하고는, 또 '소

비'라고 했다는 얘기가 있습니다.

 그런데 긍가 신녀가 코가 없다는 것을 까닭 없이 여기에 쓰진 않았을 텐데, 경을 해석한 이도 여기에 대해서 뭐라고 한 것이 없고, 출처를 알 수가 없습니다.

憍梵鉢提 異舌知味
교 범 발 제   이 설 지 미

교범발제는 혀가 다르면서도 맛을 알고,

 이것은 우시지유牛呞之喩인데, 교범발제는 소와 같이 새김질하는 버릇이 있으므로 혀가 다르다고 했습니다.

舜若多神 無身有觸
순 야 다 신   무 신 유 촉

순야다 신은 몸이 없어도 촉觸이 있고,

 순야다는 허공이니까 순야다 신은 허공을 맡는 신입니다. 허공 신이니까 몸은 없지만, 그래도 차고 더운 것이라든지, 단단하고 말랑말랑한 등을 각覺하는, 무신유촉의 이유를 얘기합니다.

如來光中 映令暫現
여 래 광 중   영 령 잠 현

여래의 광光 중에 비추어 하여금 잠깐 나타났으나,

순야다 신은 공신空身이 되어서 부처님 회상에 와서 절을 한다 해도 알 수가 없어서 몸이 없다는 것이 늘 고통이고 걱정인데, 부처님의 신력神力에 의해 광명을 놓아 가지고, 몸을 나타나게 해서 다른 이들처럼 촉감을 얻게 됩니다. 그래서 미증유未曾有를 얻는다고 하는데, 그것이 '여래의 광중光中에 영령잠현映令暫現'입니다.

旣爲風質
기 위 풍 질

이미 풍風의 바탕이어서,

바람은 형상이 있는 게 아니어서 실제로 있는 게 아닙니다. 그렇기 때문에,

其體元無
기 체 원 무

그 체가 본래 없고,

몸이 없는데도 촉觸을 각覺한다는 얘기를 하는 겁니다.

諸滅盡定 得寂聲聞
제 멸 진 정 득 적 성 문

멸진정의 적寂을 득得한 성문으로서,

멸진정은 아라한들이 최후에 얻는 것인데 칠식七識 이하가 없어졌다고 해서 멸진정입니다. 고요한 것이 멸진정이니까 아무 분별이 없이 고요한 것을 얻은 성문들로서,

```
如此會中 摩訶迦葉 久滅意根
여 차 회 중  마 하 가 섭  구 멸 의 근
```

이 회중의 마하가섭은 의근이 오래전에 멸하였건만,

의근은 칠식을 가리키는 말인데, 칠식 이하가 다 없어진 것입니다.

```
圓明了知 不因心念
원 명 료 지  불 인 심 념
```

원명하게 요지하는 것이 심념을 인하지 않느니라.

마음으로 생각하는 것을 인하지 않는다. 그러니까 의근으로 인식하지 않는다는 말입니다. 그러니까 꼭 근根을 가지고야 작용하는 것이 아니고, 한 근을 가지고도 여섯 가지 작용을 다 할 수가 있다, 그 말입니다.

```
阿難 今汝諸根 若圓拔已
아 난  금 여 제 근  약 원 발 이
```

아난아, 지금 네가 여러 근을 만약 원만히 뽑아 마치고,

제근은 모든 근을 가리키는 것이 아니라 어느 한 근이든지, 그 말입니다. 맺힌 것을 푸는 것이 원만히 뽑는 것입니다.

內瑩發光
내 형 발 광

안으로 환하게 광光을 발하면,

그러니까 근을 의지하지 않고 속으로 환해서 광명을 발한다고 하면,

如是浮塵
여 시 부 진

이와 같은 부진과,

이건 부진근浮塵根을 가리키는 말이 아니고 그저 허망한 것을 가리킵니다.

及器世間 諸變化相
급 기 세 간 제 변 화 상

및 기세간의 모든 변화하는 상相이,

이건 육진六塵을 다 가리키는 말입니다.

如湯銷冰 應念化成無上知覺
여 탕 소 빙 응 념 화 성 무 상 지 각

끓는 물에 얼음이 녹는 것과 같아서 염념에 응하여 무상지각을 화성化成하리라.

응념은 한 생각에 응한다는 말입니다. 육진六塵을 따르지 않으면, 그러니까 근근을 뽑아 버린다고 할 것 같으면, 육근이 호용互用하게 된다는 말입니다.

또 예를 듭니다.

阿難 如彼世人 聚見於眼
아 난 여 피 세 인 취 견 어 안

아난아, 마치 세인들이 견見을 눈에 모았다가,

여기 소疏에는, 본다는 것은 견見이 시방에 주변周遍한 것인데, 우리는 눈으로만 보는 줄 아니까 '견하는 작용을 눈에 모았다' 이렇게 해석했는데, 내가 생각하기는 이 글자로 봐서 취견이라는 게 한 가지를 보통으로 보는 게 아니라 유심히 본다, 견하는 작용을 눈에다 집중한다고 보는 게 좋지 않을까 싶습니다.

그러니까 다른 때는 그냥 보지만, 취聚 자를 지금엔 특별히 견하는 것만 눈에다 주력을 한다고 보면 더 옳지 않냐, 이 말입니다.

若令急合 暗相現前
약 령 급 합 암 상 현 전

만약 하여금 급히 합하여 암상暗相이 현전하면,

합合 자는 눈을 감는다는 말입니다. 눈을 뜨고 보다가 갑자기 눈을 감아 버리면 암상이 현전이라, 왜 견見을 눈에다 주목해 본다고 하는고 하니, 다른 때도 눈을 감으면 암상이 현전하지만, 취견어안聚見於眼 약령급합若令急合이라고까지 해야 눈 감으면 캄캄해지기 때문에 이 취견을, 보는 정력을 쏟아 주시한다는 뜻으로 보는 게 좋지 않겠는가 하는 생각입니다.

六根黯然
육 근 암 연

육근이 암연하여,

뭘 그냥 볼 때도 그렇지만, 가령 텔레비전이나 영화를 주시하고 보다가 갑자기 눈을 감으면 캄캄해지는 그걸 가리키는 말입니다.

頭足相類
두 족 상 류

두頭와 족足이 상류(한결같다)하거니와,

캄캄해서 어디가 어딘지 모른다는 말이니까 상류란 머리인지 발인지 모른다는 뜻입니다.

> ## 彼人以手 循體外繞
> 피 인 이 수 순 체 외 요

저 사람(눈 감은 사람)이 손으로써 몸을 따라 밖으로 요繞하면,

이것을 예전 어른들은 두 가지로 해석을 했습니다.

그냥 자기가 눈을 감을 때는 머리인지 발인지 모르지만, 손을 가지고 만져 보면 분명히 머리인지 발인지 안다. 즉 자기가 자기 손으로 자기의 몸을 쓸어(만져) 본다고 해석한 이도 있고, 또 한 가지는 눈을 감은 사람 앞에 또 사람이 있다. 그러니까 육근이 암연黯然하여 두족상류頭足相類라는 말을, 자기의 육근이 암연해서 자기의 손과 발이 같다고 보는 게 아니라 앞에 있는 사람의 손과 발이 같다, 이렇게 해석한 이도 있습니다.

여기 경에 있는 것으로 봐서는, 다른 사람이라고는 나오지 않았고, 꼭 앞에 있는 사람의 몸을 만져 본다고 해야 하는지는 모르겠으나, 과거 예전 스님들 중에 그렇게 보는 이가 있었습니다.

이 얘기는 자기가 만져 보지 않고도 자기의 머리나 발을 다 알 텐데(눈으로 보지는 못하지만 다 알 텐데), 꼭 손으로 만져 보고야 알겠느냐는 뜻에서 아마 앞에 있는 사람의 몸이라고 하지 않았나 하는 생각인데, 자기 몸이라고 해도 되지 않을까 싶습니다.

> ## 彼雖不見 頭足一辨 知覺是同
> 피 수 불 견 두 족 일 변 지 각 시 동

그가 비록 보지는 못하나 두頭와 족足을 낱낱이 가려 지각하는 것이 이와(밝을 때) 같으리라.

같다는 것은, 눈 뜰 때와 지각이 같다는 얘깁니다.

지금 우리가 눈 가지고 보지만, 손으로 만져 보고 안다고 하면, 손으로도 보는 것이니까 육근 호용互用을 말한 것입니다. 그래서 그렇게 된 원인을 얘기합니다.

緣見因明
연 견 인 명

연진緣塵을 보는 것은 명명을 인하고,

연緣은 육진六塵입니다.

우리가 본다고 하면 눈이 있어야 하는 것이니까 연견緣見, 육진의 연緣을 반연하는 것은 밝은 걸 인하지만, 그렇기 때문에,

暗成無見
암 성 무 견

암暗을 이루면 견見이 없거니와,

이것은 보통의 반연을 의지해 가지고 보는 걸 얘기하는 것입니다.

그런데,

不明自發
불 명 자 발

명명이 아니라도 스스로 발하면,

저 위에서 '안으로 광명이 발해서 스스로 발한다고 하면'이라고 했으니까 밝은 것이 아니지만, 밝은 경계를 인하지 않고도 보는 작용이 스스로 발한다고 하면,

則諸暗相 永不能昏
즉 제 암 상 영 불 능 혼

모든 암상이 영원히 능히 어둡게 하지 못하리니,

밝든지 밝지 않든지 다 보게 되니까 육진六塵에 따르지 않고 근만 가지고도 보고 듣고 할 수 있다. 즉 진塵을 초월한다는 얘깁니다.

저 위에서 명암 때문에 안근이 보는 성질이 생기고, 동정動靜 때문에 듣는 성질이 생기는 등 진塵 때문에 근이 생겼었는데, 진을 의지하지 않고도 광명이 스스로 발한다는 것은 근으로부터 발하는 게 아니라 속으로(안으로) 발한다는 말입니다.

根塵旣銷
근 진 기 소

근根과 진塵이 이미 녹으면,

여기에 근이 녹는다는 말은 없지만, 진塵 때문에 근이 생겼는데, 진이 녹으면 근도 녹을 것이라는 말입니다.

> 云何覺明 不成圓妙
> 운 하 각 명 불 성 원 묘

어찌하여 각명이 원묘함을 이루지 않으리오.

가까이 있는 것만 보고 듣고 하는 게 아니라 시방세계에 있는 것을 다 보고 듣고 한다는 말입니다.

우리 중생은 육진六塵 때문에 근이 생기고, 근에 맺힌 것 때문에 속박을 받는데, 근에 맺히지 않고 안으로 본 성품으로부터 발하게 된다면 왜 진塵과 근의 구애를 받겠느냐, 그 말입니다.

> 阿難白佛言 世尊如佛說言 因地覺心 欲求常住
> 아 난 백 불 언 세 존 여 불 설 언 인 지 각 심 욕 구 상 주

아난이 부처님께 아뢰었다.

세존이시여, 불佛께서 말씀하심과 같아서 인지의 각심으로 상주를 구하고자 할진댄,

> 要與果位 名目相應
> 요 여 과 위 명 목 상 응

종요로이 과위의 명목으로 더불어 상응해야 한다고 말씀하셨나이다.

저 위에서 두 가지 결정한 뜻 중에 인지因地의 발심發心이 과지果地의 각覺으로 더불어 같으냐 다르냐 하던 그걸 가리키는 말입니다.

> 世尊 如果位中 菩提涅槃 眞如佛性 菴摩羅識 空如
> 세존 여과위중 보리열반 진여불성 암마라식 공여
> 來藏 大圓鏡智 是七種名
> 래장 대원경지 시칠종명

세존이시여, 과위 중의 보리·열반·진여·불성·암마라식·공여래장·대원경지의 7종 명名이,

암마라는 과일 이름인데, 암마라식을 번역하면 백정식白淨識입니다. 『기신론起信論』에서는 제9 백정식이라고 그랬는데, 거기에 보면 '성불 후에 진미래제盡未來際히 설법도중생지식야說法度衆生之識也'라고 했습니다. 그러니까 이 식識은 과위에 가서 얻는 암마라식입니다.

이때까지 가면 지혜이지 식이라는 말은 안 하지만, 중생을 제도하려면 식이 있어서 분별해야 하니까 식이라 했고, 그러나 이 식은 더러운 식이 아니라 백정白淨한 식이라 합니다.

공여래장이라든지, 대원경지 등 이 일곱 가지가 과상果上에서 얻은 명목입니다.

> 稱謂雖別 淸淨圓滿 體性堅凝
> 칭위수별 청정원만 체성견응

칭함은 비록 다르나 청정하고 원만하며 체성이 견응하여,

견堅이란 깨트리지 못한다는 말이고, 응凝은 동요하지 않는다는 말입니다.

> 如金剛王 常住不壞
> 여 금 강 왕 상 주 불 괴

금강왕과 같아서 상주불괴하옵거늘,

사람도 왕이 가장 자재한 것처럼 금강 자리가 자재한 것을 가지고 금강왕이라고 그럽니다. 그런데 위에서 부처님께서 명암이 없으면 견체見體가 없다고 말씀하신 그걸 갖다가 지금 의심을 삼고 있습니다.

> 若此見聽 離於暗明 動靜通塞 畢竟無體
> 약 차 견 청 이 어 암 명 동 정 통 색 필 경 무 체

만일 보고 듣는 것이 명암·동정·통색을 여의고는 필경에 체가 없다고 하면,

근의 작용은 견見과 청聽 둘만 들고, 진塵은 통색까지 셋을 들었습니다. 그건 부처님께서 말씀하신 겁니다.

> 猶如念心 離於前塵 本無所有
> 유 여 염 심 이 어 전 진 본 무 소 유

마치 염심이 전진을 여의고는 본래 있는 바가 없다고 하시던 것과 같겠나이다.

염심은 의근의 작용인데, 앞의 진塵이 없으면, 근의 작용이 단멸한다는 말입니다.

부처님께서 그렇게 말씀하셨으니,

```
云何將此畢竟斷滅
운 하 장 차 필 경 단 멸
```

어찌 이 필경에 단멸함을 가져서,

진塵이 없으면 근의 작용이 없는데, 그 단멸하는 근을 가지고서,

```
以爲修因 欲獲如來七常住果
이 위 수 인  욕 획 여 래 칠 상 주 과
```

수행의 인因을 삼아서 여래의 칠상주과를 얻으리오.

칠상주과는 불생멸하는 것인데, 생멸하는 근을 가지고 어떻게 얻겠습니까. 안 될 것 같다는 말입니다.

```
世尊 若離明暗 見畢竟空
세 존  약 리 명 암  견 필 경 공
```

세존이시여, 만일 명암을 여의고는 견見이 필경에 공空하다면,

```
如無前塵 念自性滅
여 무 전 진  염 자 성 멸
```

마치 전진이 없으면, 염송이 자성이 없음과 같겠나이다.

눈의 예를 들어 가지고 의근의 작용까지 육진六塵이 없으면 근이 작용하지 못한다는 말을 하는 것입니다.

> 進退循環 微細推求 本無我心 及我心所
> 진퇴순환 미세추구 본무아심 급아심소

진퇴하여 순환하면서 미세하게 추구하여도 본래 나의 심心과 심소心所가 없거늘,

심소는 다른 데서 심왕心王과 상응하는 심소법心所法, 또는 심소유법心所有法이라고 하는데, 이건 그렇게 보지 말고, 심이 있는 처소, 즉 나의 심이 없다고 하는 것은 망심의 자체를 가리키는 말이고, 심소가 없다는 것은 망심이 있는 처소가 없다고, 이렇게 보라고 소疏에 되어 있습니다.

내 마음 자체도 없고, 마음이 있는 처소도 없을 터이니,

> 將誰立因 求無上覺
> 장수입인 구무상각

무엇으로 인因을 세워 무상각을 구하리까.

아난의 생각엔 생멸을 인해 가지고는 상주과常住果를 얻지 못하는 것이니, 분명히 근을 가지고 공부해서는 안 될 것 같다는 말입니다.

如來先說 湛精圓常
여래선설 담정원상

여래께서 먼저 말씀하시기를, 담정이 원상하다 하심이,

원만해서 부족한 데가 없다, 항상 하는 것이 생멸이 아니라고 그렇게 말씀하셨으니, 지금 우리는 진진이 없으면, 육근이 없어지는 것 같은데, 부처님께서는 원상하다고 하셨으니,

違越誠言 終成戱論
위월성언 종성희론

성언을 위월하여 마침내 희론을 이룰 것이니,

저기에서는 육근이 원상하다고 했는데, 또 여기에서는 명암 등의 육진 六塵을 여의면 육근의 작용이 없다고 했으니, 희론을 이루게 된다는 말입니다.

그러니,

云何如來 眞實語者
운하여래 진실어자

어찌 여래를 진실어자라 하오리까.

> **惟垂大慈 開我蒙悋**
> 유 수 대 자 개 아 몽 린

오직 대자를 드리우사 저의 몽린함을 열어 주소서.

부처님께서 거짓말을 하실 리가 없지만, 제 생각으로는 맞지 않습니다, 그 말입니다.

린悋 자는 아직도 놓아 버리지 못하고 애쓰고 있는 것을 말합니다.

> **佛告阿難 汝學多聞 未盡諸漏**
> 불 고 아 난 여 학 다 문 미 진 제 루

부처님께서 아난에게 말씀하셨다.
네가 다문만 배워서 제루를 다하지 못했으니,

아난 존자는 아직도 초과初果인 수다원만 증득했으니까 제루가 남아 있습니다.

법공法空은 말할 것도 없고, 아공我空도 많이 남아 번뇌가 없어지지 못했기 때문에,

> **心中徒知顚倒所因 眞倒現前 實未能識**
> 심 중 도 지 전 도 소 인 진 도 현 전 실 미 능 식

마음 가운데 한갓 전도의 인한 바를 알면서도 진실로 진도가 현전함은 알지 못하는도다.

이제껏 전도했다는 이론은 알면서도 참말 전도한 경계가 나타나는 것을 알지 못하니, 참말 전도한 게다, 그 말입니다. 그러니 너의 생각이 잘못되어 내가 거짓말한다고 여기는 것이지 그럴 리가 있겠느냐, 그 말입니다.

이제 아난의 전도한 것을 풀어 주실 텐데,

> 恐汝誠心 猶未信伏 吾今試將 塵俗諸事 當除汝疑
> 공여성심 유미신복 오금시장 진속제사 당제여의

아마 네가 성심으로 아직도 믿어 복종하지 못할까 두려워하여 내가 이제 진속의 제사를 들어 마땅히 너의 의심을 제除하리라.

내가 알기 쉬운 것을 가지고 육근이 항상 하지 않다고 하는 그런 생각을 제해 주겠다, 그 말입니다.

> 卽時如來 敕羅睺羅 擊鐘一聲
> 즉시여래 칙라후라 격종일성

이때 여래께서 라후라에게 칙敕하사 종을 한 번 치게 하시고,

> 問阿難言 汝今聞不
> 문아난언 여금문부

아난에게 물어 말씀하셨다.
네가 지금 듣느냐, 못 듣느냐?

阿難大衆俱言 我聞
아 난 대 중 구 언 아 문

아난과 대중이 다 말하였다.
저희가 듣나이다.

鐘歇無聲 佛又問言 汝今聞不
종 헐 무 성 불 우 문 언 여 금 문 부

종이 쉬어 소리가 없으매 부처님께서 또 물어 말씀하셨다.
네가 지금 듣느냐, 그렇지 않느냐?

阿難大衆俱言 不聞
아 난 대 중 구 언 불 문

아난과 대중이 함께 말하였다.
듣지 못하나이다.

時羅睺羅 又擊一聲 佛又問言 汝今聞不
시 라 후 라 우 격 일 성 불 우 문 언 여 금 문 부

때에 라후라가 또 격격하여 일성하매 부처님께서 또 물어 말씀하셨다.
네가 지금 듣느냐, 듣지 못하느냐?

阿難大衆又言 俱聞
아 난 대 중 우 언 구 문

아난과 대중이 또 말하였다.
다 듣나이다.

佛問阿難 汝云何聞 云何不聞
불 문 아 난 여 운 하 문 운 하 불 문

부처님께서 아난에게 물으셨다.
너는 어떤 것을 듣는다 하고, 어떤 것을 듣지 못한다 하느냐?

阿難大衆 俱白佛言
아 난 대 중 구 백 불 언

아난과 대중이 함께 부처님께 아뢰어 말하였다.

鐘聲若擊 則我得聞
종 성 약 격 즉 아 득 문

종을 쳐서 소리가 나면, 저희가 듣는다 하고,

우리말로는 종소리를 친다고 하면 말이 안 되지만, 한문에는 종성약격 이라는 말이 됩니다.

擊久聲銷 音響雙絶 則名無聞
격 구 성 소 음 향 쌍 절 즉 명 무 문

친 지 오래되어 소리가 소銷하고 음향(메아리)이 쌍절하면 곧 듣지 못한다고 이름하나이다.

음은 종에서 나는 소리이고, 향響은 종소리의 메아리를 말합니다.

如來又敕羅睺擊鐘 問阿難言
여 래 우 칙 라 후 격 종 문 아 난 언

여래께서 또 라후라에게 칙敕하여 종을 치게 하시고, 아난에게 물으셨다.

爾今聲不
이 금 성 부

지금 소리가 나느냐, 나지 않느냐?

阿難大衆俱言 有聲[5]
아 난 대 중 구 언 유 성

---

5 고려대장경에는 이 문장이 아난언성阿難言聲으로 되어 있으나, 송본·원본·명본에는 본문과 같이 되어 있다.

아난과 대중이 모두 말하였다.
소리가 있습니다.

少選聲銷
소 선 성 소

잠깐 있다가 소리가 소銷하니,

佛又問言 爾今聲不
불 우 문 언 이 금 성 부

부처님께서 또 물으셨다.
지금 소리가 나느냐, 나지 않느냐?

阿難大衆答言 無聲
아 난 대 중 답 언 무 성

아난과 대중이 답언하되, 소리가 없나이다.

有頃羅睺 更來撞鐘
유 경 라 후 갱 래 당 종

잠깐 뒤에 라후라가 다시 종을 치니,

유경도 소선少選과 같이 '잠깐 있다가'라는 말입니다.

> 佛又問言 爾今聲不
> 불 우 문 언 이 금 성 부

부처님께서 또 물으셨다.
지금 소리가 나느냐, 나지 않느냐?

> 阿難大衆俱言 有聲
> 아 난 대 중 구 언 유 성

아난과 대중이 함께 말하였다.
소리가 있습니다.

> 佛問阿難 汝云何聲 云何無聲
> 불 문 아 난 여 운 하 성 운 하 무 성

부처님께서 아난에게 물으셨다.
너는 어떤 것을 소리가 난다 하고, 어떤 것을 소리가 없다고 하느냐?

> 阿難大衆 俱白佛言 鐘聲若擊 則名有聲
> 아 난 대 중 구 백 불 언 종 성 약 격 즉 명 유 성

아난과 대중이 함께 아뢰었다.
종을 쳐서 만약 소리가 나면, 이름을 소리가 난다 하고,

擊久聲銷 音響雙絶 則名無聲
격 구 성 소 음 향 쌍 절 즉 명 무 성

격격(擊擊)한 지 오래되어 소리가 소소(銷)하고, 음향이 쌍절하면 이름을 소리가 없다 하나이다.

위의 글과 똑같습니다. 이 말은 소리가 없다고 하기도 하고, 듣는 게 없다고 하기도 하는 말입니다.

佛語阿難 及諸大衆
불 어 아 난 급 제 대 중

부처님께서 아난 및 대중에게 말씀하셨다.

汝今云何 自語矯亂
여 금 운 하 자 어 교 란

너희가 지금 어찌하여 스스로 말이 교란되느냐?

진실하지 못하고 이랬다저랬다 하는 게 교란입니다.

大衆阿難 俱時問佛 我今云何 名爲矯亂
대중아난 구시문불 아금운하 명위교란

대중과 아난이 함께 부처님께 묻되, 저희들을 지금 어찌 이름을 교란한다 하시나이까?

분명하게 대답했는데 왜 교란이라고 하느냐, 그 말입니다.

佛言 我問汝聞 汝則言聞
불언 아문여문 여즉언문

부처님께서 말씀하셨다.
내가 너에게 듣느냐고 물으면 네가 듣는다 말하고,

又問汝聲 汝則言聲 惟聞與聲 報答無定
우문여성 여즉언성 유문여성 보답무정

또 네게 소리 나느냐고 물으면 네가 소리 난다고 말하여 듣는 것과 다못 소리 난다는 보답이 일정하지 않으니,

如是云何 不名矯亂
여시운하 불명교란

이와 같음을 어찌 교란이라 이름하지 않겠는가.

소리면 소리이고, 듣는 것이면 듣는 것이지 내가 묻는 대로 대답하니, 교란이 아니냐, 그 말입니다.

> 阿難 聲銷無響 汝說無聞
> 아 난 성 소 무 향 여 설 무 문

아난아, 소리가 소銷하고 메아리가 없음을 네가 들음이 없다 말하니,

> 若實無聞 聞性已滅
> 약 실 무 문 문 성 이 멸

만약 진실로 들음이 없을진댄, 듣는 성性이 이미 멸하여,

소리가 없어진다 해서 듣는 성性까지 멸하겠느냐. 네가 듣는 게 없다고 하니 그럼 듣는 성품도 멸한 게 아니냐, 그 말입니다.

> 同于枯木 鐘聲更擊 汝云何知
> 동 우 고 목 종 성 갱 격 여 운 하 지

고목과 같을 것이니 종을 다시 치는 줄을 네가 어찌 알겠는가.

두 번 칠 때는 못 들어야 할 텐데 어찌 그걸 듣고 아느냐, 그 말인데, 이걸 분명히 보면 맞는 말이지만, 아마 우리도 듣느냐고 물으면 듣는다고 하고, 소리 나느냐고 물으면 소리 난다고 할 겁니다.

知有知無
지 유 지 무

있는 줄을 알고, 없는 줄 아는 것이,

소리가 있는 걸 알고, 소리가 없는 걸 아는 것이,

自是聲塵 或無或有
자 시 성 진 혹 무 혹 유

성진이 스스로 혹 있고, 혹 없을지언정,

소리가 있고 없고 하는 것이지 문聞이 없어지지는 않는다는 말입니다.

豈彼聞性 爲汝有無
기 피 문 성 위 여 유 무

어찌 저 듣는 성性이야 너를 위하여 있었다, 없었다 하겠는가.

소리의 있고 없는 걸 따라서 문성聞性까지 있다 없다 할 건 아니지 않느냐, 그 말입니다.

聞實云無 誰知無者
문 실 운 무 수 지 무 자

들음이 진실로 없다면, 무엇이 없는 줄을 알리오.

소리 없는 걸 아는 것도 듣기 때문에 알지, 듣지 못하면 소리 없는 걸 어떻게 아느냐, 그 말입니다.

是故阿難 聲於聞中 自有生滅
시 고 아 난 성 어 문 중 자 유 생 멸

이런고로 아난아, 듣는 문문(聞)(性) 중에서 소리가 났다 없어졌다 할지언정,

非爲汝聞 聲生聲滅 令汝聞性 爲有爲無
비 위 여 문 성 생 성 멸 영 여 문 성 위 유 위 무

너의 문문聞이 소리가 생하고 소리가 멸하매 너의 문성으로 하여금 유有가 되고 무無가 되게 하는 것이 아니니라.

네 듣는 성품은 늘 있는데, 소리가 있다 없다 해서 소리가 있으면 있는 줄을 알고, 소리가 없으면 없는 줄 안다, 그 말입니다.

그런데 우리말에 소리 없는 걸 듣는다고 하는 건 없지만, 사실 소리 없는 것을 아는 것은, 듣기 때문에 알지 문문聞이 없으면 소리 없는 걸 뭘로 알겠느냐, 그 말입니다. 그러니까 소리는 유무가 있지만, 문성聞性은 그냥 있다, 즉 문체聞體가 없어지면 상주과常住果를 못 얻는다고 하면 안 된다, 그 말입니다.

> 汝尚顚倒 惑聲爲聞
> 여 상 전 도 혹 성 위 문

네가 아직 전도하여 소리를 의혹하여 들음이라 하나니,

> 何怪昏迷 以常爲斷
> 하 괴 혼 미 이 상 위 단

혼미하여 상常으로써 단斷 삼음을 어찌 괴이하다(이상하다) 하리오.

  귀가 듣는 건 항상 한 것인데, 위에서 동動과 정靜이 없으면 듣는 자체가 없다고 했으나, 인식이 없고 해서 듣는 근根이 없어졌다고는 안 해야 하니까 이렇게 말씀하시는 것입니다.

> 終不應言 離諸動靜 閉塞開通 說聞無性
> 종 불 응 언 이 제 동 정 폐 색 개 통 설 문 무 성

  마침내 응당히 동·정·폐·색·개·통을 여의면 듣는 성性이 없다고 말할 것이 아니니라.

  폐색은 귀가 막힌다든지 코가 막히는 것을 말하고, 개통은 열린다는 말입니다. 소리가 있든지 없든지 귀가 막혔어도 듣는 성性은 있다는 얘깁니다. 위에서 봉사들도 캄캄한 것을 본다고 했듯이 눈이 없다고 해서 보는 성품까지 없는 게 아니라고 한 것이나 같은 말입니다.

如重睡人 眠熟床枕
여 중 수 인 면 숙 상 침

마치 깊이 잠든 사람이 상침에서 면숙할 때에,

요새 침대를 놓고 자는 것처럼 자는 게 아니라 평상을 놓고 자는 것이 상침입니다.

其家有人 於彼睡時 擣練舂米
기 가 유 인 어 피 수 시 도 련 용 미

그 집에 있는 사람이 그가 자는 때에 다듬이질을 하거나 방아를 찧으면,

도련은 다듬이질한다는 말인데, 도擣 자는 망치 같은 것으로 두드린다는 말이고, 련練 자는 다듬이질한다는 말입니다.

其人夢中 聞舂擣聲 別作他物
기 인 몽 중 문 용 도 성 별 작 타 물

그 사람이 몽夢에 방망이 소리와 절구 소리를 듣고는 달리 타물로 여기되,

다른 소리로 알아들어서 다듬질 소리인지, 방아 소리인지를 모른다는 말입니다.

或爲擊鼓 或復撞鐘
혹 위 격 고 혹 부 당 종

혹은 북을 친다 하며, 혹은 종을 친다 하여,

들으면서 꿈을 꾸니까 그렇게 되지 않겠습니까?

卽於夢時 自怪其鐘 爲木石響 於時忽寤
즉 어 몽 시 자 괴 기 종 위 목 석 향 어 시 홀 오

몽시에 스스로 그 종소리가 목석향이라 하여 이상하게 여기다가 때에 문득 깨어나서,

遄知杵音 自告家人
천 지 저 음 자 고 가 인

재빨리 저음(절구 소리)인 줄 알고는, 스스로 가인에게 고하기를,

천遄 자는 빨리, 저杵 자는 절구 소리이니, 다듬이 소리도 들어야 할 텐데 절구 소리 하나만 들었습니다.

我正夢時 惑此舂音 將爲鼓響
아 정 몽 시 혹 차 용 음 장 위 고 향

내가 정히 몽시에 이 용음을 혹하여 북소리를 삼았다 하리니,

꿈에서는 북치는 소리인 줄 알았다고, 꿈을 깨고 나서 그렇게 얘기한다는 말입니다.

> 阿難 是人夢中 豈憶靜搖 開閉通塞
> 아 난 시 인 몽 중 기 억 정 요 개 폐 통 색

아난아, 이 사람이 몽중에서 어찌 정·개·폐·통·색을 기억하리오마는,

> 其形雖寐 聞性不昏
> 기 형 수 매 문 성 불 혼

그 몸은 비록 잠을 자나 듣는 성性은 혼미하지 않았으니,

잘 때도 듣는 성품이 없어지지 않고 있다는 것을 증명하는 말입니다.

> 縱汝形銷
> 종 여 형 소

비록 네 형形이 소銷하여,

잠잘 때에 아무 기억이 없을 때도 듣는 성품은 있으니까 몸뚱이가 죽어 없어져 버린다 해도 듣는 성품은 남지 않겠느냐, 그 말입니다.

命光遷謝
명 광 천 사

명광(목숨)이 천사한들,

목숨이 남아 있는 걸 광光이라고 했습니다.
천사遷謝는 여기 있다가 다른 데로 가서 태어나는 것입니다.

此性云何 爲汝銷滅
차 성 운 하 위 여 소 멸

이 성품이야 어찌 너를 위해 소멸하리오.

죽어서 다른 데 가도 소멸하지 않는다. 꿈꿀 때도 문성聞性은 그냥 있는 것처럼 몸뚱이가 없어진다고 하더라도 너의 듣는 성품은 남아 있다. 그러니까 우리의 본 불성 자리가 없어지지 않고 남아 있다는 말입니다.

그렇게 남아 있는데, 세상 사람이 모르는 것은,

以諸衆生 從無始來 循諸色聲
이 제 중 생 종 무 시 래 순 제 색 성

모든 중생이 무시이래로 색·성을 따르면서,

육진六塵 가운데 둘만 들었습니다. 진塵을 따르지 않아야 할 텐데 그것만 따라가기 때문에,

```
逐念流轉 曾不開悟 性淨妙常
축 념 유 전  증 불 개 오  성 정 묘 상
```

염념을 쫓아 유전하노라. 성품이 정淨하고, 묘하고, 상常한 줄을 깨닫지 못하나니,

육진을 따라서 천사遷謝하기 때문에 모르고 있지, 육진만 따라가지 않으면 문성聞性 내지 우리의 여래장묘진여성如來藏妙眞如性은 그냥 남아 있다, 그 말입니다.

```
不循所常
불 순 소 상
```

상常한 바는 따르지 않고,

순循 자는 따라간다는 말이니까 생멸하지 않는 본 성품 자리는 따라가지 않고,

```
逐諸生滅
축 제 생 멸
```

생멸을 따르므로,

```
由是生生 雜染流轉
유 시 생 생  잡 염 유 전
```

이로 말미암아 생생에 잡염하게 유전하거니와,

若棄生滅
약 기 생 멸

만약 생멸을 버리고,

육진을 없애 버리고,

守於眞常
수 어 진 상

진상함을 지키면,

진상은 육근의 성품입니다.
그걸 꼭 지켜 가지고 있다고 하면,

常光現前 塵根識心 應時銷落
상 광 현 전 진 근 식 심 응 시 소 락

상광이 현전하여 근根·진塵·식심이 응시에 소락하리라.

想相爲塵
상 상 위 진

상상은 진塵이 되고,

밖의 것을 근根으로 받아들여 가지고 마음으로 생각하는 그게 진塵입니다.

識情爲垢
식 정 위 구

식정은 구垢가 됨이니,

식識을 가지고 분별하는 정情이 구垢가 되는 겁니다.

二俱遠離
이 구 원 리

둘을 다 멀리 여의면,

둘은 진塵과 구垢입니다.

則汝法眼 應時淸明
즉 여 법 안 응 시 청 명

너의 법안이 응시에 청명하리니,

법안이란 도道를 안다, 무생법인無生法忍을 안다는 말인데, 법안이 청명하다고 하면, 초지初地 가운데 견도위見道位를 가리키는 말입니다.

소승으로 말한다면, 수다원과를 가리킵니다.

> **云何不成無上知覺**
> 운 하 불 성 무 상 지 각

어찌 무상지각을 이루지 못하리오.

이렇게 해서 제4권이 끝나고, 이제 제5권입니다.

대불정여래밀인수증요의제보살만행수릉엄경
|제5권|

당 천축 사문 반랄밀제 역
唐 天竺 沙門 般剌蜜帝 譯

오장국 사문 미가석가 역어
烏萇國 沙門 彌伽釋迦 譯語

보살계제자전정간대부동중서문하평장사청하 방융 필수
菩薩戒弟子前正諫大夫同中書門下平章事清河 房融 筆授

봉선사 사문 운허용하 강설
奉先寺 沙門 耘虛龍夏 講說

능엄경 강화

제5권

2. 맺힌 것을 푸는 일

阿難白佛言 世尊 如來雖說第二義門
아 난 백 불 언 세 존 여 래 수 설 제 이 의 문

아난이 부처님께 아뢰어 말하였다.
세존이시여, 여래께서 비록 제이 의문을 말씀하시오나,

지금 매듭 푸는 얘기를 합니다.

今觀世間 解結之人
금 관 세 간 해 결 지 인

지금 세간의 결結을 해解하는 사람을 보건댄,

若不知其所結之元
약 부 지 기 소 결 지 원

만약 그 맺힌바 근원을 알지 못하면,

我信是人 終不能解
아 신 시 인 종 불 능 해

제가 이 사람은 마침내 능히 풀지 못하리라 믿나이다.

근根이 맺힌 것이니, 그 맺힌 걸 알아서 풀어야 하겠다는 애깁니다.

世尊 我及會中 有學聲聞 亦復如是
세 존 아 급 회 중 유 학 성 문 역 부 여 시

세존이시여, 저와 이 회중의 유학인 성문들도 이와 같아서,

從無始際 與諸無明 俱滅俱生
종 무 시 제 여 제 무 명 구 멸 구 생

무시제로 좇아 모든 무명으로 더불어 구생, 구멸하였으니,

몸이 날 때에 무명이 함께 일어나고, 몸이 없어질 때에도 무명이 함께 없어져서 오래전부터 그렇게 구俱해 왔기 때문에,

> 雖得如是 多聞善根 名爲出家 猶隔日瘧
> 수 득 여 시 다 문 선 근 명 위 출 가 유 격 일 학

비록 이와 같은 다문선근을 얻어 이름이 출가인이나, 마치 날을 거르는 학질瘧疾과 같사오니,

출가해서 공부한다고 할 때는 학질이 없어지는 것처럼 뭘 아는 것 같다가, 다시 생사에 들어가면 또 모르고 다니니 학질을 앓는 것이고, 그것이 격일하는 것과 같다는 말입니다. 즉 세세생생에 났다 죽었다 했기 때문에 이렇게 된다, 그 말입니다.

> 唯願大慈 哀愍淪溺
> 유 원 대 자 애 민 윤 닉

오직 원컨대 대자로써 윤닉함을 애민히 하소서.

> 今日身心 云何是結 從何名解
> 금 일 신 심 운 하 시 결 종 하 명 해

금일의 이 신심이 어찌하여 맺혔으며 무엇을 좇아 명名을 해解하오니까?

맺힌 것 푸는 법을 말씀해 달라는 얘깁니다.

亦令未來 苦難眾生 得免輪廻 不落三有
역령미래 고난중생 득면윤회 불락삼유

또한 미래의 고난 중생으로 하여금 윤회를 면하고 삼유에 떨어지지 않게 하소서.

그러니까 맺힌 것과 푸는 것을 자세히 말씀해 달라는 얘깁니다.

作是語已 普及大衆 五體投地 雨淚翹誠
작시어이 보급대중 오체투지 우루교성

이 말을 지어 마치고, 널리 대중이 오체투지하고, 눈물이 비오듯 하며 정성을 다하여,

翹 자는 다할 교 자인데, 새의 새끼가 한참 자랄 때에 어미가 먹이를 물고 오면 날지도 못하면서 제각기 자기에게 먹여 달라고 애쓰는 것을 말하는데, 그래서 깃 우羽 방傍을 씁니다.

佇佛如來 無上開示
저불여래 무상개시

부처님 여래의 무상개시를 기다렸다.

爾時世尊 憐愍阿難 及諸會中 諸有學者
이시세존 연민아난 급제회중 제유학자

그때 세존께서 아난과 회중의 유학들을 연민히 하시며,

亦爲未來一切衆生 爲出世因 作將來眼
역 위 미 래 일 체 중 생 위 출 세 인 작 장 래 안

또한 미래의 일체중생을 위하여 출세할 인因을 삼으며 장래의 안안을 지으시려고,

그러니까 인지심因地心입니다.

以閻浮檀 紫光金手 摩阿難頂
이 염 부 단 자 광 금 수 마 아 난 정

염부단의 자광금수로써 아난의 정수리를 만지시니,

卽時十方 普佛世界 六種震動 微塵如來 住世界者
즉 시 시 방 보 불 세 계 육 종 진 동 미 진 여 래 주 세 계 자

즉시에 시방의 보불세계가 6종으로 진동하며, 그 세계에 주住하는 미진 여래께서,

各有寶光 從其頂出 其光同時 於彼世界 來祇陀林
각 유 보 광 종 기 정 출 기 광 동 시 어 피 세 계 내 기 타 림

각각 보광이 그 정수리를 좇아 출出하며, 그 광명이 저 세계에서 기타림으로 와서,

> 灌如來頂 是諸大衆 得未曾有
> 관 여 래 정 시 제 대 중 득 미 증 유

여래의 정상에 대시니, 제대중이 미증유를 얻었다.

> 於是阿難 及諸大衆 俱聞十方 微塵如來 異口同音
> 어 시 아 난 급 제 대 중 구 문 시 방 미 진 여 래 이 구 동 음
> 告阿難言
> 고 아 난 언

이때 아난과 대중들은 시방의 미진 여래께서 이구동음으로 아난에게 고하심을 들었다.

> 善哉阿難 汝欲識知 俱生無明 使汝輪轉 生死結根
> 선 재 아 난 여 욕 식 지 구 생 무 명 사 여 윤 전 생 사 결 근

선재라, 아난아. 네가 구생무명이 너로 하여금 윤전하게 하는 생사의 결근을 알고자 할진댄,

唯汝六根 更無他物
유 여 육 근 갱 무 타 물

오직 너의 육근이라, 타물이 아니며,

위에서 아난이 맺힌 걸 알아야 풀 게 아니냐고 물었으니까 육근이 맺혔다는 것을 알려 주는 말입니다.

그러니까 부처님만이 말씀하신 게 아니라 시방 여래께서 다 말씀하셨으니, 그것은 시방여래의 불법佛法이나 석가모니부처님의 불법이나 다 같은 것임을 말하는 것입니다.

汝復欲知 無上菩提 令汝速登 安樂解脫 寂靜妙常
여 부 욕 지 무 상 보 리 영 여 속 등 안 락 해 탈 적 정 묘 상

네가 다시 무상보리가 너로 하여금 안락·해탈·적정·묘상을 얻게 함을 알고자 할진댄,

무엇이 들어서 그렇게 하는지 알고자 할진댄,

亦汝六根 更非他物
역 여 육 근 갱 비 타 물

또한 너의 육근이라, 다시 타물이 아니니라.

육근으로 생사하는 것이고, 육근으로 열반을 증득하는 것이라는 말입니다.

묘상妙常이란 상常이요, 안락은 낙樂이요, 해탈은 자유자재한 것이니 아我요, 적정寂靜은 정淨이니까 열반 사덕四德을 말하는 것입니다. 이런 것을 다 육근으로 하는 것이지 다른 게 아니라는 말입니다. 그래서 이『능엄경』에서는 식識을 위주로 하지 않고 근根을 위주로 한 것이 다른 데와 좀 다릅니다.

다른 데에서는 참선을 해도 식識을 가지고 하는데, 이『능엄경』에서는 식은 생멸이다, 그러니 식 가지고 해서는 안 되고, 본래 구족해 있는 육근을 가지고 해야 한다, 그 말입니다.

위에서 본 진심眞心 자리가 제2월第二月과 같다 하여 견정見精을 얘기했는데, 지금 여기에서 식은 생멸하는 것이니, 식 가지고 해서는 안 된다고 하는 것은 육식六識을 가리켜서 하는 말입니다.

지금 우리는 육식으로 작용하는 것인데, 그 식을 위주로 해서 식으로부터 근본을 삼아 가지고 상락아정常樂我淨한 보리·열반을 증득하려고 하면, 식은 생멸하기 때문에 안 된다, 잠잘 때도 듣는 성품은 있는 것처럼 근성根性은 늘 멸하지 않기 때문에 근根을 의지해야 한다, 그 말입니다.

유식론唯識論·법상종法相宗에서는 오팔五八 동체同體라고 했습니다. 전오식前五識과 제팔식의 체가 같다는 말인데, 그 제팔식이란 것이 우리의 본 불성 자리이며, 진眞과 망妄이 화합해서 된 것인데, 망만 없으면 진입니다. 여래장이란 바로 제팔식을 가리키는 말입니다.

오팔이 동체라고 하는 법상종의 행상行相만 가지고도 충분하니, 제팔식(本識)의 당체當體나, 근根의 성性 자리나 같다는 것을 말하고 있습니다.

그래서 이『능엄경』에서는 항상 본래 구족해 있는 육근의 성性, 그걸 가지고 공부를 해야 하는데,『능엄경』의 본의가 이근원통耳根圓通이니, 다른 근을 가지고도 할 수는 있지만, 관세음보살의 이근원통을 의지하는 게 더 빠르다는 얘깁니다.

그러니까 꼭 이근만 의지해야 원통을 얻는다는 얘기는 아니고, 어느 근으로든지 원통을 얻을 수는 있지만, 사바세계에 있는 우리 중생들이 닦으려면 이근을 의지하는 게 쉽다는 것뿐입니다.

그래서 지금 얘기한 것처럼 몸이 소쇄消鎖한다 해도 우리의 근성은 언제든지 없어지지 않는다고 했으니까 우리 몸이 죽는다 해도 제팔식은 남아 중음中陰이 되어 다른 데 가서 난다고 하는 것과 같은 말입니다.

우리는 지금 전육식前六識만 알지 제칠식, 제팔식은 모릅니다. 소승에서도 육식까지만 얘기하지 칠식, 팔식은 말이 없습니다.

그러니까 소승이 상당한 성인聖人이긴 하지만, 깊이 맺힌 걸 알지 못해서 아공我空만 증證했지, 법공法空은 증하지 못했다는 얘깁니다.

지금 이『능엄경』 앞에서부터 견見을 자꾸 얘기한 것이 견은 없어지지 않는다, 동하지 않는다, 분별할 수 없다, 안근의 자성 자리가 멸하지 않는다는 것을 얘기한 것입니다.

그러니까 이『능엄경』에서는 근을 위주로 해야 한다, 생사하는 것도 육근이 들어서 하는 것이고, 보리·열반을 증득하는 것도 육근이 들어서 하는 것이다, 이렇게 얘길 합니다.

阿難雖聞如是法音 心猶未明
아 난 수 문 여 시 법 음   심 유 미 명

아난이 비록 이러한 법음을 들었으나 마음이 분명하지 못하여,

확실하게 어째서 생사하는 것도 육근이고 열반하는 것도 육근인지 분명히 알지 못하여,

> **稽首白佛**
> 계 수 백 불

계수하여 부처님께 아뢰었다.

정례頂禮나 오체투지나 계수나 다 같은 말입니다.

> **云何令我 生死輪廻 安樂妙常 同是六根 更非他物**
> 운 하 영 아 생 사 윤 회 안 락 묘 상 동 시 육 근 갱 비 타 물

어찌하여 저로 하여금 생사에 윤회하게 하는 것과 안락·묘상하게 하는 것이 다 같은 육근이요, 타물이 아니라 하십니까?

분명히 생사하는 게 다르고, 열반을 얻는 게 다를 텐데, 왜 시방 여래께서 다 그렇게 말씀하시는지 지금 묻고 있는데, 이 부처님의 대답이 아주 중요합니다.

> **佛告阿難 根塵同源**
> 불 고 아 난 근 진 동 원

부처님께서 아난에게 말씀하셨다.
근根과 진塵이 본원이 같고,

근·진이 근원이 같다는 것은 유정·무정을 통해 육근·육진·육식의 십팔계인데, 근·진이 동원이라고 하니, 육근이나 육진이 다 같이 여래장묘진여성如來藏妙眞如性인 본각本覺 자리에서 나온 것이다, 그 말입니다.

그러니까 근·진이 동원이라고 할 때에 근원이 다 일진심一眞心(佛性)에서 나온 것이다. 진塵도 다 된다, 그 말입니다.

縛脫無二
박 탈 무 이

박縛과 탈脫이 둘이 없음이라.

근根과 진塵에 의지해서 속박되면 범부가 되는 것이고, 근과 진에서 해탈하고 나면 성인이 되는 것이니까 박縛과 탈脫이 둘이 아니다, 그 말입니다. 그저 착착하고 착하지 않는 것, 위에서 순循과 불순不循을 말했듯이 따르지 않으면 해탈하는 것이고, 따르면 속박하는 것이라고 했듯이 따르고 따르지 않는 것과, 집착하고 집착하지 않는 것은 우리가 하는 일이지 근과 진은 관계가 아니다, 그 말입니다.

그러니까 근과 진은 원원이 같기 때문에 근과 진에 착着하면 결박하는 것이 되고, 근과 진에 착着하지 않으면 해탈하게 되는 거니까 박縛은 생사요, 탈脫은 열반이니, 생사와 열반이 다른 것이 있을 리가 있느냐, 그 말입니다.

그래서 근과 진을 얘기했고,

識性虛妄
식 성 허 망

식성이 허망하여,

근根을 가지고 진塵을 발견해서 알음알이, 분별을 내는 것이 식識이니까, 즉 근·진의 작용으로 내는 것이 식이므로 식심識心은 허망한 것이다, 그 말입니다.

猶如空華
유 여 공 화

마치 공화와 같으니라.

이것은 근根만 들면 진塵이 거기 따라오는 것이니, 식識은 허망하여 말할 필요도 없다, 그 말입니다. 그러니까 생사·열반이 다 육근으로 한다고 해도 된다는 얘깁니다. 즉 근과 진을 따로 얘기할 필요가 없다는 것을 말하고 있는 것입니다.

阿難 由塵發知
아 난 유 진 발 지

아난아, 진塵으로 말미암아 지知를 발하고,

지知는 의근의 작용이지만 여기에서는 지知 자 하나가 육근의 작용을 다 가리키는 말입니다.

명암明暗이라는 진塵이 있기 때문에 눈이 보고, 동정動靜이 있기 때문에 귀가 듣는 것이니까 지知 자는 육진을 말미암아 육근이 생긴다, 그 말입니다.

因根有相
인 근 유 상

근根을 인하여 상相이 있으니,

근根은 육근이요, 상相은 티끌, 육진의 상입니다. 그러니까 서로서로 진塵 때문에 근이 생기고, 근 때문에 진이 생긴다는 얘깁니다.

그래서 육근을 인해 가지고 육진의 모양이 있으니,

相見無性
상 견 무 성

상相과 견見이 성품이 없어서,

상相은 육진의 상이요, 견見은 육근의 작용입니다.

위에서는 지知 자를 쓰고, 여기에서는 견見 자를 썼는데, 지知 자는 의근의 작용을 쓴 것이고, 견見 자는 안근의 작용을 쓴 것이니, 같은 말입니다.

상과 견이 서로 의지해서 된 것이니까 본 성품이 없어서,

同於交蘆
동 어 교 로

교로와 같으니라.

교로라는 것의 교交 자는 서로 얽히었다는 말이고, 로蘆 자는 갈대라는 말인데, 여러 갈대가 서로 의지해서 서 있는 것이라 하기도 하고, 또 교로라고 하는 갈대의 일종이 있어서 날 적에도 두 줄기의 갈대가 서로 의지해 서 있고, 뿌리도 서로 얽혀 있어서 하나를 베어 내면 다른 한 대도 넘어진다고 했습니다.

그 전에는 교로라는 특수한 갈대의 종류가 있는 줄 몰랐으니까 글자만 가지고 서로 섞어 놓은 갈대와 같다고 해석을 했는데, 그래도 안 되는 건 아닙니다.

그런데 여기에서는 교로라는 특수한 갈대가 있다고 했습니다. 그러니까 근根·진塵·식識이 서로 섞여 있는 것이기 때문에 근 하나만으로 진과 식을 거두어서 얘기해도 된다는 말입니다.

是故汝今 知見立知
시 고 여 금 지 견 입 지

이런고로 네가 지금에 지견에 지知를 세우면,

지知는 뜻으로 하는 작용, 견見은 눈으로 하는 작용이니까 육근의 작용 중에 둘을 든 겁니다. 육근을 가지고 육진을 분별하는 것에 대해서 지知 자 하나만 썼지만, 다 통하는 말입니다.

지知를 세운다는 것은 고집해서 분명히 아는 것이다, 그게 착着한다는 말입니다. 육근으로 육진을 반연해서 지견하는 데에 대해서, 즉 지견에 착着하는 그런 생각을 세우면,

卽無明本
즉 무 명 본

곧 무명의 근본이요,

착着하는 것은 무명의 근본이라는 말입니다.

知見無見
지 견 무 견

지견에 견이 없으면,

위에는 지知 자를 쓰고, 아래는 견見 자를 썼는데, 하나씩 들어서 둘을 다 통하게 하는 말입니다.

지견하는 데 견見이 없다는 것은, 본다, 듣는다 등에 착着하지 않는다는 말입니다.

斯卽涅槃 無漏眞淨
사 즉 열 반 무 루 진 정

이는 곧 열반의 무루한 진정이니,

지견知見은 육근의 작용인데 육근의 작용, 즉 근根이라는 것에 집착하면 생사가 되고, 집착하지 않으면 열반이 되는 것이니까 그것이 박縛·탈脫입니다.

육근에 박縛하면 생사요, 육근에서 해탈하면 그게 열반이지 근根 외에 뭐가 있겠느냐. 이 말은 분명히 근 밖에 다른 게 없고, 생사와 열반이 근 때문이라는 이론을 전개하는 아주 좋은 글입니다.

'지견知見에 입지立知하면 즉무명본卽無明本이요, 지견知見에 무견無見이면 사즉열반斯卽涅槃 무루진정無漏眞淨이라', 이 글은 수행하여 맺힌 걸 푸는 데 대단히 중요한 골자 법문입니다.

云何是中 更容他物
운 하 시 중 갱 용 타 물

어찌 이 가운데 다시 타물을 용납하리오.

육근·육진 가운데 다시 다른 물건을 용납하겠느냐, 생사·열반하는 것이 근根 밖에 다른 게 있을 게 있느냐는 말입니다.

생사·열반이 다 근이어서 근에 맺힌 걸 그냥 두면 범부가 되고, 근에 맺힌 걸 풀면 성인이 된다는 얘기니까 지금 박縛하고 탈脫하는 것만이 문제입니다.

爾時世尊 欲重宣此義 而說偈言
이 시 세 존 욕 중 선 차 의 이 설 게 언

이때 세존께서 거듭 이 뜻을 펴시고자 하여 게偈를 설해 말씀하셨다.

게송은 본래 글자를 줄여서 하는 것이어서 산문散文과 같이 쉽지가 않고, 또한 글만 봐서는 분명한 해석이 어렵습니다.

眞性有爲空
진 성 유 위 공

진성에는 유위가 공空하건만,

우리의 본 여래장묘진여성如來藏妙眞如性 자리에는 온갖 유위법이 없다는 말입니다. 어째서 공空했는가?

緣生故如幻
연 생 고 여 환

연緣으로 생하는 고로 환幻과 같으며,

유위법은 인연소생因緣所生이기 때문에 환사幻師가 술법을 의지해서 환幻을 생하는 것과 같아서 실재한 것이 아니다, 그 말입니다.

그래서 진성眞性에는 유위가 공空하다는 것이 유위법은 실재가 아니라는 말인데, 그럼 뭐냐, 인연소생이기 때문에 마치 환幻과 같아서 실재라고 하지 않는다는 말입니다.

無爲無起滅
무 위 무 기 멸

무위는 기멸함이 없어서,

허공이라든지 생멸하지 않는 것은 다 무위입니다.
기멸이 없기 때문에,

不實如空華
불 실 여 공 화

진실하지 못함이 공화와 같으느니라.

유위는 유有를 말하고, 무위는 공空을 말하는 것인데, 진성眞性 자리는 유위도 부인하고, 무위도 부인합니다. 말하자면, 공과 유를 다 부인하는 말입니다.

 이승二乘은 공空에 착着하고, 중생은 유有에 착着하는데, 진성에는 유도 없고, 공도 없으니까 범부나 이승이 착하는 것을 다 부인하는 말입니다.

 '무위無爲는 무기멸無起滅하다'라는 것은, 위의 진성을 표준해 놓고 하는 말입니다. 유위는 공空이고, 무위법은 공화空華와 같아서 실제가 없다는 얘깁니다.

 우리가 볼 때는, 허공의 꽃이 났다가 없어졌다가 하는 것 같지만, 눈이 피로하기 때문에 그런 현상이 있지 실제로 있는 게 아니기 때문에 무기멸이라고 그랬는데, 이건 중요한 것이고, 이 아래로는 위의 것을 해석하는 겁니다.

言妄顯諸眞
언 망 현 저 진

 망妄을 말하여 진眞을 나타낸다면,

 유위·무위는 망법妄法이며, 망법 아닌 것이 진법眞法이라는 말입니다. 저諸 자는 여럿이라는 말이 아니고 나타낸다는 말입니다.

 망妄을 말해서 망 아닌 것이 진眞이라 하면, 이것은 망을 대해서 진을 얘기하는 것이니까 그것도 대대법待對法이지 절대가 아니라는 말입니다.

妄眞同二妄
망 진 동 이 망

 망妄과 진眞이 둘 다 망妄이니,

대대법待對法이니까 망妄을 말하면서 망 아닌 것이 진眞이라고 하면, 진도 상대지진相對之眞이지 절대지진絕對之眞이 못 되니까 망과 진이 둘 다 망이다, 그 말입니다.

이게 게송이 되어서 그냥 봐서는 쉽게 해석이 되지 않습니다.

猶非眞非眞
유 비 진 비 진

오히려 진眞도 아니고, 비진도 아니어서,

맨 위의 비非 자는 진眞과 비진이 다 아니라는 말이고, 아래의 비진은 위의 진眞에 대해서 비진이니까 비진은 진이 아닌 망妄입니다.

우리말로는 '진眞도 아니고 비진도 아니다', 이래야 하겠지만, 한문에서는 비非 자 하나 가지고 둘 다 씁니다.

云何見所見
운 하 견 소 견

어찌하여 견見과 소견이리오.

견見은 능견能見이니까 근根을 가리키는 말이고, 소견은 근의 상대니까 진塵을 가리키는 말입니다. 즉 견은 육근의 작용이고, 진(所見)은 육근의 대상인데, 이건 근과 진을 다 부인하는 말입니다.

그래서 근이나 진이나 식識이 중간에 있다는 것은 식을 의미하는 말인데,

中間無實性
중 간 무 실 성

중간이란 실성이 없나니,

위에서 식성識性이 실다운 게 없다고 했으니까 식성이 없기 때문에,

是故若交蘆
시 고 약 교 로

이런고로 교로와 같으며,

공空과 유有를 다 부인하는 데 갈대로 비유했는데, 갈대가 속으로는 비었으니까 공空한 것 같지만 겉으로는 대가 있으니 공이 아니고, 또 겉껍데기로 봐서는 있는 것 같지만 속이 공空하니 유有가 아니다. 그래서 갈대 하나를 가지고 공과 유를 다 부인하는 것을 비유했다고 얘길 했습니다. 그건 뭐, 굳이 갈대 하나를 공과 유가 다 아니라고 그렇게까지 할 건 없을 것 같습니다.

結解同所因
결 해 동 소 인

결結과 해解가 소인이 같아서,

맺혀서 범부가 된다든지, 풀어서 성인이 된다든지 육근이 결結하고 해解하는 것이 소인(根)이 같다는 얘깁니다.

맺힌 것도 근根이 맺힌 것이고, 푸는 것도 근을 푸는 것이니까 그 소인所因은 육근을 가리키는 말입니다.

소인이 같으니,

聖凡無二路
성 범 무 이 로

성聖과 범凡이 두 길이 없느니라.

근根에 맺힌 것에 착着하면 범부요, 근을 풀면 성인이지 다른 길이 있는 게 아니고, 육근 하나밖에 없다는 얘깁니다.

시방여래가 다 생사도 육근 때문이라고 하고, 열반도 육근 때문이라고 했습니다.

汝觀交中性
여 관 교 중 성

네가 교交 중의 성性을 보라.

교交 자는 교로交蘆라는 말로 식識識을 가리키는 말입니다.

空有二俱非
공 유 이 구 비

공空과 유有가 둘 다 아님이니,

공空이 아니라는 것은 소승이 착着하는 걸 부인하는 말이고, 유有가 아니라는 것은 범부가 착하는 걸 부인하는 말입니다.

이제 그런 근이 어떻게 맺히고 풀리는지에 대해 얘기합니다.

迷晦卽無明
미 회 즉 무 명

미회하면 곧 무명이요,

저 위에서 회매위공晦昧爲空이라고 했습니다.
진성眞性 자리를 미迷해서 어두워지면 곧 무명이 되는 것이고,

發明便解脫
발 명 변 해 탈

발명하면 곧(문득) 해탈이니라.

무명無明에서 명明이 발하게 되면 무명이 없어지고 명이 나타나듯이, 속박과 해탈이 무명과 명의 관계뿐이다, 그 말입니다.

解結因次第
해 결 인 차 제

매듭을 푸는 데는 차제를 인하여서,

이건 해解와 결結이 아니고 매듭을 푼다는 말인데, 우리가 옷을 입을 때

는 속옷부터 입고, 옷을 벗을 때는 겉옷부터 벗듯이 매듭 푸는 것이 차제를 인한다고 하는 것은 하나라도 차례를 바꿀 수가 없다는 말입니다.

六解一亦亡
육 해 일 역 망

육이 풀리면 하나 또한 없나니,

위에서는 한 근근根이 원발圓發하면 육근이 다 해탈한다고 얘길 했지만, 여기에서의 육결六結은 숫자는 같지만 뜻이 다릅니다.

매듭은 하나를 푼다고 해서 여섯이 다 한꺼번에 풀리지 않는다는 얘깁니다. 그래서 육근 가운데 수발일근隨拔一根, 어느 근이든지 마음대로 한 근만 뽑아 버리면, 나머지 근이 다 없어진다고 하는 것과, 이 매듭 푸는 얘기가 숫자로는 육결과 육근이 같아서 혼동해서 보기 쉽지만, 육결은 이 아래의 구절을 봐도, 부처님께서 예를 드시면서 차례대로 한 매듭씩 맺으시지 한꺼번에 맺지도 않으시고, 또 그 매듭을 푸는 것도 한 매듭씩 풀지 한꺼번에 여섯 매듭을 풀지 못한다 하셨으니, 육근과 육결을 같이 보면 안 됩니다.

그런데 예전에 다른 어른들은 별 의심도 없이 육근을 육결로 보고 지나갔는데, 여기의 『정맥소正脈疏』에서는 그렇게 보지 않고, 근 하나에 여섯이 있다고 봤습니다. 가령 관세음보살이 이근원통耳根圓通한 것을 볼 때, 분명히 이근 가운데 여섯 매듭이 있어서 근 하나를 푸는데 첫 매듭부터 풀어 나가며, 나중에 맺은 것은 거친(麁) 것이고, 처음 맺은 것은 세밀한(細) 것이 됩니다. 또 안근이면, 안근 하나에서 여섯 매듭을 다 풀면, 다른 오근이 따라 멸한다는 것이니, 육결과 육근을 같이 보면 안 되며, 이 아래에서 보면 분명히 나타납니다.

그래서 육근의 얘기가 아니고, 육해일망六解一亡, 여섯 매듭이 풀리면 하나라고 하는 것도 없어진다고 하는 얘기인데, 매듭이 있기 때문에 푼다는 말이 있지 매듭을 다 풀어 버린다면 풀렸다는 말이 있을 필요가 없다는 그게 일역망一亦亡입니다.

根選擇圓通
근 선 택 원 통

근根에서 선選하여 원통을 택하면,

육근 가운데서 어느 것이 원통하고 원통하지 않은지 골라낸다는 말입니다. 그냥 보면 '근根에서 원통을 선택한다'라고 이해하기 쉽지만, 육근 가운데서 골라서 어느 것이 원통하고 원통하지 않은지를 가려낸다는 말입니다.

그러니까 근을 골라서(選) 원통한 것을 택해 가지면,

入流成正覺
입 류 성 정 각

유流에 들어 정각을 이루리라.

유流란 성류聖流, 성인의 무리입니다. 즉 육근이 풀리는 때에 성류에 들어가서 정각을 이루게 된다는 말입니다.

육해일망六解一亡, 여섯 매듭이 풀리면 하나도 없어져서 육근이 호용互

用하게 되는 것이니까 호용하게 되면 성류에 든다는 말입니다.

陀那微細識
타 나 미 세 식

타나의 미세한 식識은,

제팔식 가운데 세 가지 이름이 있는데 모든 업業의 종자를 유지해 가지고 있으면서 잃어버리지 않는 것이 아타나식阿陀那識입니다. 그래서 집지식執持識이라고 하는데, 전칠식前七識과 같이 알기 쉬운 게 아니기 때문에 미세식이라고 했습니다.

習氣成暴流
습 기 성 폭 류

습기가 폭류를 이루나니,

습기란 종자種子입니다. 과거에 지은 업의 종자가 아타나식 가운데 들어 있다가 그것이 차차 풀리면서, 물론 금생에 다 받는 것은 아니지만 일부의 업을 받게 되는 것인데, 그 습기(업을 지은 종자)가 성폭류成暴流, 지금 와서 생사를 받는 폭류로 된다는 말입니다. 가령 영화를 예로 들면, 상영될 갖가지의 장면들이 필름 속에 들어 있는 그게 습기이며, 습기로 있다가 언제든지 화면에 비춰 내면, 상영되는 장면이 이 폭류입니다. 그러니까 지금 우리가 생사하면서 좋다, 나쁘다고 분별하는 이게 폭류인데, 이것이 바로 제팔식 가운데 들어 있던 업業 종자가 차차 풀려 나오는 것입니다.

물이 쉬지 않고 콸콸 내려가는 게 폭류인데, 아타나의 미세한 식 자체에 있는 습기가 폭류를 이루게 되는 것이니, 즉 우리의 본 불성佛性 자리에서 근 가운데 맺혀 생사하게 되는 것이니까.

眞非眞恐迷
진 비 진 공 미

진眞과 비진에 미迷할까 두려워하여,

비진은 망妄입니다. 듣는 사람들이 진과 비진에 미할까 두려워서, 즉 잘못 알까 싶어서,

我常不開演
아 상 불 개 연

내가 항상 개연하지 않았노라.

소승에서든지 대승 법상종法相宗에서도, 생사·열반이 다 근근根으로 된다는 것을 말하지 않았다는 얘깁니다. 왜 그런고 하니 육근은 망妄이고, 육근의 성품은 진眞인데, 진과 비진에 미迷할까 봐서 그런 얘길 안 했는데, 지금 여기 와서 그런 얘기를 한다면서 본 종취宗趣를 간략히 밝히고 있습니다.

自心取自心
자 심 취 자 심

자심에서 자심을 취하면,

자심은 여래장묘진여성如來藏妙眞如性을 말하는데, 그 제팔식 가운데는 상분相分과 견분見分이 있습니다.

견見은 능히 보는 육근의 작용이고, 상相은 육진六塵이 생기는 것인데, 상과 견이, 그러니까 육근이라든지 육근이 보는 육진이라든지 산하대지가 다 여래장묘진여성인데, 위의 자심은 진성眞性이고, 거기서 자심을 취한다는 아래의 자심은 육진을 취하려는 마음, 즉 분별을 낸다는 말입니다.

그러니까 다 제 마음에서 나오는 것인데, 그 본 자심에서 (취取 자는) 육근이다, 육진이다 하고 집착한다는 것입니다.

자심에서 자심을 취한다고 하면,

非幻成幻法
비 환 성 환 법

환幻 아닌 것이 환법을 이루느니라.

본래 여래장묘진여성은 환幻이 아닌데, 육근·육진이 환이라는 얘기입니다.

마찬가지의 자심인데, 즉 취하지만 않으면 비환인데, 환 아닌 우리의 본성 자리가 취하기 때문에 육근·육진이 나타나게 되는 것이니,

不取無非幻
불 취 무 비 환

취하지 않으면 비환도 없으리니,

자심自心에서 취하지 않으면, 환幻만 없어지는 게 아니라 비환도 없어진다는 말입니다.

환법幻法이 없는 것은 물론이지만, 비환이라고 할 것까지도 없으니,

非幻尚不生
비 환 상 불 생

비환도 오히려 생하지 않거든,

幻法云何立
환 법 운 하 립

환법이 어찌 이루어지리오.

비환非幻도 성립되지 않는데 환법이 어떻게 성립되겠느냐, 그러니까 맺힌 걸 푸는 본의는(중요한 것은) 취하지 않는 것에 있습니다.

'자심自心에 취자심取自心하면 비환非幻이 성환법成幻法이라'라고 했으니, 우리가 지금 육근을 푸는 방법은 근根과 진塵에 집착하지 않는 것입니다.

취한다는 건 곧 집착한다는 것이니까 취하지 않는 이것이 공부하는 것입니다.

是名妙蓮華 金剛王寶覺
시명묘련화 금강왕보각

이것을 이름하여 묘련화, 금강왕보각이라 하며,

묘련화는 『법화경』을 말하고, 금강왕은 『금강반야경』을 말하며, 보각은 묘련화와 금강왕을 다 통해서 하는 말입니다. 즉 묘련화라고 하기도 하고, 금강왕보각이라 하기도 한다는 말인데, 『능엄경』이 『법화경』의 근본도 되고, 『금강경』의 근본도 된다는 의미입니다.

如幻三摩提
여환삼마제

여환삼마제라 하나니,

삼마제는 삼매인데, 그 삼마제가 환幻과 같다는 말입니다.

왜 환과 같은고 하니, 닦을 게 없이 닦는 것이고, 증證할 게 없이 증하는 것이기 때문에 실재가 아니어서 여환삼마제라고 했습니다.

삼마제라고 하는 것은 닦아서 수행해서 얻는 것인데, 상相에 착착해서 닦는다고 하는 행行을 베풀어 가지고 닦는 게 아니라 닦을 게 없이 닦는 것, 증할 게 없이 증하는 무수지수無修之修, 무증지증無證之證을 말합니다.

닦을 것도 없지만, 그래도 착착하지 않아야 하니까 닦는 일이 없이 닦는 것, 증證하는 것 없이 증하는 것을 삼마제라고 했고, 닦을 게 없이 닦고, 증할 게 없이 증하는 것이기 때문에 실재가 아닌 환幻과 같은 삼마제라고 했습니다.

이것을 가지고 공부하면,

彈指超無學
탄 지 초 무 학

탄지경彈指頃에 무학을 초월하리라.

탄지는 잠깐 동안이라는 말입니다.

유有를 해탈하면, 소승 아라한인 무학까지 오르고, 공空까지 해탈하면 아라한을 초월하게 된다, 공부가 그렇게 쉽게 된다는 말입니다.

此阿毗達磨 十方薄伽梵
차 아 비 달 마 시 방 박 가 범

이 아비달마는 시방의 박가범이,

박가범은 세존이라고 번역되는데, 박가범엔 여섯 가지 뜻이 있습니다. 비구라는 것도 세 가지의 뜻이 있다고 했고, 그 뜻을 다 포함해 번역할 수가 없기 때문에 그냥 두는 것처럼, 박가범도 번역하지 않는데, 부처님을 말합니다.

一路涅槃門
일 로 열 반 문

일로로 열반에 이르는 문이니라.

시방 여래가 열반에 드는 문이 따로 있는 게 아니라 아비달마법阿毗達磨法의 한 길뿐이라는 얘깁니다.

> 於是阿難 及諸大衆 聞佛如來 無上慈誨 祇夜伽陀
> 어 시 아 난 급 제 대 중 문 불 여 래 무 상 자 회 기 야 가 타

이에 아난과 대중들이 불여래의 무상자회이신 기야와 가타가,

  기야는 장행長行으로 얘기한 것을 다시 게송으로 읊은 것이고, 가타는 장행에 없는 것을 게송으로 얘기한 것이니까 기야와 가타가 다 게송입니다. 아마 지금 게송이라고 하는 게偈 자도 가타에서 나온 것이 아닌가 싶습니다.

> 雜糅精瑩
> 잡 유 정 영

잡유하고 정영하여,

  잡유는 한데 섞였다는 말이니까 기야로도 얘기하고 가타로도 얘기했다는 말입니다. 정영은 말씀하신 게송이 정미롭고, 또 환하게 사무쳐 비친다(瑩)는 말로서 이치가 전부 다 드러났다는 말입니다.

> 妙理淸徹
> 묘 리 청 철

묘리가 청철함을 듣잡고,

  저 위에 대중이 들었다고 하는 문聞 자가 여기까지 오는 것입니다.

心目開明 歎未曾有
심목개명 탄미증유

심목이 개명하여 미증유를 탄歎하였다.

심목心目은 마음과 눈이 아니라 밝은 것을 비추어 보는 것이니까 마음눈을 말합니다.

阿難合掌 頂禮白佛
아난합장 정례백불

아난이 합장하고 정례하며 부처님께 아뢰었다.

我今聞佛無遮大悲 性淨妙常 眞實法句
아금문불무차대비 성정묘상 진실법구

제가 지금 부처님의 무차대비(로 말씀하신)이신 성性이 정묘상한 진실법구를 들었사오나,

어디까지는 하고, 어디까지는 안 한다는 게 차遮인데 그런 게 없다는 것이 무차입니다. 어떤 사람이든지 다 와서 듣고, 무슨 법문이든지를 다 포함해서 무차라고 했습니다.

법구法句란 게송을 가리키는 말입니다.

心猶未達 六解一亡 舒結倫次
심 유 미 달 육 해 일 망 서 결 륜 차

마음에 아직도 육해일망의 서결륜차를 달達하지 못하나이다.

여기까지 오면서 인연이다, 자연이다 하는 것에 대한 의심은 아마 없어진 모양이고, 육해일망, 어떻게 풀어야 하는지를 지금 묻고 있습니다. 그러니까 여섯이 풀리면 하나까지 없어진다는 그것 하나와, 매듭 푸는 차례, 즉 서결륜차의 두 가지를 알지 못한다는 말입니다.

惟垂大慈 再愍斯會及與將來 施以法音 洗滌沈垢
유 수 대 자 재 민 사 회 급 여 장 래 시 이 법 음 세 척 침 구

바라건대 대비를 드리우사 이 회중과 장래의 대중들을 다시 애민히 하사 법음을 베풀어 침구를 세척하소서.

침구란 물속에 빠져 있는 때니까 미세한 진구塵垢라는 말입니다.

卽時如來 於師子座 整涅槃僧 斂僧伽梨
즉 시 여 래 어 사 자 좌 정 열 반 승 염 승 가 리

그때 여래께서 사자좌에서 열반승을 정整하시며, 승가리를 거두시고,

오랫동안 법문을 하시다 보니, 옷이 흩어져서 다시 정리하고 정돈하는 얘깁니다. 열반승은 속옷이고, 승가리는 구조九條 이상의 대가사大袈裟를

말합니다.

> 覽七寶机 引手於机 取劫波羅天 所奉華巾
> 남 칠 보 궤 인 수 어 궤 취 겁 바 라 천 소 봉 화 건

칠보궤를 끌어당기어 손으로 궤상机上에 있는 겁바라천이 바친 화건華巾을 드시고,

부처님 곁에 칠보로 만든 궤机가 있던 모양인데, 몸을 기대기도 하고, 책 같은 것을 올려놓고 볼 수 있는 것을 말합니다.

겁바라란 시간을 말하는 것으로, 야마천夜摩天을 가리키는 말입니다.

첩화건疊華巾이란 야마천왕이 갖다 바친 값이 한정 없는 좋은 비단이라고 하며, 길이가 긴 수건이 되어서 매듭을 맺을 수 있는 걸 가리킵니다.

> 於大衆前 綰成一結
> 어 대 중 전 관 성 일 결

대중 앞에서 일결을 맺어 이루사,

긴 수건을 구부려서 두 갈래를 가지고 맺는 것을 말합니다.

구부려 가지고 맺었기 때문에 먼저 맺은 매듭부터 풀 수가 없고, 나중에 맺은 것부터 풀게끔 맺는 그것을 말합니다.

> 示阿難言 此名何等
> 시 아 난 언 차 명 하 등

아난에게 보여 말씀하시되, 이 이름이 무엇인고?

阿難大衆 俱白佛言 此名爲結
아난대중 구백불언 차명위결

아난과 대중이 다 함께 아뢰어 말하되, 이 이름이 매듭입니다.

於是如來 綰疊華巾 又成一結
어시여래 관첩화건 우성일결

이에 여래께서 첩화건疊華巾을 맺어 또 한 매듭을 이루시고,

첩화건이 범어인지 아닌지는 출처가 없는데, 어쨌든 인도에 있는 좋은 비단입니다.

重問阿難 此名何等
중문아난 차명하등

거듭 아난에게 물으시되, 이 명名이 무엇인고?

阿難大衆 又白佛言 此亦名結
아난대중 우백불언 차역명결

아난과 대중이 또 부처님께 아뢰어 말하되, 이것 또한 명名이 결結

입니다.

> 如是倫次 綰疊華巾 總成六結
> 여시윤차 관첩화건 총성육결

이와 같이 윤차로 첩화건을 맺어 총히 여섯 매듭을 이루시고,

> 一一結成 皆取手中 所成之結
> 일일결성 개취수중 소성지결

한 매듭, 한 매듭을 결성하고는 이룬바 매듭을 손에 취하여,

> 持問阿難 此名何等
> 지문아난 차명하등

아난에게 물으시되, 이 명名이 무엇인고?

> 阿難大衆 亦復如是 次第酬佛 此名爲結
> 아난대중 역부여시 차제수불 차명위결

아난과 대중이 또한 다시 이와 같이 차제로 부처님께 대답하되, 이 명名도 결結이옵니다.

분명히 한 매듭, 한 매듭 맺어 가는 것이기 때문에 육결六結을 육근에

대면 안 되겠다는 얘깁니다. 즉 근根이 한꺼번에 생기지 안근이 먼저 생긴 후에 이근耳根이 생긴다든지 하는 것이 아니기 때문에 육결에 대하면 안 된다는 말입니다.

그러니까 육근 가운데 어느 근이든지 하나가 여섯 번으로 맺혔다는 얘깁니다.

佛告阿難 我初綰巾 汝名爲結
불 고 아 난 아 초 관 건 여 명 위 결

부처님께서 아난에게 말씀하사대, 내가 처음 건巾 맺은 것을 네가 이름을 결結이라 하니,

此疊華巾 先實一條
차 첩 화 건 선 실 일 조

이 첩화건은 먼저는 실로 1조一條건만,

수건이 1조이니까 매듭이 하나이어야 할 텐데, 그 말입니다.

第二第三 云何汝曹 復名爲結
제 이 제 삼 운 하 여 조 부 명 위 결

어찌하여 너희들이 제이, 제삼을 다시 결結이라 명名하느냐?

수건은 하나인데, 여섯 매듭까지 얘기를 하느냐, 그 말입니다.

> 阿難白佛言 世尊 此寶疊華 緝績成巾 雖本一體
> 아 난 백 불 언 세 존 차 보 첩 화 집 적 성 건 수 본 일 체

아난이 백불언하되, 세존이시여, 이 보첩화를 집적하여 건巾을 이루었으니, 비록 본래 체는 하나이나,

집緝은 실오라기의 이것과 저것을 한데 잇는 것이고, 그걸 길쌈해서 짜는 것을 적績이라고 하는데, 첩화라는 원료의 실을 가지고 짜서 수건을 만들었다는 얘깁니다.

> 如我思惟 如來一綰 得一結名 若百綰成 終名百結
> 여 아 사 유 여 래 일 관 득 일 결 명 약 백 관 성 종 명 백 결

제가 사유하건댄, 여래께서 한 번 맺으시면 일결의 명名을 얻고, 만약 백 번 맺으면 마침내 이름을 백결百結이라 하오니,

매듭 맺은 대로 이름이 달라진다는 말입니다.

> 何況此巾 秪有六結 終不至七 亦不停五
> 하 황 차 건 지 유 육 결 종 부 지 칠 역 부 정 오

하물며 이 건巾이 다만 육결이어서 마침내 일곱에는 이르지 못하였고, 또한 다섯에 머무르지 아니했거늘,

칠七도 아니고 오五도 아니고, 그 말입니다.

云何如來 秪許初時 第二第三 不名爲結
운 하 여 래 지 허 초 시 제 이 제 삼 불 명 위 결

어찌하여 여래께서 다만 초시(첫 매듭)만 허락하시고, 제이, 제삼은 이름을 결結이라 하지 않으시나이까?

수건의 여섯 매듭 중에 왜 하나만 옳지, 둘 셋은 틀리다 하십니까, 그 말입니다.

佛告阿難 此寶華巾 汝知此巾 元止一條
불 고 아 난 차 보 화 건 여 지 차 건 원 지 일 조

부처님께서 아난에게 고하셨다.
네가 이 보화건이 원래 다만 1조인 줄 알건만,

수건은 하나뿐입니다.

我六綰時 名有六結
아 육 관 시 명 유 육 결

내가 여섯 번 결結한 때의 이름을 육결이라 하니,

汝審觀察 巾體是同
여 심 관 찰 건 체 시 동

네가 자세히 관찰하라. 건巾의 체는 같으나,

因結有異
인 결 유 이

맺음을 인하여 다름이 있으니,

수건의 당체는 하나인데 맺었기 때문에 둘째 매듭이니, 셋째 매듭이니까 다르다. 그 말입니다.

於意云何 初綰結成 名爲第一
어 의 운 하 초 관 결 성 명 위 제 일

뜻이 어떠한고? 처음 맺어 결성함을 제일이라 명하고,

如是乃至 第六結生
여 시 내 지 제 육 결 생

이와 같이 제육결을 생함에 이르렀으니,

吾今欲將 第六結名 成第一不
오 금 욕 장 제 육 결 명 성 제 일 부

내가 이제 제육결의 명名을 가져서 제일이라 함을 이루겠는가, 말겠는가?

여섯째 매듭을 첫 매듭이라고 이루고자(欲) 하면 되겠느냐, 말겠느냐. 즉 여섯째 매듭을 가지고 첫 매듭이라고 할 수가 있느냐, 이런 말입니다.

부不 자는 되겠느냐, 말겠느냐는 말입니다.

아난의 대답이,

> 不也世尊 六結若存 斯第六名 終非第一
> 불 야 세 존 육 결 약 존 사 제 육 명 종 비 제 일

그렇지 않습니다, 세존이시여. 육결이 만약 존存하면 이 제육의 명名을 마침내 제일이라 할 수 없나이다.

여섯째까지의 매듭이 분명히 차례가 있어서 여섯째 매듭이 첫째 매듭이 될 수가 없으니,

> 縱我歷生 盡其明辯
> 종 아 역 생 진 기 명 변

내가 생생生生 지남을 좇아 그 명변을 다하여도,

한 번만이 아니라 오랜 시간을 지나면서 수단껏 여러 가지로 변명한다 하더라도,

> 如何令是六結亂名
> 여 하 영 시 육 결 란 명

어찌 이 여섯 매듭으로 하여금 어지러이 이름하게 하리오.

첫 매듭부터 여섯 매듭까지 분명히 차례가 있지, 그것을 조금도 바꿀 수가 없다는 말입니다.

> 佛言 六結不同 循顧本因
> 불언 육결부동 순고본인

부처님께서 말씀하셨다.
육결이 같지 아니하나 본인을 순고할진댄,

순고란 돌아본다는 말입니다.

> 一巾所造 令其雜亂 終不得成
> 일건소조 영기잡란 종부득성

1건一巾으로 지은 바이어서 그로 하여금 잡란하게 함을 마침내 득성得成하지 못하니,

차례차례 있으니 어쩔 수 없다는 말입니다.

> 則汝六根 亦復如是 畢竟同中 生畢竟異
> 즉여육근 역부여시 필경동중 생필경이

너의 육근도 다시 이와 같아서 필경 같은 중에 필경 다른 것을 생하느라.

육근을 다 가리키는 것이 아니라 낱낱 근을 다 가리키는 말입니다. 본래 여래장묘진여성如來藏妙眞如性은 같은데, 육근이 제각기 달라진 것이, 마치 수건 하나 가지고 여섯 번의 매듭을 맺은 것과 같다는 말입니다.

佛告阿難 汝必嫌此 六結不成
불 고 아 난 여 필 혐 차 육 결 불 성

부처님께서 아난에게 말씀하셨다.
네가 반드시 육결로는 이루어지지 않음을 혐오하여,

이 글이 좀 이상한데, '여러 가지의 매듭이 하나 되지 못한 것을 혐오해야' 이렇게 봐야 합니다. 즉 '여섯 매듭이 따로따로 생긴 것을 혐오하여(싫어하여)'라는 의미로 봐야 합니다. 원글로 보자면 '네가 반드시 여섯 매듭이 이루어지지 않기를 혐오해야' 이렇게 해야겠지만, 그렇게 되면 글이 부족하게 된다는 얘깁니다.

여섯 매듭이 이루어지지 않는다는 것은, 여섯 매듭이 따로따로 되질 않고, 하나 되기를 원한다는 이런 의미인데, 문리文理로는 그렇게 하는 게 맞지만 뜻으로는 잘 안 맞습니다. 그래서 이것을 그렇게 새긴 일도 있다는 것을 말씀드립니다.

願樂一成 復云何得
원 요 일 성 부 운 하 득

일성하기를 원요할진댄 다시 어찌하여야 득得하리오.

득得 자는 어떻게 하면 될 수 있겠느냐는 말입니다.

> 阿難言 此結若存 是非鋒起
> 아 난 언 차 결 약 존 시 비 봉 기

아난이 말하였다.
이 결結이 만약 있을진댄 시비가 봉기하여,

이 매듭이 만약 따로따로 있다면, 시비가 일어난다는 말입니다.

봉기란 전쟁 때 제각기 칼을 들고 나와 싸운다는 뜻으로, 예전부터 칼날 봉鋒 자를 씁니다. 즉 서로 시비하여 다투는 것을 말하는데, 벌 봉蜂 자를 쓸 것 같지만, 칼날 봉鋒 자를 써서 시비봉기라고 했습니다.

> 於中自生 此結非彼 彼結非此
> 어 중 자 생 차 결 비 피 피 결 비 차

그중에서 자연히 이 매듭은 저가 아니요, 저 매듭은 이가 아니라는 시비가 생하리니,

이런 이론이 생기게 됩니다.
이 매듭을 그냥 두고는 여섯 매듭을 한데 섞을 수가 없으니,

> 如來今日 若總解除 結若不生 則無彼此
> 여 래 금 일 약 총 해 제 결 약 불 생 즉 무 피 차

여래께서 금일에 만일 해제解除하여 매듭이 생하지 않게 하오면, 피차가 없어서,

> 尚不名一 六云何成
> 상 불 명 일 육 운 하 성

오히려 하나라고 이름할 것도 없거늘, 여섯을 어찌 이루리오.

이 매듭 저 매듭을 다 풀어 놓으면, 즉 여섯 매듭을 다 풀어 놓으면 수건은 하나뿐이라는 말입니다. 그러니까 여섯에 대해서 하나라는 말을 하지, 여섯이 다 없어졌는데 하나라고 할 건 뭐 있느냐는 말입니다.

> 佛言 六解一亡 亦復如是
> 불 언 육 해 일 망 역 부 여 시

부처님께서 말씀하셨다.
육六이 해解하면 하나까지 없어진다는 것도 다시 이와 같으니라.

여섯 매듭은 제각기이니까 그것을 아집我執이라고 한다면 하나가 없어지는 것은 법집法執이라고 할 수 있지만, 여섯을 의지해서 하나가 있지 여섯이 없으면 하나라고 하는 것도 없다. 그래서 육해일망이라고 한다는 것을 대답했고, 이제 서결륜차舒結倫次, 매듭 푸는 차례를 말하는 것입니다.

> 由汝無始 心性狂亂
> 유 여 무 시 심 성 광 란

네가 무시로 심성이 광란함을 말미암아,

마음은 즉 성품입니다.

知見妄發
지 견 망 발

지견이 허망하게 발發하고,

지견은 육근의 작용입니다. 뜻으로 아는 게 지知이고, 눈으로 보는 게 견見이니까 지견이란 육근의 작용입니다.

육근부터가 허망한 것이니까 이것이 허망하게 생기고,

發妄不息
발 망 불 식

허망함을 발發하기를 쉬지 아니할새,

위의 망발妄發을 다시 발發하는 게 발망發妄입니다.

勞見發塵
노 견 발 진

견見을 피로하게 하여 진塵을 발發하나니,

지견知見 가운데 견見 하나만 들었지만, 육근의 작용을 다 말한 것입니다. 그 견을 수고롭게 해 가지고, 티끌(煩惱)을 발發하게 되었다. 즉 육근이 처음 생기던 얘기입니다.

그것이 마치,

如勞目睛 則有狂華 於湛精明 無因亂起
여 로 목 정 즉 유 광 화 어 담 정 명 무 인 란 기

마치 목정을 피로하게 하면 광화가 담湛하고 정명한 데서 까닭 없이 난기함과 같나니,

눈이 피로해져서 본성인 여래장묘진여성如來藏妙眞如性에서 육근이 생기게 되었다는 얘깁니다.

여기까지는 중생 경계가 생긴 얘기고, 이제 무정이 생기는 얘기를 합니다.

一切世間 山河大地 生死涅槃
일 체 세 간 산 하 대 지 생 사 열 반

일체 세간의 산하대지와 생사·열반이,

생사·열반은 유정을 가리키는 말이고, 산하대지는 무정을 가리키는 말입니다.

皆卽狂勞 顚倒華相
개 즉 광 로 전 도 화 상

다 광로하여 생기는 전도한 화상이니라.

화華 자는 허공화虛空華라는 의미이겠고, 그것이 다 까닭 없이 본성 자리에서 생긴 것이라는 말입니다.

阿難言 此勞同結
아 난 언 차 로 동 결

아난이 말하였다.
이 피로함이 매듭과 같을진댄,

피로해져 가지고 진塵을 이루었다고 했으니까 이 피로한 것이(狂勞顚倒華相) 매듭 맺히는 것과 같다고 하면,

云何解除
운 하 해 제

어떻게 해제하오리까?

어떻게 풀어야 하는지의 서결륜차舒結倫次를 묻는 겁니다.

如來以手 將所結巾
여 래 이 수 장 소 결 건

여래께서 손으로 맺은 바의 건巾을 가지시고,

> 偏掣其左 問阿難言 如是解不
> 편체기좌 문아난언 여시해부

치우쳐 왼쪽으로 당기면서 아난에게 물어 말씀하시되, 이와 같이 푸느냐, 그렇지 않느냐?

왼쪽으로만 손을 대고, 이렇게 풀 수가 있느냐고 묻는 겁니다.

> 不也世尊
> 불야 세존

그렇지 않습니다, 세존이시여.

> 旋復以手 偏牽右邊 又問阿難 如是解不
> 선부이수 편견우변 우문아난 여시해부

다시 손을 치우쳐 우변으로 당기면서 또 아난에게 물으시되, 이와 같이 하면 풀겠느냐, 그렇지 않겠느냐?

> 不也 世尊
> 불야 세존

그렇지 않습니다, 세존이시여.

佛告阿難 吾今以手 左右各牽 竟不能解
불 고 아 난 오 금 이 수 좌 우 각 견 경 불 능 해

부처님께서 아난에게 말씀하셨다.

내가 지금 손으로써 좌우로 각기 당기어도 끝내 능히 풀지 못하였으니,

汝設方便 云何成解
여 설 방 편 운 하 성 해

네가 방편을 시설하라. 어찌하여야 풀어짐을 이루겠는가?

방方은 방법이라는 말이고, 편便은 편리하다는 말입니다.

阿難白佛言 世尊 當於結心 解卽分散
아 난 백 불 언 세 존 당 어 결 심 해 즉 분 산

아난이 백불언하되, 세존이시여, 결심(맺을 복판) 당하여 풀즉, 분산하겠나이다.

맺은 복판에서 풀어야 한다는 말입니다.

佛告阿難 如是如是
불 고 아 난 여 시 여 시

부처님께서 아난에게 고하시되, 그러하니라.

> 若欲除結 當於結心
> 약 욕 제 결 당 어 결 심

만약 맺힌 것을 제하고자 할진댄, 결심(複瓣)에서 풀어야 하느니라.

> 阿難 我說佛法 從因緣生 非取世間 和合麁相
> 아 난 아 설 불 법 종 인 연 생 비 취 세 간 화 합 추 상

아난아, 내가 말하되, 불법이 인연을 좇아 생한다고 한 것은, 세간의 화합추상을 취함은 아니니라.

알기 쉬운 거친 모양(麁)을 가리키는 말이 아니고, 세細한 것을 가리키는 말입니다.

> 如來發明 世出世法 知其本因 隨所緣出
> 여 래 발 명 세 출 세 법 지 기 본 인 수 소 연 출

여래는 세간법과 출세간법을 발명하여 그 본인이 연한 바를 따라서 생기는 줄을 알며,

온갖 세世, 출세법出世法(染, 淨)이 연緣으로 좇아 나는 그 근본 원인을 부처님께서는 다 아신다, 그 말입니다.

```
如是乃至 恒沙界外 一滴之雨 亦知頭數
여시내지 항사계외 일적지우 역지두수
```

이와 같이 내지 항사계 외의 한 방울의 비까지도 그 두수를 알고,

비가 오면, 수천만 방울이 내리게 되는데, 한 방울의 조그마한 것까지도, 그렇게 복잡한 것도 다 안다는 말입니다.

```
現前種種 松直棘曲 鵠白烏玄 皆了元由
현전종종 송직극곡 곡백오현 개료원유
```

현전한 종종의 솔은 곧고, 대추나무는 굽고, 곡鵠은 희고, 오烏는 검고 하는 것의 그 원유를 다 아느니라.

극棘 자는 산에 있는 대추나무인데, 가시가 있고 구부러진 것을 말합니다. 세간 온갖 것의 원인을 다 안다는 말입니다.

```
是故阿難 隨汝心中 選擇六根
시고아난 수여심중 선택육근
```

이런고로 아난아, 네 심중을 따라 육근에서 선택하라.

육근 가운데 가장 중요한 것을 가려서,

```
根結若除 塵相自滅
근결약제 진상자멸
```

근根의 매듭을 만약 제하면, 진상이 스스로 멸하리니,

명암이 있기 때문에 안근이 생기고, 동정이 있기 때문에 이근이 생기듯이 근根이 진塵을 의지해서 생긴 것이니까 만일 근에 맺힌 것이 제해지면, 즉 육근이 제해지면 육진도 없어진다는 말입니다.

諸妄銷亡
제 망 소 망

모든 망妄이 소망하면,

근根과 진塵이 다 망妄입니다.

不眞何待
부 진 하 대

진眞 아니고 무엇을 대待하겠는가?

그때는 진眞이 아니고 무엇이겠느냐. 망妄이 없어지면, 다 진眞이라는 말입니다.

阿難 吾今問汝 此劫波羅巾 六結現前
아 난 오 금 문 여 차 겁 바 라 건 육 결 현 전

아난아, 내가 지금 네게 묻노라. 이 겁바라건의 육결이 현전하였으니,

> **同時解縈 得同除不**
> 동 시 해 영 득 동 제 부

동시에 얽힌 것을 풀어서 한꺼번에 제함을 얻겠느냐, 그렇지 않겠느냐?

얽힌 것을 풀어서 한꺼번에 여섯 매듭을 제할 수 있느냐, 마느냐, 이런 말입니다.

> **不也世尊 是結本以次第綰生**
> 불 야 세 존 시 결 본 이 차 제 관 생

그렇지 않습니다, 세존이시여. 이 매듭이 본래 차제로 맺음을 생했으니,

> **今日當須 次第而解**
> 금 일 당 수 차 제 이 해

금일에 마땅히 모름지기 차제로 풀어야 하나이다.

한꺼번에 못 푼다는 얘깁니다.

> **六結同體**
> 육 결 동 체

육결이 체는 같으나,

수건이 같으니까 체는 같지만,

結不同時 則結解時 云何同除
결 부 동 시   즉 결 해 시   운 하 동 제

맺은 때가 같지 않거늘, 결結을 푸는 때에는 어떻게 한꺼번에 제하리까?

맺기를 차례차례 맺었기 때문에 풀 때에도 차례차례 풀어야 한다는 말입니다.

佛言 六根解除 亦復如是
불 언   육 근 해 제   역 부 여 시

부처님께서 말씀하셨다.
육근을 해제함도 다시 이와 같으니라.

육근을 낱낱이 차례로 닦는다는 말이 아니라 육근 가운데 어느 근이든지 근 하나에 여섯 매듭이 있다는 것입니다.

이것은 저 아래 관세음보살의 이근원통耳根圓通에 가면 차례차례로 되어 있습니다.

예전에 계환사戒環師라든지, 몇몇 어른들은 육결六結을 육근에다 댔지 근 하나에 여섯이 있다는 얘기를 별로 안 했는데, 『정맥소正脈疏』에서 그것을 분명하게 얘기했습니다.

此根初解 先得人空
차 근 초 해 선 득 인 공

이 근이 초해하면 먼저 인공을 얻고,

근은 육근을 가리키는 것이 아니라 그 가운데 하나를 잡고 하는 말입니다.

인공人空은 아공我空입니다. 이것은 저 아래 관세음보살이 이근원통耳根圓通한 것을 보면, 처음에 맺을 때는 첫째, 둘째, 셋째 매듭을 맺고, 넷째, 다섯째, 여섯째 매듭을 맺었는데, 풀 때에는 여섯째 매듭부터 다섯째, 넷째의 차례로 푼다는 것입니다. 그 추麤한 세 매듭을 풀면 인공을 얻게 된다고 하는데, 여기에서는 초해初解라고만 했는데, 그 초해라는 것이 여섯째, 다섯째, 넷째의 세 매듭 푸는 것이라는 말입니다.

空性圓明
공 성 원 명

공성이 원명하면,

인공人空을 얻은 공空한 성품이 원명해지면,

成法解脫
성 법 해 탈

법해탈을 이루며,

법해탈은 법공法空이라는 말입니다.

인공을 얻고, 법공을 얻는다는 것은, 셋째, 둘째 매듭까지를 풀면, 법해탈을 얻는다는 것입니다.

解脫法已
해 탈 법 이

법을 해탈해 마치면,

그러니까 둘째 매듭까지 풀리면, 그 말입니다.

俱空不生
구 공 불 생

구공도 생하지 않는지라,

아공我空 · 법공法空 · 구공俱空의 셋인데, 구공불생하는 데는 첫째 매듭까지 다 푸는 것입니다.

是名菩薩 從三摩地 得無生忍
시 명 보 살 종 삼 마 지 득 무 생 인

이것을 이름하여 보살이 삼마지로 좇아 무생인을 얻었다 하느니라.

여기까지 가면 여섯 매듭을 다 풀어 버리는 것입니다.

3. 원통圓通을 얻다

1) 육진원통六塵圓通

> 阿難及諸大衆 蒙佛開示 慧覺圓通
> 아 난 급 제 대 중 몽 불 개 시 혜 각 원 통

아난 및 대중이 부처님의 개시함을 입고 혜각이 원통하여,

부처님의 육해일망六解一亡하는 말씀을 듣고 혜혜慧가 생겨서,

> 得無疑惑 一時合掌 頂禮雙足 而白佛言
> 득 무 의 혹 일 시 합 장 정 례 쌍 족 이 백 불 언

의혹이 없음을 득得하여는 일시에 합장하여 쌍족에 정례하고 부처님께 아뢰었다.

> 我等今日 身心皎然
> 아 등 금 일 신 심 교 연

아我 등이 금일에 신심身心이 교연하여,

교皎 자는 밝을 교 자입니다.

快得無礙
쾌 득 무 애

쾌히 무애를 득했나이다.

육해일망六解一亡, 여섯 매듭을 풀면 하나까지 없어진다는 것을 알았다는 말입니다.

雖復悟知 一六亡義
수 부 오 지 일 육 망 의

비록 다시 일과 육이 소망銷亡하는 뜻을 오지하였사오나,

일육망의는 육해일망六解一亡, 여섯이 풀리면 하나까지 없어진다는 말입니다.

然猶未達圓通本根
연 유 미 달 원 통 본 근

그러나 아직도 원통한 본근을 달하지 못하나이다.

위에서 원통근圓通根을 택하면, 불원통不圓通 가지고 공부하는 것보다 일겁상배日劫相倍라고 그랬습니다. 하루와 한 겁이 서로 배倍하듯이 원통근이 쉽다고 했으니, 어떤 것이 원통본근인지를 알아야겠다는 말입니다.

육해일망은 알았는데, 육근 가운데서 어느 근을 가지고 공부해야 하는지 이걸 모르고 있다는 얘깁니다.

世尊我輩飄零
세 존 아 배 표 령

세존이시여, 저희 무리가 표령하여,

표飄 자는 낙엽이 떨어지면 바람에 부대껴 얼마든지 가는 것을 말하고, 령零 자는 떨어져서 조금도 의지할 데가 없는 것을 말합니다. 즉 오랫동안 무명 속에서 생사했다는 말입니다.

積劫孤露
적 겁 고 로

적겁을 고로하다가,

고孤 자는 외롭게 혼자라는 말이고, 로露 자는 의지할 데 없이 다 드러났다는 말입니다.

이렇게 오랫동안 중생 노릇을 하다가,

何心何慮
하 심 하 려

무슨 마음, 무슨 생각으로,

다행히 부처님을 만나서 불법을 듣게 되었다는 말입니다.

預佛天倫
예 불 천 륜

부처님의 천륜에 참예參預하였으니,

천륜은 사촌四寸입니다.
부처님의 천륜에 참예해서 불법을 듣게 되었으니,

如失乳兒 忽遇慈母
여 실 유 아 홀 우 자 모

마치 젖을 잃은 아이가 홀연히 자모를 만난 것과 같나이다.

부처님을 만난 것은 자모를 만난 것이고, 적겁積劫에 표령飄零하던 것은 젖을 잃은 것입니다.

若復因此際會道成
약 부 인 차 제 회 도 성

만약 다시 이 제회를 인하여 도道를 이루면,

제회란 기회機會라는 말입니다.

所得密言 還同本悟
소 득 밀 언 환 동 본 오

얻은바 밀언이 도리어 본래 깨달음과 같거니와,

부처님의 설법, 비밀한 말씀을 밀언이라고 했습니다.
지금 도道를 깨달으면 본래 깨달은 여래장묘진여성如來藏妙眞如性임을 알겠지만, 그러나,

則與未聞 無有差別
즉 여 미 문 무 유 차 별

듣지 못함으로 더불어 차별이 없나이다.

도道를 깨달으면, 부처님께 얻은 밀언密言이 본오本悟와 같을 텐데, 그렇지 못하고 아직 듣지 못한 것으로 더불어, 또 들었다고 해도 아무 효력이 없다는 것입니다. 그렇게 조금도 차별이 없으니, 어떻게 해야 깨닫게 되겠느냐는 얘깁니다.

唯垂大悲 惠我秘嚴
유 수 대 비 혜 아 비 엄

바라건대 대비를 드리워 우리에게 비엄함을 혜惠하시어,

혜惠 자는 은혜롭게 법문을 일러 달라는 말입니다.

成就如來 最後開示
성 취 여 래 최 후 개 시

여래의 최후 개시를 성취하소서.

> **作是語已 五體投地 退藏密機**
> 작 시 어 이 오 체 투 지 퇴 장 밀 기

이 말을 지어 마치고 오체투지하여 물러 밀기를 장藏하고, 부처님께서 비엄秘嚴한 법문하시기를 기다리는 겁니다.

> **冀佛冥授**
> 기 불 명 수

부처님의 그윽한 가르침을 바랐다.

부처님께서 현저하게 나타내시는 게 아니라 명명冥冥하게 일러 주시기를 바란다는 말입니다.

명수라는 것은, 부처님께서 직접 원통본근圓通本根을 말씀하신 게 아니고, 제자들에게 각기 처음 도道를 이룰 때 무엇을 가지고 공부했는지를 물어서 그 이십오二十五 성인이 이십오원통二十五圓通을 말한 것, 즉 부처님께서 말씀하신 게 아니고, 제자들이 얘기한 것을 간접으로 명수라 한다고 얘기합니다.

> **爾時世尊 普告衆中 諸大菩薩 及諸漏盡大阿羅漢**
> 이 시 세 존 보 고 중 중 제 대 보 살 급 제 누 진 대 아 라 한

이때 세존께서 대중 중의 대보살들과 누漏가 다한 대아라한들에게

고하시되,

    대아라한은 보살과 성문을 한데 얘기한 것입니다.

> 汝等菩薩 及阿羅漢 生我法中 得成無學
> 여등보살 급아라한 생아법중 득성무학

    너희 등 보살과 아라한들이 나의 법 중에 나서 무학을 이루었으니,

    소승에는 아라한이 되면 무학이라고 하지만, 대승 보살은 무생법인無生法忍을 얻어서 지상地上에 올라 십지十地가 되어야 무학이라는 말을 하게 됩니다. 여기에서의 무학은 대승·소승을 다 통해서 하는 말입니다.

> 吾今問汝
> 오금문여

    내가 지금 네게 묻노라.

> 最初發心 悟十八界
> 최초발심 오십팔계

    최초에 발심하여 십팔계를 깨달았으니,

> 誰爲圓通 從何方便 入三摩地
> 수위원통 종하방편 입삼마지

어느 것이 원통하며, 무슨 방편을 좇아 삼마지에 들었는가?

삼마지는 정혜定慧가 현전하는 것을 말합니다. 여기는 육근·육진六塵·육식의 십팔계만을 얘기했지만, 칠대七大와 함께 이십오가 됩니다.

위에서 생멸거래生滅去來가 없다는 것을 얘기할 때에 했던 십팔계와 칠대 등이 지금 또다시 나옵니다.

憍陳那五比丘 卽從座起 頂禮佛足 而白佛言
교 진 나 오 비 구 즉 종 좌 기 정 례 불 족 이 백 불 언

교진나 오五 비구가 자리를 좇아 일어나 불족에 정례하고 부처님께 아뢰어 말하였다.

我在鹿苑 及於雞園
아 재 녹 원 급 어 계 원

제가 녹원과 계원에 있을 적에,

녹원은 다 알다시피 다섯 비구에게 설법하던 곳이고, 계원은 아마 예전 임금들이 닭을 기르던 곳인 모양입니다. 사슴 기르던 곳을 녹원이라고 하고, 닭 기르던 곳을 계원이라 하는데, 그곳이 부처님께서 처음에 설법하신 곳인 모양입니다.

觀見如來 最初成道
관 견 여 래 최 초 성 도

여래의 최초에 성도하심을 뵈옵고,

부처님께서 성도하시어 곧 다섯 비구에게 설법하신 겁니다.

於佛音聲 悟明四諦
어 불 음 성 오 명 사 제

부처님의 음성에서 사제를 오명하였사오며,

음성으로 깨달아 알았다는 얘기니까 육진六塵 중에 성진聲塵이 먼저 나옵니다. 색·성·향·미·촉·법이라고 하면, 색진이 먼저 나와야 할 텐데, 성진을 먼저 얘기했습니다.

다섯 비구 가운데 교진나가 처음으로 득도한 사람이니까 먼저 나온 것도 있고, 또 이십오원통 가운데 관세음보살의 이근원통耳根圓通이 가장 좋다고 했으니까, 이근원통에 대한 것은 성진聲塵이니까 성진을 먼저 얘기한 겁니다. 맨 나중에 가서는 관세음보살의 이근원통을 얘기하려니까 맨 처음에 성진을 얘기하기도 했습니다.

佛問比丘 我初稱解
불 문 비 구 아 초 칭 해

부처님께서 비구에게 물으시매 제가 처음으로 해解(알았다)라고 칭했나이다.

사제법문四諦法門을 설하시고는 뭘 알았느냐고 물으셨을 테고, 안 바를 얘기했다는 말입니다.

如來印我 名阿若多
여 래 인 아 명 아 야 다

여래께서 저를 인가印可하사 아야다라 하시매,

아야다는 해解, 깨달았다, 즉 부처님의 음성에서 사제를 깨달았다는 말입니다.

그때에,

妙音密圓
묘 음 밀 원

묘음이 밀원하며,

부처님의 음성에서 사제四諦를 깨달았다고 하는 건 성진聲塵, 즉 모양을 가리키는 말이지만, 여기에서 묘음이 밀원하다고 하는 것은 성진으로부터 본래 본성 자리인, 여래장성如來藏性인 음성이 생기는 원인을 깨달아 알았다는 말입니다. 즉 그 성품을 깨달아 알았다는 말입니다.

我於音聲 得阿羅漢
아 어 음 성 득 아 라 한

저는 음성으로 아라한을 얻었습니다.

> 佛問圓通 如我所證 音聲爲上
> 불 문 원 통 여 아 소 증 음 성 위 상

부처님께서 원통을 물으시니, 저의 증證한 바로는 음성이 상上이 되겠나이다.

십팔계 가운데 어느 것이 원통한 것인지를 물으시니, 성진을 가지고 하는 게 가장 원통하다고 대답하는 것입니다.

> 優波尼沙陀 卽從座起 頂禮佛足 而白佛言
> 우 파 니 사 타 즉 종 좌 기 정 례 불 족 이 백 불 언

우파니사타가 자리로부터 일어나 불족에 정례하고 부처님께 아뢰어 말하였다.

> 我亦觀佛 最初成道
> 아 역 관 불 최 초 성 도

저도 부처님께서 최초에 성도하심을 관하고,

또한 이런 교진나와 같이 부처님께서 처음에 성도하심을 보았다는 말입니다.

> 觀不淨相
> 관 부 정 상

부정상을 관하다가,

아마 그때에 부정상을 관하라고 했던 모양입니다. 그러니까 색진色塵에 대해서 온갖 부정한 것을 관한다는 말입니다.

```
生大厭離
생 대 염 리
```

대염리를 생하여,

색진色塵인 우리 몸의 부정함을 관해서 대염리심大厭離心을 생하여,

```
悟諸色性 以從不淨 白骨微塵
오 제 색 성  이 종 부 정  백 골 미 진
```

모든 색의 성성性을 깨달았으니, 부정상不淨相으로 좇아 백골과 미진이,

부정不淨으로부터 차차 아홉 가지에까지(죽어 썩는다든지, 그 썩은 몸에 벌레가 생긴다든지 그래서 나중엔 백골만 남는다든지, 백골도 오래되면 티끌만 남는다든지) 이르러 가서 미진까지도 없어져서,

```
歸於虛空
귀 어 허 공
```

허공에 돌아가고,

그러니 색이란 보잘 것이 없다는 말입니다.
그때 가서는,

空色二無 成無學道
공 색 이 무 성 무 학 도

공색이 둘이 없어 무학도를 이루었으니,

如來印我 名尼沙陀
여 래 인 아 명 니 사 타

여래께서 저를 인가하사 이름을 니사타라 하오시니,

니사타란 색진色塵의 가장 적은 것을 가리키는 말입니다.

塵色旣盡
진 색 기 진

진색이 이미 다하고,

진색은 색진色塵입니다.
진塵은 색色이 다해지고,

妙色密圓
묘 색 밀 원

묘색이 밀원하며,

성품이 나타난 것입니다.

> 我從色相 得阿羅漢
> 아 종 색 상   득 아 라 한

저는 색상을 좇아 아라한을 얻었나이다.

> 佛問圓通 如我所證 色因爲上
> 불 문 원 통   여 아 소 증   색 인 위 상

부처님께서 원통을 물으시니, 제가 증證한 바엔 색인이 상上이 되겠나이다.

색진色塵으로 공부하는 게 제일이라는 말입니다.

> 香嚴童子 卽從座起 頂禮佛足 而白佛言
> 향 엄 동 자   즉 종 좌 기   정 례 불 족   이 백 불 언

향엄 동자가 자리로 좇아 일어나 불족에 정례하고 부처님께 아뢰어 말하였다.

동자란 보살이라는 말입니다.

> 我聞如來 敎我諦觀 諸有爲相
> 아 문 여 래 교 아 제 관 제 유 위 상

저는 여래께서 저로 하여금 제유위상을 제관하라 하심을 듣고,

근根·진塵·식識이 다 유위상입니다.

> 我時辭佛 宴晦淸齋
> 아 시 사 불 연 회 청 재

제가 그때 부처님을 하직하고, 청재에서 연회하다가,

청재란 조그마한 집입니다. 재齋 자는 밥 먹는 것을 말하기도 하지만, 글방 재齋 자입니다. 회晦 자는 보고 듣는 등을 다 없애 버리고, 그냥 고요하게 앉아서 보지도 않고 듣지도 않으며, 잡념도 안 한다는 말입니다.

> 見諸比丘 燒沈水香
> 견 제 비 구 소 침 수 향

제비구가 침수향 사름을 보니,

침수향은 지금의 침향沈香입니다.

> 香氣寂然 來入鼻中
> 향 기 적 연 내 입 비 중

향기가 적연히 비鼻 중에 내입하더이다.

적연이라는 말은 향기가 코에 들어와 우리로 하여금 향기를 맡게 하는 게 아니라 향기의 본성 자리가 고요하다는 것을 말하는 것입니다.

```
我觀此氣 非木非空 非煙非火
아 관 차 기  비 목 비 공  비 연 비 화
```

제가 관하니, 이 향기가 목木도 아니요, 공空도 아니요, 연煙도 아니요, 화火도 아니어서,

나무가 아니라는 것은 침향이 나무로 된 것이니까 나무를 그냥 두어서는 향기가 안 나고, 태워야 향기가 나니까 나무에서 나는 것도 아니라는 말입니다.

또 향기는 공성空性과는 다르니까 비공非空이라 했고, 불이 타야 연기가 나듯이 연기에서 나든지 불에서 난다면 다른 나무를 태워도 향기가 나야 할 것 아니냐, 그러니까 침수향을 태워야 향기가 나지 다른 나무는 태워도 향기가 안 나는 것이니, 연기와 불에서 나는 것도 아니라는 말입니다.

그렇기 때문에,

```
去無所着 來無所從
거 무 소 착  내 무 소 종
```

가도 착着할 바가 없고, 와도 좇은 바가 없으며,

由是意銷
유 시 의 소

이로 말미암아 뜻이 소銷하여,

분별하던 의식이 녹아 버리고, 일체의 의심이 없다는 말입니다.

發明無漏
발 명 무 루

무루를 발명하였나이다.

如來印我 得香嚴號
여 래 인 아 득 향 엄 호

여래께서 저를 인가하사 향엄이라는 호號를 얻으니,

향엄은 향으로 법신法身을 장엄했다는 말입니다.

塵氣倏滅
진 기 숙 멸

진기가 문득 멸하고,

모양으로 생긴 향입니다.

妙香密圓
묘 향 밀 원

묘향이 밀원하며,

향기의 비목非木, 비공非空, 비연非烟, 비화非火인 성품(妙香)이 밀원해서,

我從香嚴 得阿羅漢
아 종 향 엄 득 아 라 한

제가 향엄을 좇아 아라한을 얻었나이다.

佛問圓通 如我所證 香嚴爲上
불 문 원 통 여 아 소 증 향 엄 위 상

부처님께서 원통을 물으시니, 저의 증證한 바로는 향엄이 상上이 되겠나이다.

향진香塵을 가지고 공부하는 것이 제일이라는 말입니다.

藥王藥上 二法王子
약 왕 약 상 이 법 왕 자

약왕, 약상 두 법왕자와,

약왕과 약상은 본래 마을 집에서부터 친형제인데, 약왕이 형이고, 약상

이 동생입니다.

> 幷在會中 五百梵天
> 병재회중 오백범천

아울러 회중에 있던 5백 범천이,

5백 범천은 약왕·약상 보살을 따라다니는 제자들입니다.

> 卽從座起 頂禮佛足 而白佛言
> 즉종좌기 정례불족 이백불언

자리를 좇아 일어나서 불족에 정례하고 부처님께 아뢰어 말하였다.

> 我無始劫 爲世良醫 口中嘗此娑婆世界 草木金石
> 아무시겁 위세양의 구중상차 사바세계 초목금석

저희는 무시겁래로 세상의 양의가 되어 입으로 이 사바세계의 초·목·금·석을 맛본 것이,

다 맛보아서 그 성질을 아는 것이,

> 名數凡有 十萬八千
> 명수범유 십만팔천

명수가 무릇 10만 8천이라.

사바세계의 초 · 목 · 금 · 석으로 된 약의 수효가 10만 8천이 되도록 많다는 얘깁니다.

如是悉知 苦醋鹹淡 甘辛等味
여 시 실 지 고 초 함 담 감 신 등 미

이와 같이 모두 고 · 초 · 함 · 담 · 감 · 신 등의 맛을 알고,

幷諸和合 俱生變異 是冷是熱 有毒無毒 悉能遍知
병 제 화 합 구 생 변 이 시 냉 시 열 유 독 무 독 실 능 변 지

아울러 화합과 구생과 변이와 냉冷과 열熱과 유독, 무독을 다 능히 두루 알았사오니,

두 가지 이상의 맛이 합해서 화한 것이 화합이고, 구생은 금석金石이나 초목이 생길 때 한꺼번에 생긴 맛이며, 변이는 여러 가지가 있는데, 고추가 처음엔 맵지 않다가 빨개지면서 매워진다든지, 참외가 처음엔 쓰다가 익으면서 단맛이 생긴다든지, 그 외에도 술로 식초를 만든다든지, 이렇게 성질이 달라져서 본 성질 외에 다른 맛이 나는 것을 말합니다.

承事如來 了知味性 非空非有 非卽身心 非離身心
승 사 여 래 요 지 미 성 비 공 비 유 비 즉 신 심 비 리 신 심

여래를 승사하여 미味의 성性이 공空도 아니요, 유有도 아니요, 신심에 즉即한 것도 아니요, 신심을 여읜 것도 아님을 알고,

分別味因 從是開悟
분 별 미 인 종 시 개 오

미인을 분별하여 이로부터 개오하였나이다.

蒙佛如來 印我昆季 藥王藥上 二菩薩名
몽 불 여 래 인 아 곤 계 약 왕 약 상 이 보 살 명

불여래께서 저희 곤계를 인가하사 약왕·약상의 두 보살이라 하심을 입고,

곤昆은 형, 계季는 동생이라는 말입니다.

今於會中 爲法王子 因味覺明 位登菩薩
금 어 회 중 위 법 왕 자 인 미 각 명 위 등 보 살

지금의 회중에서 법왕자가 되었으며, 맛을 인하여 각명하여 보살의 위位에 올랐나이다.

佛問圓通 如我所證 味因爲上
불 문 원 통 여 아 소 증 미 인 위 상

부처님께서 원통을 물으시니, 저희가 증證한 바엔 미인味因이 상上이 되겠나이다.

```
跋陀婆羅 并其同伴 十六開士
발 타 바 라   병 기 동 반   십 육 개 사
```

발타바라와 아울러 그 동반 십육 개사가,

보살을 개사라 번역하기도 하고, 바를 정正 자를 써서 정사正士라 번역하기도 하며, 높을 고高 자를 써서 고사高士라 하기도 합니다. 아울러 동반 십륙개사라 한 것을 보면 발타바라와 늘 같이 다니는 십육 보살이 있는 모양인데, 발타바라와 십육 개사까지 총 열일곱 보살입니다.

```
卽從座起 頂禮佛足 而白佛言
즉 종 좌 기   정 례 불 족   이 백 불 언
```

자리를 좇아 일어나 불족에 정례하고 부처님께 아뢰어 말하였다.

```
我等先於威音王佛 聞法出家
아 등 선 어 위 음 왕 불   문 법 출 가
```

저희 등은 먼저 위음왕불께 법을 듣고 출가하여,

위음왕불의 위威 자는 거동을 가리키는 말이고, 음音 자는 소리를 가리켜서 색色과 성聲을 표시했는데, 부처님 가운데 가장 오래된 부처님입니다.

> 於浴僧時 隨例入室
> 어 욕 승 시 수 례 입 실

스님들이 목욕할 때에 예를 따라 입실하다가,

한 달에 세 번씩 목욕을 할 때 욕두浴頭가 물을 데워 놓으면 차례대로 들어가 목욕을 하는데, 그 대중의 예를 따라 들어갔다는 얘깁니다. 들어갔으니 물속에 들어갔을 테고, 물속에 들어가서 목욕을 한다는 얘깁니다.

> 忽悟水因 旣不洗塵 亦不洗體
> 홀 오 수 인 기 불 세 진 역 불 세 체

문득 수인을 깨달으니 이미 진塵을 씻음도 아니요, 체體를 씻음도 아님이라.

이것을 그냥 보면 목욕한다고 할 때 때를 씻느냐, 몸을 씻느냐고 물은 것에 대해서 때를 씻는 것도 아니고, 몸을 씻는 것도 아니라고만 대답할 테지만 그런 것이 아니라, 그렇게 대답한 이론이 나와야 합니다. 때를 씻는 것도 아니고, 몸을 씻는 것도 아니라는 이론이 막연하게 그럴 듯도 하지만 『정맥소正脉疏』에서는 때는 무정물인데 무정물을 씻는다고 해서 몸이 물속에 들어가 상쾌해지는 그런 것이 생길 리가 있겠느냐, 이겁니다.

그리고 역불세체의 체體 자도 신身이라고 하지 않고 체體라고 했으니까 육근의 부진근浮塵根을 가리키는 말이 아니고 승의근勝義根을 가리키는 말입니다.

　승의근이란 눈으로 볼 수도 없는 것이고, 형체가 있는 것이 아니기 때문에 물로 씻을 수도 없는 것이며, 몸속에서 능히 촉감을 일으키는 작용을 하는 것뿐입니다.

　승의근은 요전에도 공부를 했지만 몸에 대해 덥고 찬 것을 아는 것이니까 육신인 고깃덩이는 씻을 수가 있지만, 신경神經은 본래 씻을 수가 없는 것이다. 그래서 불세체라고 한다고 얘길 했습니다.

　확실히 그런지는 모르지만 좌우간 그렇게 하면 말은 됩니다. 어쨌거나 물을 가지고 몸을 씻을 때에 이 쾌감을 느끼는 것이, 때를 씻기 때문에 생기는 것도 아니고, 몸을 씻기 때문에 생기는 것도 아니다. 다시 말하면 짓는 작용 때문에 생기는 것이 아니다, 이런 얘깁니다.

中間安然 得無所有
중 간 안 연 득 무 소 유

　중간에 안연하여 무소유를 얻었사오니,

　중간이란 때와 물의 중간이라는 뜻일 겁니다. 목욕물을 뜨겁지도 차지도 않게 알맞게 데워 몸을 다 씻고는 안연했다는 말입니다.

　득무소유란, 씻는 작용이 있는 것도 아니고, 나라고 하는 것을 느끼는 것도 아니고, 색진色塵에는 동요가 되지 않는 자체를 가리키는 말입니다. 즉 무애無礙하다는 말이니까 촉감에 촉해서 이런 형상 있는 것이 관계되지 않는다는 얘깁니다. 때를 씻는 것도 아니고, 체體를 씻는 것도 아니다. 이 쾌감을 느끼는 것이 씻는 작용 때문이 아니어서 촉진觸塵에 구애되지 않고 여래장묘진여성如來藏妙眞如性 자리를 감각했다. 목욕하면서 지금 깨달은 얘깁니다. 거기까지가 위음왕부처님 때의 일입니다.

그때에 무소유를 얻게 된 그것이,

宿習無忘
숙 습 무 망

숙습이 없어지지 아니했으며,

위음왕 때 하던 그 습기를 잊어버리지 않고, 그때의 생각이 지금 나오고 있다는 얘깁니다.

乃至今時
내 지 금 시

금시에 이르렀다가,

석가모니불 때입니다.

從佛出家 今得無學
종 불 출 가 금 득 무 학

부처님을 좇아 출가하여 이제 무학을 얻었으며,

그렇게 공부를 계속해 지금에 와서는 무학의 지위에 올라갔다는 말입니다.

彼佛名我 跋陀婆羅
피 불 명 아 발 타 바 라

피불이 저를 발타바라라 이름하시니,

피불은 그냥 보기에 위음왕불 같은데, 내지금시乃至今時가 지금을 가리키는 말이니까 종불출가從佛出家란 석가모니불을 따라 출가했다는 말이고, 지금 이 피彼 자를 다시 낸 것은 지금은 무학을 얻었는데 발타바라라는 이름은 위음왕불 때 생겼다고 해서 피불이라고 그랬을 것입니다.

발타바라는 지금까지 공부해서 깨달은 것을 두호杜護한다고 해서 현호賢護라고 합니다.

妙觸宣明
묘 촉 선 명

묘한 촉觸이 선명하여,

지금에 석가불 때에 와서 묘촉이 선명해졌다. 그러니까 '기불세진旣不洗塵이고 역불세체亦不洗體' 하는 그게 묘촉입니다. 즉 촉觸의 모양이 아니라 촉의 성품을 가리키는 말입니다.

成佛子住
성 불 자 주

불자주를 이루었나이다.

불자란 보살을 가리키는 말입니다. 주住 자는 초주初住에서부터 발심하여 불자가 되어 이 경계에 머물러 있는 것을 이루었다는 말이니까 십주十住 중 초주일 것입니다.

> 佛問圓通 如我所證 觸因爲上
> 불 문 원 통 여 아 소 증 촉 인 위 상

부처님께서 원통을 물으시니, 저의 증證한 바로는 촉인이 상上이 되겠나이다.

> 摩訶迦葉 及紫金光比丘尼等
> 마 하 가 섭 급 자 금 광 비 구 니 등

마하가섭과 자금광 비구니 등이,

자금광 비구니는 마하가섭을 따라다니는 비구니인데, 전세前世에 마하가섭이 도금하는 금사金士가 되었을 때 이 비구니가 금을 시주해서 부처님을 도금해 드린 일이 있는데, 그 인연으로 얼마 동안을 부부의 연이 되었다는 겁니다. 지금에 와서는 그런 것이 다 없어졌지만 그때의 인연으로 마하가섭을 따라다니는 비구니입니다.

자금광 비구니 등이라고 하는 걸 보면, 그때 시주한 이가 여럿이지 혼자만은 아닌 것 같습니다.

卽從座起 頂禮佛足 而白佛言
즉 종 좌 기 정 례 불 족 이 백 불 언

자리를 좇아 일어나 불족에 정례하고 부처님께 아뢰어 말하였다.

我於往劫 於此界中 有佛出世 名日月燈
아 어 왕 겁 어 차 계 중 유 불 출 세 명 일 월 등

저는 왕겁에 이 세계에 부처님께서 출세하시니 이름이 일월등이라,

『법화경』엔 일월등명불日月燈明佛이 나오는데, 아마 이 일월등이 내내 일월등명일 것입니다.

我得親近 聞法修學
아 득 친 근 문 법 수 학

제가 친근할 기회를 얻어(모시어) 법을 듣고 수학하였으며,

佛滅度後 供養舍利 然燈續明
불 멸 도 후 공 양 사 리 연 등 속 명

부처님께서 멸도하신 후에 사리를 공양하고 등燈을 태워 명明을 이었으며,

以紫光金 塗佛形像
이 자 광 금   도 불 형 상

자광금으로 부처님의 형상에 도금塗金하였더니,

부처님 형상에도 도금을 하던 그런 일입니다.

自爾已來 世世生生 身常圓滿 紫金光聚
자 이 이 래   세 세 생 생   신 상 원 만   자 금 광 취

이로부터 이래로 세세생생에 몸에 자금광취가 원만하였사오며,

그래서 항상 가섭 존자와 자금광 비구니의 몸이 자금광 덩어리가 되어서 원만하다는 말입니다. 그러니까 가섭 존자뿐만 아니라 그를 따르는 비구니들도 부처님께 도금해 드린 그 인연으로 자금광취가 되었다는 말입니다.

此紫金光比丘尼者 卽我眷屬 同時發心
차 자 금 광 비 구 니 자   즉 아 권 속   동 시 발 심

이 자금광 비구니 등은 저의 권속으로서 동시에 발심하였나이다.

일월등日月燈부처님 때부터 동시에 발심해 가지고 신심信心을 냈다는 말입니다.

我觀世間 六塵變壞
아 관 세 간 육 진 변 괴

저는 세간의 육진이 변괴함을 관하고,

육진은 유위법으로서 자꾸 변해 가는 나쁜 것인데, 그것을 관하여 좋지 않게 생각하고 있었다는 말입니다.

唯以空寂 修於滅盡
유 이 공 적 수 어 멸 진

오직 공적함으로써 멸진정滅盡定을 닦아서,

사선팔정四禪八定을 닦고 제9정이 멸진정입니다. 사선팔정은 범부들도 닦는 것이고, 제9 멸진정은 성인의 지위에 오른 아라한들이 닦는 정定입니다.

멸진정이란, 제팔식은 멸하지 않았겠지만 칠식과 육식의 작용이 다 없어진 정定입니다.

身心乃能 度百千劫
신 심 내 능 도 백 천 겁

신심이 능히 백천 겁을 지나되,

멸진정에 들면 신심의 작용이 없으니까 먹지도 않고 늙지도 않아 백천 겁을 지날 수가 있습니다.

> 猶如彈指 我以空法 成阿羅漢
> 유 여 탄 지 아 이 공 법 성 아 라 한

마치 탄지(잠깐 사이)와 같아서 제가 공법으로써 아라한을 이루었으며,

그래서 제가 지금 부처님의 가사를 가지고 계속 계족산鷄足山에 들어가 미륵불의 출세出世를 기다리며 멸진정에 들어 있다는 말입니다.

> 世尊說我 頭陀爲最 妙法開明 消滅諸漏
> 세 존 설 아 두 타 위 최 묘 법 개 명 소 멸 제 루

세존께서 제게 두타의 최고라 말씀하시니, 묘한 법이 개명하여 모든 누漏를 소멸하였나이다.

묘법이 개명했다는 것은, 법진法塵의 성性을 가리키는 말입니다.

> 佛問圓通 如我所證 法因爲上
> 불 문 원 통 여 아 소 증 법 인 위 상

부처님께서 원통을 물으시니, 저의 증證한 바로는 법인이 상上이 되겠나이다.

2) 육근원통六根圓通

> 阿那律陀 卽從座起 頂禮佛足 而白佛言
> 아 나 율 타 즉 종 좌 기 정 례 불 족 이 백 불 언

아나율타가 자리를 좇아 일어나서 불족에 정례하고 부처님께 아뢰어 말하였다.

> 我初出家 常樂睡眠 如來訶我 爲畜生類
> 아 초 출 가 상 요 수 면 여 래 가 아 위 축 생 류

제가 처음 출가하여 항상 수면을 좋아하니 여래께서 저를 책責하사대, 축생류가 된다 하시거늘,

이건 안근에 대한 얘기입니다.

조개는 한 번 잠을 자면 천년을 자는데도 일어나서는 파도 소리 때문에 한잠도 못 잤다고 하듯이 잠자기를 좋아하면 축생 중에 조개가 된다는 말입니다.

> 我聞佛訶 啼泣自責 七日不眠 失其雙目
> 아 문 불 가 제 읍 자 책 칠 일 불 면 실 기 쌍 목

제가 부처님의 꾸짖으심을 듣잡고 울면서 자책하여 7일을 자지 않다가 두 눈을 잃었나이다.

世尊示我 樂見照明金剛三昧
세존시아 요견조명금강삼매

세존께서 저에게 요견조명금강삼매를 교시敎示하시거늘,

요견조명금강삼매는 삼매의 이름으로 견見해서 조명하기를 좋아하는 천안통天眼通을 얻는 삼매법입니다.

我不因眼 觀見十方 精眞洞然
아불인안 관견시방 정진통연

저는 눈을 인하지 않고 시방을 보되 정진이 통연하여,

통연이란 막힘이 없이 환하게 뚫린 것을 말합니다.

如觀掌果
여관장과

손바닥의 과일 보는 것과 같으니,

시방세계를 볼 때 손바닥의 암마라과菴摩羅果 들여다보듯이 분명히 본다는 말입니다. 암마라는 지금의 사과라고 할 수 있습니다.

如來印我 成阿羅漢
여래인아 성아라한

여래께서 저를 인가하시되, 아라한을 이루었다 하셨나이다.

佛問圓通 如我所證 旋見循元 斯爲第一
불 문 원 통 여 아 소 증 선 견 순 원 사 위 제 일

부처님께서 원통을 물으시니, 저의 증證한 바로는 견見을 돌이켜 원元을 따름이 제일이 되겠나이다.

선견순원이란 눈으로 보는 견見을 돌이켜 가지고 근원인 여래장묘진여성如來藏妙眞如性에 돌아간다는 말입니다. 즉 눈으로 보던 것이 눈을 떠나서 본 진심으로 돌아간다는 말입니다.

근원으로 돌아간다는 말은, 곧 원통으로 돌아간다는 말도 됩니다.

周利槃特迦 卽從座起 頂禮佛足 而白佛言
주 리 반 특 가 즉 종 좌 기 정 례 불 족 이 백 불 언

주리반특가가 자리를 좇아 일어나 불족에 정례하고 부처님께 아뢰어 말하였다.

반특가란 길에서 낳았다는 뜻으로 길동이인데, 주리周利란 작다는 뜻, 그러니까 아우라는 말입니다.

부모가 여행을 하다가 길에서 아이를 낳게 되었는데 이름을 반특가라 했고, 그 다음에 또 길에서 그 아우를 낳게 되었는데 이름을 주리반특가라 했습니다. 그러니까 반특가가 있고, 주리반특가가 있는데, 반특가는 형 길동이이고, 주리는 작다는 말이니까 아우 길동이를 주리반특가라 했다는

말인데, 어쨌든 반특가는 길에서 낳은 길동이라는 뜻입니다.

> **我闕誦持 無多聞性**
> 아 궐 송 지 무 다 문 성

저는 송지함을 궐闕하여 다문하는 성품이 없더니,

한번 들으면 잊지 않고 기억하는 게 다문인데, 그런 성품이 없이 잘 잊어버린다는 말입니다.

> **最初值佛 聞法出家**
> 최 초 치 불 문 법 출 가

처음에 부처님을 만나 법을 듣고 출가하여,

반특가는 둔하지 않으니까 출가를 했는데, 동생인 주리반특가가 출가를 하겠다고 하니, 형이 동생의 둔함을 알고 출가를 반대하여 주리반특가가 울었다는 얘기가 있습니다.

> **憶持如來一句伽陀 於一百日 得前遺後 得後遺前**
> 억 지 여 래 일 구 가 타 어 일 백 일 득 전 유 후 득 후 유 전

여래의 1구 가타를 억지하되, 백일百日에 앞을 얻으면 뒤를 잊고, 뒤를 얻으면 앞을 잊어서(잊으니),

그래서 송추비구誦箒比丘라는 별명을 갖게 되었는데, 빗자루와 쓰레받

기를 가져오라고 하면, 빗자루를 기억하면 쓰레받기를 잊어버리고, 쓰레받기를 기억하면 빗자루를 잊어버릴 만큼 기억력이 없었다고 합니다.

佛愍我愚 敎我安居
불 민 아 우 교 아 안 거

부처님께서 저의 어리석음을 애민히 하시어 저로 하여금 안거하게 하사,

안거는 가만히 조용하게 앉아서라는 말입니다.

調出入息
조 출 입 식

출입식을 조조調하라 하시거늘,

여기의 조調 자는 조절한다는 뜻이나 아마 수식관數息觀을 말하는 듯합니다. 우치한 중생에게는 수식관을 하라고 말씀하셨으니, 숨 쉬는 것만 조절하는 게 아니라 아마 수식관을 시킨 듯합니다.

我時觀息 微細窮盡 生住異滅 諸行刹那
아 시 관 식 미 세 궁 진 생 주 이 멸 제 행 찰 나

제가 그때에 식息을 관하여 미세히 생生·주住·이異·멸滅하는 제행諸行의 찰나를 궁진하여,

행行은 천류遷流하는 법을 말하는 것이니까 그렇게 수식관을 공부해서 낱낱이 다 아는 데까지 이르러 갔다는 말입니다.

其心豁然 得大無礙
기 심 활 연 득 대 무 애

그 마음이 활연하여 대무애를 얻어서,

그때는 부처님의 경經을 다 외울 수 있을 것입니다.

乃至漏盡 成阿羅漢 住佛座下 印成無學
내 지 누 진 성 아 라 한 주 불 좌 하 인 성 무 학

내지 누漏가 다하여 아라한을 이루고 부처님의 좌하에 머무르거늘, 저를 무학을 이루었다 인가하셨나이다.

佛問圓通 如我所證 反息循空 斯爲第一
불 문 원 통 여 아 소 증 반 식 순 공 사 위 제 일

부처님께서 원통을 물으시니, 저의 증證한 바로는 숨 쉬는 것을 돌려 공空을 따름이 제일이 되겠나이다.

식息, 모양으로 숨 쉬는 것을 돌이켜서 공空, 숨 쉬는 성품으로 돌아간다는 말입니다. 공은 진공眞空인 여래장을 말합니다.

驕梵鉢提 卽從座起 頂禮佛足 而白佛言
교 범 발 제 즉 종 좌 기 정 례 불 족 이 백 불 언

교범발제가 자리를 좇아 일어나 불족에 정례하고 부처님께 아뢰어 말하였다.

我有口業 於過去劫 輕弄沙門
아 유 구 업 어 과 거 겁 경 롱 사 문

저는 구업이 있사와 과거겁에 사문을 경롱하고,

전세前世에 늙은 사문이 이가 없이 밥 먹는 것을 보고 교범발제가 소 새김질하듯 한다고 그가 아라한인 줄을 모르고 놀렸던 모양입니다.

아라한을 비방하면 지옥엘 가게 되니까 그 노사문老沙門이 곧 참회를 시켰을 것이고, 때문에 지옥엔 가지 않고 세세생생에 소 새김질하는 과보를 받아 우시병牛呞病에 걸린 것입니다.

世世生生 有牛呞病
세 세 생 생 유 우 시 병

세세생생에 우시병이 있거늘,

사문을 업신여기고는 세세생생에 우시보牛呞報를 받았다는 얘깁니다.

如來示我 一味淸淨心地法門
여 래 시 아 일 미 청 정 심 지 법 문

여래께서 일미청정심지법문을 저에게 교시敎示하시거늘,

청정한 마음을 가지라는 그런 법문을 보여 주셨다는 말인데, 일미청정심지법문은 염불하라는 법문입니다. 여기에서 처음으로 염주가 생겼다고 그럽니다.

교범발제가 이렇게 입을 우물거리고 있으니, 부처님께서 염주를 주어 염불을 하도록 가르쳐서 그 법문을 듣고 그대로 공부를 해서,

我得滅心 入三摩地 觀味之知 非體非物
아 득 멸 심 입 삼 마 지 관 미 지 지 비 체 비 물

저는 심心이 멸하고 삼마지에 들어서 맛보아 아는 것이 체體도 아니요, 물物도 아님을 관하여,

심心은 번뇌망상심煩惱妄想心입니다. 맛봐야 아는 것(그 성품)이 설근舌根에서 나지도 않고 물物에서 나는 것도 아니라는 말입니다.

왜 설근(自體)에서 나는 게 아닌고 하니(體는 혀를 가리키는 말인데) 물건이 와서 입에 닿아야 맛이 생기지 혀 혼자는 맛이 생기지 않기 때문입니다. 또 물건이 혼자 있어서는 맛을 모르고 혀에 와서 닿아야 매운맛, 찬 맛 등이 생기니, 물物만도 아니라는 얘깁니다.

그래서 혀 혼자서는 맛이 안 생기니까 체가 아니고, 또 혀가 없이 물건 혼자서는 맛이 나지 않으니 물도 아니라는 말입니다.

應念得超世間諸漏 內脫身心 外遺世界
응념득초세간제루 내탈신심 외유세계

응념에 세간의 모든 누루漏를 초출超出하여 안으로는 신심을 해탈하고, 밖으로는 세계가 다 없어졌으며,

의보依報・정보正報가 다 공空해진 겁니다.

遠離三有 如鳥出籠 離垢消塵 法眼淸淨 成阿羅漢
원리삼유 여조출롱 이구소진 법안청정 성아라한

삼유를 원리함이 새가 새장에서 나온 것과 같아서 구구垢를 여의고 진진塵을 소소消하여 법안이 청정하여 아라한을 이루니,

초지初地를 증득해야 법안이 청정하다고 그럽니다.

如來親印 登無學道
여래친인 등무학도

여래께서 친히 인가하시어 무학도에 올랐다 하시니,

佛問圓通 如我所證 還味旋知 斯爲第一
불문원통 여아소증 환미선지 사위제일

부처님께서 원통을 물으시니, 제가 증證한 바에는 맛을 돌이켜 지

知로 돌아감이 제일이 되겠나이다.

환미선지란 미진味塵을 돌이켜서 마음으로 깨닫는 지知로 돌아가는 것을 말합니다. 혀로 맛보는 것이 아니라 맛의 성품으로, 여래장심如來藏心으로 돌아간다는 말입니다.

> 畢陵伽婆蹉 卽從座起 頂禮佛足 而白佛言
> 필릉가바차 즉종좌기 정례불족 이백불언

필릉가바차가 자리를 좇아 일어나 불족에 정례하고 부처님께 아뢰어 말하였다.

> 我初發心 從佛入道
> 아 초 발 심 종 불 입 도

제가 처음 발심하고 부처님을 좇아 도道에 들어서,

승僧이 되었다는 말입니다.

> 數聞如來 說諸世間 不可樂事
> 삭 문 여 래 설 제 세 간 불 가 락 사

여래께서 자주 모든 세간의 불가락사 말씀하심을 들었사오며,

불가락사는 괴롭다는 말이니, 삼고三苦·팔고八苦 말씀하시는 것을 자주 들었다는 말입니다.

乞食城中 心思法門
걸 식 성 중 심 사 법 문

성중에서 걸식하던 중에 마음속으로 법문을 생각하다가,

불가락사 법문을 생각하다가 발 내딛는 것을 살피지 않은 모양입니다.

不覺路中 毒刺傷足 擧身疼痛
불 각 노 중 독 자 상 족 거 신 동 통

모르는 결에 노중에서 독한 가시에 발이 상하여 온몸이 동통할새,

법문 생각하느라 그만 가시에 찔린 것입니다. 그래서 온몸이 아프다는 말인데, 그 아플 때에 생각하는 겁니다.

我念有知
아 념 유 지

제가 생각하니 알음알이가 있을새,

알음알이 하는 지知는 옳지 못한 지知입니다.

知此深痛
지 차 심 통

이 깊은 통증을 아는 것이니,

알음알이가 없으면 가시에 찔려 아픈 것을 모를 텐데, 알음알이 하는 분별이 있기 때문에 안다는 것입니다.

> 雖覺覺痛 覺淸淨心 無痛痛覺
> 수 각 각 통 각 청 정 심 무 통 통 각

비록 각覺이 아픔을 깨닫거니와 각覺의 청정한 마음에는 아픔과 아픔을 깨달음이 없으리라 하였고,

망각妄覺이 들어서 아픈 것을 각覺하지만 본청정本淸淨한 마음에는 아픈 것도 아픈 것을 각覺하는 것도 없다. 망각으로 하기 때문에 아픈 줄을 알고, 아픈 것도 있지만 본각本覺엔 그런 것이 없다. 우리 본각 청정심에 뭐가 있겠느냐, 그 말입니다.

수각각통雖覺覺通에 각覺 자 둘을 썼고, 무통통각無痛痛覺에 통痛 자 둘을 쓴 것은, 일부러 글을 그렇게 만든 것입니다. 그걸 해석하려니까 앞 문장은 '비록 망각이 있어서'라고 새기게 되는 것입니다.

그래서 그렇게 한번 생각을 해 봤고,

> 我又思惟 如是一身 寧有雙覺
> 아 우 사 유 여 시 일 신 영 유 쌍 각

제가 또 생각건대 일신에 어찌 쌍각이 있으랴 하였나이다.

망각妄覺이 있고 진각眞覺이 있으니까 아픈 걸 깨닫는 각覺이 있고, 아픈 걸 깨달을 게 없는 각청정심覺淸淨心의 두 각이 어찌 있을 수 있겠느냐

는 생각을 했다는 말입니다.

攝念未久 身心忽空
섭념미구 신심홀공

마음 거두기를 오래하지 아니하여 신심이 문득 공空하며,

아픈 것도 없고 몸도 없고 마음 자체가 없어서 그렇게 해 가기를,

三七日中 諸漏虛盡 成阿羅漢
삼칠일중 제루허진 성아라한

삼칠일 중에 모든 누漏가 허진하여 아라한을 이루고,

得親印記 發明無學
득친인기 발명무학

친히 인가해 수기하심을 입사와 무학을 발명하였나이다.

記 자는 수기授記라는 말입니다.

佛問圓通 如我所證 純覺遺身 斯爲第一
불문원통 여아소증 순각유신 사위제일

부처님께서 원통을 물으시니, 제가 증證한 바엔 각覺을 순일純一하

게 하고 몸을 버림이 제일이 되겠나이다.

> 須菩提 卽從座起 頂禮佛足 而白佛言
> 수보리 즉종좌기 정례불족 이백불언

수보리가 자리를 좇아 일어나 불족에 정례하고 부처님께 아뢰어 말하였다.

육근 중의 이근耳根은 지나와 버렸습니다.
저 아래 제6권에 가면 관세음보살의 이근원통耳根圓通이 나오기 때문에 오근五根만 얘기했습니다.

> 我曠劫來 心得無礙
> 아 광 겁 래 심 득 무 애

저는 광겁 이래로 마음에 무애를 얻고서,

광曠 자는 텅 비어 있다는 말입니다. 수도 셀 수 없이, 한정 없이 오래된 게 광겁입니다. 수보리는 공空에서 해탈하여 조금도 걸림 없이 모든 것을 아는 겁니다.

> 自憶受生 如恒河沙
> 자 억 수 생 여 항 하 사

스스로 생生을 받음이 항하사와 같음을 기억하니,

우리도 지금 몇 항하사 생生을 받아 왔는지 모르지만, 우리가 기억해 알던 것도 부모의 태 속에서 알던 것이 태에서 나오면 없어지고, 또 중음신中陰身이 되어 태에 들어가면 들어갈 때까지는 알지만 태에서 나오게 되면 잊어버려서 과거 것을 모른다는 겁니다.

또 금생에 알던 것을 죽을 때까지는 알겠지만 죽어서 다른 오음五陰을 받게 되면 모르는 그것이 격음隔陰입니다.

음陰을 격격隔해도 잊어버리게 되고 태에서 나와도 잊어버리게 되어 지금의 우리는 모르지만, 이 수보리는 마음이 무애한 해공제일解空第一이니까 항하사와 같이 생 받은 것을 다 기억한다는 말입니다.

初在母胎 卽知空寂
초 재 모 태 즉 지 공 적

처음 모태에 있을 때 공적을 알았고,

如是乃至十方成空
여 시 내 지 시 방 성 공

이와 같이 내지 시방도 공空하여졌으며,

자기 자신만이 공空한 게 아니라 시방세계도 공해졌다는 말입니다.

亦令衆生 證得空性
역 영 중 생 증 득 공 성

또한 중생으로 하여금 공성을 증득하게 하옵더니,

자리이타自利利他를 말합니다.

蒙如來發性覺眞空
몽 여 래 발 성 각 진 공

여래께서 성각인 진공을 발명하심을 입사와,

空性圓明 得阿羅漢 頓入如來 寶明空海 同佛知見
공 성 원 명 득 아 라 한 돈 입 여 래 보 명 공 해 동 불 지 견

공성이 원명하여 아라한을 이루고, 여래의 보명공해에 들어가 부처님의 지견知見과 같았사오매,

印成無學 解脫性空 我爲無上
인 성 무 학 해 탈 성 공 아 위 무 상

무학을 이루었다 인가하시어 성공에 해탈하기는 제가 무상이라 하였나이다.

> 佛問圓通 如我所證 諸相入非 非所非盡 旋法歸無
> 불문원통 여아소증 제상입비 비소비진 선법귀무
> 斯爲第一
> 사위제일

부처님께서 원통을 물으시니, 제가 證證한 바에는 모든 상相이 비非에 들어가고, 비와 비소非所가 다하여 법을 돌려 무無에 돌아감이 제일이 되겠나이다.

비非 자는 공空의 뜻입니다. 위의 비非 자는 능비能非요, 아래의 비非 자는 소비所非로서 능공能空·소공所空이 다 없어졌다는 말입니다.

여기까지 육진원통六塵圓通과 오근원통五根圓通을 다 얘기했고, 이제 육식원통六識圓通을 얘기합니다.

3) 육식원통六識圓通

> 舍利弗 卽從座起 頂禮佛足 而白佛言
> 사리불 즉종좌기 정례불족 이백불언

사리불이 자리를 좇아 일어나 불족에 정례하고 부처님께 아뢰어 말하였다.

> 我曠劫來 心見淸淨
> 아광겁래 심견청정

제가 광겁 이래에 심견이 청정하여,

마음으로 보는 것이니 안식眼識을 말합니다.

如是受生 如恒河沙 世出世間 種種變化 一見則通
여시수생 여항하사 세출세간 종종변화 일견즉통
獲無障礙
획무장애

이와 같이 생生을 받음이 항하사와 같으며, 세世와 출세간의 종종 변화를 한번 본즉 통달하여 무장애를 얻었나이다.

예전부터 안식眼識이 그렇게 총명했다는 말입니다.

我於路中 逢迦葉波 兄弟相逐 宣說因緣
아어노중 봉가섭파 형제상축 선설인연

제가 노중에서 가섭파 형제가 서로 좇아 인연 선설함을 만나,

3가섭의 얘깁니다.

悟心無際 從佛出家 見覺明圓 得大無畏 成阿羅漢
오심무제 종불출가 견각명원 득대무외 성아라한

마음이 갓이 없음을 깨닫고 부처님을 좇아 출가하여 견각이 명원하여 대무외를 얻어 아라한이 되었으며,

> 爲佛長子 從佛口生 從法化生
> 위 불 장 자 종 불 구 생 종 법 화 생

부처님의 장자가 되었사오니 부처님의 입으로 좇아 났으며 법으로 좇아 화생하였나이다.

장자는 부처님의 아들이라는 뜻으로 부처님 입으로 설법하는 걸 듣고 법신法身이 생겼다는 말이고, 법으로 화化해서 난 장자라 그 말입니다. 또한 사리불이 나이도 제일 많고 법도 높으니까 장자라고 그럽니다.

> 佛問圓通 如我所證 心見發光 光極知見 斯爲第一
> 불 문 원 통 여 아 소 증 심 견 발 광 광 극 지 견 사 위 제 일

부처님께서 원통을 물으시니 저의 증證한 바로는 심견이 광光을 발하고, 광이 극極한 지견이 제일이 되겠나이다.

지견은 육근의 작용을 가리키는 말입니다.

> 普賢菩薩 卽從座起 頂禮佛足 而白佛言
> 보 현 보 살 즉 종 좌 기 정 례 불 족 이 백 불 언

보현보살이 자리를 좇아 일어나 불족에 정례하고 부처님께 아뢰어 말하였다.

> 我已曾與 恒沙如來 爲法王子
> 아 이 증 여 항 사 여 래 위 법 왕 자

제가 이미 일찍이 항사 여래의 법왕자가 되었으며,

불자佛子가 되었다는 말입니다.

> 十方如來 敎其弟子 菩薩根者
> 시 방 여 래 교 기 제 자 보 살 근 자

시방 여래께서 그 제자로서 보살근이 있는 자를 가르치실 적에,

> 修普賢行 從我立名
> 수 보 현 행 종 아 입 명

보현행을 닦으라 하시니, 저를 좇아 이름을 세우셨나이다.

> 世尊 我用心聞 分別衆生 所有知見
> 세 존 아 용 심 문 분 별 중 생 소 유 지 견

세존이시여, 저는 심문을 써서 중생의 있는바 지견을 분별하옵는데,

若於他方 恒沙界外
약 어 타 방 항 사 계 외

만일 항사 같은 세계 밖에서,

세계란 삼천대천세계 하나를 가리키는 말입니다.

有一衆生 心中發明 普賢行者
유 일 중 생 심 중 발 명 보 현 행 자

한 중생이라도 심중에 보현행을 발명하는 자가 있으면,

我於爾時 乘六牙象 分身百千 皆至其處
아 어 이 시 승 육 아 상 분 신 백 천 개 지 기 처

제가 그때 6아상을 타고 백천으로 분신하여 다 그 처處에 이르며,

코끼리는 대개 어금니가 둘인데 늙으면 여섯이 됩니다.
분신백천分身百千이라는 말은 여러 중생이 있으면 있는 만큼 다 가서 제도한다는 말이지, 꼭 백천이라고 한정된 것이 아니라는 뜻입니다.

縱彼障深 未合見我
종 피 장 심 미 합 견 아

비록 그가 업장業障이 깊어 저를 보지 못하더라도,

중생들에게 보현행을 닦도록 하는데, 개지기처皆至其處까지는 업장이 두텁지 않아서 보현보살이 온 것을 보게 될 테고, 종피장심부터는 업장이 두터워서 보현보살을 보지 못한다는 말입니다.

이것으로 보면 업장이 옅은 사람은 보현보살을 본다는 뜻이 됩니다.

我與其人
아 여 기 인

제가 그 사람을 위하여,

업장이 두터운 사람을 위해서,

暗中摩頂 擁護安慰 令其成就
암 중 마 정 옹 호 안 위 영 기 성 취

암중에서 정頂을 만지며 옹호하고 안위하여 그로 하여금 성취하게 하나이다.

캄캄해서 못 본다는 말이 아니라 그 사람은 모르는데, 보현보살이 머리를 만져 주었다는 말입니다.

佛問圓通 我說本因 心聞發明 分別自在 斯爲第一
불 문 원 통 아 설 본 인 심 문 발 명 분 별 자 재 사 위 제 일

부처님께서 원통을 물으실새, 저의 본인을 말하건대, 심문이 발명

하여 자재하게 분별함이 제일이 되겠나이다.

심문은 이식耳識을 말합니다.

孫陀羅難陀 卽從座起 頂禮佛足 而白佛言
손 타 라 난 타   즉 종 좌 기   정 례 불 족   이 백 불 언

손타라난타가 자리를 좇아 일어나 불족에 정례하고 부처님께 아뢰어 말하였다.

我初出家 從佛入道
아 초 출 가   종 불 입 도

저는 처음 출가하여 부처님을 좇아 도道에 들어가서,

도道 자는 불도佛道를 말합니다.

雖具戒律
수 구 계 율

비록 계율을 갖추었으나,

구족계具足戒는 받았지만,

> 於三摩提 心常散動 未獲無漏
> 어 삼 마 제 심 상 산 동 미 획 무 루

삼마지三摩地에는 마음이 항상 산동하여 무루를 얻지 못했거늘,

난타는 부처님의 동생인데 난타의 마누라 이름이 손타라입니다. 손타라는 대단히 예쁜 여자였답니다. 그래서 비록 출가는 했지만 마누라를 잊지 못해서 중노릇을 잘 못한 까닭으로 마누라 이름을 갖다 대어 손타라난타라 한답니다.

본래 난타에게는 출가할 생각이 없었는데 부처님께서 동생을 출가시키기 위해 동생의 집으로 탁발을 나갔습니다. 가니까 손타라가 나와 부처님을 맞고 바리때를 받아서는 밥을 담아 드리려고 집으로 들어간 사이 부처님은 절로 되돌아오셨습니다. 밥을 담아 가지고 나와 보니 부처님은 안 계시고, 하여 남편인 난타를 시켜 부처님께 갖다 드리도록 했습니다. 발우를 들고 갔는데, 그만 부처님께서 이대로 중이 되라고 말씀하시니, 되고 싶은 생각도 없는데 억지로 중이 된 겁니다.

그런데 중노릇을 하고 있으면서 어디 공양 받으러 가면 자기는 배가 아프다는 등의 핑계로 안 가고 떨어져 있다가 부처님과 대중이 나간 사이 자기 집에 가서 마누라를 만나곤 했는데, 이것이 지금 계율을 갖추었지만 삼마지에서 마음이 항상 산동散動한다는 그런 말이 되는 겁니다.

한번은 부처님께서 난타를 제도하시려고 일부러 함께 천상엘 올라갔답니다. 그곳에 있는 천녀들의 모습이 인간세계의 여자들보다 몇 백 배 예쁜데, 한 곳엘 가니까 남자가 있을 자리는 있는데 여자들만 있고 그 자리가 비어 있었습니다. 그래서 왜 이 자리에 남자는 없고 여자만 있느냐고 물으니까, 난타가 성불하여 천상에 오시면 모시려고 그 자리가 비어 있다고 그

랬답니다. 그래서 난타는 천녀들과 같이 있게 될 마음에 손타라의 생각은 잊고 어서 공부를 성취해서 천상에 나아가겠다고 했다는 그런 얘기가 있습니다.

또한 여기에서 마음이 산동한다고 했는데, 그 산동한다는 것이 그것 때문이라는 얘기가 있습니다.

> 世尊敎我及俱絺羅
> 세 존 교 아 급 구 치 라

세존께서 저와 구치라를 가르치사,

두 사람에게 같은 공부를 가르치신 것입니다.

> 觀鼻端白
> 관 비 단 백

비단의 백白을 관하라 하셨나이다.

처음에는 코끝이 하얗지 않지만, 관觀을 하게 되면 관이 성취되는 것에 따라서 코끝이 하얗게 된다는 얘깁니다.

> 我初諦觀 經三七日
> 아 초 제 관 경 삼 칠 일

저는 처음부터 제관하여 21일을 지내니,

소위 수식관數息觀을 말합니다.

見鼻中氣 出入如煙
견 비 중 기　출 입 여 연

비鼻 중의 기氣가 출입함이 연기와 같아짐을 보고,

처음엔 아무것도 보이지 않으니까 알 수 없지만 삼칠일 동안을 가만히 관하고 있으면 차차 숨 쉬는 기운이 연기같이 그렇게 된다는 말입니다.

그래서,

身心內明
신 심 내 명

신심이 속으로 밝아져서,

번뇌가 없어지는 겁니다.

圓洞世界
원 통 세 계

세계에 원통하며,

환하게 뚫려서 거침이 없는 것을 통洞이라고 그럽니다.

遍成虛淨 猶如琉璃
변 성 허 정 유 여 유 리

두루 허정을 이룸이 마치 유리와 같아서,

세계도 몸도 다 그러하여 조금도 장애가 없는 것입니다.
그때 가서는,

煙相漸銷 鼻息成白
연 상 점 소 비 식 성 백

연기煙氣의 상相이 점점 사라지고, 비식이 백白을 이루어서,

부처님께서 비단백鼻端白을 관하라고 하셨는데, 관이 성취되어서 숨 쉬는 것이 하얗게 되었다, 그 말입니다.

心開漏盡 諸出入息 化爲光明
심 개 누 진 제 출 입 식 화 위 광 명

마음이 열리고 누漏가 다하며, 출입식이 화化하여 광명이 되어서,

비단백鼻端白이니까 백白한 것이 광명이나 마찬가지일 겁니다.

照十方界 得阿羅漢
조 시 방 계 득 아 라 한

시방계를 비추며 아라한을 이루니,

> 世尊記我 當得菩提
> 세 존 기 아 당 득 보 리

세존에서 저를 수기授記하사대, 당래當來에 보리를 얻으리라 하셨나이다.

당래에 성불한다는 말입니다. 그러니까 지금 자기가 공부하던 것을 얘기하는 겁니다.

> 佛問圓通 我以銷息 息久發明 明圓滅漏 斯爲第一
> 불 문 원 통 아 이 소 식 식 구 발 명 명 원 멸 루 사 위 제 일

부처님께서 원통을 물으시니, 저는 식息이 소銷하고, 소식銷息이 오래하여 명명을 발하고, 광명이 원만하여 누루를 멸함이 제일이 되겠나이다.

> 富樓那彌多羅尼子 卽從座起 頂禮佛足 而白佛言
> 부 루 나 미 다 라 니 자 즉 종 좌 기 정 례 불 족 이 백 불 언

부루나미다라니자가 자리를 좇아 일어나 불족에 정례하고 부처님께 아뢰어 말하였다.

> 我曠劫來 辯才無礙 宣說苦空
> 아 광 겁 래 변 재 무 애 선 설 고 공

제가 광겁 이래에 변재가 무애하여 고품와 공空을 선설하고,

일체가 다 고품이고 공空한 것임을 선설한다는 말인데, 고품·공空·무상無常·무아無我는 소승에서 하는 얘깁니다.

> 深達實相
> 심 달 실 상

깊이 실상을 통달하였으며,

실상이란 진여 자리를 가리키는 말이니까 이것은 대승입니다.

> 如是乃至 恒沙如來 秘密法門 我於衆中 微妙開示
> 여 시 내 지 항 사 여 래 비 밀 법 문 아 어 중 중 미 묘 개 시
> 得無所畏
> 득 무 소 외

이와 같이 내지 항사 여래의 비밀 법문까지도 제가 대중 중에서 미묘히 개시하기를 두려운 바가 없이 하였나이다.

무소외하려면 자기의 아는 지견知見이 조금도 의심이 없어야 하는데, 이런 사람이 별로 없습니다. 자기보다 못한 사람이 있는 데서는 얼마든지 얘기할 수 있을는지 모르지만, 자기보다 나은 사람에게 얘기하려면 좀 두

려운 생각이 있는 겁니다. 그래서 부처님의 경지에 가야만 무소외가 되기 때문에 부처님의 설법을 사자후師子吼라고 하는 겁니다.

지금 여기는 부루나가 어디 가서든지 소승·대승 법문을 하는데, 무외한 걸 얻었다, 그 말입니다.

> 世尊知我有大辯才 以音聲輪 敎我發揚
> 세 존 지 아 유 대 변 재 이 음 성 륜 교 아 발 양

세존께서 저에게 대변재가 있음을 아시고 음성륜으로써 저를 가르쳐 발양하게 하셨으며,

부처님은 신身·구口·의意 삼륜三輪을 가지고 중생을 제도하시는데, 음성륜이란 구륜口輪을 말합니다.

> 我於佛前 助佛轉輪 因師子吼 成阿羅漢
> 아 어 불 전 조 불 전 륜 인 사 자 후 성 아 라 한

제가 불전에서 부처님을 도와 법륜을 전轉하는 동안 사자후를 인하여 아라한을 이루니,

불전이란 석가모니불을 가리킵니다.

> 世尊印我 說法無上
> 세 존 인 아 설 법 무 상

세존께서 저를 인가하사대 설법에 위가 없다 하셨나이다.

그래서 설법제일 부루나라고 합니다.

```
佛問圓通 我以法音 降伏魔怨 銷滅諸漏 斯爲第一
불 문 원 통   아 이 법 음   항 복 마 원   소 멸 제 루   사 위 제 일
```

부처님께서 원통을 물으시니, 저는 법음으로써 마원을 항복 받고 제루를 소멸함이 제일이 되겠나이다.

```
優波離 卽從座起 頂禮佛足 而白佛言
우 바 리   즉 종 좌 기   정 례 불 족   이 백 불 언
```

우바리가 자리로 좇아 일어나 불족에 정례하고 부처님께 아뢰어 말하였다.

```
我親隨佛 踰城出家
아 친 수 불   유 성 출 가
```

저는 친히 부처님을 따라 성성을 넘어 출가하여,

지금 보통 말하기는 하인이 따라갔다고 하지만, 여기에 의하면 우바리가 따라갔던 모양입니다. 본래 우바리는 정반왕淨飯王 대代의 왕자들을 위해서 가까이에서 늘 시봉하고 있던 사람입니다.

또한 이발사로서 인도에서는 천민 계급에 속해 있었습니다. 그런데 처

음 우바리가 출가하려 할 때 부처님께서 허락하심에 있어서 대중들이나 정반왕 등이 크게 놀랐다는 얘깁니다. 우바리같이 천한 사람이 어떻게 아난 존자나 아나율타 같은 왕자들과 동고동락할 수 있을까 했다는 겁니다.

그러나 그것은 습관상 차별이 있는 계급을 타파해서 일체 다른 이로 하여금 조금도 의심이 없이 정말 평등한 것임을 알도록 하는 그것이 부처님의 뜻일 것입니다.

親觀如來 六年勤苦 親見如來 降伏諸魔 制諸外道
친 관 여 래 육 년 근 고 친 견 여 래 항 복 제 마 제 제 외 도
解脫世間貪欲諸漏
해 탈 세 간 탐 욕 제 루

친히 여래께서 6년 근고하심을 보았사오며, 친히 여래께서 제마를 항복받고 외도를 제어하시며, 세간의 탐욕과 모든 누漏를 해탈하심을 보옵고,

이 탐욕은 욕탐欲貪, 즉 음욕을 말합니다. 탐욕은 욕계에 대한 얘기이고, 그 밑의 제루는 색계에 대한 누漏라든지 무색계에 대한 번뇌를 다 통해서 하는 말인데, 그것들을 다 해탈하는 것을 보았다는 말입니다.

承佛教戒
승 불 교 계

부처님의 계戒 가르치심을 받자와,

그래서 지계제일持戒第一 우바리입니다. 여기의 계戒란 사미계沙彌戒와 250계를 가리킬 테고,

> 如是乃至 三千威儀 八萬微細 性業遮業
> 여 시 내 지 삼 천 위 의 팔 만 미 세 성 업 차 업

이와 같이 내지 삼천위의와 8만의 미세한 성업과 차업이,

우리가 낱낱이 삼천위의와 팔만세행八萬細行을 다 지녀야 한다는 얘깁니다. 여기에 삼천위의를 설명하기를 비구계가 250계인데, 그 250계를 앉아서도 행하고, 주住하면서도 행하고, 누워서도 행하고, 가면서도 행한다고 해서 행주좌와行住坐臥의 사위의四威儀에 곱하여 1천을 만들고, 또 이것을 삼취정계三聚淨戒에 곱해서 섭선법계攝善法界에도 1천, 섭률의계攝律儀戒에도 1천, 섭중생계攝衆生界에도 1천을 셈하면 3천이 된다고 했습니다.

그 아래의 팔만세행은 앞에서 250계를 사위의四威儀에 배대하여 1천이 되고, 또 삼섭정계三攝淨戒에 배대하여 3천이 된 것을 가지고 신삼身三, 구사口四에도 낱낱이 그 위의가 구족해야 하니까 신身의 셋과 구口의 넷인 7에 셈하면 3×7은 21, 2만 1천이 됩니다. 다시 그 2만 1천을 사분번뇌四分煩惱에 곱하면 8만 4천이 되는데, 사분번뇌란 탐심이 승하고 진심瞋心이 승하고 치심癡心이 승한 그 셋과 그 셋이 같은 것, 즉 등분等分을 말합니다.

그런데 앞의 2만 1천을 사분번뇌에 곱하면 8만 4천 세행細行이 되는데, 그것은 대수大數만을 들어서 하는 얘깁니다. 아마 본래부터 8만 4천 세행이라는 말이 있진 않았을 것이고, 흔히 인도에서 많은 숫자를 부르는 대명사로 8만 4천을 말하는데, 우리도 보면 모공毛孔에 8만 4천이 있다든지, 물한 방울에 8만 4천 마리의 벌레가 있다든지라는 말을 쓰듯이 많은 것을 나

타내는 말로 쓰입니다. 그러나 숫자를 맞추려니 앞에서처럼 그렇게 갖다 댄 것입니다.

성업性業과 차업遮業이 나오는데, 성업은 자성自性이 악惡이 되어서 업業이 되는, 즉 본 성질부터가 업이라는 말입니다. 그러니까 살殺·도盜·음婬·망妄은 계戒를 받았든지 안 받았든지 설사 모르는 사람이 행하더라도 그 자체가 악이라는 얘깁니다. 차업이라는 차遮는 하지 말라고 금한 것인데, 그걸 듣고도 범하면 업이 되는 것을 말합니다.

그러니까 성업은 그 자체가 업이고, 차업은 부처님께서 하지 말라 하셨는데도 그걸 어기면 업이 된다는 얘깁니다.

차업의 예로 술을 마신다고 할 때 술 자체는 업이 될 게 없습니다. 그런데 술을 먹고는 계를 범하고, 또 술이 살·도·음·망의 죄를 짓는 매개물이 되기 때문에 못 먹게 막는 것입니다. 그러니까 먹지 말라는 계를 받고도 그것을 먹으면 업이 되는 그것이 차업이고, 또 부처님께서 계율로써 금하지 않으셨더라도 그 자체가 죄가 되는 것을 성업이라고 합니다.

그 성업과 차업이,

悉皆淸淨 身心寂滅 成阿羅漢
실 개 청 정 신 심 적 멸 성 아 라 한

다 청정하였으며, 신심이 적멸하여 아라한을 이루었으므로,

그러니까 계율을 가지고 청정한 자리에 이르러 갔다. 즉 율행律行으로 아라한이 되었다는 말입니다.

> 我是如來 衆中綱紀
> 아 시 여 래 중 중 강 기

제가 이 여래의 회중會衆 중에서 강기가 되었으니,

강기란 표준이라는 말입니다. 그물 가운데 강綱과 기紀가 있는데, 벼리를 들면 하나도 뒤틀리지 않고 다 가지런히 들리는 그것이 강기, 즉 두목頭目이라는 말입니다.

우바리는 대중 가운데 지계제일이어서 온갖 율행律行에 관한 잘못이 있을 때는 우바리에게 가서 재판을 받곤 했습니다.

그러니,

> 親印我心 持戒修身 衆推無上
> 친 인 아 심 지 계 수 신 중 추 무 상

친히 저의 마음을 인가하사 지계와 수신에는 대중들이 추천하기를 위가 없다 하셨나이다.

계율을 가지고 성취한다는 게 몸으로 한다는 것이니, 신식身識을 가리킵니다.

> 佛問圓通 我以執身 身得自在
> 불 문 원 통 아 이 집 신 신 득 자 재

부처님께서 원통을 물으시니, 저는 몸을 집執(단속)함으로써 몸의

자재를 얻고,

　집신이란 몸을 잘 단속한다는 말이고, 몸의 자재를 얻었다는 것은, 몸을 잘 단속함으로 해서 자연히 몸으로 짓는 계를 범하게 되지 않는 것을 말합니다.

次第執心 心得通達 然後身心 一切通利 斯爲第一
차 제 집 심　심 득 통 달　연 후 신 심　일 체 통 리　사 위 제 일

　차제로 마음을 집執하여 마음이 통달한 후에 몸과 마음이 다 통리함이 제일이 되겠나이다.

　여기는 신식身識을 말했고, 이제 또 의식에 대해 얘기합니다.

大目犍連 卽從座起 頂禮佛足 而白佛言
대 목 건 련　즉 종 좌 기　정 례 불 족　이 백 불 언

　대목건련이 자리를 좇아 일어나 불족에 정례하고 부처님께 아뢰어 말하였다.

我初於路 乞食逢遇 優樓頻螺 伽耶那提 三迦葉波
아 초 어 로　걸 식 봉 우　우 루 빈 라　가 야 나 제　삼 가 섭 파

　저는 처음에 길에서 걸식하다가 우루빈라, 가야, 나제의 3가섭이,

宣說如來 因緣深義
선 설 여 래 인 연 심 의

여래의 인연법의 깊은 이치 말함을 만나서(逢遇),

위에서는 가섭 형제라고만 했는데, 여기에서는 낱낱이 이름을 다 말했습니다. 만났다는 말은 들었다는 말입니다. 모든 법이 연緣으로부터 나고, 모든 법이 연으로부터 멸한다고 부처님께서 말씀하신 우송優頌이 있는데, 그 인연법을 듣고, 그 말입니다.

我頓發心 得大通達 如來惠我 袈裟着身 鬚髮自落
아 돈 발 심 득 대 통 달 여 래 혜 아 가 사 착 신 수 발 자 락

제가 돈발히 발심하여 대통달을 얻었사오며, 여래께서 저에게 은혜하사 가사가 몸에 착着해지고 수발이 스스로 떨어졌나이다.

혜惠 자는 은혜스럽게 나에게 줬다는 말입니다. 이것은 중을 만들 때에 머리를 깎아 가사를 입혔다고 해도 되는 말이고, 자락이란 깎아 떨어졌다는 말이 아니니까 저절로 입혀지고 저절로 떨어졌다고 해도 되는 말입니다. 이 말이 속인이라도 중이 되고자 사람이 오면 부처님께서 보시고는 근성이 있는 이에게 '선래비구善來比丘야', '잘 왔다 비구야' 이렇게 하시면, 그 한마디에 저절로 머리가 떨어지고, 가사가 몸에 입혀진다는 그 말입니다.

그러니까 여기도 가사착신 수발자락이니까 저절로 입혀졌고 저절로 떨어졌다는 말입니다.

그렇게 해서,

> **我遊十方 得無罣礙 神通發明 推爲無上 成阿羅漢**
> 아 유 시 방 득 무 괘 애 신 통 발 명 추 위 무 상 성 아 라 한

저는 시방에 유遊하여도 무괘애함을 얻었사오며, 신통을 발명한 이 가운데 위가 없다고 추천되어 아라한을 이루었으니,

신통제일 목건련이니까 지금 이런 것들이 다 신통 경계입니다.

그렇게 신통제일이라고 한 것이,

> **寧唯世尊**
> 영 유 세 존

어찌 세존뿐이리까?

석가모니부처님뿐이겠습니까, 그 말입니다.

그러니까 세존께서만 저를 신통제일이라고 하시는 게 아니라,

> **十方如來 歎我神力 圓明淸淨 自在無畏**
> 시 방 여 래 탄 아 신 력 원 명 청 정 자 재 무 외

시방 여래도 저의 신력의 원명하고 청정함을 찬탄하여 자재하고 두려움이 없나이다.

시방 여래께서 다 자기를 신통제일이라고 하신다, 그 말입니다.

> 佛問圓通 我以旋湛 心光發宣 如澄濁流 久成淸瑩
> 불문원통 아이선담 심광발선 여징탁류 구성청영
> 斯爲第一
> 사위제일

부처님께서 원통을 물으시니, 저는 담연湛然으로 돌아가 심광이 발선하되, 탁류를 맑히는 것과 같아서 오래하여 청영함을 이룸이 제일이 되겠나이다.

선담이라는 말은 담湛을 돌이킨다는 말이 아닙니다. 지금 이건 의식에 대한 얘기니까 가지가지 분별하던 의식을 돌이켜 분별이 없는 담연한 본성 자리로 돌아온다, 즉 '담湛으로 선旋하야' 이렇게 새겨야 합니다.

여기까지 해서 육식원통六識圓通이 끝나고, 다음엔 칠대원통七大圓通을 얘기합니다.

육근·육진·육식의 십팔계 원통과 여기의 칠대원통이 통히 25원통이 됩니다. 위에서 오음·육입·십이처·십팔계·칠대를 낱낱이 얘기했던 것이 여기 와서는 원통으로 되는 것입니다.

4) 칠대원통七大圓通

> 烏芻瑟摩 於如來前 合掌頂禮 佛之雙足 而白佛言
> 오추슬마 어여래전 합장정례 불지쌍족 이백불언

오추슬마가 여래의 앞에서 합장하여 부처님의 발에 정례하고 부처님께 아뢰어 말하였다.

여태껏 자리를 좇아 일어나 불족에 정례한다고 했고, 이 아래에도 다 그렇게 되어 있는데, 오추슬마는 합장하고 부처님 발에 정례했다고 되어 있습니다.

오추슬마는 화두금강火頭金剛, 금강신金剛神인데, 늘 부처님을 호위하느라 앉지 않고 서서 다니니까 즉종좌기卽從座起라는 말을 할 필요가 없다 하는데, 정말인지는 모르지만 어쨌든 즉종좌기라는 말을 안 했습니다.

신중탱화神衆幀畫 가운데 머리에 불이 활활 붙은 이의 모습이 오추슬마입니다.

> 我常先憶 久遠劫前 性多貪欲
> 아 상 선 억 구 원 겁 전 성 다 탐 욕

저는 항상 생각하니 오래전(久遠劫)에 성품에 탐욕이 많았나이다.

선억先憶은 지난 일을 생각한다는 말입니다.
탐욕은 음욕인데, 이것은 출가 전의 이야기입니다.

> 有佛出世 名曰空王
> 유 불 출 세 명 왈 공 왕

부처님께서 출세하시니 이름이 공왕이시라.

공왕여래라는 말입니다.

> 說多婬人 成猛火聚
> 설 다 음 인 성 맹 화 취

설하되 다음인은 맹화취가 된다.

화취火聚란 불무더기입니다.

음욕 자체가 열이니까 고치지 않고 두면 나중에 가서는 맹화취가 된다는 얘깁니다.

그러니,

> 教我遍觀 百骸四肢 諸冷暖氣
> 교 아 변 관 백 해 사 지 제 냉 난 기

저로 하여금 백해와 사지의 냉冷하고 난暖한 기운을 두루 관하라 하시거늘,

백해란 사지와 함께 온 몸뚱이를 가리키는 말입니다.

맹화취猛火聚가 탐욕의 열이니까 사지·백해, 즉 온몸에 있는 열을 다 관찰하라는 말입니다.

소疏에서 말하기를 불은 뜨거운 기운이요 찬 기운이 아니니, 냉난기라고 할 게 아니라 난촉기暖觸氣라고 해야 할 텐데, 글 쓰는 사람이 잘못 냉난기라고 썼다고 말하고 있습니다.

차다, 덥다 하는 것도 어디까지가 차고 어디까지가 더운지 표준이 없습니다. 영상이니 영하니 하는 것도 영상 10도보다는 20도가 덥고, 영하 10도보다는 20도가 춥습니다. 더운 것을 말할 때 찬 게 따라가고, 찬 걸 말할 때 더운 것이 따라갑니다. 그런데 하필 불은 덥기만 하고 찬 건 아니라고

해서 난촉기라야 한다고 주장하는지 모르겠고, 랭冷 자 그대로 두어도 냉과 열이라고 하는 것이 다 같은 온도를 말하는 것이기 때문에 잘못되지 않은 것 같은데, 소疏에서는 '냉冷은 아닌데 왜 냉난기라 하느냐', 이렇게 얘기 했습니다.

그래서 음욕화婬欲火를 제어하기 위해서 온몸에 있는 화대火大의 기운이 어떤 것인지를 관하라고 하셨는데, 그렇게 얼마를 관하니까,

神光内凝
신 광 내 응

신광이 안으로 엉기며,

신광은, 불이라는 것이 빛나는 쪽과 뜨거운 쪽이 있는 것이니까 가벼워서 신성神聖한 편으로는 광명이 되고, 또 자체로는 뜨거운 것이고, 그렇습니다.

그 음욕이 빛으로 화해서,

化多婬心 成智慧火
화 다 음 심 성 지 혜 화

다음심이 변화하여 지혜화를 이루며,

백해百骸 · 사지四肢의 냉난을 관찰하라고 해서 그대로 하니까 결과가 이렇게 되더라, 그 말입니다. 그래서 이 사람의 머리에 항상 불이 활활 붙는답니다.

> 從是諸佛 皆呼召我 名爲火頭
> 종 시 제 불 개 호 소 아 명 위 화 두

이로부터 제불이 다 저를 불러 화두라 이름하였사오니,

탱화에서 머리에 불붙은 이가 오추슬마입니다.

> 我以火光三昧力故 成阿羅漢
> 아 이 화 광 삼 매 력 고 성 아 라 한

저는 화광삼매의 힘으로 아라한을 이루고,

화火를 관해 그것이 광명이 되어서 삼매를 이루었으니까 화광삼매의 힘을 쓰기 때문에 아라한이 되어서,

> 心發大願 諸佛成道 我爲力士 親伏魔怨
> 심 발 대 원 제 불 성 도 아 위 역 사 친 복 마 원

심心에 대원을 발하여 제불이 성도하시매 제가 역사가 되어 마원을 항복 받나이다.

그런 원을 세웠으니까 금강신金剛神이 되어 늘 부처님을 따라 옹호하는 겁니다. 역사라는 말은 우리말로 기운 센 사람, 즉 장사壯士라는 말이니까 금강신이 곧 역사입니다.

| 佛問圓通 我以諦觀 身心暖觸 無礙流通 諸漏旣銷 |
| 불 문 원 통 아 이 제 관 신 심 난 촉 무 애 유 통 제 루 기 소 |

부처님께서 원통을 물으시니, 저는 신심의 난촉을 제관하여 걸림없이 유통하며 모든 누漏가 소멸하고,

| 生大寶燄 登無上覺 斯爲第一 |
| 생 대 보 염 등 무 상 각 사 위 제 일 |

대보염을 생하여 무상각에 오름이 제일이 되겠나이다.

여기에서 신심난촉身心暖觸이라고 했기 때문에 그걸 가지고 저 위에서 말한 냉난기冷暖氣가 아니라 난촉기暖觸氣라고 하면 좋겠다는 얘기를 하는 겁니다.

대보염이란 화두금강火頭金剛의 머리에 불붙는 것을 말합니다.

| 持地菩薩 卽從座起 頂禮佛足 而白佛言 |
| 지 지 보 살 즉 종 좌 기 정 례 불 족 이 백 불 언 |

지지보살이 즉종좌기하여 불족에 정례하고 부처님께 아뢰어 말하였다.

이건 지대地大입니다.

> 我念 往昔 普光如來 出現於世
> 아 념 왕 석 보 광 여 래 출 현 어 세

제가 생각하니 왕석에 보광여래께서 세상에 출현하시매,

> 我爲比丘 常於一切 要路津口 田地險隘 有不如法
> 아 위 비 구 상 어 일 체 요 로 진 구 전 지 험 애 유 불 여 법
> 妨損車馬
> 방 손 거 마

저는 비구가 되어 모든 요로와 진구에 전지가 험애하고 여법하지 못하여 거마를 방손하거든,

요로要路란 육지로서 사람이 지나는 곳이고, 진구津口란 수로水路로서 배로 사람이 건너는 곳입니다.

전지란 농사짓는 논, 밭이 아니고 그냥 땅이라는 말입니다.

방손의 방妨 자는 길이 좁아 방해하는 것을 말하고, 손損 자는 험한 길에서는 손상시키는 것을 말합니다.

> 我皆平塡
> 아 개 평 전

제가 다 평전하게 하여,

전塡 자는 메울 전 자입니다.

或作橋梁
혹 작 교 량

혹은 교량을 짓고,

다리를 놓는다는 건 물이 있는 곳을 다닐 수 있게끔 한다는 얘깁니다.

或負沙土
혹 부 사 토

혹은 사토를 지기도 하여,

이건 땅을 평평하게 하는 겁니다.
그러니까 보광여래 때부터 비구가 되어서 그런 일을 했는데,

如是勤苦 經無量佛 出現於世
여 시 근 고 경 무 량 불 출 현 어 세

이와 같이 근고하여 무량한 부처님께서 세상에 출현하시기까지 경과하였나이다.

그러니까 지지持地보살이 오랫동안 그런 일들을 해 왔다는 얘깁니다.

或有衆生 於闤闠處
혹 유 중 생 어 환 궤 처

혹 어떤 중생이 환궤처에서,

환궤에서 환闤 자는 사람이 많은 거리에 담을 둘러놓은 것(곳)이고, 궤闠 자는 문이 있어서 문을 통해 다닐 수 있는 곳을 말하는 것이니까 환궤란 복잡한 곳을 말합니다.

그 어떤 중생이 복잡한 곳에서,

要人擎物
요 인 경 물

사람이 물物 지기를 요要하면,

경擎 자는 받들 경 자이니까 지고 간다든지 메고 간다든지 하는 걸 말합니다. 진다는 것은 우리나라에서 하는 말이지 중국에서는 다 메고 다닌다고 합니다.

그러니까 어떤 중생이 복잡한 시장 거리에서 물건을 샀다든지 하여 인부를 얻어 짐을 지워 가려고 하거든,

我先爲擎
아 선 위 경

제가 먼저 짐을 지고,

그 사람을 위해 짐을 짊어진다는 말입니다.

至其所詣 放物卽行
지 기 소 예 방 물 즉 행

그가 이를 바에 가서는 물건을 놓고 행하여,

물건을 져다 주고는 삯을 받지 않고 그냥 온다는 말입니다.

不取其直
불 취 기 치

그 삯을 취하지 않았으며,

직直 자는 곧다고 하면 직이지만 값이라고 할 때는 치라고 읽습니다. 그러니까 여기에서는 치라고 해야 맞습니다.

사람이 길 다니면서 짐 지고 갈 수가 없을 것 같으면 자기가 갖다 줬다는 이것도 땅을 평탄하게 하는 일과 연관이 됩니다.

그렇게 해 내려오다가,

毗舍浮佛 現在世時 世多饑荒
비 사 부 불 현 재 세 시 세 다 기 황

비사부불이 세상에 현재하실 적에는 세상이 많이 기황할새,

기饑 자는 흉년들 기 자인데, 곡식이 펴긴 폈지만 흉년에는 열매를 잘 맺지 못한다는 말이요, 황荒이란 모내기를 못 해서 묵혔다든지 했다는 황荒 자입니다.

그렇게 세상에 흉년이 들었는데,

> 我爲負人 無問遠近 唯取一錢
> 아 위 부 인 무 문 원 근 유 취 일 전

제가 부인負人이 되어서 원근을 묻지 않고 오직 1전만 취하며,

우리나라는 광무년光武年부터 내려오면서 돈의 단위를 전錢이라고 했는데, 이것은 최근에 와서 생긴 것이지 본래 전錢 자는 그냥 돈이라는 말입니다. 엽전이든지 동전이든지 돈 한 닢을 무조건 1전이라고 그랬습니다.

요즘과는 달리 그때는 전錢이라는 화폐단위가 없을 때니까 '돈 한 개만' 입니다.

그러니까 멀거나 가깝거나 그때 쓰는 가장 최저 단위의 화폐 하나만 받았다는 말인데, 위에서는 물건을 갖다 주고 삯을 안 받고 곧 돌아간다고 했지만, 여기에서는 흉년이 들어서 걸식할 수는 없고, 몸 살아갈 1전만 받아 가지고 살아갔다는 말입니다.

> 或有車牛 被於泥[1]溺
> 혹 유 거 우 피 어 이 닉

혹 거우가 이닉함을 입거든,

수레를 맨 소가 요즘 자동차 빠지듯이 진흙 속에 빠져 바퀴가 나오지 못하는 것을 말합니다.

---

1 고려대장경에는 함陷으로 되어 있으나, 송본·원본·명본에는 본문과 같이 되어 있다.

我有神力
아 유 신 력

제가 신력이 있어서,

보통 사람의 힘이 아니라 아주 신과 같은 힘이 있어서,

爲其推輪
위 기 추 륜

그 바퀴를 밀어서,

끌어낸다는 말입니다.

拔其苦惱
발 기 고 뇌

그 고뇌에서 발拔하였나이다.

차가 고생하는 고뇌에서 다 빼 주었다. 그러니까 그것도 다 땅을 평탄하게 하는 한 가지 일입니다.

그런데 그때, 그러니까 비사부불이 나신 그때 그 나라 임금이,

時國大王 延²佛設齋
시 국 대 왕 연 불 설 재

그때 국왕이 부처님을 맞아 재齋를 설하거늘,

부처님께 공양을 한다는 말입니다.

> 我於爾時 平地待佛
> 아 어 이 시 평 지 대 불

제가 그때에 땅을 평탄하게 하고 부처님을 기다리었나이다.

이 이야기는 다른 곳에 보면 머리를 풀어서 부처님께서 밟고 지나가시도록 했다고도 되어 있는데, 어쨌든 길을 잘 닦아 놓고 부처님께서 지나가시기를 기다리고 있었습니다.

비사부불께서 그 길을 지나시다 지지보살持地菩薩이 그렇게 하고 있는 걸 보고,

> 毗舍如來 摩頂謂我 當平心地 則世界地 一切皆平
> 비 사 여 래 마 정 위 아 당 평 심 지 즉 세 계 지 일 체 개 평

비사여래께서 정수리를 만지면서 저에게 말씀하시기를, 마땅히 심지心地를 평탄하게 하면, 세계의 땅이 일체가 다 평탄해진다 하셨으니,

네가 모든 길을 모래를 져다 메우니 어떻게 다 하겠느냐. 그러니 네 마음만 평平해지면 세계의 땅이 다 평해진다고, 즉 일체유심조一切唯心造 법문을 해주셨습니다.

---

2 고려대장경에는 연筵으로 되어 있으나, 송본·원본·명본에는 본문과 같이 되어 있다.

그 법문을 듣고는,

> 我卽心開 見身微塵
> 아 즉 심 개　견 신 미 진

저의 마음이 열리어 몸의 미진이,

우리가 몸의 것을 미진이라고 하지는 않지만, 세포라는 말과 같습니다. 불교에서 미진이라고 하는 것은, 형상 있는 물건을 쪼개고 쪼개어 세분해 가지고 더 쪼갤 수 없는 데까지 이르러 간, 그것을 말합니다.

> 與造世界 所有微塵 等無差別
> 여 조 세 계　소 유 미 진　등 무 차 별

세계를 조造한 모든 미진으로 더불어 평등하여 차별이 없음을 보았으며,

세계를 조성한 미진이나 내 몸을 조성한 미진이나 미진은 마찬가지입니다. 그래서 내 마음이 평平해지면 세계가 다 평해진다고 할 수가 있는 것입니다. 그러니까 내 몸의 미진이나 세계의 미진이 평등해서 차별이 없는 그것을 깨달아 알았다는 말입니다.

> 微塵自性 不相觸摩
> 미 진 자 성　불 상 촉 마

미진의 자성이 서로 촉마되지 아니하며,

내 몸의 미진이나 세계의 미진이나 미진의 자성이 스스로 저촉抵觸해서 마찰되지 않는다. 미진 자성이 다 같이 등무等無 차별이니까 마찰될 것이 없다는 말입니다.

그래서,

> **乃至刀兵 亦無所觸**
> 내 지 도 병 역 무 소 촉

내지 도병도 저촉抵觸된 바가 없으며,

우리가 지금 칼로 몸을 찌르면 베이고 아픈 것은 저촉, 촉마觸摩되어서 그러는 것인데, 촉마되지 않으니까 칼로 몸을 베는 것이 칼로 물을 베는 것과 같고, 칼로 광명을 베는 것과 같으니, 그래서 역무소촉이라는 겁니다. 그렇게 되면 총을 맞아도 조금도 상하지 않게 될 겁니다.

> **我於法性 悟無生忍 成阿羅漢**
> 아 어 법 성 오 무 생 인 성 아 라 한

저는 법성에서 무생인을 깨닫고 아라한을 이루었고,

소승이었을 때 비사부불 때까지는 이렇게 되었다는 말이고,

> **廻心今入 菩薩位中**
> 회 심 금 입 보 살 위 중

회심하여 지금은 보살위 중에 들었으며,

여기의 회심廻心 두 글자를 가지고 위의 아라한 이루었다는 것을 소승으로 보는 겁니다. 여태껏 아라한을 이루었다고 했을 때 소승 아라한과 대승 아라한의 분별이 없었지만, 여기에서는 위에 아라한을 이루었다고 하였고, 여기에 회심이라고 했으니까 이건 소승 아라한으로 보자는 얘깁니다. 그러니까 아라한으로서 회심해서 지지보살이 된 겁니다.

聞諸如來 宣妙蓮華 佛知見地
문제여래 선묘련화 불지견지

여래께서 『묘련화』의 불지견지 말씀(宣)하심을 듣잡고,

『묘련화』는 『법화경法華經』입니다.

『법화경』에 '개시오입開示悟入 불지지견佛之知見'이라는 말이 나오는데, 부처님께서 지견을 열어 주고, 보여 주고, 깨닫게 하고, 들어가게 한다는, 아주 중요한 얘깁니다. 그러니까 『묘련화』에서 부처님께서 말씀하신 불지견지인 그 자리에 들었다는 말입니다.

여기의 제여래諸如來라고 할 때에 이 지지보살이 석가모니불께만 그런 게 아니라 그 아래 계속해서 많은 부처님을 섬겨 오면서 여러 여래께서 『묘련화』의 불지견지 설하는 것을 들었다, 이렇게 새기게 되는데, 그러면 이 『능엄경』이 『법화경』 후가 된다는 말입니다.

『묘련화』는 『법화경』이고, 그 불지견지 설한 것을 지지보살이 들었다고 했으니까 『능엄경』은 『법화경』의 후가 되어야 하는데, 계환사戒環師는 『법화경』 전이라고 주장합니다. 그러니까 계환사는 문제여래를 과거 여래로 보자, 이겁니다.

석가모니불께만 이 법문을 들은 게 아니라 부처님마다 과거불께서 『법화경』을 설하신다고 하고, 부처님께서 『법화경』을 설하려고 출현하신다고 했으니까 그 제여래를 과거 모든 여래로 보자는 얘깁니다.

그래서 제여래를 여러 여래라고도 하고, 또 석가모니부처님께서라고 할 때는, 그 제諸 자가 여럿이라는 말이 아니라 어조사로서 갈 지之 자와 늘 어於 자를 합한 '지어之於'의 뜻으로 저 자가 됩니다.

한문에서 저諸 자는 '지어之於'의 의미라고 하는데, 여기에서 '석가모니부처님께서'라고 한다면, 문저여래聞諸如來라는 저 자로 읽어야 하겠고, 여러 여래라고 한다면 문제여래聞諸如來라는 제 자로 읽어야 합니다.

我先證明 而爲上首
아 선 증 명   이 위 상 수

제가 먼저 증명하여 상수가 되었나이다.

내가 먼저 『법화경』에서 부처님의 불지견지佛知見地 설하는 걸 증명해서 상수가 되었습니다, 이 말입니다.

그래서 『법화경』에 보면 지지보살이 『법화경』 설하는 걸 듣고 대단히 찬탄하는 이야기가 있는데, 그걸 보고 대개 『능엄경』은 『법화경』의 후이다, 이렇게 이야길 하는데, 계환사의 이야기는 『법화경』에서는 삼승三乘이 일승에 돌아감을 설하기 위한 것으로 수기授記해서 부처 된다는 이야기만 했지, 수행하는 부분이 없다. 그래서 말하기를 『법화경』은 가을에 추수하는 것과 같고, 『능엄경』은 김매는 것과 같다. 즉 『능엄경』에서 견도분見道分, 수도분修道分 등 나중에 55위의 수행 점차를 다 얘기하는 걸 보면 수행하는 것이니까 가을에 추수하다 말고 김매는 데가 어디 있느냐, 이겁니다.

그러니까 『능엄경』에서 김을 매 가지고 『법화경』에서 추수한다, 그러니 『능엄경』이 『법화경』 전이다, 이렇게 주장하는 겁니다.

또한 『법화경』에 야수다라가 수기를 받았다는 얘기가 있는데, 그걸 가지고도 『능엄경』이 『법화』의 후라고들 하는데, 계환사는 또 수기에도 도기道記와 과기果記가 있다, 이겁니다.

도기란 '이렇게 공부하면, 나중에 성불하리라' 하는 것이고, 과기란 '공부를 다해서 얻어 낸 결과'인데, 『법화경』에서는 과기를 이야기했으니, 다른 데서 또 야수다라가 도기를 받은 일이 있는지 없는지 어떻게 아느냐, 그러니까 이건 도기 받은 것이기 때문에 『법화경』 수기가 아니라고 해서 『능엄경』이 『법화경』 전이라고 애써 변명해 왔습니다.

佛問圓通 我以諦觀 身界二塵 等無差別
불 문 원 통 아 이 제 관 신 계 이 진 등 무 차 별

부처님께서 원통을 물으시니, 저는 몸과 세계의 이진이 평등하여 차별이 없으며,

本如來藏 虛妄發塵
본 여 래 장 허 망 발 진

본래 여래장으로서 허망하게 진塵이 발發한 줄을 자세히 관(諦觀)하여,

塵銷智圓 成無上道 斯爲第一
진 소 지 원 성 무 상 도 사 위 제 일

진塵이 소銷하고 지智가 원만하여 무상도를 이룸이 제일이 되겠나이다.

| 月光童子 卽從座起 頂禮佛足 而白佛言 |
| 월광동자 즉종좌기 정례불족 이백불언 |

월광 동자가 자리로 좇아 일어나 불족에 정례하고 부처님께 아뢰어 말하였다.

위의 향엄香嚴 동자와 같이 보살을 가리키는 말입니다.

| 我憶往昔 恒河沙劫 有佛出世 名爲水天 |
| 아억왕석 항하사겁 유불출세 명위수천 |

제가 생각하니, 지난 옛적 항하사 겁에 부처님께서 세世에 출현하시니, 이름이 수천이시라.

수대水大를 얘기하는 것이니까 부처님 명호도 수천불水天佛이십니다.

| 敎諸菩薩 修習水觀[3] 入三摩地 |
| 교제보살 수습수관 입삼마지 |

모든 보살들로 하여금 수관을 수습하여 삼마지에 들라 하시니,

---

3 고려대장경에는 정精으로 되어 있으나, 송본·원본·명본에는 본문과 같이 되어 있다.

화관火觀 등 여러 가지의 관법觀法이 있지만 여기는 수水에 대한 온갖 성질을 관찰하는 것이니, 수관입니다.

觀於身中 水性無奪
관 어 신 중 수 성 무 탈

신중의 수성이 탈奪함이 없음을 관하니,

탈奪이란 빼앗아 버린다는 말이니까 몸속에 있는 여러 가지 수대水大의 성性이 조금도 저촉되지 않는 걸 관하는데, 어떻게 하는고 하니,

初從涕唾 如是窮盡 津液精血 大小便利
초 종 체 타 여 시 궁 진 진 액 정 혈 대 소 변 리

처음 체타로 좇아 이와 같이 진액과 정혈과 대소변리를 궁진窮盡하매,

리利도 대소변을 가리키는 말입니다.
그런 것들이 다 물기에 속하는 것이고, 그것을 다 낱낱이 관찰해서,

身中旋復[4] 水性一同
신 중 선 복 수 성 일 동

신중에 흐르는(旋復) 수성이 동일하며,

---

4 고려대장경에는 선복淀澓으로 되어 있으나, 송본 · 원본 · 명본에는 본문과 같이 되어 있다.

선복이란 몸 가운데 왔다 갔다 한다는 말입니다.

수성이 무탈無奪하기 때문에 동일한 것이니까 수성무탈水性無奪이나 수성일동水性一同이나 다 물 편으로 보면 같다는 말입니다.

그러니까 대소변리든지, 코라든지, 콧물, 침 이런 것들은 더러운 것이고, 정액精液과 진액津液은 깨끗한 것이니까 더럽고 깨끗한 것만 다르지 모두 몸속에 있는 수대水大는 동일하다고 관하는 것이고,

見水身中
견 수 신 중

몸 가운데 수대水大 보는 것이,

몸 가운데 수대가, 그 말입니다.

與世界外 浮幢王刹 諸香水海 等無差別
여 세 계 외 부 당 왕 찰 제 향 수 해 등 무 차 별

세계 외의 부당왕찰의 향수해로 더불어 등무차별함을 보았나이다.

세계 외라고 할 때는, 사바세계 밖에 있는 세계까지 다 가리키는 말입니다.

부당왕찰이란, 물에 떠 있으니 부浮요, 당幢이란 깃대라는 말인데, 『화엄경』에 보면 화장장엄세계해華藏莊嚴世界海를 이야기할 때 본래 큰 향수해가 하나 있고, 그 향수해 안에 큰 연꽃이 하나 있고, 그 낱낱 연잎마다에 또 향수해가 있고, 그 향수해에 또 조그마한 연꽃이 있어서(연꽃 위에 있는

연꽃임) 그 연꽃 위에 20중찰重刹이 있다고 그럽니다. 세계해가 삼천대천세계가 여럿이 모여서 한 찰종刹種(佛刹의 種)이 되고, 즉 세계의 종자가 되고, 그 찰종이 여럿이 모여 한 세계해가 된다고 얘기합니다. 그러니까 향수해 위에 연꽃이 있고, 연꽃 위에 세계가 있으니, 부浮 자는 향수해에 떠 있다는 말이고, 당幢 자는 화장華藏의 이십 중찰이 층층으로 높은 것이 깃대 모양과 같다는 뜻이며, 왕王 자는 가장 높다는 뜻입니다.

그러니까 한 세계 위에 한 세계가 아니라, 한 세계 위에서 불찰세계佛刹世界를 가려면 많은 세계를 지나야 하는데, 그렇게 하기를 20중重이라고 했습니다. 그 20중이 한 찰종, 즉 세계종世界種인데 그런 세계종이 한정 없이 많다는 얘깁니다.

그런데 그 20중 가운데 13중이 우리가 사는 사바세계입니다. 거기서 또 서쪽으로 10만억 국토를 가면 극락세계가 있다고 하는데, 극락세계도 찰종은 다르지만 같은 13중입니다.

이것으로 보아 국토라는 말은 세계가 하나씩이라는 말인가 싶습니다. 그래서 화장세계가 향수香水 중에 떠 있는 것이 부浮요, 그 20 중찰이 층층으로 높은 것이 당幢이며, 왕王이란 크고 높다는 뜻이고, 찰刹이란 세계라는 뜻인데, 이것을 부당왕찰이라 합니다.

그러니까 이 사바세계 밖, 부당왕찰에 있는 모든 향수해로 더불어 온 우주 사이의 세계에 있는 향수해와 내 몸에 있는 물과 등무차별하다는 겁니다.

저 위에서 지지보살은 내 몸에 있는 미진과 세계를 조성하는 미진이 차별이 없다고 했는데, 여기에서 월광 동자는 몸에 있는 수대水大와 세계에 있는 수대가 차별이 없는 줄 관했다는 얘깁니다.

그러니까 수천불水天佛께서 이렇게 수관水觀을 수습하라는 얘기를 하신 겁니다.

我於是時 初成此觀
아 어 시 시 초 성 차 관

제가 그때 처음 이 관觀을 성취하니,

이건 수관水觀이 처음 성립한 것이기 때문에 성숙 단계는 아닙니다.

但見其水 未得無身
단 견 기 수 미 득 무 신

다만 그 물만 보고 무신을 얻지 못했더니,

물을 보기는 보아서 전부가 다 물인 줄은 알게 되었는데, 나중엔 몸까지 없어져야 하는데, 아직 몸은 없어지지 않는 것입니다.

그런데 그때에,

當爲比丘
당 위 비 구

몸이 비구가 되었느니라.

시제時際를 가리키는 말입니다.

室中安禪 我有弟子 闚窓觀室
실 중 안 선 아 유 제 자 규 창 관 실

실室 중에서 안선할 적에 저의 제자가 창을 뚫고 실室을 보니,

규闚 자는 들여다본다는 말이니까 스님이 방 안에서 참선하시는 줄 알고, 어떻게 하는가 보려는 호기심에 창을 뚫고 방을 들여다본다는 말입니다.

唯見淸水 遍在屋中 了無所見
유 견 청 수 변 재 옥 중 요 무 소 견

오직 맑은 물이 옥屋 중에 두루 있는 것만 보고, 마침내 보이는 바 (다른 것)가 없어서,

수관水觀을 하고 있으니 물만 보이고, 스님이 안 보인다는 말입니다.

童稚無知 取一瓦礫 投於水內
동 치 무 지 취 일 와 력 투 어 수 내

동치가 지견知見이 없어서 1와력을 취해 물속에 던져,

激水作聲 顧眄而去
격 수 작 성 고 면 이 거

던져 소리를 짓고는 고면하며 가더이다.

스님이 혹 걱정이나 안 하실까 힐끔힐끔 돌아보며 간 그런 일이 있는데,

我出定後 頓覺心痛
아 출 정 후 돈 각 심 통

제가 정定에서 나온 후에 문득 심통을 각覺함이,

선정에 들어 있다가 그 정定에서 나온 후에 가슴이 아픈 걸 깨닫게 되니,

如舍利弗 遭違害鬼
여 사 리 불 조 위 해 귀

마치 사리불이 위해귀를 만난 것과 같으므로,

사리불이 어느 때에 바닷가에 앉아 선정에 들어 있는데(선정에 들어 있을 때는 보고 듣고 하는 게 다 없어진 때인데), 그때 사리불과 원수 되는 위해귀가 마침 그 옆을 지나다 보니, 자기의 원수 되는 사리불이 참선을 하고 있길래 뺨을 한 대 후려갈겼답니다.

위해귀란 내 성질을 어겨서 날 해하려 하는 성품을 갖고 있는데, 그때는 선정에 들어 있으니 매 맞았는지도 몰랐는데, 그 후에 정定에서 나와 보니 뺨이 아프더라는 말입니다.

그래서 이 월광 동자도 사리불이 위해귀에게 뺨을 맞아 아팠듯이 가슴이 아프다는 말입니다.

我自思惟 今我已得阿羅漢道
아 자 사 유 금 아 이 득 아 라 한 도

내가 스스로 생각하되, 나는 이미 아라한도를 얻어,

아라한은 아我가 공空한 겁니다.

> 久離病緣 云何今日 忽生心痛
> 구 리 병 연 운 하 금 일 홀 생 심 통

오래전에 병연을 여의었는데, 어찌 금일에 홀연히 심통이 생하는가.

아라한은 이미 아我가 공空해졌는데 무슨 병이 있겠느냐, 이 말입니다. 심통은 마음이 아프다는 말이 아니고 가슴이 아프다는 말입니다.

> 將無退失
> 장 무 퇴 실

장차 퇴실하려는 것이 아닌가 하였나이다.

뭐가 잘못되어 아라한에서 퇴退하는 게 아닌가 하고 걱정하고 있는데,

> 爾時童子 捷來我前 說如上事
> 이 시 동 자 첩 래 아 전 설 여 상 사

그때 동자가 급히 제 앞에 와서 위의 일을 말하기에,

스님이 어디 가셨나 찾다가 방을 들여다보니 스님은 안 계시고 물만 있

기에 돌을 하나 던지고 갔다는, 위의 일을 말했다는 얘깁니다.

그래서 가슴 아픈 것이 그 돌이 들어갔기 때문이란 걸 알았습니다.

我則告言 汝更見水 可卽開門 入此水中 除去瓦礫
아 즉 고 언 여 갱 견 수 가 즉 개 문 입 차 수 중 제 거 와 력

제가 곧 고해 말하되, 네가 다시 물을 보거든 가히 곧 문을 열고 이 물속에 들어와 와력을 제거하라 하니,

상좌에게 네가 집어던졌던 그 기왓장을 다시 집어내라고 그렇게 말했다는 얘깁니다.

童子奉敎 後入定時 還復見水 瓦礫宛然
동 자 봉 교 후 입 정 시 환 부 견 수 와 력 완 연

동자가 가르침을 받들어 뒤에 정定에 들었을 때 다시 물이 보이매 와력이 완연하거늘,

그 기왓장이 분명히 들어 있거든,

開門除出 我後出定 身質如初 逢無量佛
개 문 제 출 아 후 출 정 신 질 여 초 봉 무 량 불

문을 열고 제출하였고, 제가 뒤에 정定에서 출出하니 신질이 처음과 같더이다. 한량없는 부처님을 만났으며,

아프기 전과 같다는 게 여초如初입니다.

그래서 무량한 부처님을 만나면서 늘 수관水觀을 해 왔다는 얘깁니다.

如是至於山海自在通王如來 方得亡身
여 시 지 어 산 해 자 재 통 왕 여 래　방 득 망 신

이와 같이 산해자재통왕여래 때에 이르러 비로소 몸이 없음을 얻고,

도망해 없어졌다는 게 망亡입니다.

與十方界 諸香水海 性合眞空 無二無別
여 시 방 계　제 향 수 해　성 합 진 공　무 이 무 별

시방계의 모든 향수해로 더불어 성性이 진공에 합하여 둘도 없고 차별도 없으며,

수대水大가 진공입니다. 저 위에서 성공性空인 진수眞水와 성수性水인 진공이라고 했습니다. 그러니까 시방 향수해나 내 몸에 있는 물이나 다 같다는 말입니다.

그렇게 공부를 해 왔는데,

今於如來 得童眞名
금 어 여 래　득 동 진 명

지금 여래에게서 동진이라는 이름을 얻어,

석가모니불에게서 동진보살이라는 이름을 얻어 가지고,

預菩薩會
예 보 살 회

보살회에 참예參預하였나이다.

佛問圓通 我以水性 一味流通 得無生忍
불 문 원 통 아 이 수 성 일 미 유 통 득 무 생 인

부처님께서 원통을 물으시니, 저는 수성이 한결같이 유통함으로써 무생인을 얻어,

圓滿菩提 斯爲第一
원 만 보 리 사 위 제 일

보리를 원만함이 제일이 되겠나이다.

琉璃光法王子 卽從座起 頂禮佛足 而白佛言
유 리 광 법 왕 자 즉 종 좌 기 정 례 불 족 이 백 불 언

유리광 법왕자가 자리로 좇아 일어나 불족에 정례하고 부처님께

아뢰어 말하였다.

> 我憶往昔 經恒沙劫 有佛出世 名無量聲
> 아 억 왕 석 경 항 사 겁 유 불 출 세 명 무 량 성

저는 생각하니 지나간 항사 겁에 부처님께서 세상에 출현하시니, 이름이 무량성이시라,

> 開示菩薩 本覺妙明
> 개 시 보 살 본 각 묘 명

보살에게 본각이 묘명함을 보이시되,

저 위에서도 본각本覺은 명묘明妙하고 성각性覺은 묘명하다고 했습니다.

이렇게 하라고 가르칠 때에,

> 觀此世界 及衆生身 皆是妄緣 風力所轉
> 관 차 세 계 급 중 생 신 개 시 망 연 풍 력 소 전

이 세계와 및 중생의 몸이 모두 망연인 풍력으로 전轉(動轉)한 바임을 관하라 하셨나이다.

사람의 몸도 망연풍력으로 전轉하고, 세계도 망연풍력으로 전하여 유정 · 무정이 다 망연풍력으로 동전하는 것임을 관찰하라고 무량성불께서

가르쳐 주셨다는 말입니다.

그러니까 이것은 유리광 법왕자 한 사람에게만 가르쳐 준 게 아니라 여러 사람에게 다 그렇게 가르쳐 주신 겁니다.

我於爾時 觀界安立
아 어 이 시 관 계 안 립

제가 그때에 계界의 안립함을 관하고,

안립은 제자리에 안정해서 있는 게니까 공간을 가리키는 말입니다.

觀世動時 觀身動止
관 세 동 시 관 신 동 지

세世의 동시를 관하고, 신身의 동지함을 관하고,

세世는 세상이니까 세상의 시간이 동하는 것 과거 · 현재 · 미래로 내려오는 시간이 동하는 것인 줄 관하고, 몸이 가는 것은 동하는 것이고, 앉아 있는 것은 지止하는 것이니까 동하고 지하는 것이 다 풍대風大의 소전所轉이라고 관하며,

觀心動念
관 심 동 념

심心의 동념함을 관하니,

우리 마음이라고 하는 것이 생각이 동하는 줄 관하는 것이니, 심心의 동념은 풍風이 일어나는 근원입니다.

세世나 계界나 몸이나 마음이 다 같이 풍대로 전轉하는 줄을 관했다는 말입니다.

> 諸動無二 等無差別
> 제 동 무 이 등 무 차 별

모든 동動이 둘이 없고 평등하여 차별이 없더이다.

다 같은 풍대의 전轉한 바인 줄을 알았다는 말입니다.

> 我時了覺 此群動性 來無所從 去無所至 十方微塵
> 아 시 요 각 차 군 동 성 내 무 소 종 거 무 소 지 시 방 미 진
> 顚倒衆生 同一虛妄
> 전 도 중 생 동 일 허 망

제가 그때에 이 여러 동動하는 성性이 오매 좇은 바가 없고, 가매 이를 바가 없어서 시방의 미진 전도한 중생이 동일하게 허망한 줄을 알았고(了覺),

그렇게 관할 때에 세계라든지 신심身心이 동하는 성품이 어디서 시작해서 온 데가 없고, 간다 해도 이르러 갈 바가 없는 줄을, 시방의 미진과 같은 중생이 다 똑같은 허망한 풍대로 전轉한 바를 관하여 내려왔다는 말입니다.

```
如是乃至 三千大千 一世界內
여시내지 삼천대천 일세계내
```

이와 같이 내지 삼천대천세계 안의,

```
所有衆生 如一器中 貯百蚊蚋
소유중생 여일기중 저백문예
```

있는바 중생들이 마치 1기器 중에 백 문예를 모아 놓으면,

```
啾啾亂鳴 於分寸中 鼓發狂鬧
추추난명 어분촌중 고발광뇨
```

추추히 어지럽게 울어서 분촌 중中에 고발광뇨함과 같았나이다.

벌레 우는 소리를 추추라고 합니다. 분촌 중이란 얼마 안 되는 가운데라는 말이고, 고발광뇨란 자꾸 흔들어 발發해 가지고 지껄인다는 말입니다.

그러니까 이 삼천대천세계에 있는 중생이 마치 파리통 안에 파리와 모기들이 모여서 야단하고 북적거리는 것이나 마찬가지더라, 그런 말입니다.

그렇게 풍대風大의 소생인 줄을 관하노라니,

```
逢佛未幾 得無生忍
봉불미기 득무생인
```

부처님을 만난 지 얼마 되지 아니하여 무생법인을 얻으니,

爾時心開 乃見東方 不動佛國
이 시 심 개 내 견 동 방 부 동 불 국

그때에 마음이 개開하여 동방의 부동불국을 보고,

아촉阿閦을 번역하면 부동不動이니까 부동불국은 아촉불국을 말합니다.

爲法王子
위 법 왕 자

법왕자가 되어,

그래서 동방 부동국의 법왕자가 되었고, 동방은 동하는 것이니까 풍대라고 하는 말이 되겠습니다.

事十方佛 身心發光 洞澈無礙
사 시 방 불 신 심 발 광 통 철 무 애

시방불을 섬기었으며 신심이 광光을 발하여 걸림 없이 통철하였나이다.

이렇게 풍대를 의지해 공부했다는 얘깁니다.

佛問圓通 我以觀察 風力無依
불 문 원 통 아 이 관 찰 풍 력 무 의

부처님께서 원통을 물으시니, 저는 풍력이 의지함이 없음을 관찰하여,

허망하게 생긴 것이니까 풍대가 의지한 데가 없다는 말입니다.

悟菩提心 入三摩地 合十方佛
오 보 리 심 입 삼 마 지 합 시 방 불

보리심을 깨닫고 삼마지에 들어가 시방불과 합하고,

傳一妙心 斯爲第一
전 일 묘 심 사 위 제 일

일묘심을 전傳함이 제일이 되겠나이다.

일묘심을 전해서 중생을 교화한다는 말입니다.
여기까지 해서 지地·수水·화火·풍風은 다 나왔고, 이제 공대空大를 얘기합니다.

虛空藏菩薩 卽從座起 頂禮佛足 而白佛言
허 공 장 보 살 즉 종 좌 기 정 례 불 족 이 백 불 언

허공장보살이 자리에서 일어나 불족에 정례하고 부처님께 아뢰어 말하였다.

```
我與如來 定光佛所 得無邊身
아 여 여래  정 광 불 소  득 무 변 신
```

저는 여래로 더불어 정광불소에서 무변신을 얻고,

그러니까 석가여래도 그때에 정광여래에게서부터 공부를 했다는 말입니다. 또한 허공이니까 무변신을 얻었다는 말입니다.

```
爾時手執 四大寶珠
이 시 수 집  사 대 보 주
```

그때에 손에 사대 보주를 들고,

이것을 계환사戒環師나 다른 이는, 지·수·화·풍 사대가 보배로운 것, 즉 사대인 보주라고 이렇게 얘길 했는데,『정맥소正脉疏』에서는 사대인 보주가 아니라 네 개의 큰 보배 구슬이라고 얘길 했습니다. 이유는 지금 이 허공장보살이 사대를 관찰하는 것이니까 구슬이 능관能觀하는 것을 가지고야 주珠라고 하지, 소관所觀, 관찰할 바는 주珠의 뜻이 안 된다는 얘깁니다.

```
照明十方微塵佛刹 化成虛空
조 명 시 방 미 진 불 찰  화 성 허 공
```

시방의 미진 불찰을 비추어 허공을 화성하였으며,

시방의 미진과 같이 많은 부처님 세계를 비추니까 보주寶珠가 능조能照, 능히 비추는 쪽이 된다는 말입니다.

화성허공이란 시방세계가 다 허공이 된다. 그러니까 허공장보살이니까 전부 다 공해진다는 얘깁니다.

그렇게 하는 걸 봤는데, 손으로 사대 보주를 잡아 가지고 그렇게 했고,

又於自心 現大圓鏡
우 어 자 심 현 대 원 경

또한 자심에 대원경을 나타내고,

대원경이란 대원경지大圓鏡智를 말한 것입니다.

內放十種 微妙寶光 流灌十方 盡虛空際
내 방 십 종 미 묘 보 광 유 관 시 방 진 허 공 제

안으로 10종의 미묘한 보광을 대원경지大圓鏡智로부터 놓아 시방의 진허공제에 유관하니,

諸幢王刹 來入鏡內 涉入我身
제 당 왕 찰 내 입 경 내 섭 입 아 신

모든 당왕찰이 거울 속에 들어와서 내 몸에 섭입하니,

제당왕찰은 위에서 말했던 부당왕찰浮幢王刹과 같습니다.

지금 허공장보살의 마음 가운데다 대원경大圓鏡을 나타냈는데, 그 대원경에 다 비춰 들어왔고(來入), 그림자만 들어온 게 아니라 세계가 다 들어온 겁니다. 그것을 다 포섭해 가지고 내 몸, 내 마음 가운데 대원경지가 나타났으니까 내 몸으로 들어왔다는 겁니다.

身同虛空 不相妨礙
신 동 허 공 불 상 방 애

몸이 허공과 같아서 서로 방애되지 아니하며,

세계가 내 몸속에 들어와도 조금도 방애가 없다는 겁니다.
이것은 곧 많은 세계가 내 몸에 들어왔다는 말이고,

身能善入 微慶國土
신 능 선 입 미 경 국 토

몸도 능히 미경 국토에 선입하여,

내 몸이 또 미진과 같은 국토에 들어가서 두루 안 가는 데가 없다는 말입니다.

그래서,

廣行佛事 得大隨順
광 행 불 사 득 대 수 순

널리 불사를 행하여 대수순을 얻었사오니,

조금도 장애가 없이 하고 싶은 대로 하는 게 대수순입니다.

此大神力 由我諦觀 四大無依
차 대 신 력 유 아 제 관 사 대 무 의

이 대신력은 제가 사대가 의지한 데가 없어서,

여기에 사대무의라고 했으나, 위의 사대보주四大寶珠를 사대로 보는 겁니다. 이건 곧 지·수·화·풍 사대입니다.

妄想生滅
망 상 생 멸

망상으로 생멸하며,

사대가 허망한 망상으로 생했다 멸했다 하는 것이지, 실제의 존재가 없으니 어디 붙어난 데가 없는 것입니다.

虛空無二 佛國本同
허 공 무 이 불 국 본 동

허공도 둘이 없고 불국이 본래 동일한 것임을 자세히 관한(諦觀) 까닭이며,

허공과 사대가 둘이 아니고 온 허공 가운데 있는 부처님 국토가 본래 같아서,

> 於同發明 得無生忍
> 어 동 발 명 득 무 생 인

동일한 데서 발명하여 무생인을 얻었나이다.

허공이 무이無二함도 같다는 말이고, 불국이 본동本同한다는 것도 같은 말이어서 같은 데서 지혜를 발명했다는 말입니다.

> 佛問圓通 我以觀察 虛空無邊
> 불 문 원 통 아 이 관 찰 허 공 무 변

부처님께서 원통을 물으시니, 저는 허공이 무변함을 관찰하여,

> 入三摩地 妙力圓明 斯爲第一
> 입 삼 마 지 묘 력 원 명 사 위 제 일

삼마지에 들고 묘력이 원명함이 제일이 되겠나이다.

공대空大까지 얘기했으니, 식대識大와 근대根大가 남았는데, 이제 식대를 얘기합니다.

彌勒菩薩 卽從座起 頂禮佛足 而白佛言
미륵보살 즉종좌기 정례불족 이백불언

미륵보살이 자리를 좇아 일어나 불족에 정례하고 부처님께 아뢰어 말하였다.

我憶往昔 經微塵劫 有佛出世 名日月燈明
아 억 왕 석 경 미 진 겁 유 불 출 세 명 일 월 등 명

저는 생각하니, 지난 옛적 미진 겁을 지나 부처님께서 출세하시니, 이름이 일월등명이시라,

일월등명 이야기는 『법화경』에도 있습니다.

我從彼佛 而得出家
아 종 피 불 이 득 출 가

저는 저 부처님을 좇아 출가함을 얻고,

心重世名 好遊族姓
심 중 세 명 호 유 족 성

마음에 세상의 명名을 중히 여겨 족성에 유遊하기를 좋아했더니,

족성이란 귀족을 말합니다. 그런데 그 귀족을 따라다니면서 상종하는

걸 좋아했다는 말입니다.

> 爾時世尊 敎我修習 唯心識定 入三摩地
> 이 시 세 존 교 아 수 습 유 심 식 정 입 삼 마 지

그때 세존께서 저로 하여금 유심식정을 수습하여 삼마지에 들게 하셨사오니,

오직 마음뿐이지 세상의 명예라든지 명문대가가 무슨 소용 있느냐, 그 말입니다. 이건 곧 식대識大이니까 식심정識心定을 가리켰다는 말입니다. 또한 일체유식一切唯識이란 상종相宗에서 하는 말이니까 미륵보살은 상종입니다.

그렇게 가르쳐 주신 대로 닦아 내려오면서,

> 歷劫已來 以此三昧 事恒沙佛
> 역 겁 이 래 이 차 삼 매 사 항 사 불

역겁 이래로 이 삼매로써 항사 불佛을 섬겼으니,

그때 와서야,

> 求世名心 歇滅無有
> 구 세 명 심 헐 멸 무 유

세世의 명名을 구하는 마음이 헐멸하였나이다.

족성族姓에 다니면서 세상의 명예를 소중히 하던 마음이 없어졌다는 말입니다.

> 至然燈佛 出現於世 我乃得成 無上妙圓識心三昧
> 지 연 등 불 출 현 어 세 아 내 득 성 무 상 묘 원 식 심 삼 매

연등불이 세상에 출현하심에 이르러 제가 이에 무상묘원식심삼매를 이루니,

그때 가서야 삼매가 성숙된 것입니다.
즉 식심삼매를 얻고 보니까, 그 말입니다.

> 乃至盡空 如來國土 淨穢有無
> 내 지 진 공 여 래 국 토 정 예 유 무

내지 허공을 다한 여래 국토의 정淨·예穢·유有·무無가,

유有란 세계가 생겨나는 것이고, 무無란 세계가 없어지는 것입니다.

> 皆是我心 變化所現
> 개 시 아 심 변 화 소 현

모두 내 마음으로 변화하여 나타난 바이더이다.

그래 유심식견唯心識見이요, 세계가 따로 있는 게 아니라는 얘깁니다.

世尊 我了如是 唯心識故
세존 아료여시 유심식고

세존이시여, 저는 이와 같이 유심식을 요달了達한 까닭으로,

識性流出 無量如來
식성유출 무량여래

식성에서 무량여래를 유출流出하였으며,

상종相宗에서는 팔식 자체에서 부처님도 나왔고, 세계도 나왔다고 합니다.

今得授記 次補佛處
금득수기 차보불처

이제 수기를 얻어 보불처에 있게(次) 되었나이다.

보불처란 보처불補處佛이나 같은 말이니까 이 다음엔 미륵불이 출현한다고 하니, 보불처 아니겠습니까?

佛問圓通 我以諦觀 十方唯識
불문원통 아이제관 시방유식

부처님께서 원통을 물으시니, 저는 시방이 유식임을 자세히 관하여,

識心圓明 入圓成實
식 심 원 명 입 원 성 실

식심이 원명하여 원성실에 들어가서,

이건 원성실성圓成實性입니다. 원만하게 성취한 실상을 가리키는 말이니까 본심 자리, 불심 자리를 원성실성이라고 그럽니다. 즉 본시 여래장묘진여성如來藏妙眞如性임을 깨닫고, 그 말입니다.

遠離依他 及遍計執
원 리 의 타 급 변 계 집

의타와 변계집을 멀리 여의고,

상종相宗에서 삼성三性을 얘기하는데, 우리의 본 성품을 원성실성圓成實性이라 하고, 원성실성을 의지해서 생겨난 염정제법染淨諸法은 다 의타기성依他起性입니다. 그러니까 다른 원성실성을 의지해서 일어나는 것이니까 의타기성이라고 하고, 그 의타기성·식심識心 자리에서 일어난 저 염정제법染淨諸法을 보고서 이것은 좋다 저것은 나쁘다고 하는 것을 변계라고 합니다. 그래서 그걸 버려야 하니까 식심識心만 알지, 거기 여러 가지 분별 나는 것은 다 떠나 버린다는 말입니다.

得無生忍 斯爲第一
득 무 생 인 사 위 제 일

무생법인을 얻는 것이 제일이 되겠나이다.

비유로 말하기를 원성실성圓成實性은 노끈 꼬는 삼과 같으니, 본여래장묘진여성本如來藏妙眞如性이며, 그 원성실성을 의지해 일어난 것이 의타기성인데, 그것은 삼으로 꼰 노끈과 같다는 겁니다. 변계는 의타기성인 노끈에 대해서 꾸불꾸불한 것을 보고 뱀인 줄 생각하는 그것을 말했습니다.

그래서 우리의 심식 작용이 원성실성 · 의타기성 · 변계소집성의 세 가지가 있다고 하는데, 의타기성과 변계소집성은 다 허망한 것이니, 모두 멀리 여의고, 본 원성실성만으로 돌아가서 무생법인을 얻는 것이 제일이 되겠다는 얘깁니다.

마지막으로 근대根大입니다.

大勢至法王子 與其同倫 五十二菩薩 卽從座起 頂禮
대세지법왕자 여기동륜 오십이보살 즉종좌기 정례
佛足 而白佛言
불족 이백불언

대세지 법왕자가 그 동륜 52보살과 더불어 자리를 좇아 일어나 불족에 정례하고 부처님께 아뢰어 말하였다.

我憶往昔 恒河沙劫 有佛出世 名無量光
아억왕석 항하사겁 유불출세 명무량광

저는 기억하니, 지난 옛적 항사 겁에 부처님께서 세상에 나시니, 이

름이 무량광이며,

> 十二如來 相繼一劫 其最後佛 名超日月光
> 십 이 여 래 상 계 일 겁 기 최 후 불 명 초 일 월 광

12여래께서 1겁 동안에 상계하셨는데, 그 최후불의 이름이 초일월광이라,

계속 부처님께서 나시고 나셔서 12여래께서 나셨는데, 그와 같은지는 모르지만 13불을 얘기한 게 있습니다.

가운데는 같은지 다른지 알 수가 없고, 첫 부처님이 무량광불無量光佛이요, 나중의 초일월광불超日月光佛, 그 둘은 같습니다.

> 彼佛敎我 念佛三昧
> 피 불 교 아 염 불 삼 매

그 부처님께서 저에게 염불삼매를 가르치시되,

피불은 초일월광불超日月光佛일 겁니다.

대세지보살大勢至菩薩이 염불하는 인因으로 극락세계로 보내 주는 염불삼매를 가르쳐 주셨는데, 이렇게 가르쳐 주셨습니다.

> 譬如有人 一專爲憶 一人專忘
> 비 여 유 인 일 전 위 억 일 인 전 망

비유컨대 마치 한 사람은 전혀(專: 오로지) 생각하나, 한 사람은 전혀 잊는다면,

그러니까 기억하는 것은 부처님께서 중생 생각하시는 것이요, 잊는 것은 중생이 부처님 생각 안 하고, 그만 생사에 윤회하면서 잊어버리는 것에 비유하는 말입니다.

如是二人 若逢不逢
여 시 이 인   약 봉 불 봉

이 두 사람은 만약 만나기도 하고, 만나지 못하기도 하며,

처음 약봉의 만나는 것은 한 사람이 전혀 기억하기 때문이고, 하나는 자꾸 잊어버리니까 만나지 못하는 겁니다. 그러나 만나도 누군지 모르니까 만난다 해도 만나지 못하는 겁니다.

或見非見
혹 견 비 견

혹 보아도 보지 못하거니와,

문수보살을 보고도 노인으로 보는 이런 것들이 만났어도 모르고, 보고도 보지 못하는 것들입니다. 그렇기 때문에 중생이 부처님을 보지 못한다, 이런 말입니다.

그런데,

```
二人相憶 二憶念深
이 인 상 억  이 억 념 심
```

두 사람이 서로 기억하여 두 기억하는 염念이 깊으면,

```
如是乃至 從生至生 同於形影 不相乖異
여 시 내 지  종 생 지 생  동 어 형 영  불 상 괴 이
```

이와 같이 내지 생生을 좇아 생에 이르도록 형상의 그림자와 같아서 서로 괴이하지 아니하리라.

형形은 몸뚱이요, 영影은 그림자입니다.
몸 가는 데 그림자가 항상 따르니까 이것을 비유로 하는 말입니다.

```
十方如來 憐念衆生 如母憶子
시 방 여 래  연 념 중 생  여 모 억 자
```

시방의 여래께서 중생을 연민히 염念하시는 것이 마치 어미가 자식 생각하는 것과 같건만,

```
若子逃逝 雖憶何爲
약 자 도 서  수 억 하 위
```

만일 자식이 도망하면 비록 생각하나 무엇하리오.

부처님은 중생을 생각하지만 중생이 부처님을 생각 안 하면 소용없다는 얘깁니다.

그러니 혼자만 생각하면 안 되는 것이고,

> 子若憶母 如母憶時 母子歷生 不相違遠
> 자 약 억 모 여 모 억 시 모 자 역 생 불 상 위 원

자식이 어미 생각하기를, 어미가 기억하는 때와 같이 한다면, 모母와 자子가 역생토록 서로 위원하지 아니하리라.

> 若衆生心 憶佛念佛
> 약 중 생 심 억 불 염 불

만약 중생이 마음으로 부처님을 생각하고 부처님을 염念하면,

억불과 염불을 소疏에서 이렇게 얘기했습니다.

억불은 십육관선법十六觀禪法이 있듯이 가령 아미타불이 이러하리라 하고 관상觀像하는 것이고, 염불은 입이나 마음이나 생각으로 명호를 하는 것입니다. 그래서 관상으로 생각하는 것은 억불이라 하고, 몸과 마음으로 염하는 것은 염불이라 한다고 했습니다.

그런데 지금 우리가 염불한다고 하는 것이 입으로 부르는 것을 말하지 생각하는 것을 말하지 않으며, 또 이 념念 자를 생각 념 자라고만 하지, 이름 부를 념 자라고 하지는 않습니다.

그런데 중국 사람들은 아이들에게 글 읽으라고 할 때 "염서念書하라.(글 읽어라.)" 이렇게 합니다. 그러니까 마음으로 생각한다고 할 때도 념

念이라 하고, 입으로 글 읽는다고 할 때도 념이라 하여 두 가지의 뜻으로 쓰입니다.

그래서 마음으로 생각하는 것도 념이고, 입으로 말하는 것도 념이기 때문에 염불이라고 하면 마음으로 생각하는 것도 염불이고, 입으로 부처님의 명호를 외우는 것도 염불입니다.

결론적으로 념念 자는 생각한다는 뜻만이 아니라 글 읽는다는 뜻도 된다는 말입니다.

現前當來 必定見佛 去佛不遠
현 전 당 래 필 정 견 불 거 불 불 원

현전에나 당래에 결정코 부처님을 볼 것이며, 부처님을 떠나기 멀지 아니하여,

이것은 극락세계에 가서 부처님 보는 게 멀지 않다고 해도 될 것이고, 지금 여기에 있으면서도 오래지 않아 극락세계에 가서 날 테니까 부처님 떠난 게 멀지 않다고 봐도 됩니다.

부처님을 떠나기 멀지 아니하여,

不假方便 自得心開
불 가 방 편 자 득 심 개

방편을 가자하지 아니하여도 스스로 심心이 개開함이,

부처님을 보게 될 거라는 말입니다.

또 비유합니다.

如染香人
여 염 향 인

마치 염향하는 사람이,

  향을 물들인다는 것은, 향기를 피워 놓고 다른 옷이라든지 종이라든지를 자꾸 쬐여 가지고 거기서 향내 나게 하는 것을 말합니다.
  향 물을 가지고 옷에 뿌린다든지, 향기를 옷에 쬐인다든지 이런 것들도 다 염향입니다.
  자기는 향을 몸에 바르지 않았지만,

身有香氣
신 유 향 기

몸에 향기가 있는 것과 같으리니,

  염불한다고 하면 부처님을 염하기 때문에 내 몸에 부처님의 기분이 있게 된다는 말입니다. 그래서 염불하는 그것이 향을 물들이는 것과 같기 때문에 부처님과 가까워지게 된다는 말입니다.

此則名曰 香光莊嚴
차 즉 명 왈 향 광 장 엄

이것을 곧 이름하여 향광장엄이라 하시더이다.

염불삼매를 얻어 법체法體를 장엄하는 것을 향광장엄이라 한다, 이 얘깁니다.

我本因地 以念佛心 入無生忍
아 본 인 지   이 염 불 심   입 무 생 인

저는 본래 인지에서 염불하는 마음으로 무생법인에 들어갔고,

今於此界 攝念佛人 歸於淨土
금 어 차 계   섭 염 불 인   귀 어 정 토

지금도 이 세계에서 염불하는 사람을 섭攝하여 정토에 돌아가게 하나이다.

지금이란 석가모니부처님 때를 가리킵니다.

자기가 인행因行 때에 염불하는 것으로 무생법인을 얻었고, 그랬기 때문에 지금도 이 세상에 염불하는 사람을 다 섭수攝收해다가 정토에 가게 한다는 말입니다.

佛問圓通 我無選擇
불 문 원 통   아 무 선 택

부처님께서 원통을 물으시니, 저는 선택하지 말고,

안근으로 한다든지, 이근으로 한다든지 육근 가운데 하나도 선택해 가리는 것 없이,

> 都攝六根 淨念相繼 得三摩提 斯爲第一
> 도 섭 육 근 정 념 상 계 득 삼 마 제 사 위 제 일

육근을 모두 섭攝하여 정념이 서로 계속하여 삼마지三摩地를 얻는 것이 제일이 되겠나이다.

이제 근대根大(七大)가 끝났고, 25원통 가운데 관세음보살의 이근원통耳根圓通만 남았습니다. 이 이근원통까지 하면 25원통을 구족하게 되는데, 『능엄경』 전체가 관세음보살의 이근원통을 이야기하기 위해 설해졌습니다.

오근五根으로부터 내려오면서 24원통이 전부 관세음보살의 이근원통 하나를 내세우기 위해서 말했던 것이고, 또『능엄경』을 처음부터 강의를 들었다든지 경을 보신 분은 아시겠습니다만, 강의한 마음, 인식하는 마음, 이것을 가지고는 성불을 못 한다고 1권, 2권에서 얘길 했습니다.

그래서 우리의 본 불성 자리 이걸 가지고 해야지 다른 것 가지고는 안 된다고 얘기한 것은, 여기 관세음보살의 이근원통을 얘기하기 위한 것입니다. 즉『능엄경』에서 가장 중요한 것이 관세음보살의 이근원통입니다.

원체 성불하는 일이 되어서 글 자체도 어렵습니다만, 설사 글을 안다 해도, 우리가 그렇게 행하기는 더욱 어렵습니다. 그래서 부처 되기가 어렵고 중생 노릇 하기가 쉬운 겁니다. 그러나 한번 해 봐야 합니다. 불자가 되어서 불법을 믿는다고 하면 해 봐야 합니다.

대불정여래밀인수증요의제보살만행수릉엄경
|제6권|

당 천축 사문 반랄밀제 역
唐 天竺 沙門 般刺蜜帝 譯

오장국 사문 미가석가 역어
烏萇國 沙門 彌伽釋迦 譯語

보살계제자전정간대부동중서문하평장사청하 방융 필수
菩薩戒弟子前正諫大夫同中書門下平章事淸河 房融 筆授

봉선사 사문 운허용하 강설
奉先寺 沙門 耘虛龍夏 講說

능엄경 강화

제6권

5) 관음보살의 이근원통耳根圓通

> 爾時 觀世音菩薩 卽從座起 頂禮佛足 而白佛言
> 이시 관세음보살 즉종좌기 정례불족 이백불언

이때 관세음보살이 자리에서 일어나 불족에 정례하고 부처님께 아뢰어 말하였다.

> 世尊憶念 我昔無數恒河沙劫
> 세존 억념 아 석 무 수 항 하 사 겁

세존이시여, 억념하니 제가 옛적 수없는 항하사 겁 전에,

항하사라는 것은 숫자의 이름입니다. 그냥 말하면, 항하의 모래와 같다고 하는 말이지만, 대수大數 가운데 항하사라고 하는 숫자가 있습니다.

요새 한국 돈도 원체 값이 헐하게 되니까 억億, 조兆까지 나왔습니다만, 예전에는 억까지도 안 가고 만萬이라든지 10만十萬이라든지 하는 게 가장 큰 돈이었습니다. 그러나 요새 조까지 얘기하지만, 그 억이나 조를 가지고는 이 항하사에 대지도 못합니다.

인도 북쪽에서 남쪽으로 내려가는 인도에서 가장 큰 강의 이름인데, 지금은 갠지스라고 그럽니다. 갠지스라고 하는 강이 그렇게 큰 모양인데, 아마 양자강보다도 더 큰 것인지도 모르겠습니다. 어쨌든 그렇게 큰 강인데, 그 항하 강의 모래가 40리나 된다는 얘깁니다.

요즘 한강의 백사장이 크다고 합니다만 항하는 너비가 40리가 전부 모래요. 항하를 흐르는 물에서부터 육지까지 나오는 그 40리를 내려가면 또 얼마인지 모를 정도입니다. 그러니까 너비가 40리이니, 길이는 한정 없는 것이 됩니다.

그렇게 모래가 많은데, 그 모래의 가늘기는 마치 천에다 물을 담으면 처음엔 담겨 있는 것 같지만 잠깐 사이에 다 새 버리는 것처럼, 천에다 모래를 담으면 잠깐 돌아서면 다 새 버릴 만큼 그렇게 가늘답니다. 그렇게 가는 모래가 너비는 40리이고, 길이는 몇 천 리일 텐데, 모래의 수가 얼마나 많겠습니까?

항하에 있는 모래를 전부 쳐서 낱낱이 센 그 수효가 항하사와 같다, 그런데 여기에서는 무수無數 항하사, 그런 항하사가 얼마인지 모른다는 겁니다.

항하사 겁이란 모래 한 알을 가지고 한 겁을 계산해서 항하에 있는 모래가 다할 때까지를 말합니다. 그러니까 그런 겁이 수 없을 만큼 그렇게 오랜 옛적이라는 말입니다.

그때에 부처님께서 이 세상에 오셨는데, 이름이 관세음불입니다. 그러니까 제자도 관세음이고, 선생도 관세음이라는 말입니다. 즉 관세음부처님께 처음으로 발심했으니 관세음보살입니다.

석가모니불도 싯달타 태자가 성불한 석가모니불 말고, 그 석가모니불이 처음으로 불법을 믿고 선생으로 섬긴 석가모니불이 계십니다. 그러니까 제자와 선생의 이름이 같습니다.

> 於時有佛 出現於世 名觀世音
> 어 시 유 불 출 현 어 세 명 관 세 음

그때에 부처님께서 세상에 출현하시니 이름이 관세음이시라,

그래서 관세음부처님께서 이 세상에 출현하신 걸 만났다는 얘깁니다.

> 我於彼佛 發菩提心
> 아 어 피 불 발 보 리 심

저는 그 부처님에게서 보리심을 발하였으니,

우리가 보리심을 많이 이야기합니다. 보리란 깨달으려고 한다는 말입니다. 보리를 증득하겠다는 마음이 보리심인데, 보리심이나 보살심이나 다 같은 말입니다. 다시 말하면, 부처님은 보리를 이루어서 부처님이 되신 거니까 보리심을 발한다고 하는 것은 성불하겠다, 부처 되겠다고 하는 마음을 내는 것입니다.

지금도 우리가 세상의 모든 것 다 버리고 부처가 되어 일체중생을 제도하겠다는 마음을 장난삼아 내는 게 아니라, 참말 낸다면 지금에서부터 성불할 때까지 마음 변하지 않겠다고 하는 그것이 보리심을 발한 것입니다.

자기만이 부처 되겠다는 것이 아니라 부처가 되어 중생을 제도하겠다

고 하는 마음이 보리심인데, 그 내용은 삼심三心입니다. 그중 심심深心은 번뇌무진서원단煩惱無盡誓願斷, 법문무량서원학法門無量誓願學이요, 비심悲心은 중생무변서원도衆生無邊誓願度요, 직심直心은 불도무상서원성佛道無上誓願成입니다. 이 사홍서원을 하는 것이 보리심을 발하는 겁니다. 우리는 보리심을 발해야 합니다.

보리심을 발하고도 애써 닦아야 하는데, 마음에 생각도 안 하고는 보리를 이루지 못합니다.

보살이라는 말은 보리심을 낸 중생이라는 말이니까 보리심만 내면 보살입니다. 보菩 자는 보리심이라는 말이고, 살薩 자는 중생이라는 말입니다.

관세음보살이 관세음부처님께 법문을 듣고 보리심을 냈는데, 그때에 관세음부처님께서 관세음보살께 가르치시기를,

> 彼佛敎我 從聞思修 入三摩地
> 피 불 교 아 종 문 사 수 입 삼 마 지

저 부처님께서 저를 가르치사 문聞·사思·수修로 좇아 삼마지에 들라 하셨나이다.

불법을 공부하려면 문聞·사思·수修를 해야 하는데, 처음에는 부처님 법문을 귀로 듣는 겁니다. 이 듣는다고 하는 것이 듣고 잊어버리는 것을 말하는 것은 아닙니다. 듣고는 또 생각을 해 봐야 하는데, 부처님 경전이라든지 법사法師 스님의 법문이라든지 이런 것들에 의거해서 그렇겠는가 그렇지 않겠는가를 내 맘에 결정하는 그게 사思입니다. 가령 학교에 가서 공부한다고 하면 강의를 듣고 생각도 안 해 보고 그렇게는 하지 않습니다.

아마 여기 모인 이는 대부분 학교 공부를 했을 텐데, 선생의 강의를 듣는 건 문聞이고, 참말 그렇겠는가 내 맘에 생각하는 건 사思라고 할 수 있으며, 그 다음엔 그대로 실행해야 하는데, 그것이 수修입니다. 그러니까 듣고 생각해 보고 실행하는 게 문·사·수입니다.

무슨 공부를 하든지 공부하는 방법이 이렇습니다. 가령 영화를 한다든지, 음악을 한다든지, 공장 경영을 한다든지 할 때도 모두 문·사·수의 과정을 거쳐야 합니다. 문·사·수를 또 삼혜三慧라고도 그럽니다.

여기에서는 지금 법문한 그것을 듣고 생각해서 그렇겠다고 결정이 되거든 그대로 실행해서 삼마지에 들어가라고 가르쳐 주셨다는 말인데, 이 아래에서는 참말로 관세음보살이 문·사·수의 세 가지 지혜를 가지고 관세음보살이 되도록까지 공부하던 얘기를 합니다.

글을 보아도 알기 어려운 데다가 내가 만약 경험하고 이런 과정을 치렀다고 하면 여러분이 분명히 이해할 수 있도록 설명하겠지만, 그렇지 못하기 때문에 나도 글에 있는 것만 말씀드릴 뿐이지 실제로 문聞하고 사思하고 수修해 보지 못했기에 내가 하는 말을 여러분들이 잘 이해하지 못할 것입니다만, 책에서 본 대로는 얘기하려고 합니다.

初於聞中
초 어 문 중

처음에 문聞 중에서,

처음이란, 보리심을 발할 때입니다. 관세음보살이 관세음부처님께 보리심을 발해 가지고 수행하려고 할 때란 말입니다.

문중聞中이란 듣는 성품 가운데라는 말이지, 귀로 소리를 듣는 게 아니며, 무엇이 있어서 듣는가 하는 이근耳根도 아닙니다. 말은 이근이라고 하지만, 이근 가운데 능히 듣는 작용을 하는 이근 성품을 가리키는 말입니다. 그래서 문성聞性, 듣는 성품이라 했고, 문중을 문성중聞性中이라고 그 책의 괄호 안에 써 넣었습니다.

그냥 보아서는 알지 못할 것 같고, 안다 해도 한 번 듣고는 잊어버릴 것 같아서 거기다가 문성聞性이라고 써 넣었으며, 아래로 가면서 중요한 것들은 다 그렇게 적어 놓았습니다.

入流亡所
입 류 망 소

流류에 들어 所소를 잊었고,

所소는 상대相對입니다.

입류란 법류法流이며, 법이란 곧 문성聞性입니다. 우리의 듣는 성품이 어떤 것인가 하는 문성 가운데 들어가서 망소한 것인데, 여기에서 所소는 상대니까 듣는 것의 상대인 소리를 잊었다는 말입니다.

우린 지금 귀로 소리를 듣고 있지만 문聞 중에 들어가서, 그 법류에 들어가서 이를 때는 밖의 소리가 들리지 않는 그것이 망소입니다.

만약 소리 듣는 게 남아 있으면 법류에 들어가는 것이 전일全一하지 못하게 되며, 또한 법류에 들어가서 소리를 못 들어서도 안 됩니다. 듣긴 들어도 마음이 거기에 쏠리지 않는다는 것, 소리가 있는데 귀를 가지고 있으면서 못 듣는다고 하면, 귀먹은 사람이듯이 소리를 듣지만 내 마음과는 상관이 없다는 얘깁니다. 듣는 성품이 여기에 모였으니까 이것만은 지금 공부하고 들어가 있지, 소리에 마음이 쏠리지 않는다는 말입니다. 소리 나는 것을 못 듣는다는 말이 아니라 분명히 귀에 들리겠지만 그 소리에 팔리지 않는다는 이야기입니다.

소所를 잊었다고 하는 건 위에서 부처님께서 근根을 말씀하실 때에 여섯 매듭을 맺으셨고, 그 여섯 매듭을 풀어야 하는데 한꺼번에 못 풀고 하나씩 하나씩 풀어야 한다고 하셨던, 그 근에 맺힌 매듭을 푸는 이야깁니다. 즉 이근, 귀에 맺힌 매듭을 푸는 것입니다.

입류망소의 소所를 잊었다고 하는 소所란 성진聲塵을 가리키는 말이며, 성진인 소리는 동하는 것입니다. 소를 잊었다고 하는 건 벗어났다, 즉 해탈했다고 하는 거나 같은 말입니다. 소 자는 소리라는 말이니까, 성진에서 해탈한 거니까 동하는 진塵, 즉 6결結 중 제일 동결動結을 풀어 버린 겁니다.

우리가 지금 앉아 가지고 내 듣는 성품에 무엇이 있어서 듣는가 하고 골똘히 듣는 성품을 생각할 때는 곁에 무슨 소리가 나도 팔리지 않을 겁니다.

이렇게 공부해서 마음이 한 군데로 집중하는 걸 가리켜 첫 매듭을 풀었다고 하는 것입니다.

所入旣寂
소 입 기 적

소所와 입入이 이미 고요하매,

이것을 글 그대로만 보면 "들어갈 바가 이미 고요하매", 이렇게 새기게 되는데, 위에서 입류망소入流亡所라고 했으니까 소所를 잊었다는 소와 법류에 들어갔다는 입入을 말하고 있습니다.

다시 말하자면, 소리는 없어졌지만 소리만이 아니라 법류에 들어갔다는 생각까지도 없어진다는 것이 소입기적所入旣寂입니다.

소所는 성진聲塵을 가리키는 말이고, 입入은 법류에 들어갔다는 말이니, 소가 고요해졌다고 하는 것은 소리가 없어졌다는 말이고, 들어간다는 건 법류에 들어간다는 말이니까 동하는 것만이 없어진 게 아니라 고요한 것까지 없어진 것을 가리키는 말입니다.

動靜二相 了然不生
동 정 이 상 요 연 불 생

동動과 정靜의 이상이 요연히 생하지 아니하며,

요연이란 조금도, 하나도라는 말입니다. 이것은 정결靜結, 고요한 매듭, 즉 소리 안 나는 매듭을 푸는 얘깁니다.

우리가 떠드는 소리, 즉 동하는 게 없어지면 고요한 것이 남게 되는데, 고요한 것 역시 소리가 안 나는 것뿐이지 소리는 마찬가지라는 얘깁니다. 그러니까 이것은 그 고요한 것까지 없어지는 것입니다.

'소입기적所入旣寂하매 동정이상動靜二相이 요연불생了然不生이라' 하는 것까지는 정결靜結(고요한 매듭)을 푼 것이니까 여기까지 해서 6결結 가운데 동動과 정靜의 두 매듭을 풀었습니다.

이 두 가지가 매듭 푸는 데 있어서 가장 쉬운 것인데, 소리 나는 것(動)과 소리 안 나는 것(靜)까지 없어졌습니다.

如是漸增
여 시 점 증

이와 같이 점점 증진하여,

동정動靜은 없어졌지만 없어진 그 공부를 계속해서 늘 해 가야 합니다.

聞所聞盡
문 소 문 진

문聞과 소문이 다하여지고,

이것은 근결根結, 근근이 없어지는 얘깁니다.

이근耳根은 소리가 안 나는 것을 듣기 위해 필요합니다. 소리도 없고 소리 안 나는 것도 없는데, 다시 말하면 상대가 없는데, 나 혼자 뭘 하겠는가. 근이 필요 없습니다.

소리가 안 나는 것을 분별하기 위해서 이근이 필요했는데, 소리 나고 안 나는 것이 다 없어졌으니, 근까지 없어져서 근까지 잊어버리는 것입니다. 그래서 이것은 근결根結, 이근에 맺힌 것을 푸는 것입니다.

소문所聞은 동정動靜을 가리키는 말이고, 문聞은 동정을 능히 깨닫는 지혜를 가리키는 말입니다.

위에서 부처님께서 말씀하시길, 6결 중에서 제1결, 제2결, 제3결을 풀면 먼저 인공人空을 얻고, 그와 같이 해서 법해탈을 얻는다고 했는데, 지금 여기에서는 세 번째 매듭입니다. 인공을 얻고 법공을 얻고, 그 다음엔 인人과 법이 구공俱空한 셋을 얘기했는데, 여기에서는 6결 가운데 근결까지 풀었으니, 인공, 즉 아我가 공空해졌다는 말입니다.

盡聞不住
진 문 부 주

문聞이 다함도 머물러 있지 않아서,

문聞 자는 문聞과 소문所聞이 다한 것인데, 거기에 머물러 있는 게 아니라, 부주不住란 더 공부해 나아간다는 말입니다.

문진聞盡하고도 거기에 머물러 있지 않고 계속 공부해 나가서,

覺所覺空
각 소 각 공

각覺과 소각이 공空하였으며,

문聞이 다한 것은 소각이요, 다한 줄 아는 것은 능각能覺입니다.

아我가 공空해질 때는 이근도 없어지고, 성진聲塵도 없어지며, 여래장묘진여성如來藏妙眞如性 자리만 남게 됩니다.

증證해서 여래장묘진여성이 나타나는 경계는 소각이고, 능각은 이 경지를 비추는 지智를 말하는데, 이제 각과 소각이 공하다는 것은 능각의 지智와 소각의 경계가 모두 공적하여 대대對待가 없는 것이니, 제4의 각결覺結, 각覺이라고 하는 매듭이 풀린 것이다, 그 말입니다.

空覺極圓
공 각 극 원

공空하였다는 각覺이 극히 원만하여,

공空하였다는 각覺은, 위에 있는 각과 소각所覺이 공하였다는 말입니다. 그러니까 공과 각이라고 해서는 안 되며, 그 각은 지혜를 가리키는 말입니다.

각과 소각이 공한 줄을 아는 거기에다 공한 각이 극히 원만해져서,

空所空滅
공 소 공 멸

공空과 소공이 멸하여졌으며,

각覺과 소각所覺이 멸해진 그 자리가 소공인데, 그것을 깨닫는 지혜가 능공能空이라는 말입니다. 능공과 소공이 반대되니까 위의 공空 자는 능공을 가리키고, 아래의 공空 자는 소공을 말합니다.

공과 소공이 멸하여진 것은 중공重空의 지智와 앞의 지智와 경계가 모두 멸하여 다한 것이니, 이것은 공결空結, 즉 공했다는 매듭을 푸는 얘깁니다. 이것은 6결 중 다섯째 매듭인데, 각이라고 하는 매듭과 공이라고 하는 매듭의 둘만 풀면, 그때는 법공法空, 법이 공해진다는 것입니다.

위에서 부처님께서 법해탈을 얻는다고 말씀하셨는데, 그게 법공이라는 말입니다. 그러니까 위에서 세 매듭을 풀면 아我가 공하고, 그 다음 두 매듭을 풀면 법이 공하다고 하던, 그 뜻입니다.

그렇게 해서 다섯 매듭을 풀었고,

生滅旣滅
생 멸 기 멸

생과 멸이 이미 멸하매,

생과 멸은 앞에서 말한 동動·정靜·근根·각覺·공空, 즉 동動이 없어지면 정靜이 생기고, 고요한 게 없어지면 근根이 남아 있고, 근이 멸해지면 또 각覺이 생하고, 각이 멸해지면 또 공空이 생하는 등 지금까지 내려오면서 다섯 매듭을 다 가리키는 말입니다. 더불어서 공空과 소공所空이 멸해 다하는 멸까지를 모두 가리키는 말입니다. 그러니까 이건 멸결滅結, 멸이라는 결을 푸는 얘깁니다.

위에서부터 내려온 여섯 가지 동·정·근·각·공·멸이 다 생멸이니까, 즉 처음 생기는 것은 생이요, 없어지는 건 멸이니까 생과 멸이 다한다, 생만 멸하는 게 아니라 멸도 멸한다는 말입니다.

생멸生滅이 기멸旣滅이라고 하는 것이 여섯째 매듭인 멸결滅結까지 없어진 것이니, 항상 구공俱空에 있게 되는 것입니다.

그때는,

寂滅現前
적 멸 현 전

적멸이 현전하더이다.

이 적寂과 멸滅은 지금에 와서 생멸을 멸했다든지 동하던 것이 정靜해졌다는 말이 아니라, 본래 동하지 않는 적과 본래 생멸이 없는 멸을 말합니다.

적멸이란 열반을 번역한 말입니다.

여기에서 이제 공부하는 것이 끝났는데, 이렇게 하고서 곧 부처가 된다는 말이 아니고, 이렇게 되면 십지 가운데 초지初地 보살이 된다는 말입니다.

여기까지가 관세음보살이 수행하던 얘기인데, 위에서 부처님께서 말씀하셨던 육해일망六解一亡, 여섯 매듭이 풀리면 하나도 없어진다는 말과 수건 맺었던 얘기가 이것을 얘기하기 위해서 하셨던 것들입니다.

그래서 관세음보살이 이근耳根을 가지고 여섯 매듭을 푼 얘기인데, 요전에도 얘기했듯이 육근 하나가 한 매듭인 게 아니라 근마다 여섯 매듭이 있다는 이런 말입니다.

여기까지는 관세음보살이 인행因行 때에 공부하던 이야기인데, 중요한 것이니 잘 기억해 두시기 바랍니다. 그냥 보아서는 뭘 얘기하는 것인지를 모르게 되는데, 분명히 여기에서는 여섯 매듭 푸는 것과 아공我空, 법공法空, 구공俱空 되는 것을 이야기했습니다.

忽然超越 世出世間
홀연초월 세출세간

홀연히 세간과 출세간을 초월하여,

위에는 인행因行 시에 닦은 것이었고, 닦아서 적멸이 현전하니까 이런 경계가 나타난다는, 과상果上에서 나오는 과용果用을 가리키는 말입니다.

홀연이란 갑자기, 문득이라는 뜻인데, 적멸이 현전하던 때에 관세음보살이 공부해 가지고 원통을 얻는 때입니다. 그 원통을 얻는 찰나 그 순간 홀연히 세간과 출세간을 초월하는 경계가 나타났다는 말입니다.

세간이란 우리 중생이 사는 곳으로서 삶이 존재하며, 온갖 것이 존재한다는 것에 속박되어 있는 것인데, 이것은 유有라고 하는 걸 떠났으니까 세간을 초월하게 되었고, 세간엔 뭐든지 있다고 했는데, 출세出世, 세간을 떠나면 뭐든지 공空하다고 하는 것에 속박되는 것입니다.

그래서 이것을 해설하는 것이니, 출세간을 초월한다고 하는 것입니다. 다시 말하면, 유有와 무無에 대해 전부 해설하게 된다는 말입니다.

그렇게 되니,

> 十方圓明 獲二殊勝
> 시 방 원 명   획 이 수 승

시방이 원명하여 두 가지 수승함을 얻으니,

그게 다 이근원통耳根圓通을 얻는 때에 나타나는 작용입니다. 수승하다는 것은 소승 경계도 아니고, 또 법상종法相宗의 경계도 아닌 참 부처님 경계를 얘기하는 겁니다.

그 수승한 두 가지 경계 중에 한 가지는,

> 一者 上合十方諸佛 本妙覺心 與佛如來 同一慈力
> 일 자   상 합 시 방 제 불   본 묘 각 심   여 불 여 래   동 일 자 력

일은 위로 시방제불의 본묘각심과 합하여 불여래로 더불어 자력이 동일함이요,

지금 관세음보살은 보살로 있는데도 경계는 부처님 경계와 같아진다는

겁니다.

본묘각심은 본래부터 있는 묘한 각覺의 마음, 그건 우리의 불성 자리요, 일체중생이 다 가지고 있는 것입니다. 다만 무명無明 때문에 깨닫는 작용을 못 하는 것인데, 그 무명만 없어지면, 본묘각심을 모르는 그것만 없어진다고 하면, 우리도 관세음보살과 같이 되고 부처님과 같이 됩니다. 왜 본묘각심을 모르는가? 그것은 물건이 존재한다는 것에 속박되고, 없다고 하는 것에 속박되었기 때문에, 즉 유有와 무無에 속박되었기 때문에 우리는 본 불성 자리를 모르는 것입니다.

유有에서 해탈하고, 공空에서 해탈한다고 하면, 지금 눈으로 보고, 귀로 듣고, 코로 냄새 맡는, 온갖 것이 있다고 하는 거기에서 벗어난다고 하면, 우리도 본묘각심이 분명하게 드러나서 관세음보살이나 부처님과 같게 된다, 이 말입니다.

그러니까 지금 이 얘기는 관세음보살이 이근원통을 얻는 그 당시, 그 찰나 동안에 이러한 일이 생겼다는 얘깁니다.

이근은 시방에 있는 여러 부처님께서 본래부터 묘하게 깨달은 그 마음인데, 우리에게도 있는 마음입니다. 그 마음과 합한다고 할 때의 합한다는 건 일치한다는 말입니다.

우리는 무명번뇌가 가리어서 본묘각심을 모르고 있는데, 그 무명번뇌가 없어진다고 할 때에 본묘각심이 드러나게 됩니다. 그러니까 우리에게 있는 본묘각심이나 부처님께서 가지고 계신 본묘각심이나 본래 같은 것이니, 거기에 일치한다는 말입니다.

그래서 이것은 그때에 관세음보살이 증득하는 법의 자체 또는 각覺의 자체를 말했고, 자체를 얻게 되니까 거기서는 각覺의 작용이 생기는 것을 말했습니다.

부처님과 여래가 다르지 않고, 부처님께서 곧 여래인데, 억지로 부처님과 여래의 당체를 말하자면, 부처님은 깨달았다는 말이고, 여래는 깨달은 자리, 즉 본묘각심, 이것을 말하게 됩니다.

또한 부처님이나 보살이 자慈하는 생각, 일체중생을 사랑하는 생각을 가지고 일체중생에게 낙樂을 주는 것이 자의 작용입니다.

낙을 주려면 괴로운 데서 빼내 주어야 하는데, 부처님의 자비가 비悲한 마음을 가지고는 어여삐 여기는 생각으로 능히 괴로운 것을 뽑아 없애 주고, 자慈한 생각을 가지고는 능히 낙을 준다고 하는데, 그래서 부처님께서 중생의 고통을 해탈하게 해서 낙을 주는 발고여락拔苦與樂으로 중생을 제도하시는 것입니다.

여기엔 자慈 자 하나만 썼으나 아래에 또 자慈 자가 나오기 때문에 그랬고, 그 자 가운데 비가 들어 있습니다. 즉 낙樂을 주려면 괴로움만 없애면 되는 거니까 자慈 자 하나에 비悲 자가 들어 있다고 봐야 합니다.

그러니까 관세음보살이 이근원통을 얻고 나니까 그때에 관세음보살의 힘이 부처님의 힘과 같아져서 부처님께서 중생을 제도하시는 것과 같이 관세음보살도 중생을 다 제도하게 된다는 얘기인데, 자세한 내용이 아래에 나옵니다.

二者 下合十方一切 六道衆生
이 자 하 합 시 방 일 체 육 도 중 생

이는 아래로 시방의 일체 육도 중생과 합하여,

육도는 중생이 다니면서 생사生死하는 장소입니다. 육취六趣라 하기도 하는데, 사람이 되어 나기도 하고, 또 잘하면 천상에 가 나기도 하며, 그렇지 못하여 지옥에 가 나기도 하고, 축생도 되는데, 다시 말하면 윤회하는 장소가 육도입니다. 그래서 육도에 있는 중생으로 더불어 합하기 때문에 중생의 마음과 같아진다는 말입니다.

위로 부처님의 마음과 같기만 한 게 아니라 아래로 중생의 마음과 같아지기 때문에,

與諸衆生 同一悲仰
여 제 중 생 동 일 비 앙

모든 중생들로 더불어 비앙이 동일합니다.

비悲 자는 부처님이나 보살이 우리를 구제해 주십시오 하는, 그런 생각입니다. 앙仰 자는 앙모仰慕한다, 즉 위로는 부처님과 같기 때문에 중생을 구제할 능력을 가졌고, 아래로는 중생과 같기 때문에 중생의 여러 가지 소원을 다 이루어 줄 수 있다는 것입니다.

그래서 이 두 가지의 수승한 것을 가지고 관세음보살이 지금까지 내려오면서 얼마나 많은 시간을 내려왔는지는 모르나, 지금까지 내려오면서 중생을 제도합니다. 우리도 중생이니까 관세음보살의 제도를 유형有形, 무형無形으로 받고 있을 겁니다.

여기까지 두 가지 수승한 경계 얻었다는 얘기를 했고, 이제 이 아래는 중생을 제도하는 일을 얘기합니다.

世尊 由我供養 觀音如來
세 존 유 아 공 양 관 음 여 래

세존이시여, 저는 관음여래께 공양하옵고,

> **蒙彼如來 授我如幻聞薰聞修金剛三昧**
> 몽 피 여 래 수 아 여 환 문 훈 문 수 금 강 삼 매

저 여래께서 여환문훈문수금강삼매를 저에게 주심을 받잡고,

여환문훈문수금강삼매란 관세음보살이 이근원통을 얻은 삼매의 이름입니다.

불경佛經에 환幻이라는 얘기가 많이 나오는데, 환술이나 요술처럼 실재로 물건이 존재해 있는 게 아니라 일시적으로 사람의 눈을 가리어 마치 물건이 있는 것처럼 보여 주는, 우리나라 말로는 눈얼림이라고 하는 것입니다. 눈에 있는 것같이 보이기만 하지 실지는 있지 않다는 그것을 한문으로 쓸 때 환幻이 됩니다.

인도에는 환술하는 사람이 많기 때문에 누구든지 그 환술하는 걸 보지만, 우리나라엔 그런 게 없습니다. 혹여 중국의 곡마단처럼 그런 걸 배워 가지고 우리나라 사람들도 하는지는 모르지만, 영화처럼 실재가 아닌 것을 실재가 있는 듯이 보는 게 환幻입니다.

여기에서 지금 관세음보살이 이근원통을 얻어 부처님과 같아진 이 삼매의 이름을 왜 여환如幻, 실재가 아니라고 하느냐? 그것은 부처님이나 보살이 중생을 제도함에 있어서 이 중생은 제도하고 저 중생은 제도 안 하겠다든지, 이런 생각이 없이 과거의 부처나 보살들이 인행因行 시에 일체중생을 제도하겠다는 서원을 세웠기 때문에 그 서원 가운데 저절로 되는 것이지 일부러 가서 구제해 주겠다고 하는 그런 게 아니기 때문입니다.

다시 말하자면, 해가 뜰 때에 물이나 거울 같은 맑은 자체가 있다고 하면 거기엔 해가 비치게 됩니다. 그러나 돌이나 나무에는 비치지 않습니다. 거울이나 물속에는 해가 비치는 그것이 저기 물이 있고 거울이 있으니 가

서 비치겠다, 이게 아닙니다. 햇빛은 이 우주 가운데 가득한데, 더러운 곳에는 비치지 않고, 맑기만 하면 어디든 비칩니다. 그러니까 거울이나 물이 깨끗하기 때문에 비치는 것이지, 그 해가 물이나 거울에 가 비치겠다 하는, 이런 생각이 없는 것입니다.

그와 같이 중생의 부처님에 대한 생각이 물이나 거울처럼 맑아 청정해지면 자연히 부처님이나 보살의 원력으로 해서 내가(중생이) 구제를 받는 것이지 부처님이나 보살들이, 저 사람이 저런 생각을 하니 내가 가서 구해주겠다 하는, 그런 생각이 없는 그것을 여환如幻이라고 합니다. 즉 실제 내가 이렇게 하겠다는 생각이 있어 가지고 그렇게 하는 게 아니라는 의미로 여환이라고 했습니다.

문훈聞薰의 문聞 자는 앞에서 말했던 본묘각심本妙覺心, 즉 부처님이나 일체중생이 다 같이 가지고 있는 불성 자리, 즉 본래부터 있는 각覺이라고 해서 본각本覺이라고 그럽니다.

불교에 발심을 해서 부처님께 공양 예배한다든지, 일요일마다 법문을 들으러 간다든지, 책을 본다든지 하는 것은 밖으로부터 있는 일이지만, 우리 마음 가운데 내가 부처님을 믿어 부처님과 같이 되겠다 하는, 이런 생각이 있습니다. 세속 말로는 양심선언이라고 할 수 있는데, 그런 것이 본각입니다.

그 본각이 동해 줘야, 그런 생각을 내게 해줘야 불교를 믿는다든지 예수를 믿는다든지 할 텐데, 그 마음 가운데 일어나는 생각을 문훈이라고 그랬습니다.

훈薰 자는 앞에서 염향인染香人을 얘기했습니다만, 향을 피워 놓고 물건을 갖다 쪼이면 그 물건에 향기가 배듯이, 본각의 깨닫는 양심 자리가 난 이러한 일을 하겠다. 부처님의 제자가 되겠다 하는 그런 마음을 안으로 내주게 하는 본각의 문성聞性이 훈薰한다는 그게 문훈입니다.

그러니까 문훈이란, 자체인 내 마음에서 생기는 것이고, 그 아래 문수라고 하는 건 부처님 법문을 듣고 이럴 게 아니라 나도 공부해야겠다 하는 생각을 내는, 즉 시각始覺입니다. 남의 얘기를 듣거나 책을 보아 새로 생기는 마음, 그것을 시각이라고 합니다.

문수聞修는 부처님의 법문을 듣거나 경을 본다든지 해서 비로소 깨닫는 시각의 지혜를 가지고 닦는다는 말이고, 문훈聞薰은 본각에 있는 본성 자리, 즉 안으로 훈습했다는 말입니다.

처음에 관세음보살이 관세음부처님을 만났을 때 문聞・사思・수修로 좇아 삼마지에 들라고 하셨는데, 그 문훈, 문수에 문・사・수가 다 들어가는 겁니다.

위에서 문聞, 소문所聞이 진盡하고 각覺과 소각所覺이 공空이라고 할 때에 처음에는 이렇게 공부하겠다고 했지만, 그 경계가 가면 그렇게 공부하겠다고 하는 그 생각은 없어진다는 겁니다.

그래서 그것을 여환, 즉 일시적으로 생겼지 그 다음엔 저절로 생기는 작용이기 때문에 여환이라고 하는 겁니다.

그런 금강삼매, 금강이란 요샛말로 금강석, 그때는 금강석이 없을 때니까 쇠 가운데 가장 굳은 금 중 최강이라고 그랬습니다만, 그와 같이 단단하고 조금도 흔들리지 않는 삼매, 처음에 시작하는 건 환幻과 같지만 나중에 얻어지는 건 영구히 무너지지 않는 금강삼매라고 그랬습니다.

그것을 관세음여래께서 일러 주셔서 그대로 공부를 해서 관세음보살이 이근원통을 성취한 삼매의 이름입니다.

그렇기 때문에,

> **與佛如來 同慈力故**
> 여 불 여 래 동 자 력 고

불여래로 더불어 자력이 동일한 고로,

자비한 생각이 부처님과 같기 때문에 중생을 제도하기 위해서,

> **令我身成 三十二應 入諸國土**
> 영 아 신 성 삼 십 이 응 입 제 국 토

하여금 나의 몸이 삼십이응신을 이루어서 여러 국토에 들어가나이다.

사람이 뭘 요구하면 거기에 대답해 주는 게 응應입니다. 중생들이 서원을 세우면 관세음보살이 가서 성취하도록 해주는 겁니다.

우리도 마음 가운데 지극한 정성이 있어서 관세음보살을 감동시킨다면, 앞에서 말했듯이 관세음보살께 구제를 받으려고 하는 중생의 마음이 관세음보살에 대해서 물과 같고 거울과 같이 맑고 청정하기만 하면, 자력慈力이 미치는데, 관세음보살이 일부러 오는 게 아니라 자연히 와서 소원을 성취하도록 중생의 소원에 응해 준다는 그것이 삼십이응신입니다.

그러니까 그 응하는 작용을 가지고 여러 국토를 다니면서 중생마다 소원이 있는 대로 구제해 준다는 얘깁니다.

다른 보살들에게도 있겠지만 특별히 관세음보살에게는 삼십이응신이 있습니다.

『법화경』「관세음보살보문품」에도 삼십이응신이 나오는데, 조금씩 차이가 있다 하더라도 중생 구제하는 것은 다 같습니다.

서른두 가지를 하나씩 얘기하는데, 처음엔 사성四聖, 우리가 출세간에서, 불법에서 가장 높은 이가 부처님이고, 그 다음엔 대승大乘 보살, 그 다음엔 소승 가운데 연각緣覺, 또 소승 가운데 성문聲聞, 이렇게 네 성聖이 있는데, 그걸 네 성인, 사성이라 그럽니다.

그래서 여기 처음에는 관세음보살이 사성의 몸을 다 나투는데, 부처님 몸을 나투어 가지고 보살을 제도하는 얘기부터 합니다.

> 世尊 若諸菩薩 入三摩地
> 세 존 약 제 보 살 입 삼 마 지

세존이시여, 만일 보살들이 삼마지에 들어서,

위에서도 25원통을 얘기했듯이 아라한이라든지 보살들의 공부하는 삼마지가 제각기 다릅니다. 백천 삼매라고 했듯이 한두 가지가 아닌 수없는 삼매가 있습니다.

그래서 그 삼마지, 정定 중에 들어서,

> 進修無漏
> 진 수 무 루

나아가 무루를 닦아,

거기에 그냥 머물러 있는 게 아니라 차차 앞으로 전진해 나아간다는 말입니다.

루漏는 물이 샌다는 루漏 자인데, 왜 번뇌를 누漏라고 하느냐면, 번뇌가 있으면 물이 새듯이 자기도 모르게 육도六道에 생사하기 때문에 그래서 누漏라고 그럽니다. 그러니까 번뇌를 글자 한 자로 쓸 때는 누漏라고 쓰게 됩니다.

勝解現圓
승 해 현 원

승해가 현원하면,

무명번뇌無明煩惱는 차차 없어지고, 부처님과 보살과 같은 지해知解가 생기게 됩니다. 해解 자는 알음알이를 말하는데, 승해니까 수승殊勝한 알음알이를 말합니다.

보살들이라도 더 공부를 계속해서 누漏가 없어질 때까지 닦아서 그 자리에 훌륭한 지해인 알음알이가 나타나면,

我現佛身 而爲說法 令其解脫
아 현 불 신 이 위 설 법 영 기 해 탈

제가 불신을 나투어 설법하여 그로 하여금 해탈하게 하나이다.

그들은 다 부처 되는 게 소원입니다. 그렇기 때문에 관세음보살이 부처님은 아니지만 그 사람에게는 부처의 몸으로 변화해서 몸을 나툽니다. 그래 가지고 그 보살을 위해 부처 되는 법을 말하여 무명無明의 결박 가운데서 해탈하게 한다는 얘깁니다.

그러니까 부처님 몸을 나투어 보살을 제도하는 이게 한 가지이고, 둘

째는,

> **若諸有學**
> 약 제 유 학

만약 유학들이,

유학은 아직 공부하는 정도에 있다는 말입니다.

공부를 다해서 더 배울 게 없으면 무학無學이라고 하지만, 여긴 아직 공부하는 정도에 있으니까 유학입니다.

> **寂靜妙明 勝妙現圓**
> 적 정 묘 명 승 묘 현 원

적정하고 묘명하여 승묘가 현원하면,

생사번뇌가 없어진 자리가 적寂이고, 고요한 것이 정靜입니다.

사성四聖이라면 보살까지 포함되는데, 그래서 보살도 얘기할 텐데, 관세음보살 당신이 지금 보살이기 때문에 새로 보살 몸을 나툴 게 없는 것입니다.

그래서 서른두 가지의 중생 소원에 응해서 몸을 나투는데, 관세음보살 당신이 보살 몸을 가지고 있으니까 새로 보살 몸을 나툴 필요가 없으니, 보살은 빼고 그 대신에(요전에 소승 가운데 성문과 연각 둘이 있다는 얘길 했었는데) 연각緣覺 가운데 독각獨覺과 연각의 둘을 얘기를 했습니다. 그래서 여기에 독각의 몸을 나투어서 독각신獨覺身을 제도하는 얘기를 하는 것입니다.

독각은 과거에는 부처님 법문을 듣고 닦았겠지만, 현재에는 부처님 법문을 의지하지 않고 조용한 산중에서 꽃피고 열매 맺고 잎이 지는 등 이 세상 온갖 자연 경계가 어떻게 변천하는가를 연구합니다.

그래 가지고 부처님께 법문을 듣고 깨닫는 게 아니라 부처님께서 안 계시는 세상에 나서 만물이 변천되는 것을 보면서 연구해 무생법無生法을 깨닫는, 소위 선생을 의지하지 않고 자기 혼자서 깨닫는 게 독각입니다.

우리 같은 이는 부처님 법문을 듣고 또 글을 보고도 모르는데, 혼자서 깨닫는다고 하는 건 여간 근기가 수승하고 훌륭한 이가 아닙니다.

我於彼前 現獨覺身 而爲說法 令其解脫
아 어 피 전 현 독 각 신 이 위 설 법 영 기 해 탈

제가 그 앞에 독각신을 나타내어 법을 설하여 그로 하여금 해탈하게 하나이다.

독각이 되려면 무명에서 벗어나야 하니까 아공我空을 해야 합니다. 그래서 독각이 되려는 사람에게는 독각의 몸을 나타내어 독각 되는 법문을 해서 그 사람으로 하여금 독각을 이루게 해준다는 말입니다.

그 다음엔 또 유각有覺입니다.

若諸有學 斷十二緣
약 제 유 학 단 십 이 연

만일 유학들이 십이인연을 끊고,

독각이 되면 무학이지만 되기 전까지는 유학입니다.

중생이 과거에 업을 지어 지금 태어나서 늙고 죽는 데까지 열두 인연이 있습니다.

『반야심경般若心經』에 '무무명無無明 역무무명진亦無無明盡 내지무노사乃至無老死 역무노사진亦無老死盡'이 십이인연 가운데 첫째의 무명과 열두째의 노사老死인데, 그 십이인연 가운데 첫째와 마지막을 들었습니다.

중생도 십이인연이 계속되어서 생사를 반복하는 것이고, 다른 초목이나 무정물도 다 십이인연이 계속되어 생사를 반복합니다.

> **緣斷勝性 勝妙現圓**
> 연단승성 승묘현원

인연이 끊어진 승성에 승묘가 현원하면,

십이인연이 끊어져서 훌륭한 경계가 나타나면,

> **我於彼前 現緣覺身 而爲說法 令其解脫**
> 아어피전 현연각신 이위설법 영기해탈

제가 저 앞에서 연각신을 나타내어 법을 설하여 그로 하여금 해탈하게 하나이다.

연각이란 십이인연을 깨달았다는 말입니다.

소승 가운데 연각을 가리키는데, 독각도 연각에 속하며, 이런 이가 다 성문입니다.

若諸有學 得四諦空
약 제 유 학 득 사 제 공

만일 유학들이 사제가 공空함을 얻어,

『반야심경』 가운데 '무고집멸도無苦集滅道'가 나옵니다만, 부처님께서 이 사제를 가지고 중생을 제도하셨습니다. 사제를 닦으면 나라는 존재가 공해지는 경계를 얻게 되는데, 그것이 사제공四諦空입니다.

修道入滅 勝性現圓
수 도 입 멸 승 성 현 원

도道를 닦아 멸滅에 들어가려 하매 승성이 현원하면,

멸滅은 열반입니다.
성문이란 부처님께서 말씀하시는 소리를 듣고서 공부한다는 뜻입니다.

我於彼前 現聲聞身 而爲說法 令其解脫
아 어 피 전 현 성 문 신 이 위 설 법 영 기 해 탈

제가 그 앞에 성문신을 나타내어 설법하여 그로 하여금 해탈하게 하나이다.

여기까지 사성四聖의 몸을 나투어 제도했고, 이제 육범六凡을 제도하는 얘기입니다.

부처님이나 중생을 통해서 사성·육범이 있는데, 부처님·보살·연

각 · 성문은 사성이고, 천상 · 인간 · 아수라 · 지옥 · 아귀 · 축생이 육범입니다. 그런데 여기에서는 관세음보살 자신이 보살이기 때문에 빼고, 대신 독각을 넣었습니다.

이제 육범 중 먼저 천상天上을 얘기합니다.

> **若諸衆生 欲心明悟**
> 약 제 중 생 욕 심 명 오

만일 모든 중생이 욕심을 밝히 깨달아,

음식에 대한 탐욕이라든지 재물, 명예 등 여러 가지 탐욕이 있는데, 그 탐욕 하는 마음을 분명하게 깨달아서,

> **不犯欲塵 欲身清淨**
> 불 범 욕 진 욕 신 청 정

욕진을 범하지 아니하여 몸이 청정하려 하면,

이 욕진은 특별히 이성에 대한 욕심, 음욕을 가리키는 말입니다. 음욕이 우리의 본성 자리를 더럽히는 것이 마치 먼지가 들어서 우리의 옷을 더럽히고 몸을 더럽히는 것 같다고 해서 티끌이라고 그럽니다. 그러니까 욕진을 범하려 하지 않는다는 것은 이성에 유혹되지 않는다는 말입니다.

욕신청정이라는 욕欲 자는 하고자 한다는 뜻입니다. 그러니까 깨끗한 몸을 가지고자 하면 색계의 범천梵天에 나야 하는데, 색계천에는 남녀의 구별이 없고, 그렇기 때문에 음욕이 없습니다.

> 我於彼前 現梵王身 而爲說法 令其解脫
> 아 어 피 전 현 범 왕 신 이 위 설 법 영 기 해 탈

제가 그 앞에 범왕신을 나타내어 설법하여 그로 하여금 해탈하게 하나이다.

색계천을 범천이라 하고, 그곳의 왕을 범왕梵王이라고 합니다.
다음은 범천보다 조금 못한 욕계의 하늘입니다.

> 若諸衆生 欲爲天主 統領諸天
> 약 제 중 생 욕 위 천 주 통 령 제 천

만일 모든 중생이 천주가 되어 제천을 통령하려 하면,

도리천忉利天(三十三天) 가운데 주인이 제석천왕帝釋天王입니다.
천주란 하느님이라는 말인데, 대통령도 이 통령을 갖다 썼을 겁니다. 도리천은 삼십삼천이라 번역하는데, 욕계 육천의 둘째 하늘입니다. 거기에 올라가면 수미산 꼭대기에 서른셋의 하늘이 있는데, 동서남북 사방에 여덟 개씩의 성城(그러니까 삼십삼천)이 있고, 그 가운데에 서른두 하늘을 통솔하는 제석천이 있습니다. 그러니까 삼십삼천을 다스리는(통솔하는) 왕이 제석천왕입니다.

삼십삼천이란 본래 불교에서 나온 말인데, 보신각종을 서른세 번 친다든지 하는 게 다 삼십삼천에까지 들리도록 한다는 의미입니다. 이 삼십삼천이 올라가면서 있는 게 아니라 도리천 위에 횡橫으로 있습니다.

그래서 그 서른두 하늘을 통솔하고자 하거든,

> 我於彼前 現帝釋身 而爲說法 令其成就
> 아 어 피 전 현 제 석 신 이 위 설 법 영 기 성 취

제가 그 앞에 제석신을 나타내어 설법하여 그로 하여금 성취하게 하나이다.

하늘의 주인이라는 말이 제석인데, 제帝 자는 한문의 임금 제 자이고, 석釋 자는 석가여래라고 하듯이 인도 음입니다.

그러니까 제석은 도리천을 통솔하는 임금을 말합니다.

> 若諸衆生 欲身自在 遊行十方
> 약 제 중 생 욕 신 자 재 유 행 시 방

만일 모든 중생이 몸이 자재하여 시방에 유행하려 하면,

불교에서는 자재自在라는 말은 쓰나 자유自由라는 말은 안 씁니다.

그런데 속가에서는 으레 문란하고 마음대로 한다는 뜻으로 자유라는 말을 쓰지만, 자유란, 다른 사람의 자유를 존중하는 것이 진정한 자유이지 남의 자유를 업신여기면서 자기 자유만 찾는 것은 참다운 자유가 아닙니다. 자유라는 말이나 자재라는 말이나 같은데, 속박을 받지 않고, 내 마음대로 한다는 게 자재입니다.

유행은 걸어 다니거나 차 타고 다니는 것을 말합니다.

> 我於彼前 現自在天身
> 아 어 피 전 현 자 재 천 신

제가 그 앞에 자재천신을 나타내어,

자재천이란 욕계에 있는 하늘입니다.

앞에서 제석천왕이 있는 곳이 둘째 하늘이라고 했는데, 욕계의 위, 여섯째 하늘이 있는 것이 자재천이며, 이름은 타화자재천他化自在天으로 되어 있습니다.

```
而爲說法 令其成就
이 위 설 법   영 기 성 취
```

설법하여 그로 하여금 성취하게 하나이다.

```
若諸衆生 欲身自在 飛行虛空
약 제 중 생   욕 신 자 재   비 행 허 공
```

만약 모든 중생이 욕신이 자재하여 허공을 비행하려 하면,

이것은 앞보다는 올라가서 시방에 다니며 날아다니는 겁니다. 그러니까 유행은 걸어 다니는 것이고, 비행은 날아다니는 것이니, 요즘의 말로는 비행기 타고 다니는 것일 겁니다.

```
我於彼前 現大自在天身
아 어 피 전   현 대 자 재 천 신
```

제가 그 앞에 대자재천신을 나타내어,

욕계는 욕심 세계요, 하늘이 여섯인데, 색계는 종縱으로 올라가면서 열여덟의 하늘이 있고, 맨 마지막 열여덟 번째 하늘이 대자재천, 즉 마혜수라천摩醯首羅天입니다.

而爲說法 令其成就
이 위 설 법 영 기 성 취

설법하여 그로 하여금 성취하게 하나이다.

이것은 천상의 사람에게 몸을 나타내는 것이고, 이 아래는 천왕에 대한 신앙으로 하는 말입니다.

若諸衆生 愛統鬼神 救護國土
약 제 중 생 애 통 귀 신 구 호 국 토

만일 모든 중생이 귀신을 통솔하며 국토를 구호하고자 하면,

여기에서의 귀신은, 우리가 지금 흔히 알고 있는 귀신이 아니고, 인간을 보호해 주기도 하며, 인간을 해하기도 하는 것을 말했습니다.

또한 세계를 보호하는 것이 사천왕의 일인데, 지금 우리가 살고 있는 이 세계 및 중생을 보호하는 이가 호세사천왕護世四天王입니다.

我於彼前 現天大將軍身
아 어 피 전 현 천 대 장 군 신

제가 그 앞에 천대장군신을 나타내어,

제석천왕 밑에 제석천왕을 도와 천인들을 다 통솔해 가지고, 즉 온갖 귀신과 아수라·가루라·긴나라·마후라가 등의 팔부신장八部神將을 다 통솔해 가지고 중생을 두호하고 통솔하는 이가 대장군입니다.

而爲說法 令其成就
이 위 설 법 영 기 성 취

설법하여 그로 하여금 성취하게 하나이다.

위에서는 계속 해설이라고 했는데, 아래로는 성취라고 했습니다.

若諸衆生 愛統世界 保護衆生
약 제 중 생 애 통 세 계 보 호 중 생

만일 모든 중생이 세계를 통솔하여 중생 보호하기를 사랑하면,

我於彼前 現四天王身 而爲說法 令其成就
아 어 피 전 현 사 천 왕 신 이 위 설 법 영 기 성 취

제가 그 앞에 사천왕신을 나타내어 법을 설하여 그로 하여금 성취하게 하나이다.

> 若諸衆生 愛生天宮 驅使鬼神
> 약 제 중 생 애 생 천 궁 구 사 귀 신

만일 모든 중생이 천궁에 생하여 귀신 구사驅使(부림)하기를 사랑하면,

> 我於彼前 現四天王國太子身
> 아 어 피 전 현 사 천 왕 국 태 자 신

제가 그 앞에 사천왕국의 태자신을 나타내어,

사천왕이 각각 91명의 아들이 있어 복을 누린다고 하는데, 거기에 태어나기를 바라는 것입니다.

> 而爲說法 令其成就
> 이 위 설 법 영 기 성 취

법을 설하여 그로 하여금 성취하게 하나이다.

사천왕이 있는 데가 천궁天宮인데, 거기의 태자가 되고자 한다는 말입니다.

> 若諸衆生 樂爲人主
> 약 제 중 생 요 위 인 주

만일 모든 중생이 인주 되기를 좋아하면,

사람의 왕이란 전륜성왕에서부터 속산왕粟散王까지를 가리키는 말입니다. 조그마한 나라들이 좁쌀같이 흩어져 있다고 해서 그 나라의 왕들은 속산왕이라고 하는데, 지금의 일본 천황 같은 이가 속산왕에 속합니다.

我於彼前 現人王身 而爲說法 令其成就
아 어 피 전 현 인 왕 신 이 위 설 법 영 기 성 취

제가 저 앞에 인왕신을 나타내어 법을 설하여 그로 하여금 성취하게 하나이다.

예전에 보면 보통 사람이 임금 되는 걸 역적이라고 합니다. 그러니까 여기는 보통 사람이 임금 되는 걸 말하는 게 아니고, 임금의 태자라든지 또는 지금의 사람이 임금 되기를 좋아한다고 할 것 같으면, 그 사람에게 임금 되는 법을 가르쳐 죽은 후에 임금의 아들로 태어나게 한다든지, 창업주가 되게 한다는 말입니다.

若諸衆生 愛主族姓
약 제 중 생 애 주 족 성

만약 모든 중생이 족성의 주主가 되어,

족성의 주主란 높은 벼슬을 하게 되면, 그 집안이 성하여 대대로 물려가면서 세도勢道하는 것을 말하는데, 우리나라 말로는 귀족대가라고 하나, 한문으로는 바랄 망望 자를 써서 망족望族이라고 합니다.

世間推讓
세 간 추 양

세간에서 추양함을 좋아하면(愛),

추양이란, 추대해서 양도한다는 말입니다.

대통령 선거 하는 것도 추양이라고 할 수 있지만, 여기에서는 임금 되는 건 아니고 신하 노릇을 하는데, 그 나라 안에서 큰 권리를 잡아 가지고 대갓집의 주인 되기를 좋아하거든, 그 말입니다.

我於彼前 現長者身
아 어 피 전 현 장 자 신

제가 그 앞에서 장자신을 나타내어,

장자란 십덕十德을 갖추어야 하는데, 사전을 찾아보면 자세히 나와 있습니다.

而爲說法 令其成就
이 위 설 법 영 기 성 취

법을 설하여 그로 하여금 성취하게 하나이다.

若諸衆生 愛談名言
약 제 중 생 애 담 명 언

만약 모든 중생이 명언을 이야기하며,

경전상의 출처가 있다든지 문자의 근거가 있는 교훈이 될 만한 말을 명언이라고 하는데, 말하자면 격언입니다.

> 淸淨其居 我於彼前 現居士身 而爲說法 令其成就
> 청 정 기 거 아 어 피 전 현 거 사 신 이 위 설 법 영 기 성 취

청정하게 거하기를 좋아하거든 제가 그 앞에 거사신을 나타내어 법을 설하여 그로 하여금 성취하게 하나이다.

거사는 거가지사居家之士요, 처사는 처가지사處家之士로서 거居 자나 처處 자나 마찬가지인데, 본래 한문 말로는 '꼭 불교를 믿지 않는다 해도 세속에 있으면서 넉넉히 벼슬을 해서 세상을 바로잡을 수 있지만, 다시 말하면 그럴 자격이 있지만, 점잖은 사람은 안 한다'라는 뜻입니다. 벼슬을 한다는 것은, 남을 시기하고 자리를 빼앗을 뿐만 아니라 심지어는 남을 모함해서 죽이기까지 합니다. 그래서 점잖은 사람은 그것을 할 수 없는 것이고, 학자들은 대개가 벼슬을 안 하는데, 그런 사람을 처사라고 합니다.

> 若諸衆生 愛治國土
> 약 제 중 생 애 치 국 토

만일 모든 중생이 국토를 다스려서,

지금으로 말하자면 국무총리나 도지사나 군수처럼 한 지방을 맡아 다스리는 게 애치국토입니다.

剖斷邦邑
부 단 방 읍

방읍을 부단하기를 좋아하면,

방邦 자는 조그만 나라 방 자로서 도道 하나 정도를 말하며, 읍이란 시나 군 하나 정도를 말합니다.

부단이란 쪼개 가지고 판단한다는 말이니까 지금으로 말하면 지방장관이 온갖 일을 판단해서 잘못한 이는 벌 주고, 잘한 이는 칭찬하여 그 지방을 풍부히 잘 다스린다는 말입니다.

我於彼前 現宰官身
아 어 피 전 현 재 관 신

제가 그 앞에 재관신을 나타내어,

재관이란 중앙청의 모든 장관도 재관이라 할 수 있고, 또한 도지사, 시장, 군수 등이 다 재관입니다.

而爲說法 令其成就
이 위 설 법 영 기 성 취

법을 설하여 그로 하여금 성취하게 하나이다.

若諸衆生 愛諸數術
약 제 중 생 애 제 수 술

만일 모든 중생이 수술을 좋아하여,

수술이란 기술을 가지고 세상에 이익을 끼치는 것을 말하는데, 예전에도 음양오행을 전부 다 수數로 풀었기 때문에 수에는 술術이 들어가게 되어 있으며, 수술이나 술수術數가 같은 말이어서 수數 자는 수학數學이라는 말이고, 술術은 기술技術이라는 말입니다.

攝衛自居
섭 위 자 거

위생衛生으로 섭攝하여 스스로 거居하기를 사랑하거든,

위衛 자는 백성 살아가는 걸 잘 보호한다는 말이고, 섭攝 자는 조섭調攝한다는 말입니다. 그러니까 의사 노릇 한다든지 점친다든지 천문지리 하는 이런 것들이 다 수술에 속합니다.

我於彼前 現婆羅門身
아 어 피 전 현 바 라 문 신

제가 그 앞에 바라문신을 나타내어,

바라문이란 인도 사성 가운데 첫째인데, 왕보다 높은 지위에 있으면서 신과 사람을 연락해 주는, 지금으로 말하면 승려 계급을 말합니다.

불공을 들여서 부처님과 중생들 사이를 연락하며 부처님께 중생들의 복을 빌어 주는 것이 바라문의 지위나 같다는 얘깁니다.

바라문들은, 자기들이 범천왕梵天王의 입으로부터 나왔고, 제일이라 하여 그 다음 계급인 찰제리刹帝利를 시키고 가르치며, 다른 사람의 공양을 받아 살아가면서 대신에 신과 사람들 사이를 연락해 주어서 죄를 용서하고 복을 받게 해주는 자라고 했습니다.

> 而爲說法 令其成就
> 이 위 설 법 영 기 성 취

법을 설하여 그로 하여금 성취하게 하나이다.

또 이제부터는 불교를 배우는 사람들의 얘기를 합니다.

> 若有男子 好學出家 持諸戒律
> 약 유 남 자 호 학 출 가 지 제 계 율

만일 어떤 남자가 학學을 좋아하고 출가하여 계율을 가지려 하거든,

> 我於彼前 現比丘身 而爲說法 令其成就
> 아 어 피 전 현 비 구 신 이 위 설 법 영 기 성 취

제가 그 앞에 비구신을 나타내어 법을 말하여 그로 하여금 성취하

게 하나이다.

```
若有女子 好學出家 持諸禁戒
약 유 여 자 호 학 출 가 지 제 금 계
```

만일 어떤 여자가 학學을 좋아하고 출가하여 금계를 가지려 하거든,

위에서는 계율이라 했고, 여기에서는 금계라고 했는데, 어디든지 비구니에 대해서는 하지 말라는 게 많기 때문에 금계라고 쓴다 합니다.

```
我於彼前 現比丘尼身 而爲說法 令其成就
아 어 피 전 현 비 구 니 신 이 위 설 법 영 기 성 취
```

제가 그 앞에 비구니신을 나타내어 설법하여 그로 하여금 성취하게 하나이다.

```
若有男子 樂持五戒
약 유 남 자 요 지 오 계
```

만약 남자가 오계를 수지하기를 좋아하면,

우리가 말하는 처사處士입니다.

> 我於彼前 現優婆塞身
> 아 어 피 전 현 우 바 새 신

제가 그 앞에 우바새신을 나타내어,

색塞 자는 새로도 발음을 하는데, 색으로 발음할 때는 막혔다는 뜻이고, 새로 발음할 때는 변방이라는 뜻입니다.

이 우바새는 범어로 봐서는 분명히 우바색이라 발음해야 옳을 텐데, 우리나라에서는 이전부터 우바새라고 발음합니다. 그러니까 잘못된 것을 그대로 읽게 된 것입니다.

> 而爲說法 令其成就
> 이 위 설 법 영 기 성 취

설법하여 그로 하여금 성취하게 하나이다.

> 若復女子 五戒自居 我於彼前 現優婆夷身
> 약 부 녀 자 오 계 자 거 아 어 피 전 현 우 바 이 신

만일 다시 여자가 오계에 스스로 거居하려 하거든 제가 그 앞에 우바이신을 나타내어,

> 而爲說法 令其成就
> 이 위 설 법 영 기 성 취

설법하여 그로 하여금 성취하게 하나이다.

여기까지는 출가 사중四衆을 말했고, 다음은 속俗의 사람들 얘깁니다.

若有女人 內政立身
약 유 여 인 내 정 입 신

만일 어떤 여인이 내정으로 입신하여,

요즘은 육영수 여사 같은 경우, 대통령이 바쁘면 그를 도와 밖으로 많은 일을 하고 있지만, 중국에서나 우리나라는 예전에만 해도 여자를 천대해서 음식이나 의복 만드는 게 여자의 할 일이라 했고, 궁에서도 궁 안의 일만 하지 궁 밖을 참견 못 하게 되어 있었는데, 그런 의미에서 내정內政이라고 합니다.

그러니까 이것은 왕후에서부터 보통 사람의 아내까지 다 가리키는 말입니다.

以修家國
이 수 가 국

가국을 수치修治하려 하거든,

국國이면 국國이지 가家가 될 리가 없는데, 예전에는 천자는 나랏일을 마음대로 하지만, 제후부터는 천자가 제후를 시켜야 제후 노릇을 하는 것이니까 한 사람의 집이 커지면 제후가 되는데, 요즘처럼 월급을 주는 게 아니고 얼마씩의 땅을 받았었습니다.

그래서 국가國家라고 할 때 국國은 나라를 가리키는 말이고, 여기에서 가家 자는 대부라든지 제후의 한 사람을 가리키는 말입니다.

我於彼前 現女主身 及國夫人 命婦大家
아 어 피 전 현 여 주 신 급 국 부 인 명 부 대 고

제가 그 앞에 여주신과 국부인, 명부, 대고의 신身을 나타내어,

여주女主라는 주主 자는 천자의 마누라, 왕후를 가리키는 말입니다.

주나라 때는 황제라는 말이 없었고, 진시왕 때부터 쓰게 되었는데, 그러니까 천자를 왕이라고 하지 제후는 왕이라고 하지 않습니다. 즉 국부인 國夫人은 제후의 처를 가리키는 말입니다.

명부命婦란 남편이 벼슬하는 지위 계급을 따라 그 아내 된 사람에게도 정경부인이라든지의 벼슬을 명해 주는 것을 말합니다.

대가大家의 음音은 대고입니다. 대고란 여자로서 학문이나 온갖 예의범절을 잘 알아 가지고 남의 선생이 될 만한 사람을 말하는데, 대고라는 말이 생긴 것은 후한 때 반소班昭라는 여자가 있었는데, 조세숙曹世叔의 처로서 학문도 뛰어나고 모든 면에 모범이 되어 임금이 그를 궐내로 청해 황후라든지 태자비, 귀인들을 가르치게 했었습니다. 말하자면 여자로서 학문이나 도덕이나 온갖 예의범절을 잘 알아 여러 사람에게 모범이 되는 사람을 나라에서 천거하는 것인데, 그러니까 여자로서 국정에 참여하는 사람을 말합니다.

그런데 다른 곳에서는 집 가家 자를 고라고 하지 않는데, 여기에서만은 고라고 발음하는 것을 유의하시기 바랍니다.

而爲說法 令其成就
이 위 설 법 영 기 성 취

설법하여 그로 하여금 성취하게 하나이다.

若有衆生 不壞男根
약 유 중 생 불 괴 남 근

만일 어떤 중생이 남근을 괴壞하지 않으려 하거든,

남자로서 일생 동안 여자를 가까이하지 않는 게 남근을 괴壞하지 않는 것입니다.

我於彼前 現童男身
아 어 피 전 현 동 남 신

제가 그 앞에 동남신을 나타내어,

동남童男이란 나이가 어리다는 말이 아니고, 일생 동안 여색女色을 범하지 않는 남자를 말합니다.

而爲說法 令其成就
이 위 설 법 영 기 성 취

설법하여 그로 하여금 성취하게 하나이다.

여자가 정조를 지킨다는 그 정貞 자의 뜻은, 한 남편만을 섬겨서 부부를 정한 외에 다른 남자와는 일생 동안 관계하지 않는다는 뜻인데, 그처럼 남자로서 일생 동안을 여자 한 사람만을 관계하는 이를 정남貞男이라고 그럽니다.

여기에서 그런 말은 없지만 동남童男이라는 말이 나왔기에 덧붙여서 하는 얘깁니다.

> 若有處女 愛樂處身 不求侵暴
> 약 유 처 녀 애 요 처 신 불 구 침 포

만일 처녀가 처녀의 몸을 애요하여 침포를 구하지 않으려 하면,

집에 있어 출가하지 않은 여자를 처녀라고 합니다.
침포란 글로 보면 억지를 띤 것 같은데, 어쨌든 여성이 남성에게 유린 받은 것은 처녀로서 침포라고 할 수밖에 없을 겁니다.

> 我於彼前 現童女身
> 아 어 피 전 현 동 녀 신

제가 그 앞에 동녀신을 나타내어,

> 而爲說法 令其成就
> 이 위 설 법 영 기 성 취

설법하여 그로 하여금 성취하게 하나이다.

若有諸天 樂出天倫
약 유 제 천 요 출 천 륜

만일 제천이 천륜에서 출出하려 하거든,

我現天身 而爲說法 令其成就
아 현 천 신 이 위 설 법 영 기 성 취

제가 천신을 나타내어 설법하여 그로 하여금 성취하게 하나이다.

若有諸龍 樂出龍倫
약 유 제 룡 요 출 용 륜

만일 용들이 용륜에서 출出하기를 좋아하거든,

我現龍身 而爲說法 令其成就
아 현 용 신 이 위 설 법 영 기 성 취

제가 용신을 나타내어 설법하여 그로 하여금 성취하게 하나이다.

若有藥叉 樂度本倫
약 유 야 차 요 도 본 륜

만일 야차들이 본륜에서 도탈度脫하기를 좋아하거든,

반야般若에서 약若 자를 야라고 읽는 것처럼 약차藥叉라는 말도 야차라고 읽습니다.

我於彼前 現藥叉身 而爲說法 令其成就
아 어 피 전 현 야 차 신 이 위 설 법 영 기 성 취

제가 그 앞에 야차신을 나타내어 설법하여 그로 하여금 성취하게 하나이다.

若乾闥婆 樂脫其倫
약 건 달 바 요 탈 기 륜

만일 건달바들이 그 륜倫에서 출出하기를 좋아하거든,

我於彼前 現乾闥婆身 而爲說法 令其成就
아 어 피 전 현 건 달 바 신 이 위 설 법 영 기 성 취

제가 그 앞에 건달바신을 나타내어 설법하여 그로 하여금 성취하게 하나이다.

若阿修羅 樂脫其倫
약 아 수 라 요 탈 기 륜

만일 아수라들이 그 륜倫에서 출出하려 하거든,

我於彼前 現阿修羅身 而爲說法 令其成就
아 어 피 전 현 아 수 라 신 이 위 설 법 영 기 성 취

제가 그 앞에 아수라신을 나타내어 설법하여 그로 하여금 성취하게 하나이다.

若緊陀羅 樂脫其倫
약 긴 다 라 요 탈 기 륜

만일 긴다라가 그 륜倫에서 탈脫하려 하거든,

我於彼前 現緊陀羅身 而爲說法 令其成就
아 어 피 전 현 긴 다 라 신 이 위 설 법 영 기 성 취

제가 그 앞에 긴다라신을 나타내어 설법하여 그로 하여금 성취하게 하나이다.

若摩呼羅伽 樂脫其倫
약 마 호 라 가 요 탈 기 륜

만일 마호라가들이 그 륜倫에서 탈脫하기를 좋아하거든,

호呼 자나 후睺 자나 우리말로는 다르지만 중국 말로는 다 마찬가지입니다.

我於彼前 現摩呼羅伽身 而爲說法 令其成就
아 어 피 전 현 마 호 라 가 신 이 위 설 법 영 기 성 취

제가 그 앞에 마호라가신을 나타내어 설법하여 그로 하여금 성취하게 하나이다.

若諸衆生 樂人修人
약 제 중 생 요 인 수 인

만일 중생들이 인人을 좋아하여 인人을 닦으면,

사람 아닌 사람이 사람 되기를 좋아하는 겁니다.

我現人身 而爲說法 令其成就
아 현 인 신 이 위 설 법 영 기 성 취

제가 인신을 나타내어 설법하여 그로 하여금 성취하게 하나이다.

若諸非人 有形無形 有想無想 樂度其倫
약 제 비 인 유 형 무 형 유 상 무 상 요 도 기 륜

만일 비인으로서 유형·무형, 유상·무상 들이 그 륜倫에서 도탈度脫하려 하거든,

사람 아닌 것이 다 비인인데, 위에서 말했던 건달바·아수라도 다 비인에 속합니다.

我於彼前 皆現其身 而爲說法 令其成就
아 어 피 전 개 현 기 신 이 위 설 법 영 기 성 취

제가 그 앞에 모두 그 몸을 나타내어 설법하여 그로 하여금 성취하게 하나이다.

是名妙淨 三十二應 入國土身
시 명 묘 정 삼 십 이 응 입 국 토 신

이것을 묘하고 정淨한 삼십이응으로 국토에 들어가는 몸이라 하나니,

중생의 소원에 응해서, 즉 그 중생을 제도하기 위해서 그 중생이 있는 국토에 관세음보살이 들어간다는 말입니다.

> 皆以三昧 聞薰聞修 無作妙力 自在成就
> 개 이 삼 매 문 훈 문 수 무 작 묘 력 자 재 성 취

다 문훈문수삼매의 지음이 없는 묘력으로 자재하게 성취한 것입니다.

무작이란 일부러 하겠다는 생각이 없고 그저 자연히 중생의 원을 따라서 몸을 나타내는 것을 말합니다.

> 世尊 我復以此聞薰聞修金剛三昧 無作妙力
> 세 존 아 부 이 차 문 훈 문 수 금 강 삼 매 무 작 묘 력

세존이시여, 저는 또 이 문훈문수금강삼매의 지음이 없는 묘력으로써,

> 與諸十方三世 六道一切衆生 同悲仰故
> 여 제 시 방 삼 세 육 도 일 체 중 생 동 비 앙 고

시방 삼세의 육도 중생들과 비앙悲仰이 동일한 연고로,

위에서 이야기했던 두 가지 수승한 것 가운데 한 가지입니다.

삼세는 시간이요, 시방은 공간인데, 관세음보살이 공부해서 이러한 신력을 가진 그 힘을 의지해 가지고 중생들의 어떤 험난한 일도 벗어나게 해 준다는 얘깁니다.

> **令諸衆生 於我身心 獲十四種 無畏功德**
> 영 제 중 생 어 아 신 심 획 십 사 종 무 외 공 덕

모든 중생들로 하여금 저의 신심에서 십사 종의 무외공덕을 얻게 하나이다.

공덕은 관세음보살에게 있는 겁니다. 또한 두려움은 중생의 두려움이 없어진다는 말입니다.

그러니까 관세음보살이 일부러 가서 해주는 게 아니라 중생들의 원력이 지중할 것 같으면 관세음보살의 몸과 마음 가운데서 열네 가지 공덕을 얻어 간다는 겁니다.

요전에도 얘기했듯이 밝은 달빛이 우주에 가득해 있는데, 맑은 물속이나 깨끗한 거울에는 비칩니다. 즉 중생의 마음이 물과 거울과 같아 관세음보살을 염念하는 생각이 조금도 더럽지 않다면, 그런 깨끗한 거울에는 비칩니다. 즉 중생의 마음이 물과 거울과 같이 관세음보살을 염하는 생각이 조금도 더럽지 않다면, 그런 깨끗한 생각으로 관세음보살을 염하면 저절로 관세음보살의 몸과 마음에서 중생들이 열네 가지 무외공덕을 얻어 간다고 했는데, 이제 그 열네 가지가 하나씩 나옵니다.

> **一者 由我不自觀音 以觀觀者**
> 일 자 유 아 부 자 관 음 이 관 관 자

첫째는 제가 스스로 음音을 관하지 아니하고 관하는 자를 관함으로써,

관세음보살이 처음 입류망소入流亡所라고 할 때에 우리와 같이 소리를

듣지 않았고, 듣는 성품을 들었다고 했습니다. 그러니까 무엇이 들어서 세상의 소리를 관하고 있는지 관하는 자기 자신을 관한다는 말입니다.

아래의 관觀 자는 우리가 누구든지 소리를 듣고 무슨 소리인가 하듯이, 무엇이 들어서 이런 생각을 하는가 하는 그걸 관한다. 즉 소리를 따라가지 않고 우리의 능히 보는 본 성품을 관찰해 본다는 말입니다.

그렇게 공부를 해서 그러한 공덕을 성취했기 때문에,

令彼十方 苦惱衆生 觀其音聲
영 피 시 방 고 뇌 중 생 관 기 음 성

시방의 고뇌하는 중생들로 하여금 그 음성을 관하며,

여기는 지금 글이 너무 간략해서 그 중생이 음성을 관하는 것처럼 되었는데, 원래『법화경』에도 중생들이 관세음보살의 명호를 부르면 관세음보살이 중생의 부르는 그 소리를 따라서 중생들에게 가 구해 준다고 했습니다.

여기에서 그냥 관기음성이라고만 되어 있으니까 중생이 자기 음성을 관하는 것같이 (글로는) 그렇게 되기가 쉬운데, 글이 너무 간단해서 그렇지 음성을 관하는 것은 관세음보살이 합니다. 관세음보살이 관하는 것이라는, 그만한 글자가 있어야 할 텐데, 그게 간략하게 되었습니다.

그러니까 중생이 관세음보살을 부르면, 그 부르는 음성을 관세음보살이 관찰해 가지고,

卽得解脫
즉 득 해 탈

해탈을 얻게 하나이다.

무슨 고통을 받든지 그 고통에서 해탈하도록 한다는 말인데, 여기에서 처음으로 고통 받는 걸 총체적으로 얘기했습니다만, 이 아래에 또 한 가지씩 따로 얘기합니다. 아래에 얘기할 외의 것이라든지, 아래에 얘기한 것까지를 다 통해서 한꺼번에 얘기한 것인데, 거기엔 그 이유가 있습니다.

그러니까 소리를 따라가지 않고 관하는 자를 따라가기 때문에 그 관하는 힘을 의지해서 중생들이 관세음보살을 염하면, 그 염하는 소리를 관찰하여 성취하도록 해준다는 겁니다.

그래서 여기는 간다는 말이 없습니다. 위에서는 몸을 나타내 가지고 서른두 가지에 응했었는데, 여기는 그저 중생의 소리를 관찰해 가지고, 그 중생이 고통 가운데서 벗어나게 한다는 말입니다.

二者 知見旋復
이 자 지 견 선 복

둘째는 지견을 돌이켜 회복하였으므로,

위에는 소리 듣는 걸 가지고 공부했는데, 여기는 보고 아는 겁니다. 그러니까 귀로는 듣고 눈으로는 보는 것이기 때문에 같은 겁니다. 눈을 가지고 밖에 있는 빛 보던 것을 돌이켜 가지고 내 자성自性, 눈의 자성 자리를 관찰하는 그게 선복입니다.

그렇게 공부해서 본성 자리를 회복했기 때문에,

令諸衆生 設入大火 火不能燒
영제중생 설입대화 화불능소

모든 중생들로 하여금 설사 대화에 들어간다 하여도, 불이 능히 태우지 못하게 하나이다.

대연각 호텔에 불이 났을 때도 살아난 사람이 있습니다만, 그 사람들이 평소라든지 급한 상황에라도 관세음보살을 염했는지도 모릅니다.

그리고 눈이란 불에 속합니다. 그렇기 때문에 눈의 성품을 선복旋復해서 본성 자리로 돌아갔기 때문에 불이 태우지 못한다는 말입니다. 그래서 아마 의사들이 눈을 서늘하게 하는 게 좋다고 하는 것일 겁니다. 우리가 눈을 갑자기 툭 치면 번갯불같이 번쩍하게 되는데, 그것으로 보아도 눈이 불에 속하는 것임을 알 수 있습니다.

그래서 관세음보살이 지견知見을 선복했기 때문에 불 속에 들어가 타는 중생도 관세음보살을 염하면 불에 타지 못하도록 한다는 얘깁니다.

三者 觀聽旋復
삼자 관청선복

셋째는 관청을 돌이켜 회복하였으므로,

이건 눈으로 본다는 게 아니고 마음으로 관찰한다는 말인데, 관청은 귀로 소리를 듣는 게 아니라 내 본성 자리로 들었다고 해서 관청이라 했습니다.

돌이켜 회복해서 내 본성을 따라갔기 때문에,

> 令諸衆生 大水所漂 水不能溺
> 영 제 중 생 대 수 소 표 수 불 능 닉

중생들로 하여금 큰물에 표류하여도 물이 능히 빠지도록 하지 못하게 하나이다.

가령 배를 타고 가다가 배가 파손되어 물속에 빠지더라도 헤엄을 친다든지, 또는 구조선을 만난다든지, 널조각 하나를 탈 수도 있고, 또 요전에 큰 물고기가 태워 주어 살았다고 하는 기사를 읽은 적이 있습니다만, 어떻게든 살아나게 되는 것은 다 관세음보살의 힘이요, 원력입니다. 그래서 귀로 듣는 것은 물에 속합니다.

> 四者 斷滅妄想 心無殺害
> 사 자 단 멸 망 상 심 무 살 해

넷째는 망상을 단멸하여 살해할 마음이 없으므로,

우리의 생각은 모두 망상입니다. 부처 되겠다는 생각을 해도 망상입니다.

그 허망한 생각을 다 끊어 버려서 남을 해롭게 하거나, 살해하려는 그런 생각이 관세음보살 자신에게 없기 때문에,

> 令諸衆生 入諸鬼國
> 영 제 중 생 입 제 귀 국

중생들로 하여금 귀국에 들어가더라도,

귀신이 따로 있는 건 아니지만, 어쨌든 지옥 같은 곳이 다 귀국이라 할 수 있습니다.

우리가 죽게 될 경우 귀鬼라고 하는 건 사람이 볼 수 없지만, 그것이 있어 가지고 사람을 해한다 해서 귀신이라고 했습니다.

귀鬼와 신神, 둘 다 같지만 귀는 어두운 것을 가리키고, 신은 밝은 것을 가리키는 말입니다.

그래서 천신이나 산신처럼 세상을 도와주는 건 신神이라고 하고, 세상을 해롭게 하는 건 귀鬼라고 하는데, 이것은 귀입니다.

鬼不能害
귀 불 능 해

귀신이 능히 해하지 못하게 하나이다.

관세음보살 자신이 남을 살해하려는 생각이 없기 때문에 중생들이 아무리 험한 일을 만나 귀신 나라에 들어가 귀신의 피해를 받을 만할 때도, 관세음보살만 부르면 관세음보살이 그 소리를 관찰해 가지고 그 어려운 가운데서 벗어나도록 해준다는 말입니다.

五者 薰聞成聞
오 자 훈 문 성 문

다섯째는 문聞을 훈薰하여 문聞을 이루고,

훈문이란 본 귀로 듣는 걸 훈습해 가지고, 성문이란 본성 자리를 성취했다는 말입니다.

관세음보살이 그렇게 공부가 되어서,

六根銷復 同於聲聽
육 근 소 복 동 어 성 청

육근이 소복하여 소리를 들음과 같으므로,

육해일망六解一亡, 육근이 없어지면 하나까지도 없어진다고 했듯이 회복했기 때문에 그 근根에 대한 것이 소리를 들음과 같다는 말입니다. 소리라고 하는 건 형상이 없습니다.

그러한 소리를 듣는 것과 같기 때문에,

能令衆生 臨當被害
능 령 중 생 임 당 피 해

능히 중생으로 하여금 피해를 당함에 임하여도,

도적의 피해라든지, 법률을 범하여 죄를 받게 되는 그런 것들이 다 피해입니다.

刀段段壞 使其兵戈 猶如割水
도 단 단 괴 사 기 병 과 유 여 할 수

칼이 조각조각 부서지며, 그 병과로 하여금 마치 물을 베는 듯하고,

전쟁할 때 쓰거나 사람을 죽일 때 쓰는 게 다 병과입니다.

칼로 아무리 물을 베어도 물이 끊어지지 않듯이 목을 아무리 베어도 잘라지지 않는다는 얘깁니다.

亦如吹光
역 여 취 광

또한 빛을 부는 것과 같아서,

전기불 같은 빛을 아무리 분다 해도 광명은 없어지지 않는 것처럼, 관세음보살을 염하는 사람에게는 병과를 가지고 해하는 작용을 못 한다는 말입니다.

그래서,

性無搖動
성 무 요 동

성품이 요동하지 않게 하나이다.

중생들의 몸이 죽지 않는다는 말입니다.

『보왕경』을 읽는 이가 있는지 모릅니다만,『보왕경』을 볼 것 같으면, 손경덕이라는 사람이 죄 없이 역적모의를 했다 하여 억울하게 목을 베는 형장에 끌려갔는데, 세 번 목을 베었는데도 칼만 부러지지 목은 상하지 않았다고 합니다.

그래서 나라에 보고하게 되었고, 조사해 보니 죄가 없었고, 또한 항상 관세음보살을 염했다고 합니다.

집에 가 보니 모시고 있던 동상인 관세음보살의 몸에 칼금이 세 번 나 있더라는 그런 얘기가 있는데, 내내 이것도 그런 얘깁니다.

> 六者 聞薰精明 明遍法界
> 육자 문훈정명 명변법계

여섯째는 문훈이 정명하여 법계에 두루 하여,

관세음보살의 밝은 빛이 온 세계에 가득했기 때문에,

> 則諸幽暗 性不能全
> 즉 제 유 암 성 불 능 전

모든 어두운 성품이 능히 온전하지 못하므로,

> 能令衆生 藥叉羅刹 鳩槃茶鬼 及毗舍遮 富單那等
> 능령중생 야차라찰 구반다귀 급비사차 부단나등
> 雖近其傍 目不能視
> 수근기방 목불능시

능히 중생으로 하여금 야차, 나찰, 구반다귀 및 비사차, 부단나 등이 비록 그 곁에 가까이 올지라도 눈으로 보지 못하게 하나이다.

모두가 나쁜 귀신들의 이름인데, 구반다귀는 가위 눌리는 귀신이고, 비사차는 사람의 정기를 빨아먹는 귀신이며, 부단나는 열병 귀신인데, 비록 중생들이 그런 귀신들의 곁에 간다 하더라도 귀신은 어두운 것이고, 관세음보살의 무외력無畏力은 밝은 것이기 때문에 어두운 것이 행세를 못 하니까 쳐다보지를 못한다는 얘깁니다.

七者 音性圓銷
칠 자 음 성 원 소

일곱째는 음音의 성性이 원만히 소멸하고,

요전에 입류망소入流亡所, 법류法流에 들어가서 소所를 잊어버린다고 한 것처럼, 소리는 다 없어지고 귀에 들리는 성품을 가지고 공부하니까 밖에 들리는 소리와 상관없다는 말입니다.

觀聽返入
관 청 반 입

관청이 돌이켜 들어가,

관청이란 듣는 성품이 밖으로 나가서 소리를 듣던 것이 돌아와서 성품을 듣게 된다는 말입니다.

그래서,

離諸塵妄
이 제 진 망

진塵의 허망함을 여의었으므로,

관세음보살이 이렇게 공부를 했기 때문에 그 공덕으로,

能令衆生 禁繫枷鎖 所不能着
능 령 중 생 금 계 가 쇄 소 불 능 착

능히 중생들로 하여금 금계와 가쇄가 능히 착着하지 못하게 하나이다.

금禁이란 요즘 말로 하면 유치장에 넣듯이 자유롭지 못하게 구금한다는 말이고, 계繫란 죄인의 손에 수갑을 채운다든지 팔에 고랑을 채워 붙들어 맨다는 말입니다.

가枷 자는 지금은 그런 형벌의 기구가 없어졌습니다만, 예전엔 칼이라고 해서 지금과 같이 날로 물건을 베는 칼이 아니라, 두께가 한 치 이상 두 치 정도, 길이는 다섯 자 되는 나무판자 둘을 마주 대어 이쪽과 저쪽의 반을 동그랗게 파내어 원이 되는 그것을 목에 씌워 놓고 쇠를 잠그면, 목이 빠지지 않고 꼼짝 못 하게 하는 그런 형구刑具를 말합니다.

또 짧은 것도 있어서 죄인들 마음대로 자유로이 활동하지 못하도록 하는데, 이렇게 칼을 씌우는 형벌이 없어진 지 60년 이상 되었을 것 같은데, 칠십 이상 되신 분들은 아마 그런 것을 보았을 겁니다.

나도 여덟 살 되던 해, 그러니까 지금으로부터 70년 전에 고향에서 본 일이 있는데, 그때는 사법기관이 따로 있질 않고, 군수가 재판도 하고 경

찰도 하던 때였습니다.

또한 쇄쇄鎖라는 것을 발고랑이라고 하는지는 모르겠으나, 쇠사슬을 가지고 이 발과 저 발을 엮어서 자유로이 못 하게 하는 기구인데, 목에다 하는 건 항쇄項鎖, 발에다 하는 건 족쇄足鎖라 해서, 어쨌든 쇠사슬로 얽어매어 자유롭지 못하게 하는 것입니다.

이렇게 죄인을 구속하는 기구들을 채워 놨지만, 말하자면 손에 수갑을 채워 놓아도 저절로 벗어지고, 발에 고랑을 채워도 저절로 벗어지게 된다는 겁니다.

우리의 생각이나 과학으로는 그렇게 될 수 있으리라 볼 수 없지만, 관세음보살의 위신력은 그렇다는 얘깁니다.

> 八者 滅音圓聞 遍生慈力
> 팔 자 멸 음 원 문 변 생 자 력

여덟째는 음흠이 멸하고 문聞이 원융하여 자력을 두루 생할새,

중생을 위하는 자비한 힘을 관세음보살이 내기 때문에,

> 能令衆生 經過險路 賊不能劫
> 능 령 중 생 경 과 험 로 적 불 능 겁

능히 중생으로 하여금 험로를 경과하더라도 도적이 겁탈하지 못하게 하나이다.

> **九者 薰聞離塵**
> 구 자 훈 문 이 진

아홉째는 문聞은 훈습薰習하고 진塵을 여의어,

진塵 자는 성진聲塵을 가리킵니다.
어떤 진塵도 들어가겠지만, 듣는 걸 가지고 하기 때문에 성진을 떠나서 듣는 성품이 원만해지고 성진을 떠났기 때문에,

> **色所不劫**
> 색 소 불 겁

색이 겁탈하지 못할새,

색은 물질입니다.

> **能令一切 多婬衆生 遠離貪欲**
> 능 령 일 체 다 음 중 생 원 리 탐 욕

능히 일체 음란婬이 많은 중생으로 하여금 탐욕을 멀리 여의게 하나이다.

음심婬心이 많은 사람도 관세음보살만 부르면 음욕이 차차 없어진다는 말입니다.
그러니까 탐貪·진嗔·치癡 중에 탐을 가리킵니다.

十者 純音無塵 根境圓融
십 자 순 음 무 진 근 경 원 융

열째는 음音이 순일純一하고 진塵이 없어지고 근根과 경境이 원융하여,

원칙으로 소리 음音 자보다는 들을 문聞 자를 썼어야 더 알기가 쉬울 텐데(소리는 듣는 게니까), 좀 어렵게 되었습니다.

귀는 근根이고 소리는 경境인데, 근과 경이 따로 떨어지지 않고 하나가 되어 버렸다는 말입니다.

無對所對
무 대 소 대

대對와 소대所對가 없을새,

대對는 원칙으로 능대能對라고 써야 하는데, 다른 데서도 능能 자는 빼고 씁니다.

문聞과 소문所聞이라고 할 때도 원래는 능문能聞과 소문所聞인데, 능能 자를 빼고 씁니다. 그러니까 여기에서 대對 자는 주관적으로 내가 저 사람을 대하는 것이고, 소대는 나와 상대된 상대자를 말합니다. 그래서 너와 내가 다 없어졌기 때문에 주관과 객관이 다 없었다는 말입니다.

관세음보살이 공부를 해서 그렇게 되었기 때문에,

能令一切 忿恨衆生
능 령 일 체 분 한 중 생

능히 일체 분한 많은 중생으로 하여금,

마음이 화평하지 못한 것이 분한입니다. 우리가 마음 가운데 분한이 있기 때문에 남을 욕한다든지 심하면 죽이기까지 하는 겁니다.

한恨이란 남을 대단히 미워하는 것입니다.

離諸嗔恚
이 제 진 에

진에를 여의게 하나이다.

진瞋과 에恚가 다 성낸다는 말입니다.

十一者 銷塵旋明
십 일 자 소 진 선 명

열한째는 진塵이 소銷하고 명明에 돌아가,

성진聲塵은 다 녹아 버렸고, 본 성품의 밝은 자리로 돌아가서,

法界身心 猶如琉璃 朗徹無礙
법 계 신 심 유 여 유 리 낭 철 무 애

법계와 신심이 유리와 같이 낭철하고 걸림이 없을새,

유리와 같이 막힌 데가 없이 환하게 보이는 밝은 것을 가리키는 말입

니다.

관세음보살이 공부를 해서 그렇게 되었기 때문에,

> 能令一切 昏鈍性障 諸阿顚迦 永離癡暗
> 능령 일체 혼둔 성장 제 아 전 가 영 리 치 암

능히 일체 혼둔하여 성性이 막힌 모든 아전가로 하여금 같이 치암을 여의게 하나이다.

혼昏이란 마음이 혼란하다는 말이고, 둔鈍이란 저능하다는 말입니다. 또한 무슨 일을 할 때 성품이 장애가 되어서 잘되지 않는 게 성장性障입니다.

제諸 자는 여럿이라는 말이고, 아전가는 범어로서, 혹 어떤 때는 일천제一闡提라고도 씁니다. 우리가 흔히 천제闡提라는 말을 많이 쓰는데, 그게 일천제라는 일 자를 생략해 가지고 하는 말입니다.

아주 어리석어서 아무것도 모르는 걸 아전가라고 하는데, 다시 말하면, 좋은 일을 해서 좋은 업을 지을 만한 근본 자리가 다 없어졌다. 즉 착한 뿌리를 다 끊어 버렸다고 해서 단선근斷善根이라 번역합니다.

우리말에 하우불이下愚不移라는 게 있습니다. 아주 어리석은 사람은 아무리 일러 주어도 고치지 못하며, 사람 가운데 좋은 일을 할 만한 성품이 전혀 없는 못난 사람을 가리키는 것인데, 인도 말로 아전가입니다.

여기에서 어리석고 어둡기 때문에 치암이라 했는데, 그것을 떠나게 한다고 했으니까 치심癡心을 없앤다는 말입니다. 중생의 번뇌 가운데 가장 중한 것이 탐심貪心 · 진심嗔心 · 치심癡心인데, 아홉째, 열째, 열한째는 치심을 없앤다는 말입니다.

그러니까 그러한 성품이 있는 사람도 관세음보살을 염하면, 그 염하는 공덕으로 성품이 고쳐진다는 말입니다.

十二者 融形復聞
십 이 자 융 형 복 문

열두째는 형상이 녹고 문성聞性을 회복하여,

이건 복復 자입니다.

융融이란 가령 얼음덩이가 제각기 다르지만 녹으면 하나 되는 것과 같고, 쇠도 제각기 단단한 것이지만 용광로에 들어가면 물로 하나 되는, 그런 것이 융融 자의 뜻입니다.

복문이란 우리의 듣는 성품, 본각本覺 자리를 회복한다는 말입니다.

不動道場
부 동 도 량

도량에서 동하지 아니하고,

앉은 그 자리에서 한다는 말인데, 형상을 원융하게 하고, 듣는 것을 회복하기 위해서 애쓰고 돌아다니는 게 아니라 공부하는 이 자리에서 힘 안 들이고 된다는 말입니다.

涉入世間 不壞世界
섭 입 세 간 불 괴 세 계

세간을 섭입하되 세계를 괴壞하지 아니하며,

세간은 세상에 있는 유형·무형을 다 가리키는 말인데, 그걸 다 포섭해서 내 몸 가운데 들어오게 할지라도(큰 세계를 조그만 데다가 메어 놓는다 해도) 세계가 조금도 그 모양이 망가지지 않는다는 말입니다.

관세음보살이 그렇게 공부를 해서 이러한 공을 이루었기 때문에,

能遍十方 供養微塵 諸佛如來
능 변 시 방 공 양 미 진 제 불 여 래

능히 시방에 두루 하여 미진수의 제불여래께 공양하여,

우리는 한 곳에, 가령 서울에 있으면 대구에는 없는데, 관세음보살은 서울에 있으면서도 동시에 대구 아니라 대전, 시방세계에 안 가는 곳이 없다는 말입니다.

各各佛邊 爲法王子
각 각 불 변 위 법 왕 자

각각 불변에서 법왕자가 될새,

법왕자는 부처님의 아들이라는 말이니까 보살을 가리키는 말인데, 불자나 같은 말입니다. 장차 부처님의 대를 이어 공부할 수 있기에 법왕자라고 합니다.

관세음보살에게 그러한 공덕이 있기에,

> 能令法界 無子衆生 欲求男者
> 능 령 법 계 무 자 중 생 욕 구 남 자

능히 법계의 자식 없는 중생으로서 남자를 구하고자 하는 이로 하여금,

법계는 우주입니다. 법계라 하면 사실 우리가 말하는 우주보다도 범위가 넓고 한정 없는 걸 말하는데, 한문으로는 우주라는 말 이상 시간과 공간을 통해서 한꺼번에 말한 게 없습니다.

> 誕生福德 智慧之男
> 탄 생 복 덕 지 혜 지 남

복덕과 지혜의 남자를 탄생하게 하나이다.

법계, 그런 넓은 세계에 있는 아들을 낳지 못하는 중생으로 하여금 관세음보살만 염하면, 그 공덕으로 아들을 낳게 해준다는 말입니다.

> 十三者 六根圓通
> 십 삼 자 육 근 원 통

열셋째는 육근 원통하고,

위에서 한 근根만 공부하면, 다섯 근이 한꺼번에 해탈한다고 했습니다. 그게 육근원통입니다.

관세음보살은 이근耳根을 가지고 공부했지만, 육근이 다 원통한 것입니다.

明照無二
명 조 무 이

명조함이 둘이 없어서,

둘 다 없다는 건 차별이 없다는 말입니다.

含十方界
함 시 방 계

시방세계를 포함하였으며,

온 세계를 관세음보살의 듣는 성품 안에 포함해 가지고 거기에다,

立大圓鏡 空如來藏
입 대 원 경 공 여 래 장

대원경과 공여래장을 세워,

대원경은 여러 부처님의 지혜 가운데 부처님 지혜의 본체를 말합니다. 크고 둥근 거울 자체가 한정 없이 사방에 안 비치는 데가 없이 비치게 되는 이것을 대원경지大圓鏡智라고 하는데, 부처님께서 성불해서 가지고 계신 지혜 가운데 가장 근본 되는 지혜를 말합니다.

또한 위에서 공여래장도 얘기했었습니다만, 우리는 본 불성 자리를 여래장이라 하는데, 공空 자는 공空해서 번뇌가 없다고 해서 공여래장이라 합니다.

공여래장을 얘기할 때에 공무일체번뇌空無一切煩惱라 합니다. 번뇌가 공空해서 하나도 없는 게니까 이건 부처님의 큰 지혜를 가리키는 말입니다.

관세음보살이 공부해서 그런 것을 세웠기 때문에,

承順十方 微塵如來 秘密法門 受領無失
승 순 시 방 미 진 여 래 비 밀 법 문 수 령 무 실

시방 미진 여래의 법문을 승순하고 수령하여 잃지 않을새,

관세음보살이 공부를 해 가지고 이러한 공덕의 결과를 얻었기 때문에,

能令法界 無子衆生 欲求女者
능 령 법 계 무 자 중 생 욕 구 여 자

능히 법계의 자식 없는 중생으로서 딸을 구하는 이로 하여금,

위에서도 무자중생無子衆生이라고 했는데, 거기는 아들 낳은 얘기고, 여기의 무자중생은 딸 낳는 얘기입니다.

자子 자는 자식이라는 말인데, 자식이라는 말은 아들만이 아니라 딸도 포함되는 얘기입니다. 그러니까 여자라고 할 때의 자子 자는 사람이라는 말이지(남의 권속이 되었다는 말이지), 꼭 아들이라는 말은 아닙니다. 더구나 지금 우리나라에서 여자의 이름에 아들 자子 자를 많이 쓰는데, 그것은 최근 일본 사람이 쓰는 걸 본따서 그랬습니다만, 본래 중국에서 여자의 이름에 자子 자를 많이 씁니다. 혹 예전에 우리나라에서도 그랬었는지는 모르겠습니다만, 요새 쓰는 이름의 자子 자는 일본 사람이 온 후로 많이 퍼졌습

니다. 그래서 딸이든지 아들이든지 남의 권속이 되는 건 다 자子 자니까 아들 없는 중생이, 말하자면 딸 없는 중생이라는 얘깁니다.

> 誕生端正 福德柔順 衆人愛敬 有相之女
> 탄생단정 복덕유순 중인애경 유상지녀

단정하고 복덕스럽고 유순하여 모든 사람이 애경하는 유상의 딸을 탄생하게 하나이다.

유상有相이란 잘생겼다는 말입니다. 상相 자는 상모相貌라는, 얼굴이라는 말인데, 마음도 복덕이 있고 유순하고 다른 사람이 애경할 만한, 또 모양이 잘생긴 그런 딸을 낳도록 해준다는 말입니다.

여자의 본의는 유순입니다. 남편과 같이 억세가지고는 아들딸을 잘 기르지 못하기 때문에 부인의 덕은 다 받아 순해서 부모도 공경하고 하는 게 가장 중요한 일입니다.

그래서 여기 관세음보살이 시방 여래의 비밀 법문을 다 수순하고 수령受領해서 잃어버림이 없기 때문에 중생들로 하여금 딸 없는 중생은 딸을 낳게 해준다는 말입니다.

마지막,

> 十四者 此三千大千世界 百億日月
> 십사자 차삼천대천세계 백억일월

열넷째는 이 삼천대천세계의 백억 일월에서,

삼천대천세계는 먼저도 한번 얘기했었지만, 인도에서 얘기할 때에 수미산의 높이가 8만 4천 유순인데 세계 전체는 아니고 지방마다에 가운데 수미산이 하나씩 있답니다.

8만 4천 유순이라고 하면 한 유순이 40리라고도 하고 60리라고도 하고 80리라고도 하는데, 가장 적은 40리라 해도 8만이 40배나 되어야 합니다. 그렇게 높은 수미산을 중심으로 남쪽 · 서쪽 · 북쪽 · 동쪽에 각기 세계가 하나씩 있는데, 그 수미산 남쪽에 우리가 살고 있는 곳이 섬부주贍浮洲입니다. 지금 우리가 아시아라고 한다든지, 구라파라고 하는 것과 같습니다.

그래서 그 사주세계四洲世界를 소세계小世界라 하기도 하는데, 그 사주세계에 해가 하나 있고, 달이 하나 있습니다. 그런 세계가 천 개가 모이면 소천세계小千世界가 되는데, 남섬부주도 천 개일 테고, 해도 달도 수미산도 천 개가 있게 됩니다. 그렇게 모인 것을 소천세계라 하고, 그 소천세계가 또 천이 되면 중천세계라 그러고, 그 중천세계가 천이 되면 그것을 삼천대천세계라고 그럽니다. 삼천이란 말은 세 번 천 배해 놓으면, 그 이름이 대천세계大千世界입니다. 한 번 천 배하면 소천세계, 두 번 천 배하면 중천세계, 세 번 천 배하면 대천세계인데, 삼천대천세계가 사바세계 하나입니다.

극락세계도 그렇게 되는데, 가령 우리나라로 말하면 동리洞里가 하나 있고, 동리가 모여 면이 되고, 면이 모여 군이 되는 것과 같습니다. 즉 세계가 조직된 법이 그렇다는 말입니다.

앞에서 말할 때, 사주세계에 일월이 하나씩이라고 했는데, 삼천대천세계에는 10억 일월이 있겠으나(우리가 쓰는 숫자로 계산하면 10억밖에 안 되나), 인도의 수를 셈하는 법에 중등수中等數에서는 천 이상 되는 수에 백진百進하는 법이 있습니다.

백이 되면 한 단위씩 올라가는 법을 흔히 백백변지百百變之라고 하는데 (백씩 해서 올라가는 것을), 지금 우리는 만만변지萬萬變之라고 할 수 있습니다.

그런데 여기는 십과 천은 같은데, 천에서부터 십천十千이 되어야 만이 되고, 만에서 또(십천은 지나서만) 십천이 열 개 모여야 만이 됩니다. 그러니까 백천이어야 만이 되고, 만이 또 백만이 되어야 억이 됩니다. 그렇게 해서 천을 세 번 제곱하면, 백억 일월이 나타납니다.

그렇게 많은 일월 가운데,

現住世間 諸法王子 有六十二恒河沙數
현 주 세 간 제 법 왕 자 유 육 십 이 항 하 사 수

세간에 현주하는 법왕자가 62항하사 수가 있는데,

60억 항하의 모래 수만큼 많은 보살들이 모두,

修法垂範
수 법 수 범

법을 수행하고 횡법橫範을 드리워,

자기가 법을 닦아 공부를 하고, 또 여러 사람에게 모범을 드리워서 다른 사람도 가르치는데,

敎化衆生 隨順衆生 方便智慧 各各不同
교 화 중 생 수 순 중 생 방 편 지 혜 각 각 부 동

중생을 교화하되 중생을 수순하는 방편과 지혜가 각각 같지 않나

이다.

    62억 항하사 보살들이 제각기 중생을 교화하는 수단이나 방법이 제각기 다르다는 말입니다.

> 由我所得 圓通本根
> 유 아 소 득 원 통 본 근

제가 얻은바 원통본근이,

관세음보살의 이근耳根입니다.

> 發妙耳門 然後 身心 微妙含容 遍周法界
> 발 묘 이 문 연 후 신 심 미 묘 함 용 변 주 법 계

묘한 이문을 발한 연후에 신심이 미묘하게 함용하여 법계에 주변하였으므로,

문으로부터 방에 들어가듯이 이근으로부터 법에 들어간다는 말입니다. 그렇게 공부했기 때문에,

> 能令衆生 持我名號
> 능 령 중 생 지 아 명 호

능히 중생들로 하여금 제 명호만 지송持誦하여도,

> 與彼共持 六十二恒河沙 諸法王子
> 여 피 공 지 육 십 이 항 하 사 제 법 왕 자

저 62항하사 법왕자의 이름을 지송하는 이로 더불어,

> 二人福德 正等無異
> 이 인 복 덕 정 등 무 이

두 사람의 복덕이 정등하여 다르지 않게 하나이다.

관세음보살 하나 부르는 것이 62억 항하사 보살의 이름 부르는 것과 같다는 말입니다.

지금 세상 사람들이 관세음보살의 명호를 부르잖아요? 왜 그런고 하니,

> 世尊 我一號名 與彼衆多 名號無異
> 세 존 아 일 호 명 여 피 중 다 명 호 무 이

세존이시여, 저 한 사람의 호명이 여러 명호와 다르지 아니함은,

어째서 관세음보살 한 사람의 이름이 대세지·금강장 등 여러 62억 항하사 보살의 이름과 같은고 하니,

> 由我修習 得眞圓通
> 유 아 수 습 득 진 원 통

제가 진원통을 수습한 연고니이다.
(제가 수습하여 진원통을 얻은 연고니이다.)

이걸 보면 다른 이는 참 원통이 못 되는 모양입니다.
여기까지 해서 열네 가지 무외력無畏力을 다 얘기했습니다.

是名十四 施無畏力 福備衆生
시 명 십 사 시 무 외 력 복 비 중 생

이것을 열네 가지로 무외력을 베풀어 중생에게 복을 주는 것이라 이름하나이다.

비備 자는 준다는, 구비해서 준다는 말입니다.
위에서 삼십이응신三十二應身과 십사무외력十四無畏力을 얘기했고, 또 관세음보살의 네 가지 부사의不思議한 공덕을 얘기합니다.

世尊 我又獲是圓通 修證無上道故
세 존 아 우 획 시 원 통 수 증 무 상 도 고

세존이시여, 저는 또 이 원통을 얻어 무상도를 수증한 고로,

도道는 보리입니다.

又能善獲 四不思議 無作妙德
우 능 선 획 사 부 사 의 무 작 묘 덕

또 능히 네 가지 부사의한 지음이 없는 묘덕을 잘 얻었나이다.

작作 자는 하겠다는 생각이 있는 건데, 무작無作이란 저절로 자유자재하게 생기지 이렇게 하겠다 해서 생긴 게 아닌, 작의作意로 되는 것이 아니라는 뜻입니다.

그러한 네 가지 부사의한 공덕을 얻었는데,

一者 由我初獲妙妙聞心
일 자 유 아 초 획 묘 묘 문 심

첫째는 제가 처음으로 묘묘한 문심을 얻고,

원통圓通을 처음으로 공부할 때에, '처음 듣는 성품 가운데(初於聞中)' 하는 초初가 있었습니다.

마음이란 성품이라는 말입니다.

心精遺聞
심 정 유 문

마음이 정미롭고 문聞을 버리어서,

나중엔 근根까지 없어지지만, 근으로만 돌아왔기 때문에 소리가 안 나는 건 없어졌다는 얘기니까 유문입니다.

듣는 걸 잃어버렸다. 유遺 자는 없애 버렸다는 말입니다.

見聞覺知 不能分隔
견 문 각 지 불 능 분 격

견·문·각·지가 능히 분격하지 못하고,

견·문·각·지는 육근의 작용을 다 가리키는 말입니다.

우리는 눈으로는 보기만 하고 귀로는 듣기만 하지만(그래서 막혀 있지만), 관세음보살은 눈으로 듣기도 하고, 냄새도 맛도 알며, 귀로 보기도 하는 등 막힘이 없는데, 그것을 위에서는 육근 호용互用이라 했습니다.

호용互用이란 서로 작용한다는 말인데, 여기에서 '능히 분격하지 못한다'라고 하는 것은 호용한다는 말입니다.

成一圓融 淸淨寶覺
성 일 원 융 청 정 보 각

한결같이 원융하고 청정한 보각을 이룰새,

눈 하나를 가지고 육근의 작용을 다하기 때문에(육근이 서로 分隔하지 않기 때문에),

故我能現 衆多妙容
고 아 능 현 중 다 묘 용

고로 제가 능히 중다묘용을 나투어,

용容 자는 몸덩이 형상을 가리킵니다.

머리도 나타내고, 손발도 나타내는 걸 말합니다. 나타내 가지고 그렇게 많은 몸에서,

> 能說無邊 秘密神呪
> 능 설 무 변 비 밀 신 주

능히 끝이 없는 비밀한 신주를 설하나이다.

아난 존자가 마등가의 음실婬室에 빠졌을 때도 주문으로 가서 구해 왔는데, 그와 같이 관세음보살도 주문에 의지해 온갖 중생들의 소원을 이루어 주고, 온갖 중생들을 난리에서 면하도록 해준다는 말입니다.

부처님이나 보살들은 다 이러한 주문이 있는데, 여기에서 중다묘용衆多妙容이라 했으니까 주문 하나만 외우는 게 아니라, 가령 입이 하나이면 하나만 외우겠지만, 많은 모양을 나타냈기 때문에 몸마다 주문을 외운다, 즉 많은 주문을 외우게 됩니다.

이것이 여러 몸을 나투는 것인데, 그렇게 된 것을 낱낱이 얘기합니다.

> 其中或現 一首三首 五首七首 九首十一首 如是乃至
> 기 중 혹 현 일 수 삼 수 오 수 칠 수 구 수 십 일 수 여 시 내 지
> 一百八首 千首萬首 八萬四千 爍迦囉首
> 일 백 팔 수 천 수 만 수 팔 만 사 천 삭 가 라 수

그중에서 1수, 3수, 5수, 7수, 9수, 11수로 이와 같이 내지 108수, 천 수, 만 수, 8만 4천 삭가라 수를 나투며,

이렇게 많은 머리를 나타낸다는 말입니다. 삭가라란 견고하다는 말입

니다. 그러니까 우리와 같은 머리가 아니라 금강같이 견고하고 보배로운 머리를 가리켰습니다.

또 팔은,

> 二臂四臂六臂 八臂十臂十二臂 十四十六 十八二十 二
> 이비 사비 육비 팔비 십비 십이비 십사 십육 십팔 이십 이
> 十四 如是乃至 一百八臂 千臂萬臂 八萬四千母陀羅臂
> 십사 여시 내지 일백 팔비 천비 만비 팔만 사천 모 다 라 비

2비臂, 4비臂, 6비, 8비, 10비, 12비, 14비, 16비, 18비, 20비, 24비로 이와 같이 내지 108비, 천 비, 만 비, 8만 4천 모다라 비母陀羅臂를 나투기도 하고,

모다라도 범어인데, 인칠 인印 자, 도장 인印 자의 뜻인데, 위에서 부처님의 손은 오륜지五輪指라고 얘기했듯이, 8만 4천의 낱낱 팔에 오륜지를 구족했다는 말입니다.

그걸 세속에서는 감중련坎中連을 하고 계시다고 하지만, 그게 결인結印입니다. 부처님마다 열 손가락을 가지고 제각기 결인하는 법이 다른데, 모다라는 그런 여러 가지 결인하는 것을 가리킵니다.

그리고 부처님이나 보살들이 가진 법의 공덕을 표한 것이라 해서 맺을 결結 자를 써서 결인이라고 합니다.

법당에 모셔진 비로자나부처님이나 석가모니부처님 등이 손을 가지고 여러 가지 모양 하는 것을 다 결인이라고 하는데, 부처님의 등상을 공부하는 이는 한정 없이 많은 결인을 다 알 수 있을 겁니다.

또 눈은,

> 二目三目 四目九目 如是乃至 一百八目 千目萬目
> 이 목 삼 목 사 목 구 목 여 시 내 지 일 백 팔 목 천 목 만 목
> 八萬四千淸淨寶目
> 팔 만 사 천 청 정 보 목

2목, 3목, 4목, 9목으로, 이와 같이 내지 108목, 천 목, 만 목, 8만 4천 보목을 나툴새,

관세음보살을 천수천안千手千眼이라고 합니다만, 여기는 8만 4천이나 된다고 했으니, 천수천안은 문제가 안 됩니다.

눈도 8만 4천, 코도 입도 귀도 이런 여러 가지 중다묘용衆多妙容을 나타내는 것이 장난하는 게 아니라, 그런 걸 가지고 중생을 제도하기 위해서 합니다.

> 或慈或威
> 혹 자 혹 위

혹은 자비하게, 혹은 위엄威嚴있게,

자비한 손이나 눈을 나타내는 것은, 마음이 연약한 자를 구제하기 위해서입니다. 또한 마음이 억센 사람에게는 위엄을 나타내어 구제합니다.

> 或定或慧
> 혹 정 혹 혜

혹은 정정定으로, 혹은 혜慧로,

정定은 참선한다는 선정禪定이고, 혜慧는 지혜입니다.
이러한 여러 가지 자비와 위엄과 정력定力과 지혜를 가지고서,

救護衆生 得大自在
구 호 중 생 득 대 자 재

중생을 구호하여 대자재를 얻나이다.

관세음보살이 중생을 구호하는데, 마음대로 얼마든지 이런 것들을 자유로이 한다는 얘깁니다.

二者 由我聞思
이 자 유 아 문 사

둘째는 저의 듣고 생각함이,

위에서 문聞하는 걸 가지고 공부해서 생각해 닦는 문聞·사思·수修를 얘기했었는데, 여기에 문·사 둘만 썼지만, 역시 문·사·수를 가리킵니다.

脫出六塵
탈 출 육 진

육진을 탈출한 것이,

색·성·향·미·촉·법의 육진에서 벗어났다는 말입니다.

우리는 육진의 노예가 되어서 밝은 걸 보고는 밝다고만 하지 어둡다고는 생각을 못 하게 되고, 좋은 소리는 좋다고 하고 나쁜 소리는 나쁘다고 해서 나쁜 소리를 좋게 듣지 못하고, 나쁜 모양도 좋게 보지 못하는 게 중생입니다.

말하자면, 주위 환경의 지배를 받는 게 중생인데, 지배를 안 받으려면 육진에서 초월해야 합니다. 우리는 초월하지 못했기에 지배를 받는 것이지만, 부처님이나 보살은 초월했기 때문에 육진을 지배하게 되는 것입니다.

그 육진에서 벗어나온 것이,

> **如聲度垣 不能爲礙**
> 여 성 도 원 불 능 위 애

마치 소리가 담을 넘되 능히 장애되지 아니함과 같을새,

소리가 담을 뚫고 오는지 안 오는지는 모르지만, 담 너머에서 나는 소리를 우리는 듣습니다. 담 너머 있는 사람을 눈으로 보지는 못하지만 귀로 듣기는 하는데, 그것이 담의 장애를 안 받는다는 얘기입니다. 그러니까 소리가 담을 넘는 것과 같다는 것이 육진에 대해 지배를 받지 않는 것과 같다는 얘기입니다.

그렇기 때문에 육진 경계가 장애하지 못하는데,

> **故我妙能 現一一形**
> 고 아 묘 능 현 일 일 형

고로 제가 능히 가지가지 형상을 나타내어,

소의 모양도 나타내고, 말·늙은이·젊은이·남자·여자 등의 형상을 나타낸다는 겁니다.

위에서는 중다衆多라고 했는데, 여기에서는 하나씩 낱낱이 다 나타내서,

誦一一呪
송 일 일 주

가지가지 주문을 송송誦송할새,

낱낱 형상을 나타내서 낱낱이 외우는 주문이 한정 없을 것입니다.
그렇게 형상을 나태내고 주문을 나타내서는,

其形其呪 能以無畏 施諸衆生
기 형 기 주 능 이 무 외 시 제 중 생

그 형상과 그 주문이 능히 무외로써 중생에게 베풀새,

보시라고 하면 흔히 재물을 보시하는 줄만 압니다만, 보시 가운데는 법으로 보시해서 모르는 사람들을 깨우쳐 주는 것도 있고, 재물로 보시해서 가난한 사람들을 도와주는 일도 있으며, 십사무외력十四無畏力과 같이 두려움이 없는 걸 가지고 보시해서 중생들의 공포를 면하게 해주는 세 가지의 보시가 있습니다.

> 是故十方 微塵國土 皆名我爲 施無畏者
> 시고시방 미진국토 개명아위 시무외자

이런고로 시방의 미진 국토에서 저를 이름하여 무외를 베푸는 자라 하나이다.

> 三者 由我修習 本妙圓通 淸淨本根
> 삼자 유아수습 본묘원통 청정본근

셋째는 제가 본래 묘하고 원통한 청정 본근을 수습할새,

둘째 번에는 문聞·사思라 했고, 여기는 수습이라 했는데, 둘을 합하면 처음에 관세음보살이 관세음부처님을 만나서 문聞·사思·수修를 좇아 삼매에 들었다고 했던, 그 문·사·수가 됩니다.

그렇기 때문에,

> 所遊世界
> 소유세계

유遊한 바의 세계마다,

유遊 자는 다닌다는 말입니다.

> 皆令衆生 捨身珍寶
> 개령중생 사신진보

다 중생들로 하여금 몸과 진보를 버리어서,

이건 몸에 있는 보배라고 해도 말이 되고, 몸과 보배라고 해도 말이 됩니다.

관세음보살이 원통본근圓通本根을 공부했기 때문에 중생들이 관세음보살을 대하면 몸이나 보배를 다 버려 관세음보살에게 공양해서,

求我哀愍
구 아 애 민

저에게 애민을 구하나이다.

지금 우리가 부처님께도 그렇지만 보살 가운데도 관세음보살이라고 하면, 가진 재물이라든지 몸을 아끼지 않습니다.

얼마든지 노력을 하고, 몸이 상하더라도 관세음보살을 위해 공양하는 데는 무릅쓰고 하게 되는데, 중생으로 하여금 몸과 진보를 버려 가지고 관세음보살이 소원 이루어 주기를 구하게 하는 것이 관세음보살의 작용입니다.

四者 我得佛心
사 자 아 득 불 심

넷째는 제가 불심을 얻어,

몸은 보살이지만 지혜는 부처님과 같으니까 부처님의 마음을 얻었다는 말입니다.

證於究竟
증 어 구 경

구경을 증證하옵고,

더 배울 게 없이 끝까지 알았기 때문에,

能以珍寶 種種供養 十方如來
능 이 진 보 종 종 공 양 시 방 여 래

능히 진보로써 가지가지로 시방 여래께 공양하오며,

부처님께만 공양하는 게 아니라,

傍及法界 六道衆生
방 급 법 계 육 도 중 생

곁으로 법계의 육도 중생에게까지 미칠새,

급及 자는 공양을 미치게 했다는 말입니다.

그러니까 부처님께만 공양하는 게 아니라 중생에게도 공양하기 때문에,

求妻得妻 求子得子 求三昧得三昧 求長壽得長壽 如是乃至求大涅槃 得大涅槃
구 처 득 처 구 자 득 자 구 삼 매 득 삼 매 구 장 수 득 장 수 여
시 내 지 구 대 열 반 득 대 열 반

처를 구하면 처를 얻고, 자子를 구하면 자를 얻고, 삼매를 구하면 삼매를 얻고, 장수를 구하면 장수를 얻으며, 이와 같이 내지 대열반을 구하면 대열반을 얻게 하나이다.

이렇게 공부를 했으니,

佛問圓通
불 문 원 통

부처님께서 원통을 물을새,

我從耳門 圓照三昧
아 종 이 문 원 조 삼 매

저는 이문으로 원조하는 삼매로부터,

밖의 소리만 듣는 게 아니라 중생의 마음까지 원만하게 비치는, 그 삼매를 좇아 공부해서,

緣心自在 因入流相
연 심 자 재 인 입 유 상

연심이 자재하여지고 인하여 유상에 들어가,

연심자재란 연緣을 따라 응화應化하는데, 마음이 자재해진다는 말입니다.

위에서 입류망소入流亡所라고 했는데, 유상流相이란 우리의 법성法性, 성품 자리가 흐르는 모양입니다.

> **得三摩提 成就菩提 斯爲第一**
> 득 삼 마 제 성 취 보 리 사 위 제 일

삼마제를 얻어 보리를 성취함이 이 제일이 되겠나이다.

여기까지 모두 관세음보살의 삼십이응신과 십사무외력과 사부사의四不思議를 얘기했습니다.

그 외에 또 관세음보살이 관세음부처님께 수기 받은 얘기가 있는데, 경에 있는 대로 내려 읽겠습니다.

> **世尊 彼佛如來**
> 세 존 피 불 여 래

세존이시여, 저 불여래께서,

관세음보살이 한량없는 옛적에 만났던 관세음부처님을 말합니다.

> **歎我善得 圓通法門 於大衆中 授記我爲觀世音號**
> 탄 아 선 득 원 통 법 문 어 대 중 중 수 기 아 위 관 세 음 호

제가 원통법문을 잘 얻었다 찬탄하시고, 대중에서 저를 수기授記하여 저를 관세음이라 이름하셨사오니,

수기授記한다는 것은, 네가 이 다음에 이렇게 되리라고 예언해 주는 것을, 불교에서 수기라고 그럽니다.

만난 부처님도 관세음부처님이고, 또 이 보살의 이름도 관세음보살이고, 부처님과 제자인 관세음보살이 이름이 같습니다.

하나는 부처님이요, 하나는 보살인 이것만 다르지 이름은 같은데, 어째서 관세음이라는 이름을 지어 주었는지를 관세음보살이 말을 합니다.

> 由我觀聽
> 유 아 관 청

저의 관청이,

귀로 듣는 것이 아니라 마음으로 관해서 듣는 것이,

> 十方圓明 故觀音名 遍十方界
> 시 방 원 명 고 관 음 명 변 시 방 계

시방에 원명할새, 고로 관세음 명名이 시방계에 두루 하였나이다.

여기까지 해서 아라한과 보살들이 제각기 자기가 공부하던 과정을 얘기해서 이것이 제일이겠다고 하는 육근·육진·육식·칠대를 아울러 스물다섯 가지 원통한 것을 얘기했습니다.

이제 이 『능엄경』에서는 관세음보살의 귀로 공부해서 원통 얻는 것이 제일이라고 하는 것을 얘기합니다.

『법화경』에도 그런 얘기가 있습니다만, 여기에서는 관세음보살의 이근원통이 제일이라는 것을 찬탄하기 위해 이런 얘기를 합니다.

> 爾時世尊 於師子座 從其五體 同放寶光
> 이 시 세 존 어 사 자 좌 종 기 오 체 동 방 보 광

이때에 세존께서 사자좌에서 오체로부터 보광을 놓으시어,

오체는 사지와 머리, 즉 두 다리와 두 팔과 머리를 말합니다.

> 遠灌十方 微塵如來 及法王子 諸菩薩頂
> 원 관 시 방 미 진 여 래 급 법 왕 자 제 보 살 정

멀리 시방의 미진 여래와 모든 법왕자 보살의 정상頂上에 대시었고,

불자佛子나 법왕자나 같은 말인데, 보살은 좀 자격이 부족해도 보살이라는 이름을 얻지만, 법왕자라고 하면 부처님과 거의 같아지는 등각위等覺位에 올라가야만이 법왕자라는 말을 한다고 그럽니다.

석가모니불에게서 나온 광명이 시방세계에 있는 여러 부처님의 정상에 대었고, 또 그 부처님 회상에서 공부하고 있는 여러 보살들의 정상에다 광명을 대었다는 얘긴데, 이건 석가모니부처님의 공부하신 지혜가 시방세계에 있는 부처님이나 보살과 같다는 얘기고,

> 彼諸如來 亦於五體 同放寶光
> 피 제 여 래 역 어 오 체 동 방 보 광

저 여러 여래들 또한 오체에서 한꺼번에 보광을 놓으시니,

從微塵方 來灌佛頂
종 미 진 방 내 관 불 정

미진방으로부터 와서 부처님의 정상에 대시며,

幷灌會中 諸大菩薩 及阿羅漢
병 관 회 중 제 대 보 살 급 아 라 한

아울러 회중의 모든 대보살과 아라한들에게 대시었다.

여기에서의 보살과 아라한은, 보살은 대승에서 하는 말이고, 아라한은 소승에서 하는 말입니다.

그러나 지금 이 능엄회상에 있는 아라한들은 형식으로 소승이 되어 있지만, 다 보살 지위를 증득한 소승이라고 그럽니다. 속으로는 보살의 자격을 다 갖추었는데, 겉으로 아라한을 나타냈다고 그럽니다.

실라벌성의 기환정사祇桓精舍에 있는 부처님의 광명이 시방세계에 있는 부처님과 보살들의 정상에 대고, 또 그 시방세계에 있는 부처님의 광명이 기환정사로 와서 석가모니부처님이라든지, 그 회상에 있는 보살들과 아라한들의 정상에 댔다는 말이니, 대단히 휘황찬란했을 것입니다.

그때에 어떤 일이 생겼는고 하니,

林木池沼 皆演法音
임 목 지 소 개 연 법 음

임林·목木·지池·소沼에서 모두 법음을 연설하며,

유정인 중생들만 말을 할 수가 있는데, 그때는 무정인 나무라든지 숲, 못, 이런 데서도 다 법음을 연설한다고 그랬습니다.

법음만 연설하는 게 아니라,

交光相羅 如寶絲網
교 광 상 라 여 보 사 망

교차交叉하는 광명이 서로 나직羅織하여 마치 보사寶絲 그물과 같으며,

금실로 짜 놓은 그물과 같이 찬란하게 서로 얽혔다는 말입니다.

是諸大衆 得未曾有
시 제 대 중 득 미 증 유

모든 대중들이 미증유를 얻어서,

또 그렇게 좋은 일을 얻은 동시에,

一切普獲 金剛三昧
일 체 보 획 금 강 삼 매

일체가 널리 금강삼매를 얻을새,

위에서도 관세음보살이 이근원통을 공부해서 얻은 문훈문수금강삼매聞薰聞修金剛三昧를 얘기했는데, 다른 이들도 다 그러한 삼매를 얻었다는 말입니다.

> 卽時天雨 百寶蓮華
> 즉 시 천 우 백 보 련 화

즉시에 하늘에서 백 보련화를 비 내리니,

하늘에서 연꽃이 내려오는데 빛이,

> 靑黃赤白 間錯紛糅 十方虛空 成七寶色
> 청 황 적 백 간 착 분 유 시 방 허 공 성 칠 보 색

청·황·적·백이 사이에 섞여 분유하며, 시방 허공이 칠보 색을 이루었다.

인도에서 얘기할 때 인간세계에서 가장 좋은 보배 가운데 일곱 가지를 칠보라고 하는데, 금과 은은 금속이고, 그 외 다섯 가지 유리라든지 산호, 이런 것들은 보석 종류입니다.

중국이라든지 우리나라에 와서는 칠보가 무엇 무엇인지는 모르지만, 좋은 보배인 줄은 알게 됩니다. 또한 일곱 가지 보배라는 말인데, 어떠한 보배의 이름인 줄 잘못 알기가 쉽습니다.

此娑婆界 大地山河 俱時不現
차 사 바 계 대 지 산 하 구 시 불 현

이 사바세계의 대지산하는 동시에 나타나지 아니하고,

사바세계란 오탁악세五濁惡世로 되어 있는 대단히 험하고 좋지 못한 이 세계입니다.

唯見十方 微塵國土 合成一界
유 견 시 방 미 진 국 토 합 성 일 계

오직 시방 미진 국토가 합하여 일계 이룸을 보며,

사바세계가 다르고, 극락세계가 다르던 것이, 사바세계의 형상은 다 없어지고 시방의 한량없는 많은 세계들이 한 세계가 되더라는 말입니다.

그때에,

梵唄詠歌 自然敷奏
범 패 영 가 자 연 부 주

범패와 영가가 자연히 부주되었다.

범梵이란 범어梵語라는 말과 같이 인도를 가리킵니다. 인도에서 숭상하는 신이 범천梵天인데, 범문梵文으로 된 말을 범어라 하고, 또 범서梵書라고도 하는데, 인도에서 하는 풍속, 즉 인도를 가리켜서 범이라 하게 됩니다.

그러니까 범패라고 할 때 범이란 인도의 풍속이라는 말이고, 패는 패닉唄匿의 줄임말이며, 한문으로 패唄라고 썼으나, 이것은 인도 글자입니다.

음악이나 노래, 성악으로 부처님의 공덕을 찬탄하는 것을 패라고 그럽니다. 범패한다고 하는 것은, 인도에서 부처님을 찬탄하던, 말하자면 찬불가 같은 것인데, 범梵 자는 인도라는 뜻이고, 패唄 자는 부처님의 공덕을 찬탄하는 노래라는 뜻입니다.

영가란 범패가 아니고라도 다른 음악을 말합니다. 그러니까 여러 세계가 한 세계 된 그 자리에서 범패와 음악이 누가 있어서 하는 게 아니라 저절로 연주되는 그런 상서로움이 생겼다는 말입니다.

사람이 일부러 하지 않고도 저절로 생기는 것을 자연부주라고 그랬습니다. 이제 부처님께서 문수사리를 시켜서 스물다섯 가지 원통 가운데 어느 것이 제일인지를 선택하게 합니다. 그런 것을 표하는 상서祥瑞입니다.

6) 문수文殊의 선택

> 於是如來 告文殊師利法王子
> 어 시 여 래 고 문 수 사 리 법 왕 자

이에 여래께서 문수사리 법왕자에게 말씀하셨다.

여래는 석가여래입니다.

문수보살은 어딜 가나 보살 중의 우두머리인데, 지혜가 제일이고, 지금만이 아니라 과거에도 칠불七佛을 가르치는 조사祖師, 선생이었다고 그럽니다.

> 汝今觀此 二十五無學諸大菩薩及阿羅漢
> 여금관차 이십오무학제대보살급아라한

네가 지금 이 이십오 무학인 대보살들과 아라한들을 보라.

무학이란 더 배울 게 없다는 의미인데, 소승 아라한을 번역하면 무학입니다. 그런데 여기에서는 보살을 무학이라고 그랬습니다.

무학이라는 말은 더 배울 것이 없다는 말인데, 여기에서는 더 배운다고 해도 배우는 형식을 가지지 않고, 수행을 한다 해도 수행하는 형식을 차리지 않고 하는 것을, 위에서 말한 무작묘력無作妙力, 지음이 없는 묘한 힘, 이것을 가지고 무학이라 했습니다. 그러니까 이 무학은 대보살을 가리키는 말이고, 아라한은 소승 성문으로서 사과四果를 증득해서 더 배울 게 없는 것을 말합니다. 그러니 이러한 사람들을 봐라.

> 各說最初 成道方便
> 각설최초 성도방편

각기 처음에 성도하던 방편을 설하여,

> 皆言修習 眞實圓通
> 개언수습 진실원통

다 진실한 원통을 수습했다 말하나니,

彼等修行 實無優劣 前後差別
피 등 수 행 실 무 우 열 전 후 차 별

저들의 수행에는 실로 우열과 전후의 차별이 없겠으나,

25인이 공부한 것으로는 차별이 없이 평등하여 어떤 것이 낫다고 가릴 것이 없지만, 가릴 필요를 또 얘기합니다.

석가모니부처님께서 하시는 말씀입니다.

我今欲令阿難開悟
아 금 욕 령 아 난 개 오

내가 지금 아난으로 하여금 개오하게 하려면,

아난이 어느 게 원통한 근根인지 부처님께 말씀해 달라고 했기 때문에 부처님께서 친히 말씀하지 않으시고 보살과 아라한들을 시켜서 이십오원통을 말하게 했으니까 알지 못하던 것을 알아 가지고 깨닫게 하려고 하면,

二十五行 誰當其根
이 십 오 행 수 당 기 근

이십오행에서 어느 것이 그의 근성根性에 마땅하겠는가?

아난 존자가 공부하기에 이 스물다섯 가지 원통 가운데 어느 걸 가지고 해야 마땅하겠는지 문수사리더러 골라내라는 말입니다.

본래 거기에 우열이 있는 건 아니지만 아난 존자가 공부하려면 어느 것

을 해야 하는지 아난 존자를 위해서 하는 말입니다.

> 兼我滅後 此界衆生 入菩薩乘 求無上道
> 겸 아 멸 후 차 계 중 생 입 보 살 승 구 무 상 도

겸하여 내가 멸도한 후에 이 세계 중생들이 보살승에 들어가 무상도를 구하려면,

> 何方便門 得易成就
> 하 방 편 문 득 이 성 취

무슨 방편문으로 쉽게 성취하겠는가?

아난 존자를 위해서 묻는 겁니다.

요전에도 얘기했습니다만, 사바세계에는 자기의 의사를 다른 사람에게 알리려면, 말로 하는 게 제일 낫습니다. 그래서 사바세계는 음성교체音聲敎體, 말로 하는 소리(가르치는 當體)가 교체敎體가 된다고 합니다.

다른 데서는 광명으로 가르치기도 하고, 몸에서 향이 나와서 가르치기도 하는 의사 전달의 여러 방법이 있지만, 이 사바세계에서는 말로 하는 게 제일이라는 말입니다.

사바세계는 말로 하는 게 제일이니까, 말을 하면 들어야 하니까 말소리를 듣는 귀를 가지고 공부하는 것이 낫겠다는 그것이 사바세계에서 가장 적당하겠다는 얘깁니다.

그때에,

> 文殊師利法王子 奉佛慈旨 卽從座起 頂禮佛足 承佛
> 문 수 사 리 법 왕 자 봉 불 자 지 즉 종 좌 기 정 례 불 족 승 불
> 威神
> 위 신

문수사리 법왕자가 부처님의 자비로운 뜻을 받잡고 자리를 좇아 일어나 불족에 정례하고 부처님의 위신을 받들어,

이것은 문수보살 당신의 힘 가지고도 넉넉히 할 수 있는 일이지만, 부처님께서 계시니까 부처님의 위신력을 받자와 한다는 얘깁니다.

부처님의 의사를 본받아 가지고 그대로 하는 게 부처님의 위신력을 받잡는다는 얘기입니다.

> 說偈對佛
> 설 게 대 불

게偈를 설하여 불佛께 대답하였다.

게偈란 요전에 가타迦陀를 얘기했습니다만, 노래와 같이 구절(詩句)로 얘기하는 걸 말합니다.

게송 하나에 네 글귀씩인데, 한 구에 넉 자씩 해서 열여섯 자 되는 것도 있고, 다섯 자씩 해서 이십 자 되는 것도 있으며, 여섯 자 일곱 자까지 네 구로 구절한 게송들이 있으며, 그 외에 게송으로 따로 만들지 않고 줄로 써 있는 서른두 자의 일 절도 한 게송이라 그럽니다.

32자를 써 가지고도 한 게송이라고 하기 때문에 게송이 아닌 줄글로 되었다 하더라도 10만 게라든지 5만 게라고 얘길 합니다.

다른 경에도 보면 줄글로 주욱 얘기하다가 다시 또 그 뜻을 거두어 가지고 게송으로 얘기하기도 합니다.

여기에서도 부처님께 게송으로 대답했는데, 60게송이 됩니다. 처음의 몇 게송은 진리를 얘기한 것이기 때문에 처음 보는 이는 어려울 수도 있습니다.

覺海性澄圓
각 해 성 징 원

각覺의 바다 성품이 맑고 둥글어,

각해란 깨달음 바다, 불법 모르는 것을 아는 것이 깨달음인데, 그걸 바다라고 한 것은 많은 것을 뜻합니다. 고생이 많으면 고통의 바다라고 한다든지, 장경藏經의 많은 것을 바다와 같은 대장경이라 하기도 하고, 겁바다라는 말을 하기도 하는데, 크고 많은 것을 비유하는 말도 되지만 많은 것을 형용하는 말을 바다라고 합니다.

각覺, 그 자체가 한정 없기 때문에 바다라는 말을 썼고, 모양을 가리키고 성품을 가리키는 말이기 때문에 성性 자, 성품이라 했는데, 성품이란 불성 자리입니다. 각해인 성품이(우리 佛性 자리가) 그렇다는 말입니다.

징澄이란 맑고 고요하다는 말이고, 원圓이란 원포圓浦하여 조금도 모자람이 없다는 말입니다.

그러니까 바다와 같은 이러한 고요하고 둥근 각覺의 성품, 그건 불성 자리, 저 위에서부터 얘기했던 여래장묘진여성如來藏妙眞如性이니, 그 자체가 고요하고 원만하게 작용해 나온 것을 얘기합니다.

圓澄覺元妙
원 징 각 원 묘

둥글고 밝은 각覺이 원래 묘하네.

위의 각해성징원覺海性澄圓을 다시 갖다 써서 원만하고 고요한 각覺이 본래부터 묘하다, 새로 공부를 해서 묘한 게 아니라 본래부터 묘하다고 했으니까 원통하다는 뜻과 같습니다.

본 불성 자리는 그렇게 묘한데, 이런 묘한 불성 자리에서 망상이 생기고, 우주가 생기던 얘기를 합니다. 그러니까 이것은 저 위의 4권에서 얘기한 것을 다시 게송으로 하는 말입니다.

元明照生所
원 명 조 생 소

원명이 비추어서 소所를 내나니,

위의 각원묘覺元妙나 원명元明이나 같은 말인데, 원래 밝은 성품 자리에서 원명까지는 조금도 잘못된 게 없는 우리의 성품 자리입니다.

비추기 때문에 소所가 생겼다. 소란 절대에서 상대가 생겼다는 말이니까 각해성覺海性이라고 하는 우리 본 불성 자리는 절대인데, 그 절대에서 조照, 비춘다고 하는 상대가 생기는 시초를 얘기했습니다.

항상 거울 얘기를 했습니다만 거울은 늘 맑기만 한데, 거울 자체는 맑고 맑은 성질만 가졌지 거기에 물건을 비추지 않는 게 본체인데, 너무 맑기 때문에 비추려는 작용이 있어 그림자가 들어오게 되는데, 그 비춘다고 하는 것이 병病의 시초입니다.

저 위에서 '성각필명性覺必明하야 망위명각妄爲明覺이라'라고 하던 그것과 같은 말입니다. 다른 걸 비추어 들이려고 하는 그것이 처음으로 동하는 힘입니다. 요샛말로는 원동력이라 할까요?

그렇게 동하기 때문에 소가 생겼으니(所는 相對를 가리킴), 거울 가운데는 그림자가 없는데 비추는 성질이 있기 때문에 그림자가 거기 들어오듯 한 것이 망妄입니다.

진眞에서 망妄이 생기는 얘기입니다.

所立照性亡
소 립 조 성 망

소所가 성립되고는 비추는 성품이 없어지네.

상대가 건립된 후에, 상대지물相對之物이 생긴 다음에는 조성照性, 본각本覺 자리에 성품을 비추는 그 성품은 없어지고 만다는 얘깁니다. 즉 상대가 생기면 형상만 보게 되지 다른 것은 못 본다는 겁니다.

지금 우리가 거울을 볼 때도 거울 가운데 비치는 그림자를 인식하게 되지 거울의 맑은 자체는 잘 인식하지 못합니다. 그래서 본래는 거울에 조照하는 성품이 있는 게지만, 조照하는 성품까지 없어졌다는 것은 형形이 생긴 후에는 형상만 따라가게 되지 본체를 잃어버린다는 말입니다.

위의 반半 게송은 본 불성 자리의 근원을 가리키는 말이고, 아래의 반半 게송은 망상, 허망이 생기는 근원을 가리키는 말입니다.

그래서 이제 청정본연한 우리의 여래장묘진여성如來藏妙眞如性 자리에서 산하대지와 일체 유위법이 생기는 얘기를 합니다.

迷妄有虛空
미 망 유 허 공

미망하여 허공이 있고,

소所가 생기는 것이 미망입니다.

위에서 조성照性이 없어졌다고 했는데, 비추는 성품이 없어진다는 것은, 미迷해 가지고 허망한 것뿐입니다.

지금 우리가 보고 듣고 아는 건 잘못된 감각입니다. 우리의 본 불성 자리 감각에는 사실 그대로가 나타날 수 있지만, 즉 좋다 나쁘다의 차별을 안 내는 것이 본 성품인데, 형상을 보고서 우리가 하고 있는 그게 미망입니다.

세계가 처음 생길 때에, 본래 깨달은 본 불성 자리에서 세계가 생길 때에 무명을 의지해서 맨 먼저 허공이 생겼습니다.

위에서 회매晦昧하여 공이 되었다는 회매위공晦昧爲空을 두 번이나 얘기했습니다만, 이것도 그와 같은 말입니다.

미망이란 게 캄캄하다는 말이고, 유허공有虛空은 처음, 허공부터 생기는 얘깁니다.

依空立世界
의 공 립 세 계

허공을 의지해 세계가 성립되며,

세계는 무정물無情物이고, 위에서도 얘기했습니다만, 세世 자는 시간을 가리키는 말이고, 계界 자는 공간을 가리키는 말입니다.

이 말은 위에서 공空과 회암晦暗한 중에서 암暗이 맺히어 색色이 되었다는 말과 같습니다.

> 想澄成國土 知覺乃衆生
> 상 징 성 국 토 지 각 내 중 생

망상妄想이 징징澄하여 국토가 생기고, 지각은 중생이 되었네.

상想 자는 망상, 허망한 생각입니다.

징澄 자는 오탁五濁 얘기할 때에 겸해서 얘기했었습니다만, 맑은 물에 흙을 섞으면 흐리터분한 흙탕물이 되는데, 그것을 그릇에 담아 가만히 두면 앙금이 가라앉고 위에 맑은 물이 뜨게 되는데, 그게 징澄입니다.

징澄 자의 뜻이 흙탕물을 가만히 두면 위에는 맑은 물만 나타나고, 밑에는 앙금이 가라앉게 되는 그걸 말합니다. 망상이 징澄해서 앙금 가라앉은 게 국토가 된다, 흐리터분한 망상 가운데 맑은 것은 위로 뜨고 흙만 가라앉아 앙금 되듯 망상이 가라앉아서 국토가 된다는 말입니다. 국토만을 얘기했지만, 산이라든지 나무, 돌 등의 무정물이 생기는 얘기입니다.

상징이라고 할 때에 망상 가운데 가라앉아서 흐린 편으로는 국토가 되고, 그 망상 가운데 맑은 편으로는 지각하는 중생이 되었는데, 국토는 지각하는 작용이 없지만 중생은 지각하는 작용이 있기 때문에 허공이 생기고, 그 허공을 의지해서 망상이 가라앉아 가지고는 국토가 생기고, 거기서 또 지각하는 작용을 가진 것은 중생이 되었다고 해서 세계와 중생 생기던 얘기를 했습니다.

그래서 우리 본 불성 자리에서 세계가 생기던 얘기를 해 놓고, 바꾸어서 지금 관세음보살이 이근耳根을 가지고 원통을 공부한다든지, 아난 존자가 지금 닦아 가지고 부처 되는 길로 간다고 하는 것은, 다 망상을 끊어 버리고 본 불성 자리로 돌아가려는 얘기입니다.

본 불성 자리에서 미망하여 허망하게 중생이 생겼는데, 이 아득하고 허망한 것을 없애 버리고 본래의 불성 자리로 가는 게 우리의 해야 할 일입니다. 그래서 불성 자리로 가는 얘기를 여기에 합니다.

허공은 미망해서 생겼다고 하는데, 우리가 볼 때 허공은 한정 없이 큽니다. 우리가 아는바 지식으로는 허공보다 더 큰 존재는 없습니다. 우주 가운데 요새 과학으로 말할 때 한정 없는 별세계가 있다고 하지만, 그 별세계가 모두 허공을 의지해 건립되어 있습니다. 그러니까 허공보다 더 큰 존재는 우리가 가진 지식으로는 없는 것입니다. 그러나 여기에서 말할 때 그 허공이 어디서 생겼느냐, 각해성징원覺海性澄圓 우리의 본각本覺 자리, 본여래장묘진여성本如來藏妙眞如性에서 생겼다는 말입니다.

그래서 허공이 크지만 대각大覺인 불성 자리에서 생겼다는 말입니다.

空生大覺中
공 생 대 각 중

허공이 대각 중에서 생긴 것이,

대각 가운데서 허공이 생겼으니까 각覺이 더 크고 허공은 적습니다.
그 각覺과 허공을 비유하면,

如海一漚發
여 해 일 구 발

바다에 한 물거품이 發함과 같으니,

바다는 대각大覺에 비유했고, 허공은 물거품에다 비유했습니다.

대각 가운데서 허공 생긴 것이 바다 가운데 물거품 하나 생긴 것과 같이 보잘것없는 존재라는 말입니다.

有漏微塵國
유 루 미 진 국

유루의 미진 국토가,

유루란 생멸한다는 말입니다. 번뇌를 누漏라 하는데, 생멸하는 게 누漏입니다.

많은 유루의 국토가 다,

皆從空所生
개 종 공 소 생

다 허공을 좇아 생한 바이니,

그 많은 국토란 별세계를 가리키는 말일 겁니다. 그러니 대각大覺과 이 미진 국토를 비유하면 더 보잘것없을 겁니다.

각覺과 허공을 비유해 볼 때 바다 가운데 물거품 하나와 같다고 했는데(그 물거품이 허공인데), 허공을 의지해서 한량없이 많은 세계가 생겼으니, 그 세계는 대각에 비유하면 더 보잘것없습니다.

본래 존재의 크고 작음을 뭐라고 얘기할 수 없으리만치 현격한데, 그 많은 허공이라든지 세계가 다 없어진다는 얘깁니다.

```
漚滅空本無
구 멸 공 본 무
```

물거품이 멸하면 허공이 본래 없거니,

바다에 물거품 하나 생긴 것이 허공인데, 바다의 물거품은 잠깐 있다가 없어지지 오래 있는 존재가 아닙니다. 그러니까 물거품이 없어진다고 하면 허공이랄 것도 없습니다.

또한 그렇게 쉽게 없어질 수 없는 것이니, 중생이 미망한 생각을 끊어 버리고 부처 될 수 있는 원통圓通을 얻을 수 있는 힘이 우리에게 구비되어 있다는 얘깁니다.

허공이랄 것도 본래 없는데,

```
況復諸三有
황 부 저 삼 유
```

하물며 다시 삼유일까 보냐.

삼유란 삼계와 같은 말입니다.

우리의 중생이 사는 곳은 욕계·색계·무색계, 셋을 얘기합니다. 욕계는 우리와 같이 탐욕이 있는 이 세계를 가리키는 말이고, 색계란 색色 자가 물질이라는 말이니까 탐욕은 없고 물질만이 있는 곳이며, 무색계란 물질까지도 없고 정신만 존재하는 곳을 말하는데, 이 삼계를 삼유라고도 합니다. 계界 자를 유有 자로 고치기만 하면 되는데, 계界 자는 세계라는 말이고, 유有 자는 존재한다는 말이니까 계界 자 대신에 유有 자를 쓴 겁니다.

그러니 허공을 의지해 있는 게 이 세계인데, 물거품이 꺼지면 허공 자체도 없는데, 허공을 의지해 있던 세계가 어디 있겠느냐, 그 말입니다. 그래서 망상만 없어지면 각覺 바다로 돌아가게 되기가 쉽다는 얘기입니다.

歸元性無二
귀 원 성 무 이

근원으로 돌아가는 성품이 둘이 아니건만,

원래 있던 각覺 바다로 돌아가는 성품이 누구든지 같다, 즉 이십오원통이 같고, 여기 와서 허공이 생기고 세계가 생기니까 크다 작다, 형상이 있다 없다 하는 차별이 생기는 것이지 본 성품 자리야 평등하다는 말입니다.

본 성품 자리로 돌아가는 데는 둘이 없는데, 그럼 왜 이십오원통이 있느냐,

方便有多門
방 편 유 다 문

방편으로는 여러 문이 있음이라.

방편이란 방법이라는 말입니다. 공부하는 방법으로 보려니까 여러 문이 있지 않느냐, 중생들의 근기가 제각기 다르니까 자기의 마땅한 것을 찾아 근본 자리로 돌아가려니 여러 가지 문이 있다는 얘깁니다.

그러니까 우리의 본 불성 자리는 평등한 한 가지뿐인데, 방편으로 수행을 하려니 스물다섯 가지 문이 있다는 겁니다.

```
聖性無不通
성 성 무 불 통
```

성聖의 성품으로는 통하지 못할 게 없어서,

위의 25인의 아라한이라든지, 보살들의 성품(성인의 성품)으로 봐서는 공통되지 않는 데가 없이 다 같아 성인이 공부한 자리로는 차별이 없다는 말입니다.

스물다섯 가지가 다 똑같은 원통이지만,

```
順逆皆方便
순 역 개 방 편
```

순順과 역逆이 모두 다 방편이나,

성인의 성품 자리로는 본래 꼭 같은 게니까 공통되는 것이지만, 방편으로는 순順하는 길도 있고 역逆하는 길도 있어서 여러 가지 방편이 있게 되었다는 말입니다.

중생이 공부하기 쉬운 편은 순이라 할 테고, 공부하기 어려운 편으로는 역이라고 일반적으로 보지만, 좀 다르게 보는 경우가 있습니다.

여기 관세음보살이 공부한 것을 볼 때에 귀로 소리를 듣지 않고 돌이켜서 듣는 성품을 들었다고 했습니다. 그렇듯이 눈으로 빛을 따라가는 것이

순이고, 귀로 소리를 따라가는 것이 순인데, 순은 중생 되는 길이지 부처 되는 길이 아니라는 얘깁니다. 그러니까 거스르라는 얘깁니다. 빛을 보던 것을 거슬러 내 성품 자리를 보고, 소리 듣던 걸 거슬러서 본성 자리를 듣는, 빛을 따라가고 소리를 따라가면 한정 없이 중생 노릇만 하게 되지만, 거스르면 쉽다는 얘깁니다.

빛 따라가던 걸 돌이켜 제 성품을 보고, 소리 듣는 걸 돌이켜 제 성품을 들으면 되는 거니까 그렇게 보면 역하는 게 쉽다는 얘깁니다.

그러니까 순하는 것은 중생을 따라가는 것이기 때문에 어렵고, 역하면 밖으로 나가던 것을 돌이켜 내 성품으로만 향하면 되는 거니까 역하는 게 쉽다고 이렇게 보는 이가 있는데, 누구든지 이론을 붙일 탓입니다.

그래서 역과 순의 여러 방편이 있는데, 방편이 여러 가지이기 때문에,

初心入三昧
초 심 입 삼 매

초심으로 삼매에 입入하려면,

아난 존자와 같이 처음 부처 되는 삼매를 얻으려 공부하여 삼매에 들려고 하면,

遲速不同倫
지 속 부 동 륜

지속의 윤倫이 같지 아니함이라.

윤륜은 종류, 종류가 더디고 빠른 사람이 있다는 얘깁니다.

처음으로 삼매를 얻으려고 하면 이십오원통 가운데 더딘 것도 있고 빠른 것도 있는데, 순하는 것이 빠르고 역하는 것이 더디다고 볼 수도 있고, 또 반대로 볼 수도 있는데, 그건 제각기 해석할 나름입니다.

그래서 이 아래는 중생이 처음으로 공부하려고 하면, 여러 가지 문 가운데 성인들로 보면 다 같지만 중생들이 공부하려면 지속이 다르니까 어떤 것이 더디고 어떤 것이 빠른지를 낱낱이 얘기해야 하겠다는 겁니다.

色想結成塵
색 상 결 성 진

색이란 망상이 결結하여 진塵을 이룬 것이니,

저 위에서는 교진여가 먼저 성진聲塵을 얘기했지만, 여긴 색·성·향·미·촉·법 중에 우바니사타의 색진色塵을 먼저 얘기합니다.

육진원통六塵圓通 가운데 색진을 가리키는 말이니까 색 자체가 망상이 결結해서 진塵을 이룬 것이니,

精了不能徹
정 료 불 능 철

정精으로 요了하야도 능히 사무치지 못하리.

정명精明한 성품 자리로 요了하려고 하더라도, 정명한 식견을 가지고 그걸 요달하려고 해도 뚫고 지나갈 수가 없으니, 그러니까 색진色塵 가지

고는 안 되겠다는 겁니다.

如何不明徹 於是獲圓通
여 하 불 명 철   어 시 획 원 통

어찌 분명하게 사무칠 수 없는 것으로 이 원통함을 얻으리오.

불명철은 내내 정료불능철精了不能徹을 가지고 하는 말입니다. 그러니 색진 가지고 원통을 얻는 건 안 되겠다는 말입니다.

音聲雜語言
음 성 잡 어 언

음성이 섞이어 어언이 된 것이니,

어語나 언言이나 말하는 것이니까 같은 말입니다.

그런데 『논어』에는 '식불언食不言하며 침불어寢不語라(밥 먹을 때 말하지 않으며 잠잘 때 말하지 않는다.)' 해서 하나는 언言 자를 쓰고, 하나는 어語 자를 썼는데, 거기서 얘기할 때에 언言은 자기가 스스로 말하는 것이라 했고, 어語는 다른 사람이 물으면 대답하는 것이라고 따로 구별을 해 놓았습니다. 꼭 그런 것이 아니고 그저 말하는 것인데, 『논어』에서는 그렇게 구별을 해 놓았습니다.

소리라고 하는 게 어언이 섞여야지 목탁 치는 소리라든지 바람 부는 소리 가지고는 아무 뜻이 없습니다.

그래서 음성은 경직성硬直聲이요, 언어는 굴곡성屈曲聲이어야 한다는 말입니다.

    음성을 가지고 공부했다는 교진여는 어언이 섞여서 되는 것이라 했으니,

但伊名句味
단 이 명 구 미

다만 명名과 구句와 미味라.

    이伊 자는 기其 자와 같습니다. 이것을 음성학상으로 볼 때 명名·구句·미味라 하기도 하고, 명名·구句·문文이라 하기도 합니다.

    인도의 성명론聲明論이 논리학으로는 비조鼻祖라고 할 수가 있는데, 언어·문자·문법에 관한 학문으로서 성聲·명名·구句·문文이라 할 수 있습니다.

    본래 소리로부터 명·구·문이 생기니까 성·명·구·문이라 그러는데, 명名이란 명전자성名詮自性이니, 즉 명이란 자체 성품을 전詮, 설명할 전詮 자(말씀 言 변에 온전 全 자)를 써서 명은 자성을 설명한 것이요, 그러니까 물, 산 등의 그 자체 이름, 명사라고 했습니다.

    구句 자는 구전차별句詮差別이라 해서 구는 차별을 얘기했다, 구란 두 가지 이상의 명이 합해서 된 글귀라는 말입니다. 가령 불이라고 하면 불의 자성을 얘기한 것이지만, 전깃불이라고 하면 전기라는 명사와 불이라는 명사가 합해져 가지고 된 것인데, 그런 것을 구라고 합니다. 그러니까 성명학聲明學에서 명·구·문을 얘기할 때에 명전자성名詮自性이요, 구전차별句詮差別이라는 정의를 내린 것입니다.

    미味란 의미라는 말이니, 뜻이라는 말입니다.

다른 데서는 명·구·문 해서 문文 자를 썼는데, 명과 구가 여럿이 모여 한 문장이 된다고 해서 문이고, 이것은 명구에 대한 의미가 있다는 뜻으로 미味 자를 쓴 것입니다. 그러니까 어언 가운데는 명·구·미가 어울려 가지고 된 것이다, 음성이 다른 게 있는 것이 아니라 명·구·미뿐이다, 그 말입니다.

一非含一切
일 비 함 일 체

하나가 일체를 포함하지 못하니,

불이라고 하면 불이지, 불이라고 할 때에 물이나 흙에 다 통하지 못한다는 말입니다.

명·구·문의 한 말이, 일체의 것을 다 포함하지 못하니, 편벽하다는 말입니다.

그러니 그런 성진聲塵을 가지고,

云何獲圓通
운 하 획 원 통

어떻게 원통함을 얻으리오.

香以合中知
향 이 합 중 지

향은 합하는 가운데 알고(合中으로써 알고),

합중지는 와서 닿아야 안다는 겁니다. 우리가 눈으로 저 멀리에 있는 것을 보거나 멀리 있는 소리를 듣는 것은 이중지離中知인데, 그러나 혀는 종잇장만치라도 혀에 갖다 대지 않으면 모르는 그것이(와 닿아야 아는) 합중지입니다.

합중지는 와 닿아야 아는 게니까 원만하지 못하고 이중지가 더 깊다는 얘깁니다.

離則元無有
이 즉 원 무 유

떠난즉 애초부터 있지 않나니,

와 닿아야 알지 이중지離中知가 못 된다는 말입니다.

不恒其所覺
불 항 기 소 각

항상 하지 아니한 소각이라,

맛이라든지 향기가 합하면 알고 이離하면 몰라서 항상 하지 않다는 말입니다.

항상 해야 할 텐데 있다가 없다가 하는 걸 가지고,

云何獲圓通
운 하 획 원 통

어떻게 원통함을 얻으리오.

味性非本然
미 성 비 본 연

맛의 성품은 본연한 것이 아니요,

와서 닿아야 알지 언제든지 늘 있는 게 아니라는 말입니다.
왜 그런고 하니,

要以味時有
요 이 미 시 유

요컨대 맛보는 때만 있는 것이니,

혀에 와 닿지 않는 때는 없다는 말입니다.

其覺不恒一
기 각 불 항 일

그 각覺이 항상 일정하지 아니할새,

위의 불항기소각不恒其所覺이나 글을 다르게 써서 그렇지 같은 말입니다.

云何獲圓通
운 하 획 원 통

어떻게 원통을 얻으리오.

제한된 글자 안에 뜻을 다 포함하려니까 게송이 그래서 어렵다는 것입니다.

觸以所觸明
촉 이 소 촉 명

촉觸은 소촉으로써 밝혀지나니,

몸에 닿아야 밝아지지 몸 혼자서는 딱딱하고 물렁한 등의 감각을 모른다는 말입니다.

촉은 능촉能觸이고, 소촉은 촉진觸塵을 가리키는 말입니다.

無所不明觸
무 소 불 명 촉

소所가 없으면 촉觸함을 밝힐 수 없어서,

위에서 말한 소촉이 없으면 촉이 분명하질 않아서 촉각을 잘 모른다는 말입니다.

合離性非定
합 리 성 비 정

합合과 이離의 성품이 일정하지 않거니,

합할 때는 알고 이離할 때는 모르니,

云何獲圓通
운 하 획 원 통

어찌 원통함을 얻으리오.

法稱爲內塵
법 칭 위 내 진

법이란 내진을 일컬음이니,

색·성·향·미·촉·법은 외진外塵인데, 법진法塵이란 밖에 있는 외진이 의근 가운데 들어와야 하는 터이니,

憑塵必有所
빙 진 필 유 소

진塵을 의지했다면 반드시 소所가 있어야 하며,

내진內塵을 의지해서야 의근의 작용이 생기니까 진塵을 의지했다고 하

면 반드시 진의 소재지처所在之處가 있게 된다는 말입니다.

그렇기 때문에 의중意中에 와 있다고 하더라도 진이라고 하면 벌써 일정한 처소가 있어야 하니, 여기저기에 다 통하지 못한다는 말입니다.

> 能所非遍涉
> 능 소 비 변 섭

능소라면 두루 섭涉하는 것이 아니니,

능히 아는 의근이 있고, 알바 법진이 있다는 말입니다.

섭涉 자는 간섭한다, 교섭한다, 물을 건너간다는 것이니, 물속에 들어간다는 의미이기 때문에 실지로 거기가 닿는다는 얘기입니다.

그 변섭遍涉이 아닌 걸 가지고,

> 云何獲圓通
> 운 하 획 원 통

어찌 원통함을 얻으리오.

그래서 초심初心 방편으로 육진六塵은 안 된다는 얘깁니다.

> 見性雖洞然
> 견 성 수 통 연

보는 성품이 비록 통연하나,

육근 중에 안근을 가리키는 말입니다.

이건 이중지離中知니까 통연히 환해서 온갖 것을 볼 수 있으나,

明前不明後
명 전 불 명 후

앞만 보고 뒤는 보지 못하여,

저 위에서도 하던 말인데, 통연하긴 하지만 뒤의 것은 못 본다는 말입니다.

四維虧一半
사 유 휴 일 반

사유에서 하나 반이 휴虧(모자람)하거니,

사유는 네 간방間方, 동남간이라든지 동북간이라든지 서남간·서북간, 이렇게 네 간방을 사유라고 하는데, 여기에 글자의 제한을 받아 사유라고만 했으나, 동서남북의 정방까지를 다 포함해서 하는 말입니다.

그리고 일반一半은 일一과 반半이라고 새겨야 합니다. 흔히 일반이라고 하면 한문으로 절반을 뜻하는데, 휴虧 자는 모자란다, 사유 가운데(1천2백 공덕 중) 일반이 모자란다. 그러니까 눈의 공덕이 8백이니까 일과 반, 일이란 사방을 가지고 보면 3백인데, 3백에서 반 하면 150일 테니 450이어야 하겠지만, 그 반 자는 꼭 자로 잰 듯이 하는 반이 아니라 사실은 삼분의 일을 가리키는 말인데, 글자를 쓰려니 반半 자를 쓴 겁니다.

1천2백 공덕 중에서 일이 모자라니 3백이고, 그 반이 모자라니 삼분의 일인 백이 모자라야(총 4백), 그러니까 4백이 모자라야 1천2백 공덕에서 8백 공덕이 생기게 되는데, 글자는 제한되어 있고 그걸 다 쓸 수가 없어서 휴일반虧一半이라고 썼다는 말입니다.

사실 뜻으로 일과 반을 갖다 대서 그렇지, 한문의 문리로 일반一半하면 절반을 말하는 것입니다. 그러니까 사유에서 일반이 모자라니 8백밖에 안 된다.

그러니,

云何獲圓通
운 하 획 원 통

어찌 원통함을 얻으리오.

鼻息出入通
비 식 출 입 통

비식은 출出과 입入에 통하나,

코로 숨 내쉬고 들이쉬는 건 다 통하지만,

現前無交氣
현 전 무 교 기

현전에 교차하는 기운이 없으니,

숨을 내쉬었다가 들이쉬려면, 내쉬었다가 조금 후에 들이키게 되는데, 그게 교차되는 기운, 교기交氣입니다.

그러니까 원만하지 못하다는 말입니다.

支離匪涉入
지 리 비 섭 입

지리하여 섭입하기 어렵거늘,

지리란 흩어져서 제각기 달아났다는 말이니까 지支 자가 원래는 지탱할 지 자지만, 지리라 할 때는 흩어질 지 자입니다.

여기에서 지리를 연속되지 못하다는 말로 썼는데, 우리가 흔히 지리하다고 하는 그 말과 같습니다.

특별히 『장자莊子』에서는 온전하지 못하다고 해서 절름발이 지 자를 썼습니다. 그러니까 『장자』에서는 절름발이를 지리支離라고 했지만, 여기의 지리는 연속되지 못하다는 말입니다.

그래서 숨 쉬고 내쉬는 게 연속되어야 하는데 그렇지 못하니 비섭입匪涉入이라, 이것을 『정맥소正脉疏』에서는 '서로 내쉬고 들이쉬는 것이 간섭되지 못하는 입入이다' 이렇게 했는데, 그냥 '섭입이 아니다'라고 해도 될 것 같습니다. 입入 자는 코로 숨 쉰다는 말입니다.

그래, 섭입이 아닌 걸 가지고,

云何獲圓通
운 하 획 원 통

어떻게 원통함을 얻으리오.

舌非入無端
설 비 입 무 단

설입舌入은 무단히 있지 아니하여,

이것도 설입비무단舌入非無端이라고 하면 글이 더 쉬울 텐데, 그것보다는 설비입무단이라고 하는 게 글로는 맛이 있습니다.

혀로 맛보아 들이는 것이 까닭 없는 게 아니다, 맛이 있어야 하지 맛 없이는 안 되니까 '설舌은 입入하는 것이 무단하지 않다'라는 말입니다.

왜 그런고 하니,

因味生覺了
인 미 생 각 료

맛을 인해야 각료함을 생하게 되나니,

설근舌根이 미진味塵을 인해 가지고 각료, 깨닫는 작용을 낸다는 말입니다.

味亡了無有
미 망 료 무 유

맛이 없으면 각료覺了함도 있지 않거니,

미진味塵이 없다고 하면 각료하는 것도 없어진다고 봐야 합니다.

무유無有란 우리 식으로 하면 없다는 말인데, 한문으로는 그 자체가 그냥 보통으로 없다는 말도 무유라고 합니다.

그러니까 우리는 그저 없다고 하지 있음이 없다는 말은 안 하는데, 한문 자체가 그렇게 무유로 되어 있지만, 그네들 역시 없다는 말로 쓴다는 말입니다.

각료함이 없을 터이니,

云何獲圓通
운 하 획 원 통

어떻게 원통을 얻으리오.

身與所觸同
신 여 소 촉 동

신신身은 소촉으로 더불어 같아서,

위에서 촉진觸塵을 말할 때 촉이소촉명觸以所觸明이라고, 그러니까 촉각은 소촉으로써 밝아진다고 했습니다. 그러니까 신여소촉동이라는 것도 그걸 가리켜서 하는 말입니다(所觸은 觸塵을 가리키니까).

능能, 소所가 합해져야 촉진이 생기지 능能만 있어도 안 되고 소所만 있어도 안 된다는 말입니다.

各非圓覺觀
각 비 원 각 관

각기 원만한 각관이 아니거니,

능촉能觸이나 소촉所觸이 각각 원만한 각관覺觀이 되지 못한다. 둘이 합해 가지고야 알지 능각能覺만으로도 깨닫지 못하고 소각所覺만으로도 깨닫지 못하니까 원만한 각관이 아니니,

涯量不冥會
애 량 불 명 회

애량을 명회하지 않거늘,

육지와 물이 닿는 곳(경계선)을 애涯라고 하는데, 애량하면 애涯의 양이 얼마인지 헤아린다는 의미입니다.

『정맥소正脉疏』에서는 변제邊際라는 것이 육지의 가장자리를 말한다고 했는데, 여기는 신근身根과 촉진觸塵의 얘기니까 어디까지는 신근에 속하고, 어디까지는 촉진觸塵에 속한다는 그 경계선을 말합니다(邊際와 같이 涯量이).

명회冥會의 명冥 자는 어두울 명 자이고, 회會 자는 알 회 자인데, 와서 닿아야 알지 닿지 않아 가지고는 그 경계선이 얼마나 되는지를 어두운 가운데서는 알지 못한다는 겁니다.

지금 우리가 소리를 듣는다든지, 혹은 소리가 없을 때에도 듣는 작용이 소리 없는 걸 환하게 다 아니까 그런 애량이 명회하지 못하는 것이니,

云何獲圓通
운 하 획 원 통

어떻게 원통함을 얻으리오.

애량불명회涯量不冥會라는 말을 그냥 보면 무슨 말인지 모르게 되는데, 분명히 신근身根과 촉진觸塵이 멀리 떠나 있을 때에 어두운 가운데는 지각知覺이 있지 못하다는 것임을 기억해야 할 겁니다.

知根雜亂思
지 근 잡 난 사

지근은 난사가 섞인 것이며,

이건 의근으로만 지知하는 근根이고, 난사는 어지러이 생각한다는 말이니, 의식의 별명입니다.

뜻을 가지고 이리저리 생각하는 난사가 섞여서 의근의 작용이 생긴 것이나,

湛了終無見
담 료 종 무 견

담료함을 마침내 볼 수 없나니,

담료한 그 자리는 의근 가지고는 볼 수 없으니,

想念不可脫
상 념 불 가 탈

상념을 가히 탈脫할 수 없거늘,

의근의 의식인 상념을 가히 해탈할 수가 없다, 담료湛了한 자리가 나타나야 상념을 탈한다고 하지 담료가 끝까지 나타날 수가 없으니 상념을 깨달을 수가 없다는 말입니다.

그러니 그런 걸 가지고,

云何獲圓通
운 하 획 원 통

어떻게 원통함을 얻으리오.

여기까지 해서 육근 중에 관세음보살의 이근만 빼고 나머지 오근을 다 얘기했습니다.

이제 육식원통六識圓通을 얘기합니다.

識見雜三和
식 견 잡 삼 화

식견은 삼三이 화합해 섞인 것이라,

이건 안식眼識이니까 견식見識이라고 해야 할 텐데, 식견識見이나 견식見識이 같은 거니까 그냥 썼습니다.

삼三이란 근根·경境·식識의 셋을 말하는데, 다른 데 보면 근根·진塵 둘이 화합했다고 해서 이화二和라고 하는데, 여기는 식識까지 아울러서 삼화三和라고 썼습니다.

그러니까 여럿이 섞여 화합해 가지고 된 것이기 때문에,

詰本稱非相
힐 본 칭 비 상

근본을 힐詰하면 비상이라 칭하니,

힐문한다는 것은 따진다는 말입니다.
잘못된 상相이라 일컫는 것이니,

自體先無定
자 체 선 무 정

자체가 애초부터 결정되지 않거늘,

안식眼識 자체가 비상非相이니까 화합해서 있지, 혼자서 성립되지 못하기 때문에 결정적이 아닌 것이니,

云何獲圓通
운 하 획 원 통

어떻게 원통함을 얻으리오.

心聞洞十方
심 문 통 시 방

심문이 시방에 통연洞然한 것은,

이건 마음으로 듣는 이식耳識 얘기입니다.

生于大因力
생 우 대 인 력

큰 인연의 힘으로 생긴 것이라,

보현보살이 과거부터 보현행을 닦았기 때문에 심문心聞으로 항사恒沙 세계 밖의 일을 아는 대인력이 생긴 것이지, 누구나 어떻게 심문心聞이 통시방洞十方할 수 있겠느냐는 말입니다.

初心不能入
초 심 불 능 입

초심으로는 능히 입入하지 못하거늘,

처음 마음을 낸 이는 이식耳識 가지고는 능히 진성眞性 자리에 돌아갈 수 없으니,

云何獲圓通
운 하 획 원 통

어떻게 원통함을 얻으리오.

鼻想本權機
비 상 본 권 기

비상은 본래 권기인지라,

이건 손타라孫陀羅에게 비단鼻端의 백白을 관觀하라 했던 그 얘기인데, 비鼻의 끝을 관하라고 한 것은, 본래 손타라난타의 산란한 마음을 없애게 하기 위해서 권가權假로 세워 놓은 것이지 본유本有가 아니라는 말입니다.

秖令攝心住
지 령 섭 심 주

다만 하여금 마음을 섭攝하여 머무르게 한 것이라.

마음을 한 곳에 집중시켜서 산란한 마음을 없애기 위함이라는 말입니다.

住成心所住
주 성 심 소 주

주住함을 이루면 마음도 주住해야 하거늘,

비상鼻相에 주住가 성립된다고 하면(鼻識이 성립되어 着한다고 하면), 마음이 거기 주住해야 한다는 말입니다.

무주無住이어야 하는데, 한 곳에 주住하게 되니까 원통하질 못하다는 말입니다.
그러니,

> 云何獲圓通
> 운 하 획 원 통

어떻게 원통함을 얻으리오.

또 부루나의 설법, 설식舌識을 얘기합니다.

> 說法弄音文
> 설 법 농 음 문

설법은 음성과 문자를 희롱하는 것이라,

위에서 성聲 · 명名 · 구句 · 문文을 얘기했는데, 음音은 소리를 가리키는 말이고, 문文은 소리가 합해 가지고 명 · 구가 생겨서 문장 이루는 걸 가리킵니다.

소위 말 가지고 희롱, 재주 부리는 것이니, 그것은,

> 開悟先成者
> 개 오 선 성 자

개오가 먼저 이루어진 자요,

부루나 같은 이는 과거에 인연이 많아서 변재가 있으니까 설법하는 것이지 아무나 처음으로 설법하겠느냐는 말입니다.

名句非無漏
명 구 비 무 루

명名과 구句는 무루가 아니거늘,

명과 구는 유위의 불상응행不相應行이지 무루가 아니라는 말인데, 명·구란 위의 음音·문文을 가리키는 말입니다.

云何獲圓通
운 하 획 원 통

어떻게 원통함을 얻으리오.

또 우바리 존자의 신식身識을 가지고 하는 말입니다.

持犯但束身
지 범 단 속 신

지持와 범犯은 다만 몸을 단속한 것이라,

지범은 계행戒行을 가지거나 범하는 것인데, 몸을 단속하기 위해서 계행을 가지는 것이라는 말입니다.

그러니,

非身無所束
비 신 무 소 속

몸이 아니면 단속할 바도 없으리니,

몸이 있어야 단속하지 몸이 없다고 하면 단속할 바도 없다는 말입니다.

元非遍一切
원 비 변 일 체

원래 일체에 두루 하지 않거늘,

이 몸 단속하는 것뿐이니,

云何獲圓通
운 하 획 원 통

어떻게 원통함을 얻으리오.

또 목련 존자의 신통을 얘기합니다.

神通本宿因
신 통 본 숙 인

신통은 본래 숙세宿世의 인연이라,

숙세의 인연으로 해서 신통이 생기지 초심자가 어떻게 신통을 부리겠느냐는 말입니다.

何關法分別
하 관 법 분 별

어찌 법 분별함과 관계하리오.

법 분별이란 의식을 가리키는 말입니다.

의식이란 법진法塵을 분별하는 것이니까 의식에 관계가 안 된다는 말입니다. 그러니까 아무나 신통을 얻겠느냐, 그 말입니다.

念緣非離物
염 연 비 이 물

염念의 연緣은 물질을 여의지 못했거늘,

연緣은 연진緣塵이니까 연緣 자는 전진前塵을 가리키고, 전진은 물건이니까 물건을 떠나지 못한다. 그러니 한곳에 착着한다는 말입니다.

云何獲圓通
운 하 획 원 통

어떻게 원통함을 얻으리오.

그래서 십팔계 가운데 이근을 뺀 나머지는 다 좋지 않다고 했고, 이제 칠대七大를 얘기합니다.

若以地性觀
약 이 지 성 관

만약 지地의 성품으로써 관찰한다면,

지대地大는 굳고 장애되어 뚫고 지나가지 못하는 것입니다.

堅礙非通達
견 애 비 통 달

견애하여 통달하지 못하였으니,

有爲非聖性
유 위 비 성 성

유위는 성인의 성품이 아니거늘,

이것은 지지持地보살이 흙을 져다 땅을 평평히 하던 얘기인데, 유위법이지 성성聖性이 아니라는 말입니다.

云何獲圓通
운 하 획 원 통

어떻게 원통함을 얻으리오.

若以水性觀
약 이 수 성 관

만약 수水의 성품으로써 관찰한다면,

想念非眞實
상 념 비 진 실

상념은 진실하지 않는 것이요,

월광月光 동자의 수관水觀은 상념이라는 것이고, 상념은 망妄이지 진眞이 아니라는 얘깁니다.

如如非覺觀
여 여 비 각 관

여여는 각관함이 아니거늘,

각覺은 대충 아는 것이고, 관觀은 세밀하게 아는 것인데, 그렇게 해서 할 것이 아니라는 말입니다.

云何獲圓通
운 하 획 원 통

어떻게 원통함을 얻으리오.

若以火性觀
약 이 화 성 관

만약 화火의 성품으로써 관할진댄,

이건 음욕이 많아서 오추슬마가 하던 관觀의 얘기입니다.

厭有非眞離
염 유 비 진 리

유有를 싫어함은 참 여읨이 아니며,

음욕을 싫어해서 화관火觀을 한 것이니까 좋다 나쁘다가 없어야 할 텐데, 유有를 싫어하는 것은 참말 여읜 것이 아니라는 말입니다.

非初心方便
비 초 심 방 편

초심의 방편이 아니니,

云何獲圓通
운 하 획 원 통

어떻게 원통함을 얻으리오.

若以風性觀
약 이 풍 성 관

만약 풍風의 성품으로써 관찰할진댄,

이건 또 유리광 법왕자의 얘깁니다.

動寂非無對
동 적 비 무 대

동動과 적寂이 상대가 없지 아니하니,

바람이 불 때는 동動이 되고, 쉴 때는 적寂이 되는데, 그 동하고 적하는 것이 상대법이지 절대가 되지 못한다는 말입니다.

對非無上覺
대 비 무 상 각

대對라면 무상각이 아니거늘,

云何獲圓通
운 하 획 원 통

어떻게 원통함을 얻으리오.

若以空性觀
약 이 공 성 관

만약 공空의 성性으로써 관할진댄,

허공장보살의 얘깁니다.

昏鈍先非覺
혼 둔 선 비 각

혼둔은 애초부터 각覺이 아니요,

허공 자체는 어두운 것이어서 혼昏하고 둔鈍한 것이며, 선先 자는 본래부터 각覺이 아니라는 말입니다.

각은 분명하게 아는 게 각인데, 이건 혼둔하니까 본래부터 각이 아니니.

無覺異菩提
무 각 이 보 리

각覺이 없으면 보리와는 다른 것이니,

보리는 각覺인데, 각이 없다는 것은 보리와는 다릅니다.

云何獲圓通
운 하 획 원 통

어떻게 원통함을 얻으리오.

若以識性觀
약 이 식 성 관

만약 식識의 성性으로써 관찰할진댄,

미륵보살의 유식관唯識觀 닦던 얘기입니다.

觀識非常住
관 식 비 상 주

관觀과 식識이 상주함이 아니요,

관觀하는 식識이나(唯識 자체가) 유식唯識인 줄로 관해지는 식이, 즉 능관能觀의 식과 소관所觀의 식이, 이런 말입니다.

생각할 때는 있고, 생각하지 않을 때는 없는 게니까 상주常住가 아니라는 말입니다.

存心乃虛妄
존 심 내 허 망

마음을 둔다는 것이 허망하거늘,

유식唯識이거니 하고 관해서 마음을 둔다고 하면, 벌써 허망한 것이니,

云何獲圓通
운 하 획 원 통

어떻게 원통함을 얻으리오.

諸行是無常
제 행 시 무 상

모든 행行은 무상하고,

행行은 생멸로서 행 자체가 무상을 가리키는 말입니다.

念性元生滅
염 성 원 생 멸

염성은 원래가 생멸이거늘,

이건 대세지大勢至보살의 염불하던 근대根大 얘기입니다.
염불하는 성품은 본래부터가 생멸입니다.

> **因果今殊感**
> 인 과 금 수 감

인因과 과果가 지금 달리 감感하거늘,

대세지보살로 말하면, 생멸인生滅因을 가지고 불생멸과不生滅果를 얻은 것이니까 인과 과가 다르게 감感하는 것이니,

> **云何獲圓通**
> 운 하 획 원 통

어떻게 원통함을 얻으리오.

여기까지 이십오원통 가운데 이근원통을 뺀 이십사원통이 옳지 못하다는 얘기를 했습니다.

> **我今白世尊 佛出娑婆界**
> 아 금 백 세 존 불 출 사 바 계

제가 지금 세존께 아뢰건대, 부처님께서 사바세계에 출현하시니,

> **此方眞敎體 淸淨在音聞**
> 차 방 진 교 체 청 정 재 음 문

차방의 진眞 교체는 청정함이 음문에 있나이다.

진 교체니까 청정입니다.

부처님께서 가르치시는 교체가 그 세계에 따라 향으로 짓는다든지, 혹은 말이 없이 한다든지 같지 않은데, 이 사바세계는 음성으로써 교체를 삼는다고 합니다.

欲取三摩提 實以聞中入
욕 취 삼 마 제 　보 이 문 중 입

삼마제를 취하고자 할진댄 진실로 문문으로써 들어가야 하리니,

이근을 가지고 해야겠다는 이유를 얘기하는 겁니다.

離苦得解脫
이 고 득 해 탈

고품를 여의고 해탈을 얻은 이는,

관세음보살이 괴로운 것을 다 여의고 해탈을 얻었으니,

良哉觀世音
양 재 관 세 음

진실한지라, 관세음이여.

이고득해탈離苦得解脫은 관세음보살 자신이 한 것이니까 자리自利를 말하는 것이고, 이제 또 이타利他를 얘기합니다.

於恒沙劫中 入微塵佛國
어 항 사 겁 중 입 미 진 불 국

항사 겁 중에 미진 불국에 들면서,

사바세계만이 아니라 다른 세계도 들어갔다는 말입니다.

得大自在力
득 대 자 재 력

대자재력을 얻어서,

삼십이응신, 십사무외력, 사부사의덕, 이런 것들이 대자재입니다.

無畏施衆生
무 외 시 중 생

무외로 중생에게 베푸나이다.

妙音觀世音
묘 음 관 세 음

묘음이며 세상의 음음을 관(視聽)하시며,

梵音海潮音
범 음 해 조 음

범음이며 해조음으로,

범梵 자 자체가 청정하다, 조금도 잘못이 없다는 얘깁니다.

관세음의 음音 자가 여러 가지 덕을 다 구비했다는 뜻입니다.

범음은 청정해서 한 곳에 치우치지 않는다는 의미이고, 해조음은 응불실시應不失時라 해서 중생에게 응하는 것이 때를 잃지 않아 적당한 때를 가리키는 말입니다.

조수潮水라는 게 시간을 1분도 어기지 않고 들어갔다 나갔다 하듯이 때를, 시간을 놓치지 않는 것을 해조음에 비유한 것입니다.

관세음보살이 이런 아름다운 덕을 구비했는데, 음音 자 하나를 가지고 이렇게 했다는 말입니다.

救世悉安寧
구 세 실 안 녕

세상을 구하여 다 안녕하게 하고,

出世獲常住
출 세 획 상 주

세간을 벗어나서 상주를 얻게 하나이다.

구세실안녕救世悉安寧은 범부를 가리키는 말이고, 출세획상주란 성인을 가리키는 말입니다. 그러니까 관세음보살이 이러한 자리이타의 덕이 있습니다, 그 말입니다.

我今啓如來
아 금 계 여 래

제가 지금 여래께 아뢰옵니다.

아랫사람이 윗사람에게 말하는 게 계啓입니다.

如觀音所說
여 관 음 소 설

관세음께서 설하신 바와 같이,

譬如人靜居 十方俱擊鼓
비 여 인 정 거 시 방 구 격 고

마치 사람이 고요히 거하매 시방에서 한꺼번에 북을 치거든,

十處一時聞
십 처 일 시 문

십처의 소리를 일시에 다 들나니,

눈과 같이 앞에만 보고 뒤에는 보지 못하는 그런 게 없다는, 참 원통圓通이라는 얘깁니다.

此則圓眞實
차 즉 원 진 실

이것이 곧 원진실이옵니다.

원통을 한꺼번에 얘기할 텐데, 하나씩 떼서 원圓이 진실하다고 얘기했습니다.

目非觀障外
목 비 관 장 외

눈으로는 장외를 보지 못하고,

눈은 이중지離中知이긴 하나, 종이 한 장만 막혀도 보지 못하고,

口鼻亦復然
구 비 역 부 연

입과 코가 또한 다시 그러하고,

글이 아래 것과 바뀌어야 말이 더 좋겠습니다.

身以合方知
신 이 합 방 지

몸은 합해야 비로소 알며,

몸은 합중지合中知니까 합하는 것으로써 바야흐로 알고, 구비역부연口鼻亦復然이라, 입과 코도 그와 같이 합해야 안다고, 이렇게 글이 앞뒤가 바뀌었으면 좋을 텐데, 그렇게 안 되어 있습니다.

여기의 얘기는 합중지 얘긴데, 구비역부연도 합중지라는 말이지, 장외障外를 못 본다는 말은 아닙니다. 그러니까 구비역부연은 아래의 신이합방지가 있은 후에 있어야 하는데, 이렇게 놓고라도 그런 뜻으로 해석해야 하겠다는 얘깁니다.

心念紛無緒
심 념 분 무 서

심념은 분분紛紛하여 두서頭緖가 없으나,

이건 근근根의 작용입니다.

심념 가지고도 안 되고, 눈이라든지 신身·구口 다 안 되며, 이근만이 된다는 말입니다.

隔垣聽音響
격 원 청 음 향

담을 격격隔하여도 음향을 듣고,

원원垣이란 담장을 말합니다.

눈도 담장이 격격隔하면 못 보고, 코도 냄새를 못 맡는데, 소리를 들으니까 담장을 격격隔해서도 들으며,

遐邇俱可聞
하 이 구 가 문

멀거나 가깝거나 다 들어서,

먼 데 가까운 데를 다 들을 수 있으니, 오근五根의 작용이,

五根所不齊
오 근 소 부 제

오근으로는 같을 수 없는 것이니,

위에 얘기하던 오근은 이근과 같아지지 못한다는 말입니다.

是則通眞實
시 즉 통 진 실

이는 곧 통진실이라.

앞에는 원진실圓眞實이라 했고, 여기는 통진실이라 해서 원통이 진실하다고 이근을 찬탄했습니다.

音聲性動靜
음 성 성 동 정

음성의 성性이 동動하고 정靜하여,

聞中爲有無
문 중 위 유 무

들는 중에 있기도 없기도 하며,

음성이 동할 때는 문聞 중에 음성이 있는 줄 알고, 정靜할 때는 모르니, 문 중에서 듣는 작용이 있고 없는 것은 되지만,

無聲號無聞
무 성 호 무 문

소리가 없으면 들음이 없다 이름하나,

저 위에서 부처님께서 아난에게 종을 치게 하면서 하시던 얘기입니다. 소리가 없다고 해서 듣는 게 없다고 이름하는 것은,

非實聞無性
비 실 문 무 성

진실로 듣는 성품이 없지 아니합니다.

소리가 없을 때도 없는 걸 듣는 것인데, 그건 옳지 않다는 얘깁니다. 그래서 이근의 성품이,

聲無旣無滅
성 무 기 무 멸

소리가 없으매 이미 멸하지 않고,

소리가 없더라도 듣는 성품을 이미 멸하지 않는 것이요,

聲有亦非生
성 유 역 비 생

소리가 있으매 나지도 않는지라,

소리의 있고 없음에 상관없이 듣는 성품이 늘 있지, 성품이 있다 없다 하지 않는다는 얘깁니다.

生滅二圓離
생 멸 이 원 리

생生과 멸滅의 둘을 원만히 여의었으니,

성품은 생하고 멸하는 걸 둘 다 원만히 여의어 버려서 생해도 상관없고 멸해도 상관없으니,

是則常眞實
시 즉 상 진 실

이는 곧 상진실이라,

생멸이 없는 것이 항상하다는 원圓 · 통通 · 상常의 세 진실을 말했습니다.

縱令在夢想
종 령 재 몽 상

비록 하여금 몽상에 있을지라도,

꿈꿀 때라도 듣는 성품은 있다는 얘깁니다.

不爲不思無
불 위 불 사 무

생각지 않는다고 없지(聞性) 않으니,

꿈꿀 때는 생각을 안 하지만, 생각을 안 한다고 해서 문성聞性이 없어지는 건 아니라는 얘깁니다.

覺觀出思惟
각 관 출 사 유

각관이 사유에서 출出했으니,

이근으로 깨닫는, 각관하는 것이 보통 생각하는 것을 초월했다는 말입니다. 그러니까 보통 사유의 작용이 아니라는 말입니다.

불위불사무不爲不思無니까 사유를 초월한 것이니,

身心不能及
신 심 불 능 급

몸과 마음으로 능히 미칠 수 없습니다.

몸은 눈이라든지 코, 혀를 다 가리키고, 마음은 식識을 가리킵니다. 그러니까 이근은 몸과 마음으로 미칠 수 없다는 말입니다.

```
今此娑婆國 聲論得宣明
금 차 사 바 국  성 론 득 선 명
```

지금 이 사바국은 성론으로 선명함을 얻거늘,

성론이란 것이 인도에는 한 논가論家로 되어 있습니다. 그러니까 이 사바세계는 성론으로, 음성으로 얘기하는 걸 가지고야 선명을 얻는다는 말입니다.

그러니 소리로 의사 표현을 하게 되고, 또 소리로 표현하면 귀로 들으니까.

```
衆生迷本聞
중 생 미 본 문
```

중생이 본문을 미迷해 버리고,

본本 자가 성품이라는 의미입니다.

```
循聲故流轉
순 성 고 유 전
```

소리만 순循하는 연고로 유전하나이다.

음성만 따라가기 때문에 생사에 유전한다는 말입니다.

阿難縱强記
아 난 종 강 기

아난이 비록 강기하나,

다문多聞이 강기입니다.

不免落邪思
불 면 낙 사 사

사사에 떨어짐을 면하지 못하나니,

마등가에 걸렸다는 얘깁니다.

강기强記해 봐야 정력定力이 없어서 사사邪思에 떨어짐을 면하지 못한 것이니, 잘못되었다는 얘깁니다.

豈非隨所淪
기 비 수 소 륜

어찌 소륜을 따르지 않았으리오마는,

사사邪思에 떨어졌기 때문에 윤닉淪溺하는 것을 따르게 되는 것입니다.

그런데 『정맥소正脉疏』에서는 소所 자를 성진聲塵으로 보았습니다.

저 위에서 입류망소入流亡所라고 했으니까 '어찌 소所를 따라 윤전輪轉하지 않으리오마는', 이렇게 보는 것이 글을 분명하게 이치에 맞도록 한다는 말인데, 원글로는 '어찌 소륜所淪을 따르는 것이 아니리오마는', 이렇게 해야 글이 순할 것 같은데, 능륜能淪·소륜所淪이 꼭 맞는지는 모르겠습니다.

旋流獲無妄
선 류 획 무 망

유류流만 돌이키면 망妄 없음을 얻으리이다.

밖으로 나가 성진聲塵을 따라가던 유流를 돌이키기만 하면 망妄이 없는 것을 얻게 된다, 그러니까 반문문자성反聞聞自性하면 된다는 얘깁니다.

阿難汝諦聽
아 난 여 제 청

아난아, 네가 자세히 들으라.

我承佛威力
아 승 불 위 력

내가 이제 부처님의 위력을 받자와,

받잡는다는 건 의지한다는 말입니다.

> 宣說金剛王 如幻不思議 佛母眞三昧
> 선설금강왕 여환부사의 불모진삼매

금강왕 같고, 환幻과 같고, 부사의한 불모이신 진삼매를 선설하리라.

금강왕과 같아서 깨트릴 수 없는 것이며, 위에서 여환문훈문수如幻聞薰聞修라고 했는데, 환幻과 같은 부사의 삼매의 진리가 어떤 것인 줄 사유할 수가 없습니다.

불모란 이걸(능엄주) 가지고 제불諸佛을 출생한다는 뜻으로 썼습니다.

> 汝聞微塵佛 一切秘密門
> 여문미진불 일체비밀문

네가 미진 부처님들의 일체의 비밀 법문을 들었다 하나,

그러니까 아난 존자가 석가모니부처님에 대해서만 다문제일이 아니고, 시방의 많은 부님들에게 다문제일이 된다는 얘깁니다.

비록 미진 부처님들의 일체 비밀 법문을 다 들어서 다문제일이긴 하지만,

> 欲漏不先除
> 욕루불선제

욕루를 미리 제하지 못하고,

음욕에 대한 욕루를 제하지 못했기 때문에.

畜聞成過誤
축 문 성 과 오

다문만 쌓아 과오를 이루었도다.

다문이나 축문畜聞이나 같은 말입니다. 그래서 마등가에게 홀려 갔다는 말입니다.

여문미진불汝聞微塵佛 일체비밀문一切秘密門, 이것은 다문하지만 욕루를 제하지 못한 다문이기 때문에, 그 다문 때문에 오히려 과오가 되었다는 말입니다.

將聞持佛佛
장 문 지 불 불

들음을 가져 부처님의 불법만 갖고,

이근으로 문聞하는 걸 가지고 부처님의 불법만 가졌다, 그 말입니다. 불佛이 부처님의 불법인지는 모르겠으나, 글을 보려니 그렇게밖에 새길 수가 없습니다. 그러니까 네가 다문하는 이 듣는 것을 가지고 부처님의 불법만 듣고, 그 말입니다.

何不自聞聞
하 부 자 문 문

어찌 스스로 듣는 성품은 듣지 못하는가?

아래의 문聞 자를 먼저 새겨서 '문聞하는 그 자성은 듣지 못하느냐?' 이렇게 합니다.

반문反聞해야 할 텐데, 부처님 법문을 다 들으면서 문성聞性 자리는 들어 보지 못한다는 말입니다. 위의 문聞 자는 문성을 반문한다는 말입니다.

聞非自然生
문 비 자 연 생

문聞은 자연으로 생함이 아니요,

문聞이란 소리가 있어야 생기지 이근 혼자서 듣는 건 아니니까 저절로 생기는 게 아닙니다.

因聲有名字
인 성 유 명 자

소리를 인하여 명자가 있거니와,

성진聲塵을 인해 가지고야 말이 있지만,

旋聞與聲脫
선 문 여 성 탈

문聞을 돌이켜 성聲으로 더블어 해탈하면,

밖으로 나가 소리 듣는 걸 돌이켜서 내 성품을 듣는다는 말이니까 선문이나 반문反聞이나 같은 말입니다.

그래서 성진聲塵과 관계없이 내 성품을 듣게 된다고 하면,

能脫欲誰名
능 탈 욕 수 명

능탈을 무엇이라 이름하고자 하리오.

뭐라고 이름하겠느냐, 그게 내 본성 자리다, 그런 말입니다.

그렇게 반문해서 해탈하면,

一根既返源
일 근 기 반 원

일 근이 이미 본원本源으로 돌아가거든,

본 불성 자리로 돌아간다고 하면,

六根成解脫
육 근 성 해 탈

여섯 근이 해탈을 이루리라.

육해일망六解一亡을 말하는 겁니다.
이제 근신根身, 기계器界를 초월하는 얘기를 합니다.

見聞如幻翳
견 문 여 환 예

보고 들음은 환예와 같고,

육근의 작용 가운데 눈과 귀의 작용을 들었습니다.
예翳 자는 눈병 예 자, 허공화 보는 걸 예라고 그랬습니다.
말하자면 중생의 육근 작용이 예翳와 같으며,

三界若空華
삼 계 약 공 화

삼계는 공화와 같나니,

삼계가 다 실재의 존재가 아니고, 환幻이나 공화와 같다는 말입니다.

聞復翳根除
문 복 예 근 제

들음을 회복하고 예근을 제하면,

이것을 글자 좀 아는 이가 새기기를, '듣고 다시 예근이 제해지면', 이렇게 하는 걸 봤는데, 그건 말이 안 됩니다.

'복'이라고 보아야지 다시 '부' 자로 보면 안 됩니다. 문聞하는 본성 자리를 회복해서 예翳하던 근이 제해진다고 하면,

塵銷覺圓淨
진 소 각 원 정

진塵은 소銷하고 각覺이 원정하리라.

그때는 참말 우리의 불성 자리를 깨닫는 겁니다.

그래서 각覺이 원정해지는데,

淨極光通達
정 극 광 통 달

정淨이 극極하면 광光을 통달하여,

그러니까 각覺이 원정圓淨하게 극極하면 거기에 광명이 통달해서,

寂照含虛空
적 조 함 허 공

고요히 비추어 허공을 삼키니,

적寂은 체體를 가리키는 말이고, 조照는 용用을 가리키는 말입니다.

끝에 가서는 문성聞性 자리를 회복해 가지고 진塵이 다 없어지면, 그렇게 된 후에 세계가 다 공空해진 후에,

却來觀世間
각 래 관 세 간

각래하여(돌아와) 세간을 관하라.

猶如夢中事
유 여 몽 중 사

마치 몽중사와 같으리라.

이 세간은 적조함허공寂照含虛空하고 보니 다 꿈이더라는 얘깁니다. 그러니,

摩登伽在夢
마 등 가 재 몽

마등가도 꿈에 있거니,

誰能留汝形
수 능 류 여 형

누가 능히 너의 형形을 머물게 하리오.

다 꿈인데 마등가에게 홀려 갈 게 어디 있느냐, 깨달으면 홀려 가지 않는다는 말입니다. 그러니까 꿈에 있는 마등가가 어떻게 널 홀려 가겠느냐는 말입니다.

如世巧幻師
여 세 교 환 사

마치 세간의 교환사가,

우리나라는 환술을 안 하기 때문에 환幻 자가 나오면 무슨 소리인지 모르는데, 인도는 웬만한 사람은 다 환술을 한다고 그럽니다.

어떤 서양인이 인도 여행기를 썼는데, 길을 가다 덥고 힘들어서 그늘 밑에 잠시 쉬고 있는데, 인도 사람 하나가 지나다가 거기 와서 같이 쉬더라는 겁니다. 그래서 이 사람이 눈을 감고 자는 척하고 있으니까 같이 와서 쉬던 인도 사람이 걸망을 풀더니, 그 속에서 씨앗을 하나 꺼내 땅에 묻더랍니다. 묻으니까 금방 거기서 나무가 자라 커서 잎이 무성해지고, 그 그늘 밑에서 쉬더라는 얘깁니다.

얼마를 쉬고는 다시 자리에서 일어나는데, 나무가 차차 작아지더니 나중엔 땅으로 들어가더라는 겁니다. 그걸 다시 파니까 씨앗이 그대로 있고, 그 씨앗을 꺼내 가지고 걸망에 넣고는 자기 갈 길을 가는 그런 걸 봤다고 써 놓은 걸 본 적이 있습니다.

우리나라 사람들이 최면술 하듯이 웬만한 인도 사람은 다 환술을 하는 모양입니다. 그래서 거기 사람들은 밤낮없이 환술을 하니까 환술이라는 얘길 하면 다 아는데, 쉽게 얘기하려고 환술 얘기를 했지만 우리에겐 더 어렵다는 겁니다.

> 幻作諸男女
> 환 작 제 남 녀

환幻으로 모든 남녀를 지을새,

참 사람이 아닌데 남자가 있고 여자가 있다는 말입니다.

> 雖見諸根動
> 수 견 제 근 동

비록 제근이 동함을 볼지라도,

환幻으로 만든 남녀가 참말 화통하는 게 아닙니다.

> 要以一機抽
> 요 이 일 기 추

요컨대 일 기를 돌리는 것이니,

추抽 자는 빼낸다, 돌린다는 말입니다. 고동 하나를 돌려 가지고 남녀가 왔다 갔다 하게 하고, 춤도 추게 하고 그러지, 참말 자체가 하는 게 아니라는 겁니다.

일 기는 우리말로 한 고동이라는 말입니다.

그러니까 한 고동을 가지고 흔드는 추抽 자는 빼낸다, 활동하는 것이니,

息機歸寂然
식 기 귀 적 연

고동을 쉬어 적연으로 돌아가면,

일 기를 추抽하던 그 기계를 멈춰 놓으면 남녀가 다 없어진다는 말입니다.

諸幻成無性
제 환 성 무 성

제환이 무성을 이루리라.

자체 성품이 없다는 겁니다.
그와 같아서(비유),

六根亦如是
육 근 역 여 시

육근도 이와 같아서,

중생의 육근도 이와 같아서,

元依一精明
원 의 일 정 명

원래 일 정명을 의지하여,

육근은 남녀를 가리키는 말이고, 일 정명은 환사幻師의 환술을 가리키는 말입니다.

환작제남녀幻作諸男女는 육근으로 된 것임을 가리키고, 원의일정명은 우리의 불성 자리입니다.

그래서 그 일 정명을 의지해 육근이 생긴 것이니,

分成六和合
분 성 육 화 합

분分하여 육 화합을 이룬 것이니,

육근이 생길 때에 일 정명을 의지해서 생긴 것이니, 그러니까 일 정명에서 근根 · 진塵 · 식識을 이루게 된 것이니,

一處成休復
일 처 성 휴 복

일 처만 휴복함을 이루면,

이게 본성 자리를 회복하는 식기息機, 고동이 쉰다는 말입니다.

六用皆不成
육 용 개 불 성

육용六用을 다 이루지 못하게 되고,

일 처處란 일 정명精明을 가리키는 말이니까 내내 한 고동을 가리키는 말이고, 식기息機, 고동이 쉰다는 건 휴복休復한다는 거니까 휴복하게 되면 육근을 다 이루지 못한다는 말입니다.

塵垢應念銷
진 구 응 념 소

진구가 응념에 소멸하여,

육근의 작용이 성립되지 않을 때는 진구, 육진六塵의 때가 일 처處에는 성휴복成休復하는 그 한 생각을 응해서 다 녹아져 없어질 거라는 말입니다.

없어진다고 하면,

成圓明淨妙
성 원 명 정 묘

원명정묘를 이루어서,

원명정묘는 일 정명精明, 불성 자리로 돌아가게 된다는 말입니다.

餘塵尙諸學
여 진 상 제 학

진塵이 남으면 오히려 유학이어니와,

진구塵垢가 응념소應念銷해서 없어지는데 조금이라도 남은 이는 아직 무학이 못 되고 더 배워야 한다는 말입니다.

明極卽如來
명 극 즉 여 래

밝음이 지극하면 곧 여래이리라.

大衆及阿難 旋汝倒聞機
대 중 급 아 난 선 여 도 문 기

대중 및 아난이여, 너의 도문기를 돌이켜,

도문기란 소리를 잘못 듣는 겁니다.
그걸 돌이켜 가지고,

反聞聞自性
반 문 문 자 성

들음을 돌이켜 자성을 들으라.

밖으로 소리 듣는 걸 돌이켜 가지고 자성 자리를 들어 보라는 말입니다.

性成無上道
성 성 무 상 도

성性이 무상도를 이루리니,

그 자성을 들어 가지고는 그 자성으로부터 무상도를 이루게 될 테니,

圓通實如是
원 통 실 여 시

원통이란 진실로 이와 같음이니라.

반문문자성反聞聞自性하는 게 참말 원통한 것이라는 말이니, 이게 이근원통입니다.

此是微塵佛 一路涅槃門
차 시 미 진 불 일 로 열 반 문

이는 미진 부처님의 일로 열반문이니,

반문문자성反聞聞自性하는 이근원통이 한 근을 가지고 열반(成佛)에 이르러 가는 문입니다.

過去諸如來 斯門已成就
과 거 제 여 래 사 문 이 성 취

과거 모든 여래께서 이 문으로 이미 성취하셨고,

이근원통을 말합니다.

> **現在諸菩薩 今各入圓明**
> 현 재 제 보 살 금 각 입 원 명

현재의 모든 보살들도 지금에 각기 원명에 들어갔으며,

원명이 내내 원통圓通입니다.

> **未來修學人 當依如是法**
> 미 래 수 학 인 당 의 여 시 법

미래의 수학인도 마땅히 이와 같은 법을 의지하리라.

반문문자성反聞聞自性하는 이근원통법을 의지해야 할 테니,

> **我亦從中證**
> 아 역 종 중 증

나도 또한 이 중中을 좇아 증득했으니,

문수보살이 하는 말입니다.

非唯觀世音
비 유 관 세 음

관세음뿐이 아니리라.

관세음보살만이 이근원통을 한 게 아니라 삼세제불이 다 그러했고, 문수보살도 다 이근원통을 가지고 했다는 말입니다.

誠如佛世尊 詢我諸方便
성 여 불 세 존 순 아 제 방 편

진실로(황송하게) 불세존께서 저에게 제방편을 물으시니,

이십오원통 가운데 어느 걸로 초심 방편에 이르러 가겠느냐 물으시니,

以救諸末劫 求出世間人
이 구 제 말 겁 구 출 세 간 인

말세의 겁을 구원하시고 출세간인을 구하사,

방편을 묻는 본뜻은 말겁을 구원해서 출세간한 사람들을 구하려고 하는 것이니,

成就涅槃心 觀世音爲最
성 취 열 반 심 관 세 음 위 최

열반심을 성취하려면 관세음이 으뜸이 되며,

自餘諸方便 皆是佛威神 卽事捨塵勞
자여제방편 개시불위신 즉사사진로

그로부터 나머지 모든 방편은 다 이 부처님의 위신으로 사事에 즉해 진로를 버리게 하려는 것일지언정,

필릉가바차가 다리를 상했다든지, 아나율 존자가 눈이 멀었다든지 그게 다 사事에 즉卽해 가지고 진로망상塵勞妄想을 버린 것이니, 그러니까 그 나머지 스물네 가지 방편이,

非是長修學 淺深同說法
비시장수학 천심동설법

길이 수학할 것도 아니고, 천淺과 심深에게 같이 설법할 게 아니옵니다.

그건 다 자기가 즉사사진로卽事捨塵勞한 것이지, 아무나 그렇게 해서 되지 않는다는 말입니다. 그래서 이제 부처님의 가피를 구합니다.

頂禮如來藏 無漏不思議
정례여래장 무루부사의

여래장, 무루부사의에 정례하옵나니,

願加被未來 於此門無惑
원 가 피 미 래 어 차 문 무 혹

원컨대 미래에게 가피하사 이 법문에 의혹이 없게 하소서.

이 이근원통에 의혹이 없게 해 달라는 말입니다.
다 이것을 알아서 공부하도록 해 달라는 말인데, 왜 그런고 하니,

方便易成就
방 편 이 성 취

성취하기 쉬운 방편이오며,

이근원순耳根圓順을 가지고 하면 성취하기가 쉬운 것이며,

堪以教阿難
감 이 교 아 난

넉넉히 아난을 가르칠 만하오니,

及末劫沈淪
급 말 겁 침 륜

말겁의 침륜한 중생은,

但以此根修 圓通超餘者
단 이 차 근 수 원 통 초 여 자

다만 이 근으로 닦으면 원통함이 나머지보다 뛰어나리라.

나머지 스물네 가지보다는 뛰어나다는 말입니다.

眞實心如是
진 실 심 여 시

진실한 마음이 이러합니다.

참말 이근원통이 제일입니다. 그 말입니다. 그래서 게송이 62인가, 63인가, 그렇게 많은 게송을 가지고 문수보살이 이근원통을 선택합니다.
문수보살이 그렇게 얘길 하니까,

於是阿難及諸大衆 身心了然 得大開示
어 시 아 난 급 제 대 중 신 심 요 연 득 대 개 시

이때에 아난과 대중이 몸과 마음이 요연하여 대개시를 얻고,

觀佛菩提及大涅槃
관 불 보 리 급 대 열 반

부처님의 보리와 대열반을 보니,

보리와 열반이 다 과상果上인데 보리는 과상의 인因이고, 열반은 과상의 과果인 그것이 다릅니다.

보리는 과果이긴 하지만 아직도 도道니까 닦는 것이고, 열반은 최고에 이르러 간 것이니, 그것이 다릅니다.

부처님의 보리나 열반을 관해 보니까,

> 猶如有人因事遠遊
> 유 여 유 인 인 사 원 유

마치 어떤 사람이 일을 인하여 멀리 유遊했다가,

무슨 일이 있어서 집을 떠나 멀리 갔다가,

> 未得歸還
> 미 득 귀 환

아직 귀환하지 아니했으나,

> 明了其家所歸道路
> 명 료 기 가 소 귀 도 로

그 집에 돌아갈 도로를 분명히 아는 것과 같으며,

자기 집은 부처님의 보리나 열반을 가리키는 말이고, 길이 환하다는 것은 이근원통을 가지고 공부하면 갈 길이 환하다는 얘깁니다.

그때에,

> 普會大衆 天龍八部 有學二乘 及諸一切新發心菩薩
> 보회대중 천룡팔부 유학이승 급제일체신발심보살

널리 회상의 대중들과 천·용인 팔부와 유학인 이승과 모든 신발심 보살들이,

대승·소승을 다 통해서,

> 其數凡有十恒河沙 皆得本心
> 기수범유십항하사 개득본심

그 수가 무릇 10항하사나 되는데 모두 본심을 얻고,

관세음보살이 이근원통을 얘기하던 것과 또 문수보살이 이근원통이 낫다고 하는 그런 얘기를 듣고 본심 자리를 얻어서,

> 遠塵離垢 獲法眼淨
> 원진리구 획법안정

진塵과 구垢를 멀리 여의어 법안이 정淨하여지고,

법안정이란 초지初地 보살을 가리키는데 법에 대한 안목이 깨끗해졌다는 말입니다.

性比丘尼
성 비 구 니

성性 비구니는,

마등가의 예전 이름이 발길제鉢吉帝인데, 그 발길제를 번역하면 성품 성性 자의 뜻이라는 겁니다. 그래서 마등가를 성 비구니라고 하는데, 비구니만 된 게 아니라 아라한도 이루었습니다.

聞說偈已 成阿羅漢
문 설 게 이 성 아 라 한

게偈 설함을 들어 마치고 아라한을 얻었으며,

문수보살이 게송 설하는 걸 들어 마치고,

無量衆生 皆發無等等 阿耨多羅三藐三菩提心
무 량 중 생 개 발 무 등 등 아 뇩 다 라 삼 먁 삼 보 리 심

무량 중생이 다 무등등 아뇩다라삼먁삼보리심을 발發하였다.

질문 무등등無等等을 무등無等한 등等이라고 해석하던데요?

답 그것을 또 무등無等하고 등등하다고 그렇게도 해석한 데도 있습니다. 무등등은 '물무여등物無與等이나(물건이 더불어 等할 리가 없지만) 이여물등而與物等이라(그렇지만 物로 더불어 等하다.)'라고 해석합니다. 그러니까 물무여등, 다른 물건이 이 아뇩다라삼먁삼보리로 더불어 등等할 리가 없다,

즉 다른 물건이 무상보리와 등等할 리가 없지만, 그렇지만 이여물등而與物等이라, 물건은 나를 따라올 수 없지만, 나는 일부러 물건과 같은 양量을 한다고 해서 이렇게 해석을 하고, 또 '무등無等과 등等하다'라고도 하여 두 가지의 해석이 있습니다.

그때에,

4. 도량 차리고 수행하는 일

1) 네 가지 율의律儀

> 阿難整衣服
> 아 난 정 의 복

아난이 의복을 정돈하고,

한참 오래되었으니까 가사를 다시 정돈하는 겁니다.

> 於大衆中 合掌頂禮 心跡圓明
> 어 대 중 중 합 장 정 례 심 적 원 명

대중 중에서 합장하고 정례하며 마음과 자취가 원명하고,

마음은 본심 자리를 가리키는 말이고, 자취는 바깥, 증證하는 걸 가리킵니다. 본마음과 수증修證할 자취, 즉 증했다는 말이 아니고 성불할 길을 분

명히 알았다는 말입니다.

悲欣交集
비 흔 교 집

슬픔과 기쁨이 교집하였으며,

자기는 환하게 알았는데,

欲益未來 諸眾生故
욕 익 미 래 제 중 생 고

미래의 제중생을 이익되게 하고자 하는 고로,

자기는 다 알았지만 후세 사람을 알게 하기 위해서,

稽首白佛
계 수 백 불

계수하고 부처님께 아뢰었다.

大悲世尊 我今已悟 成佛法門
대 비 세 존 아 금 이 오 성 불 법 문

대비하신 세존이시여, 저는 이미 성불하는 법문을 깨달아서,

실상 수행을 해서 이르러 가지는 못했지만 알기는 안다는 말입니다.

是中修行 得無疑惑
시 중 수 행 득 무 의 혹

이 중 수행함에 의혹이 없나이다.

그대로 수행하면 될 줄 분명히 알았다는 말입니다.

常聞如來 說如是言
상 문 여 래 설 여 시 언

항상 여래께서 이와 같이 말씀하심을 들었사오니,

自未得度 先度人者 菩薩發心
자 미 득 도 선 도 인 자 보 살 발 심

자기는 도度하지 못했으나, 먼저 남을 제도하려는 것은 보살의 발심이요,

自覺已圓 能覺他者 如來應世
자 각 이 원 능 각 타 자 여 래 응 세

자기의 각覺이 이미 원만하고 다른 이를 각覺하는 것은 여래가 세

상에 응함이라 하셨사오니,

이렇게 말씀하신 것을 들었다는 말입니다.

我雖未度 願度末劫 一切衆生
아 수 미 도 원 도 말 겁 일 체 중 생

저는 비록 제도되지 못하였으나 말겁의 일체중생을 제도하려 하나이다.

世尊 此諸衆生
세 존 차 제 중 생

세존이시여, 이 중생들이,

말겁의 일체중생을 가리키는 말입니다.

去佛漸遠
거 불 점 원

부처님을 거去하기가 점점 멀어서,

거불이라는 뜻의 말이 아마 초심 가운데도 있을 겁니다. 그런데 대부분 '부처님 가신 지가' 이렇게 새기는데, 그렇게 새기자면 '불거佛去'라고 되어야지 거불은 아닙니다.

가령 '거경성去京城'이라 하면 '경성이 몇 리다' 이렇게 새겨야 하는데,

그래서 이걸 예전에는 범한다고 했습니다.

　범한다는 건 사이가 뜬다는 말이요, '거불去佛'을 '부처님과 범하기가' 이렇게 새겼는데, 지금은 범한다는 말은 안 하고, '부처님을 상거하기가' 지금에서 부처님까지 가는 그 상거라는 말입니다.

　부처님께서 가셨다는 말이 아니고, '부처님을 거去하기가' 이래야 합니다.

邪師說法如恒河沙
사 사 설 법 여 항 하 사

사사의 설법이 항하사와 같을새,

외도들을 가리킵니다.
이런 말세의 때에,

欲攝其心 入三摩地
욕 섭 기 심 입 삼 마 지

그 마음을 섭攝하여 삼마지에 들게 하려거든,

중생들의 잘못된 마음을 거두어들여서 삼마지에 들어가게 하려면,

云何令其 安立道場
운 하 령 기 안 립 도 량

어떻게 하여금 도량을 안립하여야,

도량은 수도하는 장소인데, 그냥 대강 하려는 게 아니고 잘 차려야겠다는 말입니다.

지금 우리가 기도를 한다고 하면, 금줄을 편다든지 다라니를 갖다 거는 이런 것들이 다 도량 장엄입니다.

遠諸魔事 於菩提心 得無退屈
원제마사 어보리심 득무퇴굴

마사가 멀어지고 보리심에 퇴굴함이 없겠나이까?

후세 중생을 위해서『능엄경』에 말한 이 수행대로 하려고 하면 도량을 어떻게 차려야 하겠습니까 하고, 도량 차리는 법을 물었습니다.

爾時世尊 於大衆中 稱讚阿難
이시세존 어대중중 칭찬아난

이때 세존께서 대중 중에서 아난을 칭찬하셨다.

善哉善哉 如汝所問 安立道場 救護衆生 末劫沈溺
선재선재 여여소문 안립도량 구호중생 말겁침닉

선재 선재라. 네가 물은 것과 같이 도량을 안립하여 말겁에 침닉沈溺한 중생을 구호하려거든,

汝今諦聽
여 금 제 청

네가 지금 자세히 들으라.

當爲汝說
당 위 여 설

마땅히 너를 위해 설하리라.

도량 차리는 법을 얘기하겠다는 말입니다. 이제 도량을 차려 가지고 능엄주楞嚴呪 하는 얘기까지 나오게 됩니다.

阿難大衆 唯然奉敎
아 난 대 중 유 연 봉 교

아난과 대중이 예 하고 가르침을 받자왔다.

유연은 예, 그 말입니다.

유唯 자를 오직 유 자로 새기는 사람이 있는데, 그게 아니고 대답할 유 자입니다. 그러니까 여기에서는 '그렇게 가르침을 받겠습니다' 하는 대답입니다.

질문 요이일기추要以一機抽라 한 일기一機가 무엇을 뜻합니까?
답 한 고동, 고동을 지금은 무어라 하는지 모르겠으나, 기계 하나로 돌린다는 말입니다.

질문 그럼 스위치 같겠네요.
답 그렇지요. 그 추抽 자는 한 기틀, 기계 하나만 틀면 다 돌아간다는 것입니다.

질문 그러니까 전기 스위치 같겠네요.
답 맞습니다. 환幻 하는 작용이 한 군데서 환 하는 그걸 틀어 놓으면 환삼매幻三昧가 춤추고 돌아간다는 말입니다.

질문 그런데 반문문자성反聞聞自性하라, 듣는 것으로써 자성을 듣는다는 말이 납득이 되지 않습니다.
답 밖으로 소리 듣던 그 문성聞性을 돌이켜서 그 듣는 자성, 무엇이 듣는가 하는 그 듣는 성품을 듣는 그게 반문문자성입니다.

질문 제가 말하는 소리를 가지고 자성을 들어도 되겠습니까?
답 그런 소리는 듣지 않아야지요. 소리를 듣는 게 우리들 귀의 작용인데, 그렇게 밖으로 소리 듣는 것을 그만두고 와서 속으로 내 자성을 들으라는 말입니다. 그게 반문反聞입니다. 이렇게 밖으로 소리 듣던 걸 내버리고 돌이켜 와서 내 자성을 들어라, 그러니까 처음에 말했던 입류망소入流亡所가 반문문자성反聞聞自性입니다.

질문 그럼, 눈을 가지고도…….
답 되겠지요. 육근을 가지고 다 그렇게 할 수 있으니까. 눈으로 밖에 있는 색진色塵 보던 걸 그만두고 내 자성 자리를 봐라, 그걸 본다고 할 수 있겠지요.

그런데 목비관장외目非觀障外라고 해서 눈은 장외障外의 색色을 못 본다고 했습니다. 소리는 담 밖의 것도 듣지만 눈은 종이 한 장만 가려도 못 봅니다. 그래서 이 '사바세계 사람은 천안통天眼通이나 천이통天耳通을 배워서 능하게 되지만, 천상에 가서 나면 누구든지 다 으레 하게 된다는 겁니다.

우리는 천상에 나질 못했으니까 천안통 하는 법과 천이통 하는 법을 배워야 하겠지만, 천상에 나는 사람들은 그 사람들의 눈이 다 장외障外 색을 보게 되고, 온갖 것을 다 듣게 된다는 겁니다. 그래서 천안天眼이라는 말은 천상 사람의 눈이라는 뜻입니다.

> **佛告阿難 汝常聞我 毗奈耶中 宣說修行 三決定義**
> 불고아난 여상문아 비내야중 선설수행 삼결정의

부처님께서 아난에게 말씀하셨다.
너는 항상 내가 비내야 중에 수행의 삼결정의 선설함을 들었으리니,

비내야는 율장律藏이라는 말이고, 수행하는 삼결정의는 이 아래에 얘기하게 됩니다.

> **所謂攝心爲戒**
> 소위섭심위계

이른바 마음 섭수攝收함을 계戒라 하고,

소승의 계는 몸을 단속하는 건데, 이건 대승의 계니까 마음을 잡죄는 겁니다. 소승계는 마음은 좋지 못하더라도 몸으로만 범하지 않으면 계를 지키는 것이 되는데, 대승계는 마음으로부터 조금도 범하질 않아야 하고, 마음이 조금이라도 흐트러짐이 있으면 그걸 파계破戒라 합니다.

因戒生定 因定發慧
인 계 생 정 인 정 발 혜

계戒를 인하여 정定이 생기고, 정을 인하여 혜慧를 발하나니,

그래서 계戒·정定·혜慧 삼학三學인데, 우리가 공부한다는 것과 수행한다는 게 계·정·혜 외에 다른 게 없습니다.

是則名爲三無漏學
시 즉 명 위 삼 무 루 학

이를 이름하여 삼무루학이라 하느니라.

삼계에 새어 들어가지 않는다는 말입니다. 번뇌가 없어져야 삼계에 들어가지 않는 건데, 들어가지 않는 그게 계·정·혜 삼무루학이라는 말입니다. 그래서 계·정·혜 삼학을 얘기하는데, 처음에 섭심위계攝心爲戒요, 인계생정因戒生定이요, 인정발혜因定發慧라고 그랬는데, 이 아래에 보면 계만을 얘기했지 정과 혜를 별로 얘기하지 않았습니다.

그래서 『정맥소正脉疏』에서도 조금 비슷한 한 줄 반 줄 정도의 글을 가지고 이건 정定이다, 이건 혜慧다, 그렇게 해 놓았지만 글로 봐서도 분명하

게 정과 혜가 나타나지 않았습니다.

　계는 분명하게 4종 율의律儀, 네 가지 살殺·도盜·음婬·망妄을 얘기했지만, 정과 혜慧는 나타나지 않았습니다.

> 阿難 云何攝心 我名爲戒
> 아 난 운 하 섭 심 아 명 위 계

아난아, 어찌하여 마음 섭수攝收함을 내가 계라 이름하겠느냐?

> 若諸世界 六道衆生 其心不婬
> 약 제 세 계 육 도 중 생 기 심 불 음

만일 모든 세계의 육도 중생이 그 마음이 음란하지 아니하면,

　이것이 섭심攝心이니까 마음으로부터 음행할 마음이 안 생긴다는 말입니다.

> 則不隨其生死相續
> 즉 불 수 기 생 사 상 속

즉 그 생사의 상속함을 따르지 아니하리라.

　생사에 상속하는 건 살殺·도盜·음婬·망妄 때문인데, 살·도·음·망을 끊으면 생사에 상속하지 않는다는 말입니다. 더구나 이 음행은 음행 자체가 사람을 나게 하는 것이니까 생사를 초월하려 하면서 음행을 끊지

못하는 것은 목적과 수단이 달라지는 것이 됩니다.

```
汝修三昧 本出塵勞
여 수 삼 매  본 출 진 로
```

네가 삼매를 닦음은 본래 진로에서 출出하려 함이나,

```
婬心不除 塵不可出
음 심 부 제  진 불 가 출
```

음심을 제하지 아니하면 진塵에서 가히 출하지 못하리라.

그러니 음심을 그냥 두고서 삼매를 닦는 사람은,

```
縱有多智 禪定現前
종 유 다 지  선 정 현 전
```

비록 지혜가 많아 선정이 현전하여도,

선정을 닦아 지혜가 생긴다고 하더라도,

```
如不斷婬 必落魔道
여 부 단 음  필 낙 마 도
```

음姪을 단斷하지 못하면 반드시 마도에 떨어져서,

진로塵勞를 마음껏 벌여 가지고 수용하려는 게 마구니의 일이니까 그래서 음행을 끊지 못하면 마구니에 떨어지게 됩니다. 그러니까 음심은 끊지 못했지만 삼매를 닦아 혜慧가 생겼기 때문에 마구니에라도 떨어진다는 말이지, 삼매도 안 닦고 음심만 있는 사람은 지옥에 가게 되고, 마구니에도 날 수가 없는 겁니다.

그 외도 공부하는 걸 따라서,

上品魔王 中品魔民 下品魔女
상 품 마 왕 중 품 마 민 하 품 마 녀

상품은 마왕이 되고, 중품은 마魔의 백성이 되며, 하품은 마녀가 되리라.

彼等諸魔 亦有徒衆
피 등 제 마 역 유 도 중

저들의 제마도 도중이 있어서,

제자들이 많이 있다는 말입니다.

各各自謂 成無上道
각 각 자 위 성 무 상 도

각각 스스로 이르기를 무상도를 이루었다 하리니,

마민魔民이나 마녀가 무상도를 얻었다고는 안 하겠지만, 그들이 신봉하는 마왕 같은 이가 무상도를 얻었다고, 이 사람들이 도중徒衆들에게 선전하는 겁니다.

> 我滅度後 末法之中 多此魔民 熾盛世間
> 아 멸 도 후 말 법 지 중 다 차 마 민 치 성 세 간

내가 멸도한 후 말법 가운데 이러한 마민들이 세간에 치성하여,

지금 같은 세상일 겁니다.

> 廣行貪婬 爲善知識
> 광 행 탐 음 위 선 지 식

널리 탐음을 행하면서 선지식이로다 하여,

이건 실제로 행동에 옮기는 걸 말합니다. 그래서 살殺·도盜·음婬이 불훼범不毁犯이라고 하는 건 다 마구니의 말입니다. 그 마구니들이 선정禪定한 힘도 있고, 지혜도 있고, 말도 잘하니까 사람들이 속게 되는 겁니다.

> 令諸衆生 落愛見坑
> 영 제 중 생 낙 애 견 갱

중생들로 하여금 애견갱에 떨어져서,

애愛와 견見이 따로따로입니다. 애愛는 사물에 대해 애착하는 것이고,

견見은 사물과 이理에 대하여 억측하는 것이니까 애는 사혹思惑이요, 견은 견혹見惑입니다. 이것이 수학인修學人을 빠뜨리게 하므로 갱坑이라 합니다.

> **失菩提路**
> 실 보 리 로

보리의 길을 잃게 하리라.

> **汝敎世人 修三摩地**
> 여 교 세 인 수 삼 마 지

네가 세인으로 하여금 삼마지를 닦게 하려거든,

아난이 닦는 건 물론이고, 다른 사람에게도 삼마지를 닦게 하고자 하면,

> **先斷心婬**
> 선 단 심 음

먼저 마음의 음욕을 끊게 할지니,

마음의 음婬부터 끊으면 몸으로 행할 리는 더욱 없을 겁니다.

> **是名如來 先佛世尊**
> 시 명 여 래 선 불 세 존

이 이름이 여래 선불세존의,

여래는 지금 있는 부처님을 말한 것이고, 선불은 과거 부처님을 말하는 것으로 지금의 부처님이나 과거의 부처님을 다 말하는 것입니다.

第一決定 淸淨明誨
제 일 결 정 청 정 명 회

제일로 결정하고 청정한 명회이니라.

네 가지 가운데 첫째로서 조금도 틀린 게 없고 용서할 수도 없는 결정적인 맑고 깨끗한, 밝은 가르침, 그러니까 과거 부처님이나 현재 부처님이 다 이렇게 음행淫 끊는 것을 말한 것이다, 이 말입니다.

이게 다 선불세존先佛世尊의 청정명회이기 때문에,

是故阿難 若不斷婬 修禪定者
시 고 아 난 약 부 단 음 수 선 정 자

이런고로 아난아, 만일 음행을 끊지 않고 선정을 닦는 자는,

如蒸沙石 欲其成飯
여 증 사 석 욕 기 성 반

마치 사석을 삶아 그 밥을 이루려는 것과 같아서,

모래를 아무리 삶아도 밥이 되지 않는다는 말입니다.

經百千劫 秪名熱沙 何以故 此非飯本
경 백 천 겁   지 명 열 사   하 이 고   차 비 반 본

백천 겁을 지날지라도 다만 이름이 열사이니 어쩜인고? 이것은 밥의 근본이 아니요,

모래와 돌은 밥이 될 근본이 아닙니다. 그러니까 음행을 가져서는 보리의 근본이 아니기 때문에 그걸 가지고는 보리를 이루지 못한다는 말입니다.

石沙成故
석 사 성 고

석사로 이름일새니라.

밥 지으려는 재료가 모래와 돌이기 때문에 밥은 되지 못한다는 말입니다.

汝以婬身 求佛妙果
여 이 음 신   구 불 묘 과

네가 음신으로써 부처님의 묘과를 구하면,

縱得妙悟 皆是婬根
종 득 묘 오   개 시 음 근

비록 묘오를 얻었으나 다 이는 음姪의 근본이니라.

위에서 말했듯이 음심을 끊지 못해도 선정을 닦으면 선정 닦는 지혜가 생기기는 생깁니다. 그러나 그 지혜는 보리를 이루는 것까지는 되지 못합니다.

그러니까 묘오를 얻는다고 하는 것도,

根本成姪
근 본 성 음

근본이 음姪을 이루었으므로,

輪轉三途 必不能出
윤 전 삼 도 필 불 능 출

삼도에 윤전하여 반드시 능히 출出하지 못하리니,

如來涅槃 何路修證
여 래 열 반 하 로 수 증

여래의 열반을 어떻게 수증하겠는가.

안 된다는 얘깁니다. 그러니 어떻게 해야 하느냐?

必使婬機 身心俱斷
필 사 음 기 신 심 구 단

반드시 음기로 하여금 몸과 마음에서 다 끊어 버리고,

기機는 고동을 가리키는 말입니다. 그 음행하려는 고동을 몸으로만이 아니라 마음에서도 끊어야 한다는 말입니다.

斷性亦無
단 성 역 무

끊었다는 성품 또한 없어야,

於佛菩提 斯可希冀
어 불 보 리 사 가 희 기

불보리를 가히 바랄 수 있으리라.

희망할 수가 있다는 말입니다.

如我此說 名爲佛說 不如此說 卽波旬說
여 아 차 설 명 위 불 설 불 여 차 설 즉 파 순 설

나와 같은 이 설은 명名이 불설이요, 이 설과 같지 않음은 곧 파순의 설이니라.

마왕의 이름이 파순입니다. 그러나 파순은 범어인데 파현波眴이라야 맞다고 얘길 합니다. 눈 목目이 있는 현眴 자를 써야 하는데, 이제 와서 고칠 수도 없지만, 다만 범어가 파순이 아니라는 것이고, 현眴 자의 잘못이라는 걸 얘기합니다.

지금 여기에서 말하는 것도 불설佛說과 마설魔說은 다르다는 겁니다. 분명히 불설과 파순의 말이 이렇게 다른 것이니, 속지 말라는 말입니다.

세상 사람들이 분명하게 부처님 말씀을 알지 못하면 마구니네도 다 선정을 닦고, 지혜가 있기 때문에 그것에 속아 간다는 말입니다. 지금 무당에게 속고, 점쟁이에게 속는 게 다 지혜가 없어서입니다.

이제 살생에 대한 얘기를 하는데, 다른 데는 다 살殺부터 얘기했는데, 여기는 음姪을 먼저 얘기했습니다.

이타利他하는데 남을 이롭게 하는 방면으로는 살생을 안 하는 게 제일이고, 자리自利하는 방면으로는 음행부터 끊어야 한다는 얘긴데, 그래서 여기는 음姪부터 얘기를 했습니다.

阿難 又諸世界 六道衆生 其心不殺
아 난 우 제 세 계 육 도 중 생 기 심 불 살

아난아, 또 모든 세계의 육도 중생들이 마음에 살생하지 않으면,

則不隨其生死相續
즉 불 수 기 생 사 상 속

그 생사의 상속을 따르지 아니하리라.

> 汝修三昧 本出塵勞 殺心不除 塵不可出
> 여 수 삼 매 본 출 진 로 살 심 부 제 진 불 가 출

네가 삼매를 닦음은 본래 진로에서 출出하고자 함이나 살심을 제하지 않고는 가히 진塵에서 출하지 못하리라.

> 縱有多智 禪定現前
> 종 유 다 지 선 정 현 전

비록 지혜가 많아 선정이 현전할지라도,

이건 정력定力을 말합니다.

> 如不斷殺 必落神道
> 여 부 단 살 필 낙 신 도

살심殺心을 끊지 못하면 반드시 신도에 떨어져서,

신神이란 산신山神이라든지 이런 것들인데, 귀鬼와 신神이 다릅니다.
귀鬼는 어두운 것이고, 신神은 밝은 것이니까 신이라고 하면 그 자체도 상당한 지위가 있어서 귀와는 다릅니다.

질문 귀신이라고 하지, 귀鬼와 신神이라고 하지는 않지 않습니까?
답 귀鬼와 신神이 둘인데 지금 그걸 모르니까 귀신이라고 하지만, 귀신이라는 것도 육취六趣로 말하면 아귀취餓鬼趣인데, 아귀 가운데도 그렇게 종류가 다르다는 말입니다. 산신 등도 다 상당한 지위를 가졌고, 육통六通

중에 누진통漏盡通만 못 했지 오통五通을 구족히 가져 보통이 아닌 상당한 신들입니다.

그 가운데도,

> 上品之人 爲大力鬼
> 상품지인 위대력귀

상품의 사람은 대력귀가 되고,

여긴 다 귀鬼 자를 썼지만 모두 신神입니다.

> 中品卽爲飛行夜叉 諸鬼帥等
> 중품즉위비행야차 제귀수등

중품은 비행하는 야차나 귀수가 되고,

그래서 대력귀大力鬼는 천행天行 야차(천상에 다니는 야차)라고 합니다. 수帥 자는 장수 수 자입니다.

> 下品當¹爲地行羅刹
> 하품당 위지행나찰

---

1 고려대장경에는 상尙으로 되어 있으나, 송본·원본·명본에는 본문과 같이 되어 있다.

하품은 마땅히 지행 나찰이 되리라.

나찰도 다 큰 힘을 가졌습니다. 이게 다 신도神道에 속하는 것인데, 가령 마구니라든지 이런 게 다 악도惡道니까, 아귀도의 하나니까 사람으로 떨어진 게지, 만약 지옥이나 이런 데서는 오히려 귀도鬼道에 나는 게 올라간다고 할는지 모릅니다. 그러나 사람을 본위로 하자면 이건 다 떨어지는 겁니다.

> 彼諸鬼神 亦有徒衆 各各自謂 成無上道
> 피제귀신 역유도중 각각자위 성무상도

저 모든 귀신도 도중이 있어서 각각 스스로 이르기를 무상도를 이루었다 하리니,

저 아래 8, 9, 10권에 가면 50종의 마구니 경계가 굉장한데, 잘못하면 속기가 쉽습니다. 그러니까 지금 여기에서부터 분명하게 불설佛說과 마설魔說을 얘기하는 겁니다.

> 我滅度後 末法之中 多此鬼神[2] 熾盛世間
> 아멸도후 말법지중 다차귀신 치성세간

내가 멸도한 후에 말법 가운데 흔히 이 귀신들이 세간에 치성하여,

---

2 고려대장경에는 신귀神鬼로 되어 있으나, 송본·원본·명본에는 본문과 같이 되어 있다.

自言食肉 得菩提路
자언식육 득보리로

스스로 말하기를 고기를 먹고도 보리의 길을 얻는다 하리라.

살생을 하는 건 고기를 먹기 위한 게니까 고기를 먹고도 보리로를 얻는다 이렇게 얘기를 하는 건데, 그런 것도 모르고 따라가는 겁니다.

阿難 我令比丘 食五淨肉
아난 아령비구 식오정육

아난아, 내가 비구들로 하여금 오정육을 먹게 했으나,

오정육을 먹으라는 게 소승에서 하는 말인데, 오정육이란 내 눈으로 죽이는 것을 보지 않은 것(不見), 나를 위하여 죽였다고 듣지 않은 것(不聞), 나를 위하여 죽였으리라고 의심하지 않는 것(不疑), 그러니까 불견不見·불문不聞·불의不疑 셋과 스스로 죽은 것(自死), 날짐승이나 길짐승이 스스로 죽을 수도 있으니 그런 것과, 마지막으로 매나 사나운 짐승들이 잡아먹다가 남긴 것들입니다.

인도 같은 데는 사람도 물어갈 만한 큰 독수리가 있는데, 노루를 잡아먹는다든지, 꿩을 잡아먹는다든지 하여 먹다가 남긴 소위 조잔鳥殘, 새가 남긴 것이라 해서 남길 잔殘 자를 쓰는데, 이런 것들까지 해서 오정육입니다. 그러니까 부처님 때에 오정육은 경우에 따라 먹어도 괜찮다고 말씀하신 그런 게 있습니다.

그걸 가지고 남방에서는 소승계에도 그렇게 되어 있고, 또한 오정육은 살생하는 게 아니기 때문에 먹어도 죄가 안 된다는 말이 있으니까 더러 여기

오는 남방 스님들에게 물으면 신도가 주는 거니까 먹는다고 대답을 합니다.

　지금 세계 불교가 한데 섞였고, 대승·소승이 한데 섞여서 살생하지 말라는 게 근본 뜻인데, 나를 위해 죽였든지 죽이지 않았든지, 그것도 생명 있는 걸 죽인 건데 어떻게 먹을 수가 있으며, 또 이러한 사실을 누구도 부인할 수 없습니다.

　남방 사람들은 절에서 밥을 해 먹지는 않고, 신도들에게 빌어서 먹기 때문에 주는 대로 먹는다고 하지만 말하자면 핑계겠지요.

　내가 고기를 먹고 싶어서 먹는 게 아니고 신도들이 갖다 주는 것을, 이건 먹고 저건 안 먹는다고 할 수가 있느냐고 그렇게 대답들을 합니다. 그러나 대승에서는 절대로 고기를 먹어서는 안 되는 겁니다.

　그래서 비구로 하여금 오정육을 먹게 했으나,

> **此肉 皆我神力化生 本無命根**
> 차 육　개 아 신 력 화 생　본 무 명 근

　이 고기는 다 나의 신력으로 화생한 것이어서 본래 명근이 없는 것이니라.

　고기가 자생自生한 것이 아니고, 부처님의 신력으로 변화해서 만들어 놓은 게다, 그 말입니다.

　생명 가진 것을 죽여서 한 게 아니라 부처님의 신력으로 오정육을 만들어 놓았다, 즉 생명 가진 걸 죽인 게 아니라는 그런 말입니다.

질문　오정육도 육肉이니까 근본적인 생명력이 있을 것이 아닙니까?

답　오정육을 부처님께서 만들어 놓으신 것이지, 생명 가진 것을 잡아서 한 게 아니다, 그런 말입니다.

이제 또 오정육을 만들게 된 이유를 얘기합니다.

> 汝婆羅門 地多蒸濕
> 여 바 라 문   지 다 증 습

너 바라문들의 땅이 많이 증습하고,

인도의 사성四姓 중에 스님네가 바라문종은 아니지만 행동하는 게 바라문종에 속하는 겁니다. 인도는 비가 많이 오는지는 모르지만 뜨거운 건 사실일 겁니다. 그래서 채소가 잘 안 되니 부득불 오정육이라도 먹어야 하겠다는 이유입니다.

> 加以沙石 草菜不生
> 가 이 사 석   초 채 불 생

사석이 가加하여 초채가 생하지 못할새,

땅이 모래와 돌로 되어 있어서 곡식이나 채소 등이 잘 안 된다는 말입니다. 증습蒸濕해서도 안 되고, 또 사석까지 많기 때문에 전혀 안 나는 건 아니겠지만, 길러서 반찬을 해 먹을 만한 게 되지 못한다는 말입니다.

그런 이유로 해서,

我以大悲 神力所加
아 이 대 비 신 력 소 가

나의 대비와 신력으로 가피한 바라.

대비와 신력의 두 가지로 가피해서 오정육을 만들었다는 얘깁니다.

因大慈悲 假名爲肉
인 대 자 비 가 명 위 육

대자비를 인하여 이름을 빌려 고기라 한 것을,

그렇게 다 변화해서 만들어 놓은 것을,

汝得其味
여 득 기 미

너희가 그 맛을 얻었거니와,

맛을 얻었다는 건 먹었다는 말입니다.

그래서 부처님께서 계실 때는 바라문들을 위해서 오정육을 만들어서 먹을 수가 있었지만,

奈何如來 滅度之後 食衆生肉 名爲釋子
내 하 여 래 멸 도 지 후 식 중 생 육 명 위 석 자

어찌 여래가 멸도한 후에 중생의 고기를 먹는 이를 석자釋子라 이름할 수가 있겠는가?

승僧이라고 할 수가 있겠느냐, 그 말입니다. 내(佛)가 있을 때는 이런 필요에 의해서 오정육을 만들어 먹을 수 있었지만 내가 죽은 후에 누가 오정육을 만들어 내겠느냐, 그건 다 생명 가진 짐승을 잡아 가지고 될 터인데, 중생의 살을 먹는 사람을 어찌 승僧이라고 할 수 있겠느냐고 통렬하게 먹지 말라고 얘기하는 겁니다.

汝等當知 是食肉人
여 등 당 지 시 식 육 인

너희 등은 마땅히 알라. 이 고기를 먹는 사람은,

가령 오정육이라 하더라도 고기 먹는 사람은,

縱得心開
종 득 심 개

비록 마음이 열림을 얻어,

似三摩地
사 삼 마 지

삼마지인 듯하여도,

삼마지와 비슷한 경계가 나타난다는 말입니다.

그 고기 먹어서 삼마지를 얻은 사람은,

皆大羅刹 報終必沈生死苦海
개 대 나 찰 보 종 필 침 생 사 고 해

다 대나찰大羅刹이라 보報가 끝나면 반드시 생사고해에 빠질 것이니,

살생을 해서 고기를 먹으면서도 정定을 닦아 지혜가 생겨서 지금은 나찰이라도 되지만, 그 나찰보羅刹報가 다하게 되면 반드시 생사고에 빠지게 될 테니,

非佛弟子
비 불 제 자

부처님의 제자가 아니니라.

그래서 통렬하게 오정육이라는 핑계로 고기 먹지 말라는 걸 얘기하는 겁니다.

如是之人
여 시 지 인

이와 같은 사람은,

오정육이라 해서 고기 먹는 사람은,

相殺相吞
상 살 상 탄

서로 죽이고 서로 삼키어,

탄吞 자는 큰 세력을 가지고 조그만 것을 잡아먹는 걸 가리키는 말입니다.

相食未已
상 식 미 이

서로 먹기를 마지아니하리니,

저 위에서 말한 것과 같이 내가 저걸 잡아먹으면, 저것이 사람이 되고, 난 먹히는 짐승이 되어 그 인과를 서로 갚느라 언제 생사에서 벗어나겠느냐는 말입니다.

云何是人 得出三界
운 하 시 인 득 출 삼 계

어떻게 이 사람이 삼계에서 출出함을 얻으리오.

어떻게 고기 먹는 사람이 삼계를 나올 수 있겠느냐, 그러니 살생을 해서는 안 된다는 얘깁니다.

汝敎世人 修三摩地 次斷殺生
여 교 세 인 수 삼 마 지 차 단 살 생

네가 세인으로 하여금 삼마지를 닦게 하려거든 다음으로 살생을 끊게 할지니,

是名如來 先佛世尊 第二決定 淸淨明誨
시 명 여 래 선 불 세 존 제 이 결 정 청 정 명 회

이 이름이 여래 선불세존의 제이 결정한 청정명회니라.

是故阿難
시 고 아 난

이런고로 아난아,

若不斷殺 修禪定者
약 부 단 살 수 선 정 자

만약 살생을 끊지 아니하고 선정을 닦는 이는,

譬如有人 自塞其耳 高聲大叫 求人不聞
비 여 유 인 자 색 기 이 고 성 대 규 구 인 불 문

비유컨대 마치 어떤 사람이 스스로의 그 귀를 막고, 고성으로 대규하여 남이 듣지 못하기를 구하는 것과 같나니,

선정을 닦는 것은 삼계에서 뛰어나오려고 하는 건데, 살생을 하면 삼계에서 뛰어나오지 못하는 게 그와 같다는 얘깁니다.

> 此等名爲欲隱彌露
> 차 등 명 위 욕 은 미 로

이 등등을 이름하여 숨기고자 하나 더욱 드러남이라 하느니라.

소리를 안 듣게 감추려고 하지만 더욱 드러난다는 말입니다.

> 淸淨比丘 及諸菩薩 於岐路行
> 청 정 비 구 급 제 보 살 어 기 로 행

청정한 비구와 보살들이 길을 갈 적에,

본문에 기歧 자가 뫼 산 변의 기岐 자로 되어 있는데, 그칠 지止 변의 기歧 자가 맞습니다.

> 不踏生草
> 부 답 생 초

산 풀도 밟지 않거늘,

무정물이지만 그래도 나려고 하기 때문에 살아있는 풀도 모르고 밟지 말라고 하는데,

> **況以手拔**
> 황 이 수 발

하물며 손으로 뽑을까 보냐.

자비의 극칙極則으로 가면 풀까지도 함부로 뽑을 수가 없게 된다는 말입니다.

> **云何大悲 取諸衆生血肉充食**
> 운 하 대 비 취 제 중 생 혈 육 충 식

어찌 대비가 중생의 혈육을 취하여 음식에 충당하겠는가?

> **若諸比丘 不服東方 絲綿絹帛**
> 약 제 비 구 불 복 동 방 사 면 견 백

만일 비구들이 동방에서는 사면견백을 입지 않고,

사絲 자는 명주실 사 자입니다.

그냥 목화로 만든 실이 아니라 누에고치에서 난 실 사絲 자입니다.

면綿 자는 비단 면 자이고, 견絹 자도 비단 견, 백帛 자도 비단 백 자입니다. 이런 것들이 동방에만 있고 서방엔 없어서가 아니고, 많은 편 쪽으로 들어서라는 말입니다.

及是此土
급 시 차 토

및 차토에서는,

인도를 가리키는 말입니다.

靴履裘毳 乳酪醍醐
화 리 구 취 유 락 제 호

화리구취와 유·낙·제호를 복服하지 아니하면,

화靴와 이履는 가죽으로 만든 신인데, 화는 굽이 높고 목도 길게 된 것이고, 이는 우리나라의 신 같은 걸 가리키는 말입니다.

갖옷 구裘 자는 짐승의 가죽을 가지고 만든 옷이고, 취毳 자는 짐승의 털, 지금과 같은 모직이 아니라 짐승의 부드러운 털을 가지고 몸을 가릴 정도의 좋지 못한 옷을 말합니다.

요즘은 모직이 좋은 옷이지만 그때는 허름한 사람들이 입고 다니던 옷입니다. 또한 우유나 양유羊乳를 가지고 정제한 것이 낙酪이요, 그 낙을 정제해서 제호를 만듭니다. 그래서 불복不服이라는 복服 자가 여기까지 내려와서 몸에 입는다는 뜻도 되고, 입으로 먹는다는 뜻도 됩니다. 우리가 복약服藥이라고 하면 약 먹는 것을 말하고, 의복衣服이라고 하면 몸에 입는 것을 말하는데, 둘 다 복服 자를 쓰게 되니까 유락제호는 입으로 먹는 것이고, 비단이라든지 가죽신은 몸에 입는 것이 됩니다.

그런 것을 먹지도 말고 입지도 말라고 했는데, 만약 비구들이 이렇게 한다고 하면,

如是比丘 於世眞脫
여 시 비 구 어 세 진 탈

이와 같은 비구는 세간에서 진탈하여,

다른 중생, 그러니까 소를 죽여서 우유 내는 것이 아니고, 털도 깎는 게 니까 죽이는 건 아니지만, 그래도 그건 짐승의 몸에서 난 신분身分, 몸의 한 부분입니다. 중생의 가죽을 갖다 쓴다든지 고기를 갖다 먹는 것은 죽이는 것이지만, 죽이지 않고도 갖다 쓰는 건 몸에 대한 부분적인 것이니까 그것도 먹거나 입지 않아야 한다는 말입니다. 그래서 중생들과 빚지는 일이 없으니, 세상에서 참말 해탈하게 되는 것입니다.

酬還宿債
수 환 숙 채

숙세의 빚을 갚았을새,

다른 사람에게 생명이라든지를 다 갚아 버려서 다시 갚을 일이 없게 된다는 말입니다. 즉 다른 중생과 인연이 끊어진다는 말입니다.

不遊三界
불 유 삼 계

삼계에 유遊하지 아니하리라.

유遊 자는 다닌다는 말이니까 삼계에 다시 오지 않는다는 말입니다.

何以故
하 이 고

어찌 쓴 연고요?

어째서 우유를 안 먹든지 비단을 안 입든지 하면 숙채宿債를 수환酬還한다고 하느냐?

服其身分 皆爲彼緣
복 기 신 분 개 위 피 연

그 신분을 입거나 먹으면 그들의 인연이 되는 것이니,

소의 젖을 갖다 먹으면 소에게 신세진 것이니까 갖다 갚아야 합니다. 그래서 신분만 먹고도 중생과 인연이 생기기 때문에 삼계에서 벗어나지 못한다는 얘깁니다.

如人 食其地中百穀
여 인 식 기 지 중 백 곡

마치 사람이 지地 중의 백곡을 먹고,

곡식 먹은 게 살생은 아니지만 거기서 땅과 인연이 있기 때문에,

足不離地
족 불 리 지

발이 땅을 여의지 못함과 같으니라.

처음으로 난 중생은 날아다녔다고 하는데, 지비地肥, 땅 지地 자, 살찔 비肥 자의 지비란 땅속에서 나오는 물이나 우유인 모양인데 그런 것을 먹었고, 그 다음엔 땅에서 나오는 곡식을 먹어서 땅과의 인연이 생겨서 발이 땅에서 떨어지지 못했다고 합니다.

이렇게 사람 처음 생긴 걸 얘기하는데, 그러니까 인연만 맺으면 그 인연 때문에 벗어나지 못한다는 얘깁니다.

必使身心
필 사 신 심

반드시 몸이나 마음으로,

몸으로 실제 행하는 것과 마음에 생각하는 그것까지,

於諸衆生 若身身分
어 제 중 생 약 신 신 분

모든 중생의 신身과 신분을,

신身은 몸이라든지 가죽을 가리키고, 신분은 털이나 우유를 가리킵니다. 그러니까 중생의 몸이나 신분에 대해서,

身心二途 不服不食 我說是人 眞解脫者
신 심 이 도 불 복 불 식 아 설 시 인 진 해 탈 자

신심의 이도에 먹지도 않고 입지도 않으면 내가 이 사람은 진실로 해탈한 자라고 말하리라.

위의 어세진탈於世眞脫이라는 말을 해석한 것입니다. 위에서 이와 같은 비구는 참으로 해탈하기 때문에 숙채宿債를 다 갚아서 삼계에 다시 오지 않는다는 것을 증거를 들어 얘기한 겁니다.

如我此說 名爲佛說 不如此說 卽波旬說
여 아 차 설 명 위 불 설 불 여 차 설 즉 파 순 설

나와 같은 이 말은 이름이 불설이요, 이 설과 같지 아니함은 이름이 파순의 설이니라.

阿難 又復世界 六道衆生 其心不偸
아 난 우 부 세 계 육 도 중 생 기 심 불 투

아난아, 또 모든 세계의 육도 중생이 그 마음에 훔치지 아니하면,

則不隨其生死相續
즉 불 수 기 생 사 상 속

그 생사의 상속함을 따르지 아니하리라.

> 汝修三昧 本出塵勞
> 여 수 삼 매 본 출 진 로

네가 삼매를 닦음은 본래 진로에서 출出하고자 함이나,

> 偸心不除 塵不可出
> 투 심 부 제 진 불 가 출

훔치는 마음을 제하지 않으면 진塵에서 가히 출出하지 못하리라.

> 縱有多智 禪定現前 如不斷偸 必落邪道
> 종 유 다 지 선 정 현 전 여 부 단 투 필 낙 사 도

비록 지혜가 많아 선정이 앞에 나타나더라도 훔침을 끊지 못하면 반드시 사도에 떨어져서,

이건 귀도鬼道도 아니고, 옳은 행동을 못 하는 것을 말합니다.

> 上品精靈
> 상 품 정 령

상품은 정령이 되고,

우리나라에서는 구미고九尾孤라고도 하고, 또 나무가 오래되면 거기서 정령이 생겨서 나쁜 것들이 된다고 하는데, 그 정령이란 정미롭고 영靈하

기 때문에 보통 사람으로서는 할 수 없는 일을 하면서도 하는 일이 정당하지 못한 걸 가리킵니다.

```
中品妖魅 下品邪人 諸魅所着
중품요매  하품사인  제매소착
```

중품은 요매가 되고, 하품은 사매邪魅가 들린 사람이 되리라.

도깨비도 못 되고 도깨비에 홀린 사람입니다. 지금 무당들이 관운장이 붙었다 하고 심지어는 석가여래가 붙었다고까지 합니다. 도둑질은 감추는 거니까 도둑질을 하고서도 선정을 닦으면 선정 닦은 표적이 생긴다 하더라도 이런 것밖엔 안 된다는 말입니다.

```
彼等群邪 亦有徒衆
피등군사  역유도중
```

저 등의 군사들도 도중이 있어서,

```
各各自謂 成無上道
각각자위  성무상도
```

각각 스스로 이르기를 무상도를 이루었다 하리니,

> 我滅度後 末法之中 多此妖邪 熾盛世間
> 아 멸 도 후 말 법 지 중 다 차 요 사 치 성 세 간

내가 멸도한 후에 말법 가운데서 흔히 이런 요사가 세간에 치성하여,

> 潛匿姦欺 稱善知識
> 잠 닉 간 기 칭 선 지 식

가만히 숨기고 간사하고 속이는 것으로 선지식이라 칭하며,

잠潛 자는 숨는다는 말이고, 닉匿 자는 숨긴다는 말이며, 기欺 자는 간사한 생각으로 속인다는 말. 그러니까 그게 다 사도邪道의 짓입니다.

> 各自謂已得上人法
> 각 자 위 이 득 상 인 법

각기 스스로 말하기를 이미 상인법을 얻었노라 하여,

상인上人이란 사람 가운데 상품이라는 뜻입니다. 그래서 대개 유수한 스님들을 대접해서 말할 때 상인이라 하고, 또 스님들이 아니더라도 불법을 믿고 수행하는 이를 상인이라고 그럽니다.

『유마경維摩經』에도 보면 유마維摩 거사를 상인이라고 그랬는데, 상인은 사람 가운데도 상품, 좋은 사람이라는 뜻입니다.

詃惑無識
견 혹 무 식

무식한 이를 견혹하여,

지식 있는 사람은 속일 수 없지만, 지식 없는 사람을 말로써 그 사람이 속도록 하는 게 견誃 자입니다.

恐令失心
공 령 실 심

공포恐怖하여 하여금 마음을 잃게 하여,

만약 어떻게 하지 않으면 크게 벌을 받는다든지, 난리가 생긴다든지 공포하게 해 가지고서 그 사람이 자기의 본마음을 잃어버리게 한다는 말입니다.

所過之處 其家耗散
소 과 지 처 기 가 모 산

지난 바의 처處마다 그 가家를 모산하게 하리라.

모耗 자가 본래는 호 자인데 속담으로 모耗 자가 되었습니다. 아마 곁에 터럭 모毛 자가 있어서 모라고 하는 모양인데, 본 글자는 모가 아닙니다. 모耗라는 것은 모자라는 것, 닳아 없어진다는 닳을 모 자입니다. 소모품이란, 써서 없어지는 걸 말하는데, 그러니까 그 집 재산이 다 사도邪道의 속임에 들어 가지고 돈을 갖다 준다든지, 굿을 한다든지 해서 재산이 없어진다는 말입니다. 이 사도들이 지나간 곳엔 이 무식한 사도에 홀린 사람들의 집이 모산하게 된다는 말입니다.

> 我教比丘 循方乞食
> 아 교 비 구 순 방 걸 식

내가 비구들로 하여금 방방을 따라 걸식하게 한 것은,

방方 자는 어느 곳이든지, 그러니까 비구들은 가는 데마다 걸식하게 한다는 말입니다.

어딜 가나 지방을 따라 걸식하게 하는 것은,

> 令其捨貪
> 영 기 사 탐

그로 하여금 탐욕을 버리고,

남의 것을 빼앗는다든지 하는 게 다 탐심에서 나오는 것이니까,

> 成菩提[3]道
> 성 보 리 도

보리도를 이루게 함이며,

---

3 고려대장경에는 살薩로 되어 있으나, 송본·원본·명본에는 본문과 같이 되어 있다.

이제 또 밥을 얻어 와야지 쌀을 얻어 와도 못 쓴다는 얘길 합니다.

밥을 가져오면 쉬어 못 먹게 되니까 욕심을 안 부리게 되지만, 쌀을 얻어 오면 남겨 저축하려는 생각이 있기 때문입니다.

> 諸比丘等 不自熟食
> 제 비 구 등 부 자 숙 식

모든 비구 등이 스스로 음식을 익히지 아니하고,

그러니까 쌀을 얻어다 이렇게 먹지 못하게 하는 것은,

> 寄於殘生 旅泊三界
> 기 어 잔 생 여 박 삼 계

잔생을 삼계의 여박에 기탁하여,

기寄 자는 갖다 붙여 주었다는 기 자입니다. 살겠다고 애쓰는 게 아니라 그저 살아 있으니 죽는 때까지 살아간다, 붙여 두었다는 기 자입니다. 여박은 객 노릇 하는 것을 말하는데, 육지에서 자는 건 여旅이고, 수로水路에서 자는 건 박泊입니다.

그러니까 애써서 살겠다고 안 하고 생긴 것이니, 죽을 때까지 살아간다는 겁니다. 그래서 걸식하게 한 겁니다.

> 示一往還 去已無返
> 시 일 왕 환 거 이 무 반

한번 왕환하면 가서 이미 돌아오지 아니할 것을 보인 것이거늘,

걸식하라고 한 것이 객줏집에 가서 밥 한 그릇 사 먹는 이런 것과 같은 걸 생각하라는 말입니다.

云何賊人 假我衣服 裨販如來 造種種業
운 하 적 인 가 아 의 복 비 판 여 래 조 종 종 업

어찌하여 도적이 나의 옷을 빌려 입고 여래를 팔아 종종의 업을 지어서는,

비구가 되지 못하면서 비구인 양 해 가지고 불법에 붙어 다니는 걸 말합니다.

비裨 자는 원래 패판稗販 자인데, 그러니까 패판稗販이라고 해서 조그마한 장사하는 걸 말하는데, 어떻게 된 일인지 사람들이 다 비판이라고 그럽니다. 그러니까 내가 부처님 제자이니 공양을 하라느니 하는 그런 게 다 패판여래稗販如來입니다.

승僧의 옷을 입고 해야 하는데 참말 승은 못 되니까 부처님의 의복을 빌리는 것이고, 그래서 여래를 팔아먹으면서 업을 짓는다는, 그러니까 직접 빼앗아 오는 게 아니라 '나한테 공양해라' 하는 게 그와 같다는 얘깁니다.

皆言佛法
개 언 불 법

모두 불법이라 말하고,

부처님 법에 대해 인연 지으라고 한다는 얘깁니다.

```
却非出家 具戒比丘 爲小乘道
각 비 출 가   구 계 비 구   위 소 승 도
```

도리어 출가하여 계戒를 갖춘 비구들을 그르다 하여 소승도라 하며,

계율 잘 지키는 비구들을 비非 자는 그르다고 한다는 말입니다. 지금도 그렇듯이 자기네는 그것도 못 하면서 소승하는 걸 비방하며, 부처님을 팔아먹고서 금전을 저축하려는 이런 생각을 가진다는 말입니다.

```
由是 疑悞無量衆生 墮無間獄
유 시   의 오 무 량 중 생   타 무 간 옥
```

이로 말미암아 무량 중생을 그르쳐서 무간옥에 떨어지게 하리오.

계戒를 지키는 건 소승이고, 대승은 고기 먹어도 괜찮은가 하여 무량 중생을 의혹하게 해서 무간옥에 빠지게 할 수가 있겠느냐는 말입니다.

```
若我滅後 其有比丘 發心決定 修三摩提
약 아 멸 후   기 유 비 구   발 심 결 정   수 삼 마 제
```

만약 내가 멸도한 후에 어떤 비구가 발심하여 삼마지 닦기를 결정하고,

참말 옳은 선정을 닦으려는 사람이,

能於如來 形像之前
능 어 여 래 형 상 지 전

능히 여래의 형상 앞에서,

부처님께서 멸도하셨으니, 산 부처님은 안 계시고 등상불을 말합니다.

身然一燈
신 연 일 등

몸에 한 등燈을 태우거나,

몸 전부가 타는 것을 말합니다.

燒一指節 及於身上 爇一香炷
소 일 지 절 급 어 신 상 설 일 향 주

한 손가락 마디를 태우거나 몸 위에 향 한 개를 사르면,

연비燃臂하는 것을 말합니다.

어떻게 보면 소신燒身하고 연비하는 것이 형식에 지나지 않는 것 같지만 사람이 제일 아끼는 것이 몸입니다. 그런데 몸을 태운다는 건 내가 이 몸을 가지고 다른 중생을 죽였다든지, 다른 중생의 고기를 먹었다든지, 다른 사람을 해롭게 했다든지, 이런 모든 것을 이 몸을 가지고 했다고 해서,

죄를 지었다고 해서 몸을 태워 버리는 이것이 연비하는 본의本意입니다.

'백겁적집죄百劫積集罪, 일념돈탕진一念頓蕩盡, 여화분고초如火焚枯草, 멸진무유여滅盡無有餘'라는 의미도 그렇고, 조그만 것(불)을 가지고도 전부 다 태운다고 하는 얘깁니다. 연비를 하고, 또 손가락 한 마디를 태우며, 심하면 몸까지 태우는 이런 것을 능히 한다고 하면, 그 말입니다.

그러니까 삼마지를 닦으려는 사람이 부처님의 형상 앞에 가서 이렇게 한다고 하면,

我說是人 無始宿債 一時酬畢
아 설 시 인 무 시 숙 채 일 시 수 필

내가 설하기를 이 사람은 무시의 숙채를 일시에 갚아 마치고,

중생의 고기를 먹는 등의 숙채를 연비하는 데 한꺼번에 갚아 버렸기 때문에 빚 갚기 위해서 세상 왔다 갈 일은 없다는 것입니다.

長揖[4]世間
장 읍 세 간

길이 세간을 읍(하직)하고,

읍揖이란 떠날 때 '안녕히 가십시오'라는 말입니다.
지금 우리는 합장을 하지만 마을 사람들은 읍揖을 해서 하직을 합니다.

---

4 고려대장경에는 읍挹으로 되어 있으나, 송본·원본·명본에는 본문과 같이 되어 있다.

永脫諸漏
영탈제루

길이 모든 누漏를 해탈하여,

雖未卽明 無上覺路 是人於法 已決定心
수미즉명 무상각로 시인어법 이결정심

비록 무상각로를 밝히지는 못하였더라도 이 사람은 법에 이미 마음을 결정하였다 하리라.

이런 얘기가 있습니다. 세상 사람들이 참말 자기가 과거에 지은 업장業障을 녹이기 위해서 연비나 손가락을 태워 뉘우친다고 하면 결정한 마음이 들겠지만, 겉으로 다른 사람을 속이기 위해서 연비한다고 하면 죄가 더 커지고, 복은 하나도 오지 않는다고 했는데, 혹 가다 그런 사람도 있다는 얘깁니다.

若不爲此 捨身微因
약불위차 사신미인

만약 이렇게 몸을 버리는 작은 인因이라도 하지 않으면,

도둑질을 하면서도 이런 것을 하나도 하지 않는 사람은,

縱成無爲 必還生人 酬其宿債
종 성 무 위　필 환 생 인　수 기 숙 채

비록 무위를 이룰지라도 반드시 인간에 환생하여 그 숙채를 갚되,

무위는 번뇌가 없는 무생멸을 말합니다.

如我馬麥 正等無異
여 아 마 맥　정 등 무 이

내가 마맥을 먹은 일과 정등하여 다름이 없으리라.

부처님도 정업定業은 난면難免이라 했습니다. 부처님께서 성불하신 후에도 마맥을 먹고 등창이 났다든지 그런 것이 다 시현으로 보였지 참말 그럴 리는 없지만, 그래도 빚을 갚지 못하면 성불한 후 무위를 증득한 후에라도 이런 것을 갚게 된다는 얘깁니다.

마맥 얘기는 부처님께서 어느 여름에 아기달阿耆達 바라문 왕의 청을 받아 제자들과 함께 엿새 동안 공양을 잘했으나, 임금이 그만 궐내의 여자와 음식 등에 취해 가지고 부처님 청해 온 걸 잊었다는 겁니다. 그래서 엿새 동안 공양은 잘 받았지만 임금이 아무 얘기도 없고 하니까 부처님과 제자들이 밥을 굶게 되었습니다.

그런데 마침 흉년이 들어 백성들의 먹을 것도 없어서 걸식도 못 했습니다. 그때에 말 장사 하던 사람이 말에게 먹일 식량, 사람으로는 도저히 먹을 수 없는 마맥을 얼마 저축해 가지고 있었는데, 그것을 반을 갈라 주었다는 겁니다. 그래서 하는 수 없이 석 달 동안 그 마맥을 잡수셨다고 하는데, 그게 과거의 업인業因 때문이라고 그럽니다.

부처님께서 과거에 신선도를 닦는 외도였을 때 여러 스님들이 지나가는데 좋은 음식 냄새가 나더라는 겁니다. 뭐냐고 물으니까 공양청정을 가서 아무 곳에서 공양을 하고 돌아오는 길인데, 병이 나서 오지 못한 스님을 위해 음식을 가지고 간다고 하니까 "중들이 말먹이나 먹지 뭐 하러 공양청정을 다니면서 좋은 음식 냄새를 피우는가?" 했답니다.

그런 구업口業 때문에 그때의 신선인 석가모니부처님과 제자들이 지금의 마맥을 먹게 되었다고 하는데, 이렇게 볼 때 부처님이 되어도 갚아야 하는데, 더구나 부처님이 되지 못한 사람은, 그러니까 훔치는 업이 크다는 걸 말하는 겁니다.

> 汝敎世人 修三摩地
> 여 교 세 인 수 삼 마 지

네가 세인으로 하여금 삼마지를 닦게 하려면,

> 後斷偸盜 是名如來 先佛世尊 第三決定 淸淨明誨
> 후 단 투 도 시 명 여 래 선 불 세 존 제 삼 결 정 청 정 명 회

뒤에 훔치는 일을 끊게 할지니, 이 이름이 여래 선불세존의 제삼 결정적인 청정한 가르침이니라.

> 是故阿難 若不斷偸 修禪定者
> 시 고 아 난 약 부 단 투 수 선 정 자

이런고로 아난아, 만일 흠침을 끊지 않고 선정을 닦는 이는,

> 譬如有人 水灌漏卮 欲求其滿
> 비 여 유 인 수 관 누 치 욕 구 기 만

비유컨대 마치 사람이 새는 잔에 물을 대는 것과 같아서 채우기를 구하고자 하나,

치卮 자는 동이 치 자입니다.

> 縱經塵劫 終無平復
> 종 경 진 겁 종 무 평 복

비록 진겁을 지날지라도 마침내 평복하지 못하리라.

> 若諸比丘 衣鉢之餘
> 약 제 비 구 의 발 지 여

만약 모든 비구들이 의발의 나머지는,

의衣는 삼의三衣, 가사를 가리키고, 발鉢은 바리때를 가리킵니다.
우리는 살림살이가 가사하고 바리때밖에 없으니까 의발을 전해 받습니다.
그것 외에,

分寸不畜
분 촌 불 축

분촌도 저축하지 않고,

비구들이 자기의 의발 외에는 조금일지라도 저축하지 말고,

乞食餘分 施餓衆生
걸 식 여 분 시 아 중 생

걸식한 분分을 남기어 굶주린 중생에게 베풀며,

　이건 아귀만이 아니라 배고픈 중생에게도 준다고 하면, 그런 것이 비구에 대한 부처님의 법이고, 비구들이 만일 그렇게 한다고 하면, 그 말입니다.
　그러니까 의발 외에는 조금도 저축하지 않고, 걸식해 남은 것도 다른 중생에게 준다고 하면,

於大集會 合掌禮衆
어 대 집 회 합 장 예 중

대중이 집회한 곳에 합장하고 대중에게 예배하며,

有人捶罵 同於稱讚
유 인 추 매 동 어 칭 찬

다른 이가 치고 꾸짖는 것을 칭찬하는 것과 같이 하여,

그런 일을 당할 때도 나를 때린다고 원망할 것도 없고, 나를 욕설한다고 해서 혐의할 것도 없다는 겁니다. 이게 곧 자기 마음을 하심下心하라는 얘기입니다.

必使身心 二俱捐捨
필 사 신 심 이 구 연 사

반드시 몸과 마음 둘 다 버리고,

몸과 마음의 둘을 다 내 것이라는 생각을 안 하는 겁니다.
그래서,

身肉骨血 與衆生共
신 육 골 혈 여 중 생 공

신身·육肉·골骨·혈血을 중생들과 함께하며,

내 것이라 하지 않고, 다른 사람이 먹을 게 없으면 살이라도 베어 준다는 말입니다. 그러니까 내 몸과 마음을 다 버릴 수 있는, 내 몸까지 버리는데 남의 걸 훔칠 리가 없지 않겠느냐는 말입니다.

그렇게 하면서,

不將如來 不了義說
부 장 여 래 불 요 의 설

여래의 불요의설을 가져서,

소승이나 대승 권교權敎에서는 오정육五淨肉이나 백 가지 물건 중 둘은 가지면 안 되지만, 하나는 가져도 된다는 이런 게 다 불료의설이라는 얘깁니다.

부처님의 본의本意는 의발지여衣鉢之餘엔 하나도 가지지 말라고 한 건데, 소승교의 그런 불료의설을 가져다가,

> 廻爲己解 以誤初學
> 회 위 기 해 이 오 초 학

돌이켜 자기 뜻대로 해석을 하여 초학을 그르치지 아니하면,

모르는 사람이 들으면 그렇거니 할 거니까 부처님께서 말씀하신 것이지만, 그걸 가져다 자기가 왜곡되게 자기 마음대로 해석하지 않는다고 하면,

> 佛印是人 得眞三昧
> 불 인 시 인 득 진 삼 매

부처님께서는, 이 사람은 진삼매를 얻었다고 인가하시리라.

그러니 소승교의 얘기를 가져다 하지 말고, 이 『능엄경』에서 한 대로 해라, 그 말입니다.

> 如我所說 名爲佛說 不如此說 卽波旬說
> 여 아 소 설 명 위 불 설 불 여 차 설 즉 파 순 설

나와 같이 설한 바는 이름이 불설이요, 차설과 같지 않으면 곧 파순의 설이니라.

```
阿難 如是世界 六道衆生 雖則身心 無殺盜婬
아난 여시세계 육도중생 수즉신심 무살도음
```

아난아, 이와 같이 세계의 육도 중생이 비록 신심身心에 살殺·도盜·음婬이 없어서,

```
三行已圓 若大妄語
삼행이원 약대망어
```

삼행이 이미 원만하더라도 만일 대망어를 하면,

대망어라는 게 따로 나오는데, 살殺·도盜·음婬·망妄 하는 망은 대망어를 가리키는 말입니다.

```
卽三摩提 不得淸淨 成愛見魔
즉삼마제 부득청정 성애견마
```

삼마제가 청정함을 얻지 못하고 애견의 마魔를 이루어,

저 위에서는 빠지면 나오지 못한다고 해서 애견갱愛見坑이라고 했는데, 여긴 마구니라고 했습니다.

失如來種
실 여 래 종

여래의 종자를 잃으리라.

대망어를 하면 삼마지를 닦는다고 해도 안 된다는 겁니다.

所謂 未得謂得
소 위 미 득 위 득

이른바 얻지 못하고도 얻었다 하고,

견성見性하지 못하고도 견성했다고 한다든지,

未證言證
미 증 언 증

증證하지 못하고도 증했다고 함이니라.

이건 과果를 말합니다.

득得 자와 증證 자가 같은 것 같지만 분간할 때에 미득위득은 득도得道, 도道를 얻지 못했으면서 얻었다고 하는 얘기고, 과果를 증證해서 아라한이 되었다든지, 수다원이 되었다든지, 삼현三賢이 되었다든지, 지상地上 보살이 되었다는 그것이 미증언증입니다.

증證은 과위果位를 가리키고, 득得은 도道를 가리켜서 그렇게 다르다고 예전부터 해석을 합니다.

질문 득도得道면 바로 증도證道 아닙니까? 도道를 얻으면 그게 바로 과果를 증證한 것 같은데요.

답 과果라는 건 하나가 아닙니다. 초과初果든지, 이과二果든지, 삼현三賢이든지, 삼현 가운데도 초주初住라든지, 이주二住라든지, 그런 게 과果입니다.

> 或求世間 尊勝第一 謂前人言
> 혹 구 세 간 존 승 제 일 위 전 인 언

혹 세간에서 제일로 존승함을 구하려 하여 전인에게 일러 말하기를, 이게 지금 미득위득未得爲得, 미증언증未證言證 하는 겁니다.

> 我今已得 須陀洹果 斯陀含果 阿那舍果 阿羅漢道
> 아 금 이 득 수 다 원 과 사 다 함 과 아 나 함 과 아 라 한 도
> 辟支佛乘 十地地前 諸位菩薩
> 벽 지 불 승 십 지 지 전 제 위 보 살

내가 이미 수다원과, 사다함과, 아나함과, 아라한과, 벽지불승, 십지, 지전의 제위보살을 얻었노라 하여,

지전은 삼현三賢을 말합니다. 이게 지금 대망어大妄語라는 말입니다.

> 求彼禮懺 貪其供養
> 구 피 예 참 탐 기 공 양

그들의 예참을 구하여 그들의 공양을 탐하리라.

| 是一顚迦 銷滅佛種 |
| 시 일 전 가 소 멸 불 종 |

이 일전가가 불종을 소멸함이,

일전가는 일천제一闡提와 같은 말인데, 다시 성불할 인因이 없는 걸 가리킵니다.

그것이 무엇과 같은고 하니,

| 如人以刀 斷多羅木 |
| 여 인 이 도 단 다 라 목 |

마치 사람이 칼로써 다라목을 베는 것과 같으리니,

칼이나 톱, 도끼, 이런 게 다 도끼입니다.

다라목이란 패다라수貝多羅樹의 약略이니, 높이가 70척이나 되는데, 줄기를 자르면 다시 움이 돋아나지 않는다고 합니다.

버드나무 같은 것은 찍어도 다시 돋아나는데, 소나무와 잣나무처럼 한 번 찍으면 다시 돋아나지 않듯이 불종佛種이 없어진 것이 다라목을 찍어서 다시 나지 못하게 하는 것과 같은 것이니,

| 佛記是人 永殞善根 無復知見 沈三苦海 不成三昧 |
| 불 기 시 인 영 운 선 근 무 부 지 견 침 삼 고 해 불 성 삼 매 |

부처님께서 이 사람은 길이 선근을 죽이고 다시 지견이 없어서 삼계 고해에 빠지고 삼매를 이루지 못한다고 수기授記하노라.

불기시인의 기記 자가 뜻이 여기까지 내려옵니다.

我滅度後 敕諸菩薩 及阿羅漢
아 멸 도 후 칙 제 보 살 급 아 라 한

내가 멸도한 후에 모든 보살과 아라한에게 칙敕하여,

멸도 가지고 보살들에게 칙명할 수가 없으니까 멸도한 후에 이렇게 하라고 미리 칙敕하는 것입니다.

應身生彼末法之中
응 신 생 피 말 법 지 중

응신으로 저 말법 중에 생하여,

보살이나 아라한들이 말법 가운데 태어나서,

作種種形
작 종 종 형

종종의 형상을 지어서,

사람이라든지 여자라든지의 여러 형상을 지어서,

度諸輪轉
도 제 윤 전

모든 윤전을 제도할 적에,

부처님께서 내가 멸도한 후에 너희들이 이렇게 해서 제도하라는 것을 말씀하신다는 말입니다.

종종형種種形을 이제 얘기합니다.

或作沙門 白衣居士 人王宰官 童男童女
혹 작 사 문 백 의 거 사 인 왕 재 관 동 남 동 녀

혹 사문, 백의 거사, 인왕, 재관, 동남동녀와,

이건 좋은 사람, 즉 순도順道를 가리키고,

如是乃至 婬女寡婦 姦偸屠販
여 시 내 지 음 녀 과 부 간 투 도 판

이와 같이 내지 음녀, 과부, 간투, 도판이 되어서(作),

간투란 호사하게 도둑질하는 것이며, 도판이란 소를 잡아 파는, 도屠 자는 도살한다는 말이니까 짐승을 잡는 것이고, 판販 자는 그 고기를 판다는 말입니다. 이런 것들은 다 나쁜 것이지만 그래도 이렇게 해서 제도할 중생은 이렇게 제도한다는 얘깁니다.

가령 음녀가 되어 가지고 모든 기생들에게 가서 불법을 말하여 돌아가게 하는, 소위 동사섭同事攝, 같은 일을 해 가지고 섭수한다는 것입니다.
그러니 내가 멸도한 후에 너희들이 이런 형상을 가지고 중생을 제도할 때에,

> 與其同事
> 여 기 동 사

그로 더불어 일을 같이하여,

이것이 동사섭同事攝입니다.
과부라든지 음녀라든지 그와 같이 되어야 그 사람들과 마음이 잘 통해서 제도할 수가 있으니,

> 稱歎佛乘 令其身心 入三摩地
> 칭 탄 불 승 영 기 신 심 입 삼 마 지

불승을 칭찬하여 그들의 몸과 마음으로 하여금 삼마지에 들게 하되,

사문이라든지 백의 거사, 동남동녀, 과부라든지 그 사람들의 몸과 마음으로 하여금 삼마지에 들게 하려고 부처님께서 제자들에게 이렇게 말씀하신 적이 있다, 이런 말입니다.
그래서 화신化身을 나타내 가지고 중생을 제도할 때에도,

> 終不自言 我眞菩薩 眞阿羅漢
> 종 부 자 언 아 진 보 살 진 아 라 한

마침내 스스로 내가 진眞보살이며 진眞아라한이라 말하여,

보살이든 아라한이든 가서 중생을 제도하면서 스스로를 참말 보살, 아라한이라고 하지 말라고 했다는 얘깁니다.

泄佛密因 輕言末學
설 불 밀 인 경 언 말 학

부처님의 밀인을 누설하여 말학에게 경솔히 말하지 말게(不) 하거니와,

말학末學은 후학後學이나 같은 말입니다.

종불終不의 불不 자가 여기까지 오는데, 그렇게 하지 말라고 했다는 말입니다. 참말 보살이나 아라한이 응신應身을 해 가지고 후세에 중생제도하기 위해 여러 몸을 나타내고도 '내가 보살이다, 아라한이다'라는 말을 하지 말라고 했는데, 하물며 승僧이 되지도 못하고서 이러면 되겠느냐, 그 말입니다.

그렇지만,

唯除命終 陰有遺付
유 제 명 종 음 유 유 부

오직 명命을 마치매 가만히 유부함은 제除했다 하였거늘,

음陰은 가만히라는 말입니다. 이렇게 해서 중생을 제도하다가 나중에 가만히 유언해 부촉해서, 가령 상좌에게든지 신도들에게 얘기하면, 그들

이 믿어서 말씀하신 그대로 지키도록 하는데, 필요하면 그렇게 하는 것은 열외(除)라는 얘깁니다.

오직 명 마칠 때에 가만히 유부遺付하는 것, 그것만은 제除 자, 다하라는 얘기는 아니고, 필요하면 그것만은 제외한다는 말입니다.

진묵震默 스님이 하루는 열반하시게 되어서 못가에 서 있는데, 그 그림자가 못에 비치자, 제자에게 묻기를 "너 저게 누구인 줄 아느냐?", "스님의 그림자지요?", "내 그림자이긴 하나 백억 화신化身의 하나다."라고 하셨답니다.

진묵震默이라는 이름의 진震 자는 동방이라는 말이고, 묵默 자는 석가모니를 적묵寂默이라고 번역하니까 진묵이란 동방의 석가모니라 한다고 합니다.

그래서 부처님의 후신後身이라고 할 수 있다는 겁니다. 그러니까 다하는 게 아니라 필요하면 가만히 유부遺付할 수는 있으나 참말 보살과 아라한들을 위해 이렇게 하라고 했는데, 그렇지 않은 사람이 어떻게 자기가 아라한이라든지, 무슨 지위를 얻었다고 얘기할 수가 있느냐는 얘깁니다.

> 云何是人 惑亂衆生 成大妄語
> 운 하 시 인 혹 란 중 생 성 대 망 어

어찌 이 사람이 중생을 혹란하여 대망어를 이루리오.

대망어는 그냥 하는 망어가 아니고 미득위득未得謂得, 미증언증未證言證하는 것입니다.

> 汝敎世人 修三摩地 後復斷除 諸大妄語
> 여 교 세 인 수 삼 마 지 후 부 단 제 제 대 망 어

네가 세인으로 하여금 삼마지를 닦게 하려거든 후에 다시 대망어를 단제하게 할지니,

> 是名如來 先佛世尊 第四決定 清淨明誨
> 시 명 여 래 선 불 세 존 제 사 결 정 청 정 명 회

이 이름이 여래 선불세존의 제사로 결정적인 청정한 명회이니라.

> 是故阿難 若不斷其大妄語者
> 시 고 아 난 약 부 단 기 대 망 어 자

이런고로 아난아, 만약 그 대망어를 끊지 않는 자는,

> 如刻人糞 爲栴檀形 欲求香氣 無有是處
> 여 각 인 분 위 전 단 형 욕 구 향 기 무 유 시 처

마치 인분을 깎아 전단의 모양을 만드는 것과 같아서 향기를 구하고자 하나 이러한 도리가 없느니라.

대망어 하는 것은 똥과 같은 것이고, 자기가 뭘 증했다고 하는 것은, 또 삼마지를 얻으려고 하는 건, 향기 나기를 구하는 것입니다.

> 我教比丘 直心道場
> 아 교 비 구 직 심 도 량

내가 비구를 가르치되 직심이 도량이라 하여,

저 위에서도 '심언心言이 직고直故로 조금도 의혹이 없다'라고 했는데, 직심이 도량이라고 했으니, 직심, 곧은 마음이 수도하는 장소라는 말입니다.

於四威儀 一切行中 尙無虛假
어 사 위 의 일 체 행 중 상 무 허 가

사위의의 일체행 중에 조금도 허가함이 없이 하라 하였거늘,

云何自稱 得上人法
운 하 자 칭 득 상 인 법

어떻게 상인법을 얻었노라 자칭하겠는가?

보통 거짓말도 하지 않아야 하는데, 상인법을 얻었다고 할 수가 있느냐는 말입니다.

譬如窮人 妄號帝王 自取誅滅
비 여 궁 인 망 호 제 왕 자 취 주 멸

마치 궁인이 망령되이 제왕이라 호號하다가 스스로 주멸을 취함과 같거든,

지금은 그런 게 없지만 예전에는 보통 사람은 아무리 돈이 많아도 은수

저를 못 쓰게 했고, 단청도 못 하게 했습니다. 법당에도 부처님 계신 데나 단청을 하지 큰방 같은 데는 못 하게 했습니다.

단청을 하면 기둥도 덜 썩고 보기도 좋은데, 어떻게 중생이 사는 곳에 단청을 하겠느냐 해서 국법으로 금해져 있었고, 집을 지을 때도 네모기둥으로 했지 둥근기둥을 못 하게 했습니다. 임금 계신 대궐 같은 데나 둥근기둥을 할 수가 있었고, 높이도 한정되어 있었고, 또 아무리 돈이 많아도 마음이 호사하면 엉뚱한 역적이 되기 쉽다는 의미로 집도 아흔아홉 칸까지는 지을 수 있지만 백 칸 이상은 못 짓게 했습니다. 이게 바로 그 얘긴데, 궁한 사람이 자기가 임금이라고 한마디만 해도 목을 잘라 버리는 게 자취주멸입니다.

보통 임금에게도 그러는데, 하물며 부처님이 되었다든지 보살이 되었다는 얘기를 어떻게 하겠느냐는 얘깁니다.

비석을 세워도 비에 새기는 글자라든지 비碑 하는 법이 다 치수가 있어서, 가령 벼슬이 일품 이상이면 망부석으로 하게 되어 있다든지 하는 겁니다. 지금은 아무나 세우지만 망부석은 아무나 못 하게 되어 있었고, 비碑 위에 용트림 장식도 아무나 못 하게 되어 있었습니다.

지금 제왕을 망칭妄稱하다가 주멸 당한다는 말이 그 말입니다.

況復法王 如何妄竊
황 부 법 왕   여 하 망 절

하물며 다시 법왕을 어찌 망절하겠는가?

내가 십지十地 보살이라 할 수 있겠느냐는 말입니다.

因地不眞 果招紆曲
인 지 부 진 과 초 우 곡

인지가 바르지 못하면 과果가 우곡을 부르리라.

처음부터 거짓말을 하게 되면 나중에는 거짓 과果를 증證하지 진실한 과果는 증하지 못하게 됩니다.

그런 사람이,

求佛菩提 如噬臍人
구 불 보 리 여 서 제 인

부처님의 보리를 구하여도 배꼽 씹는 사람과 같으리니,

欲誰成就
욕 수 성 취

어떻게 성취하겠는가?

서제인噬臍人이란 유교에서 나온 말입니다. 자기 입으로 아무리 배꼽을 씹으려 해도 할 수 없다고 합니다. 본래의 뜻은 그러한데, 또 달리 해석하는 이도 있습니다.

출처는 없는데 배꼽에 사향이 있는 조그마한 노루가 있는데, 이 노루는 자기 배꼽의 사향을 대단히 아껴서 자기가 죽더라도 그걸 상하지 않게 하는데, 죽더라도 사향 때문에 죽는다는 겁니다.

개나 짐승은 자기 배꼽을 씹을 수가 있다고 합니다. 그러니까 그 사람의 해석은 그때 총 맞고 배꼽 씹은들 뭐하겠느냐 이겁니다. 본래 배꼽에 사향이 없어야 할 텐데, 배꼽을 씹어도 총 맞은 후에는 소용없다는 뜻으로 보는 사람이 있는데, 그건 출처도 없고, 여기에서의 서제인은 제 입으로 제 배꼽은 못 씹는다는 게 본뜻입니다.

若諸比丘 心如直弦
약 제 비 구 심 여 직 현

만약 모든 비구가 마음이 곧은 활줄과 같으면,

현弦 자는 활줄 현 자입니다.

一切眞實 入三摩提 永無魔事
일 체 진 실 입 삼 마 제 영 무 마 사

일체가 진실하여 삼마제에 드는 데 길이 마사가 없으리니,

거짓말 하는 건 옳지 못한 것이니까 마음이 곧아야 한다는 얘깁니다.

我印是人 成就菩薩 無上知覺
아 인 시 인 성 취 보 살 무 상 지 각

내가 이 사람은 보살의 무상지각을 성취하리라 인가하노라.

성취했다는 게 아니고 장차 성취하리라고 인가하는 겁니다.

> 如我是說 名爲佛說 不如此說 卽波旬說
> 여 아 시 설 명 위 불 설 불 여 차 설 즉 파 순 설

나와 같은 이 설은 이름이 불설이요, 이 설과 같지 아니함은 파순설이니라.

대불정여래밀인수증요의제보살만행수릉엄경
|제7권|

당 천축 사문 반랄밀제 역
唐 天竺 沙門 般剌蜜帝 譯

오장국 사문 미가석가 역어
烏萇國 沙門 彌伽釋迦 譯語

보살계제자전정간대부동중서문하평장사청하 방융 필수
菩薩戒弟子前正諫大夫同中書門下平章事淸河 房融 筆授

봉선사 사문 운허용하 강설
奉先寺 沙門 耘虛龍夏 講說

능엄경 강화

제7권

2) 다라니 외우는 일

> 阿難 汝問攝心 我今先說 入三摩地 修學妙門
> 아난 여문섭심 아금선설 입삼마지 수학묘문

아난아, 네가 섭심을 물으니, 내가 지금 삼마지에 들어서 수학할 묘문을 설하였으니,

> 求菩薩道 要先持此四種律儀
> 구보살도 요선지차사종율의

보살도를 구하려거든 종요로이 먼저 이 4종 율의律儀를 가지되,

살殺 · 도盜 · 음婬 · 망妄이 4종 율의입니다.

> **皎如氷霜**
> 교 여 빙 상

깨끗하기 빙상과 같이 하면,

밝을 교皎 자, 하얗게 밝기가 얼음과 같고 서리와 같이 그렇게 깨끗하게 계율을 지키라는 말입니다.

그렇게 계율을 지킨다고 하면,

> **自不能生 一切枝葉**
> 자 불 능 생 일 체 지 엽

스스로 능히 일체 지엽이 나지 못할 것이며,

4종 율의를 지키면 그보다 못한 가시나 잎이 생기지 못할 것이라는 얘깁니다.

> **心三口四 生必無因**
> 심 삼 구 사 생 필 무 인

심삼과 구사가 반드시 생길 인因이 없으리라.

마음으로 하는 탐貪·진嗔·치癡, 또 입으로 하는 4종, 이것만 하면 다른 일체의 것이 생길 리가 없다는 겁니다.

阿難 如是四事 若不失遺 心尚不緣 色香味觸
아 난 여 시 사 사 약 불 실 유 심 상 불 연 색 향 미 촉

아난아, 이와 같은 사사를 유실하지 아니하면 마음으로 오히려 색·향·미·촉도 반연하지 아니하리니,

一切魔事 云何發生
일 체 마 사 운 하 발 생

일체 마사가 어떻게 발생하리오.

若有宿習
약 유 숙 습

만일 숙세의 습習이 있어서,

과거의 번뇌라든지 잘못이 있어서,

不能滅除
불 능 멸 제

능히 멸제하지 못하거든,

과거의 업장이 두터워서 현재에 와서 살殺·도盜·음婬·망妄을 안 하려 해도 일이 성취되지 않는 이런 사람을 가리키는 말입니다.

> 汝敎是人 一心誦我 佛頂光明摩訶薩怛多般怛囉無
> 여 교 시 인　일 심 송 아　불 정 광 명 마 하 살 달 다 반 달 라 무
> 上神呪
> 상 신 주

네가 이 사람으로 하여금 일심으로 나의 불정광명마하살달다반달라무상신주를 송하게 하라.

이게 능엄주楞嚴呪입니다.

마하는 대大, 크다는 말이고, 살달다반달라는 흰 우산, 백산개白傘盖와 같이 깨끗하여 다른 걸 다 덮어 씌운다는 말입니다.

그것을 외우면 과거 숙세의 업연業緣이 다 녹아 버려서 장애가 안 생기게 된다는 얘깁니다.

> 斯是如來 無見頂相 無爲心佛 從頂發輝
> 사 시 여 래　무 견 정 상　무 위 심 불　종 정 발 휘

이것은 여래의 무견정상의 무위심불이 정상頂上으로 좇아 휘輝를 발하고,

휘輝 자는 광명입니다. 또한 화불化佛이니까 무위입니다.

> 坐寶蓮華 所說心呪
> 좌 보 련 화　소 설 심 주

보련화에 앉아서 말씀하신바 심주니라.

이 능엄주를 하면 숙세의 업연이 다 없어진다고 하는 증거를 듭니다.

且汝宿世 與摩登伽 歷劫因緣
차 여 숙 세 여 마 등 가 역 겁 인 연

또 너는 숙세에 마등가로 더불어 역겁의 인연으로,

5백 생 동안 부부의 연이었다고 하니까 여러 겁을 지나오면서 맺은 인연이,

恩愛習氣 非是一生 及與一劫
은 애 습 기 비 시 일 생 급 여 일 겁

은애와 습기가 1생이나 다못 1겁이 아니건만,

역겁을 내려오면서 그런 인연이 있어서 마등가에게 홀려 갔다는 얘깁니다.

그렇지만,

我一宣揚 愛心永脫 成阿羅漢
아 일 선 양 애 심 영 탈 성 아 라 한

내가 한번 선양하매 애심에서 길이 탈脫하고 아라한을 이루었으니,

능엄신주의 효력이 이렇다는 얘깁니다.

彼尚婬女 無心修行
피 상 음 녀 무 심 수 행

저는 오히려 음녀로서 수행할 마음이 없었지만,

음녀니까 수행하려고도 안 했지만,

神力冥資 速證無學
신 력 명 자 속 증 무 학

신력의 명자로 속히 무학을 증證하였거늘,

그러니까 수행할 생각이 없으면서도 능엄주의 신력으로 아라한을 증證했는데,

云何汝等 在會聲聞 求最上乘 決定成佛
운 하 여 등 재 회 성 문 구 최 상 승 결 정 성 불

너희 등 이 회중에 있는 성문으로서 최상승을 구하는 이이니, 결정코 성불할 것이라.

이렇게 수행하려는 생각이 간절한 사람이야 말할 게 있겠느냐는 얘깁니다. 그러니까 숙세의 업이 있어 가지고 지금 계행을 지키려 해도 4종 율의律儀가 잘 안 지켜지면 능엄주를 외우도록 하라는 얘깁니다.

능엄주를 외우면 무엇과 같은고 하니,

譬如以塵 揚于順風 有何艱險
비 여 이 진 양 우 순 풍 유 하 간 험

마치 순풍에 먼지를 날리는 것과 같으니 무슨 어려움이 있겠는가?

능엄주는 순풍과 같은 것이고, 티끌은 음애婬愛와 같은 것입니다.

若有末世 欲坐道場
약 유 말 세 욕 좌 도 량

만일 말세에서 도량에 앉으려 하거든,

능엄주 하는 도량을 차리고 앉으려거든,

先持比丘 清淨禁戒
선 지 비 구 청 정 금 계

먼저 비구의 청정한 금계를 가져야 하나니,

계행戒行을 가져야 한다는 얘깁니다.

要當選擇 戒清淨者 第一沙門 以爲其師
요 당 선 택 계 청 정 자 제 일 사 문 이 위 기 사

마땅히 계가 청정한 제일 사문을 선택하여 그 스승을 삼아야 하거니와,

청정금계淸淨禁戒를 얻으려면 모름지기 그 지방에서 첫째 되는 사문을 택해 가지고 계사戒師를 삼아 그이한테 계를 받아야 한다는 얘깁니다. 아무에게나 계가 설해지지 않는다는 얘깁니다.

> 若其不遇眞淸淨僧 汝戒律儀必不成就
> 약 기 불 우 진 청 정 승 여 계 율 의 필 불 성 취

만일 진청정승을 만나지 못하면 너의 계율의가 반드시 성취되지 못하느니라.

그러니까 청정 사문 제일을 택해서 해야 계가 성취되지 그렇지 않으면 성취되지 못한다, 그래서 계는 아무나 설하지 않는다는 겁니다.

> 戒成已後
> 계 성 이 후

계戒가 성취된 후에는,

비구계를 받고 계가 성취된 이후에는,

> 着新淨衣
> 착 신 정 의

새 정의를 착着하고,

> 然香閑居 誦此心佛所說神呪 一百八遍 然後結界
> 연 향 한 거 송 차 심 불 소 설 신 주 일 백 팔 편 연 후 결 계

향을 태우고 한가히 앉아서 이 심불의 설한바 신주를 백팔 번을 송誦한 연후에 계界를 결結하여,

결계란 도량을 차리는 것입니다. 도량의 경계를 정해 가지고 잡인이 들어오지 못하게 도량의 청결을 목적으로, 요샛말로 하면 금줄을 치는 것입니다.

그렇게 하고,

> 建立道場
> 건 립 도 량

도량을 건립하고,

도량을 건립하고 앉은 거니까 정定과 혜慧가 나타난 겁니다.

> 求於十方現住國土 無上如來 放大悲光 來灌其頂
> 구 어 시 방 현 주 국 토 무 상 여 래 방 대 비 광 내 관 기 정

시방의 국토에 현주하시는 무상여래께서 대비광명을 놓아 정상頂上에 대시기를 구할 것이니라.

그래서 그냥 하는 게 아니라 도량을 차리고 앉아서 능엄주를 할 때에 시방 여래께서 상서祥瑞를 나타내셔야 한다는 겁니다.

阿難 如是末世 淸淨比丘 若比丘尼
아 난 여 시 말 세 청 정 비 구 약 비 구 니

아난아, 이와 같은 말세의 청정한 비구나 비구니나,

비구, 비구니가 한데 모여서 한다는 게 아닙니다. 비구는 비구끼리, 비구니는 비구니끼리 모여서 한다는 뜻입니다.

白衣檀越 心滅貪婬
백 의 단 월 심 멸 탐 음

백의 단월이 마음에 탐음을 소멸하며,

持佛淨戒 於道場中 發菩薩願
지 불 정 계 어 도 량 중 발 보 살 원

부처님의 정계를 가지고 도량 중에 보살원을 발하며,

이건 정계를 의지한 계이고, 아래는 정定에 들어가는 겁니다.

出入澡浴
출 입 조 욕

출입함에 조욕하고,

목욕하고 들어가서 볼일이 있어 나오면, 또다시 목욕하고 들어간다는 말입니다.

六時行道 如是不寐 經三七日
육 시 행 도 여 시 불 매 경 삼 칠 일

육시로 도道를 행하되, 이와 같이 삼칠일이 지나도록 자지 않으면,

이렇게 능엄주를 외우면서 수행한다고 하면,

我自現身
아 자 현 신

내가 스스로 신身을 나투어서,

석가모니부처님의 화신化身입니다.

至其人前 摩頂安慰 令其開悟
지 기 인 전 마 정 안 위 영 기 개 오

그 사람의 앞에 이르러서 정頂을 만지며 안위하여 그로 하여금 개오하게 하리라.

阿難白佛言 世尊 我蒙如來 無上悲誨
아 난 백 불 언 세 존 아 몽 여 래 무 상 비 회

아난이 부처님께 아뢰어 말하였다.

세존이시여, 제가 여래의 무상비회를 받잡고,

心已開悟
심 이 개 오

마음이 이미 개오하여,

도량 차릴 줄을 다 알아서,

自知修證 無學道成
자 지 수 증 무 학 도 성

스스로 무학도를 수증해 이룰 줄 알았거니와,

그런데,

末法修行 建立道場
말 법 수 행 건 립 도 량

말법에 수행하여 도량을 건립하려거든,

云何結界 合佛世尊 淸淨軌則
운 하 결 계 합 불 세 존 청 정 궤 칙

어떻게 결계하여야 불세존의 청정궤칙에 합하리까.

佛告阿難 若末世人 願立道場
불 고 아 난 약 말 세 인 원 립 도 량

부처님께서 아난에게 말씀하셨다.
만일 말세인이 도량 건립하기를 원하거든,

先取雪山 大力白牛 食其山中 肥膩香草
선 취 설 산 대 력 백 우 식 기 산 중 비 니 향 초

먼저 설산에서 비니향초를 먹은 대력 백우를 구해야 하나니,

비니란 향초의 이름입니다.

此牛唯飮 雪山淸水 其糞微細
차 우 유 음 설 산 청 수 기 분 미 세

이 소는 오직 설산의 청수만 먹어서 그 똥이 미세하니라.

> 可取其糞 和合栴檀 以泥其地
> 가 취 기 분 화 합 전 단 이 니 기 지

그 분糞을 취해 전단과 화합하여 그 땅에 바를지니라.

인도에서는 소를 대단히 소중하게 여기는 모양인데, 보통 소도 아니고 설산雪山의 백우白牛이어야 한다고 했는데, 아마 밀교에서 이렇게 하는 모양입니다. 지금은 설산의 백우를 구할 수도 없고 안 되겠지만, 그렇게 깨끗한 소똥을 가져다 칠하는 것을 가장 소중하게 생각했던 모양입니다.

> 若非雪山其牛 毚穢 不堪塗地
> 약 비 설 산 기 우 취 예 불 감 도 지

만일 설산의 백우가 아니면 취예하여 감히 땅에 바를 수가 없나니,

그러니 설산 백우를 못 얻으면,

> 別於平原 穿去地皮 五尺已下
> 별 어 평 원 천 거 지 피 오 척 이 하

달리 평원에서 지피의 5척 이하를 파 버리고,

비 올 때 나쁜 것이 들어갔을 테니까 땅의 피를 파 버리고 그 속에 있는,

> 取其黃土 和上栴檀 沈水 蘇合 薰陸 鬱金 白膠 青木
> 취 기 황 토 화 상 전 단 침 수 소 합 훈 륙 울 금 백 교 청 목
> 零陸 甘松 及雞舌香
> 영 륙 감 송 급 계 설 향

그 황토를 취하여 상전단, 침수, 소합, 훈륙, 울금, 백교, 청목, 영륙, 감송, 계설향과 섞되,

이게 열 가지입니다. 이런 것들은 우리나라에서 구할 수 있는 것들도 있고, 그렇지 못한 것들도 있는데, 사전을 찾아보면 다 나와 있으니, 참고로 하기 바랍니다.

> 以此十種 細羅爲粉
> 이 차 십 종 세 라 위 분

이 10종을 세라해 분粉을 만들어서,

라羅 자는 채에 친다는 말입니다.
저 위의 황토와 섞어서 진흙을 만들어 가지고,

> 合土成泥 以塗場地
> 합 토 성 니 이 도 장 지

토土와 합하여 진흙을 만들어서 장지에 발라야 하느니라.

먼저 이렇게 발라 놓고 그 위에다 단檀을 모으는데,

方圓丈六 爲八角壇
방 원 장 육 위 팔 각 단

방원으로 장육丈六의 팔각단을 만들고,

장丈이란 열 자 한 길을 말합니다. 그러니까 장륙은 한 길 여섯 자가 됩니다. 지금 방원장륙이라는 것이 팔각이니까 모는 났지만 둥글게 되는 겁니다. 둘레를 재서 한 길 여섯 자라고 하면, 팔각이니까 한 모가 두 자씩일 것입니다. 그렇게 하면 얼마 크지 않은데, 또 다른 이의 해석은 방원장륙이라는 것이 팔각이 돌아가면서 한 길 여섯 자가 아니라 직경이 한 길 여섯 자여서 넓다는 얘깁니다.

확실히 말하지는 않았지만 아마 이것을 해 본 사람이 팔각을 두 자씩 하면 적으니까 그렇게 얘기했을 겁니다.

그렇게 단壇을 놓고,

壇心置一 金銀銅木 所造蓮華
단 심 치 일 금 은 동 목 소 조 연 화

단심에는 금·은·동·목으로 만든 한 연화를 두고,

華中安鉢
화 중 안 발

연화 중에 발鉢을 놓고,

```
鉢中先盛 八月露水
발 중 선 성   팔 월 노 수
```

발鉢 중에는 먼저 8월의 노수露水를 담고,

다른 물은 못 쓰고, 8월에 받아 놓은 이슬 물을, 성盛 자는 담는다는 말입니다. 선先 자는 미리부터라는 뜻입니다.

그 바리때에 담긴 물 가운데는,

```
水中隨安 所有華葉
수 중 수 안   소 유 화 엽
```

수중에는 형편 따라 있는 화엽을 두며,

수隨 자는 그 시절을 따라, 그러니까 그때에 있는 꽃이라든지 잎을 거기다가 띄우라는 말입니다.

```
取八圓鏡 各安其方
취 팔 원 경   각 안 기 방
```

팔원경을 취하여 각기 그 방에 두어서,

팔각이니까 각각 거기다가 놓아서,

```
圍繞華鉢
위 요 화 발
```

화華와 발鉢을 위요圍繞하고,

鏡外建立 十六蓮華 十六香爐
경 외 건 립 십 육 연 화 십 육 향 로

경鏡 외에 십육 연화十六蓮華와 십육 향로十六香爐를 건립하되,

間華鋪設
간 화 포 설

연화를 사이하여 포설하여(차려놓아),

연꽃 하나에 향로 하나 놓고, 연꽃 하나에 향로 하나 놓는 그게 간화포설입니다.

그래 가지고,

莊嚴香鑪
장 엄 향 로

향로를 장엄하고,

여기의 장엄은 괴어 가지고 향을 피울 수 있도록 하라는 말입니다.

그 향로에는,

純燒沈水 無令見火
순 소 침 수 무 령 견 화

순전히 침수향沈水香을 사르되, 하여금 불이 보이지 않게 할지니라.

取白牛乳 置十六器
취 백 우 유 치 십 육 기

백우의 유乳를 취하여 십육 기器를 놓고,

십육 연화, 십육 향로니까 우유도 그 사이에 하나씩 놓습니다.

乳爲煎餅 並諸沙糖 油餅 乳糜 酥合 蜜薑 純酥 純蜜
유 위 전 병 병 제 사 당 유 병 유 미 소 합 밀 강 순 소 순 밀
及諸菓子 飮食 葡萄 石蜜 種種上妙等食
급 제 과 자 음 식 포 도 석 밀 종 종 상 묘 등 식

우유로 전병을 만들고, 아울러 사탕, 유병, 유미, 소합, 밀강, 순소, 순밀 및 과자, 음식, 포도, 석밀 등 종종 상묘를,

於蓮華外 各各十六 圍繞華外 以奉諸佛 及大菩薩
어 연 화 외 각 각 십 육 위 요 화 외 이 봉 제 불 급 대 보 살

연화 외에 각각 십육씩 놓아 화華 외에 위요하여 제불 및 대보살께

받들되,

　연꽃 위에 각각 열여섯 그릇씩을 연꽃 밖에다 둘러놓으라는 말입니다. 그렇게 해 가지고 모든 부처님과 대보살께 이것을 받들어 공양하라는 말입니다.

질문 이것은 부처님께서 아난한테 이렇게 하라고 시키시는 것인지요?
답 그럼요.

질문 우리나라에서도 이렇게 단을 차린 이가 있었을까요?
답 확실하지는 않지만 우리나라 사람 가운데도 한번 이렇게 해 본 이가 있다고 들었어요. 혼자만이 아니라 여러 사람이 한꺼번에 할 수도 있는데, 그 사람 가운데 조금이라도 계가 좋지 못한 사람이 있어서는 안 되는 겁니다.
　이 경에 있는 대로 이만한 사람들이 모여서 해야 하지만 사람은 한정이 없습니다. 그러나 남자는 남자끼리, 여자는 여자끼리 하지 함께하지를 말라 했고, 이 능엄주를 하려면 이런 걸 차려 놓고 해야 한다는 얘깁니다.

　이렇게 준비를 해 놓고는,

每以食時 若在中夜
매 이 식 시　약 재 중 야

　매양 식시와 혹은 중야에,

　식시란 낮 열한 시를 가리키고, 재중야는 밤 열한 시를 말하니까 밤과 낮을 같이 하라는 얘깁니다.

取蜜半升 用酥三合
취밀반승 용소삼홉

밀蜜 반 되를 취하고, 소酥 3홉을 취하여,

취取 자나 용用 자나 같은 말입니다.

壇前 別安一小火鑪 以兜樓婆香 煎取香水 沐浴其炭 然令猛熾
단전 별안일소화로 이두루바향 전취향수 목욕기탄
연령맹치

단壇 앞에 달리 일 소화로를 두고, 두루바향으로 달인 향수로 숯을 목욕시켜서 태워 하여금 치성하게 하며,

그래야 불이 잘 탄다는 얘깁니다.

投是酥蜜 於炎鑪內
투시소밀 어염로내

이 소酥와 밀蜜을 염로의 내에 던져서,

3홉 되는 소酥와 반 되 되는 밀蜜을 화로에다 던진다는 말입니다.

燒令煙盡
소령연진

태워 하여금 연기가 다하도록 하여,

그냥 한꺼번에 부으면 숯불이 꺼질 테고 조금씩 부어서 소酥와 물이 다 타고 연기까지 없어지도록 해서,

饗佛菩薩
향 불 보 살

부처님 보살께 봉향奉饗하느니라.

令其四外 遍懸幡華
영 기 사 외 변 현 번 화

사방 외면에 두루 번幡과 화華를 달고,

사외는 법당 밖으로 하라는 말입니다. 번幡이란 깃발을 말하고, 화華는 생화든지 조화든지를 다 말하는 것으로, 다 장엄하는 것들입니다.

於壇室中
어 단 실 중

단실 중에는,

원칙으로 단壇을 하려면 집안에다 해야 할 테니까 단이 있는 방 안입니다.

> 四壁 敷設十方如來 及諸菩薩 所有形像
> 사벽 부설시방여래 급제보살 소유형상

네 벽에 시방 여래와 보살들의 형상을 부설하되,

형상은 불상을 가리킵니다.
불보살을 모셔야 하는데, 어떻게 하는고 하니,

> 應於當陽 張盧舍那 釋迦 彌勒 阿閦 彌陀
> 응어당양 장노사나 석가 미륵 아촉 미타

마땅히 양陽을 당하여 노사나, 석가, 미륵, 아촉, 미타를 모시고,

양陽은 햇볕을 가리키는 말이니까 남쪽 방향이라고 하면 정면을 가리킵니다.
그래서 부처님 다섯 분과,

> 諸大變化觀音形像
> 제대변화관음형상

대변화한 관음 형상과,

상호가 여러 가지로 되어 있으니까 그걸 변화라고 그랬습니다.
그 형상은 원칙으로 등상불等像佛이어야 하고, 없으면 탱화를 모실 수밖에 없습니다.

> **兼金剛藏 安其左右**
> 겸 금 강 장 안 기 좌 우

겸하여 금강장을 그 좌우에 모시며,

정면에는 다섯 부처님을 모셔 놓고, 그 좌와 우에 관세음보살과 금강장보살의 등상等像을 모시고, 그 다음엔 외호신장外護神將입니다.

> **帝釋 梵王 烏蒭瑟摩 幷藍地迦 諸軍茶利 與毗俱知**
> 제 석 범 왕 오 추 슬 마 병 람 지 가 제 군 다 리 여 비 구 지
> **四天王等 頻那 夜迦 張於門側 左右安置**
> 사 천 왕 등 빈 나 야 가 장 어 문 측 좌 우 안 치

제석, 범왕, 오추슬마, 남지가, 군다리, 비구지, 사천왕 등과 빈나와 야가를 문 측의 좌우에 안치하고,

남지가는 금강에 소속된 청면금강靑面金剛이라고 하며, 군다리도 금강의 별호이고, 비구지는 삼목환계三目鬟髻인데, 눈이 셋이고 상투를 쪘다는 말입니다.

빈나는 저두猪頭, 돼지의 머리를 가지고 있는 사자이고, 야가는 상비象鼻, 코끼리의 코와 같은 사자라고 합니다.

> **又取八鏡 覆懸虛空**
> 우 취 팔 경 복 현 허 공

또 팔경을 취하여 엎어서 허공에 달아서,

덮어서 아래를 비추게 다는 게 복현입니다.

與壇場中 所安之鏡
여 단 장 중 소 안 지 경

단장 중에 둔 바의 거울과,

단장의 가운데 연꽃이 있고, 그 가운데다 사방에 거울 여덟 개를 두었다고 처음에 그랬는데, 그 거울은 모양이 위로 올라갔을 텐데, 이건 거울의 면이 서로 마주쳐서 비치게 하는 겁니다.

方面相對 使其形影 重重相涉
방 면 상 대 사 기 형 영 중 중 상 섭

방면이 상대하게 하여 하여금 그 형영이 거듭거듭 서로 섭涉하게 하느니라.

단장壇場에 있는 거울이 허공의 거울에 비치고, 허공의 거울이 단장에 있는 거울에 비쳐서 한정 없이 많이 비치는 겁니다.

여기까지는 다 단을 시설하는 얘기고, 이제 실제로 행하는 것을 얘기합니다.

삼칠일을 할 텐데,

於初七日中 至誠頂禮 十方如來 諸大菩薩 及阿羅漢
어 초 칠 일 중 지 성 정 례 시 방 여 래 제 대 보 살 급 아 라 한

초칠일 중에는 지성으로 시방 여래와 대보살 및 아라한에게 정례하고,

> **恒於六時 誦呪繞壇 至心行道**
> 항 어 육 시 송 주 요 단 지 심 행 도

항상 육시로 주呪를 송하면서 단을 돌아 지심으로 행도하되,

> **一時常行一百八遍**
> 일 시 상 행 일 백 팔 편

일시에 항상 백팔 번을 행하고,

한 시간 동안에 8백 번을 행한다고 했는데, 백팔 번을 한시에 외울 수는 없다는 얘깁니다. 그래서 혹 어떤 이는 백팔 번을 돈다고 했는데, 돈다고 하면 돌 잡匝 자를 써서 잡이라고 하지 백팔 번이라고 한 것은 능엄주를 백팔 번 하라고 하는 건데 안 맞습니다.

어떤 이가 이렇게 해석을 했습니다. 능엄주가 전부 439[1]구절인데, 맨 끝에 가서 426째, 그러니까 끝수인 39에서 25를 빼니까 열넷만 남게 되는데, 거기부터가 다냐타입니다. 다냐타는 즉설주왈卽說呪曰이라는 말, 『반야심경』의 즉설주왈이 범어의 다냐타를 번역한 것이니까 '다냐타 옴 아나례' 하

---

[1] 본 책에 수록되어 있는 능엄주는 초간본 『능엄경 강화』에 수록되어 있는 능엄주와 차이가 있으며, 능엄주의 음 또한 동국역경원의 진언 한자음 표기법을 따라 수정하였다. 즉 이 책에 수록되어 있는 능엄주는 고려대장경 영인본에 있는 능엄주이다. 그러므로 초간본에 427구절, 419째 등으로 되어 있던 것을, 이 책의 능엄주에 맞게 439구절, 426째 등으로 수정하였다.

는 그 아홉 구절이 능엄주에서 가장 중요하다 그겁니다.

우리도 지금 예불을 한다든지 불공을 드릴 때 다냐타에서부터 하는데, 그러니까 이 얘기는 처음 한 번은 처음부터 끝까지 하고, 그 다음엔 다냐타부터만 해서 백팔 번을 한다고. 증거가 있는 건 아니지만 그렇게 얘기합니다.

초칠일 중에는 여래와 보살의 명호에 따라 정례를 하고 주呪를 외우면서 단壇을 돌면서 일시에 상행백팔편常行百八遍 하는 것을 날마다 하고,

第二七中 一向專心 發菩薩願
제 이 칠 중 일 향 전 심 발 보 살 원

제이칠일 중에는 한결같이 전심으로 보살원을 발하되,

처음에는 예경하고, 다음에는 발원하는 겁니다.

心無間斷
심 무 간 단

마음에 간단함이 없게 할지니,

발원을 계속하지 하다가 다른 생각 하고 쉬지 말라는 얘깁니다.

我毗奈耶 先有願教
아 비 내 야 선 유 원 교

나의 비내야에 원교가 있느니라.

여기에 비내야에 원교(願을 세우라는 가르침)가 있다고만 했지, 어떤 것이라고 지적이 안 되어 있으니까 중국의 어떤 스님은 『범망경梵網經』에 있는 십대원十大願을 얘기했습니다.

능엄주를 대능엄주라고 하는데, 어떤 경에 보면 이걸 낱낱이 번역해 놓은 데가 있습니다. 그 번역을 구절구절 하는 게 아니라, 대개 처음에는 시방여래와 보살, 아라한에게 예경하는 게 있고, 그 다음엔 발원하는 게 있고, 또 그 다음엔 도량을 옹호해 달라고 하는 그런 것이 있다고 얘길 했습니다.

여기는 지금 그런 얘기가 없지만 다른 데 보면 그렇게 얘기했습니다. 그러니까 원래의 주呪는 다냐타에서부터 하는 것이고, 그 위는 다 예경하고 발원하는 것이라는 얘깁니다.

지금 우리가 기도할 때도 으레 부처님 앞에 참회하고 발원하는 겁니다.

이제 마지막으로,

第三七中 於十二時 一向持佛 般怛羅呪
제 삼 칠 중 어 십 이 시 일 향 지 불 반 달 라 주

삼칠일 중에는 십이시에 일향으로 부처님의 반달라주를 지송하라.

위에는 육시였는데 여기 십이시를 줄곧 빼지 않고 하는 겁니다.

반달라라는 게 일산日傘을 말합니다. 그러니까 대백산개大白傘盖라는 건 능엄주를 가리키는 말입니다.

마지막 삼칠일에 이르러 가면,

至第四七日 十方如來 一時出現 鏡交光處
지 제 사 칠 일 시 방 여 래 일 시 출 현 경 교 광 처

제 사칠일에 이르러 가면 시방 여래께서 일시에 경교광처에 출현하시어,

아래의 여덟 거울과 위에 엎어 달아 놓은 여덟 거울이 서로 비치게 하는 그게 교광처입니다.

承佛摩頂
승 불 마 정

부처님께서 정상 만지심을 받자올 것이니,

부처님께서 거기 나오셔서 행자의 정수리를 만지는 것을 받을 것이니, 이렇게 되도록 지성으로 해야 한다는 말입니다.

삼칠일 동안에 이렇게 하고는,

卽於道場 修三摩地
즉 어 도 량 수 삼 마 지

곧 도량에서 삼마지를 닦으라.

저 위에서는 4종 율의律儀를 얘기하고 단壇을 하는 궤칙軌則만 얘기했는데, 여기에서 참말 정定을 성취한다는 겁니다.

能令如是 末世修學 身心明淨 猶如琉璃
능 령 여 시 말 세 수 학 신 심 명 정 유 여 유 리

능히 이와 같이 말세의 수학하는 이로 하여금 몸과 마음이 명정하기가 마치 유리와 같게 하리라.

阿難 若此比丘 本受戒師
아 난 약 차 비 구 본 수 계 사

아난아, 만일 이 비구의 본래 수계사나,

저 위에서 계행戒行이 제일 청정한 스님을 청해서 전계사傳戒師를 삼아야 한다고 얘기했는데, 그 계사가 청정하지를 못하거나, 그 말입니다.

及同會中 十比丘等
급 동 회 중 십 비 구 등

및 동회 중의 십 비구 등에서,

십 비구라고 한 것은, 꼭 열 사람이 아니더라도 여럿이라는 뜻으로 한 말입니다.

其中有一 不清淨者
기 중 유 일 불 청 정 자

그중에 하나라도 청정하지 못한 이가 있으면,

수계사受戒師나 십 비구 가운데 한 사람만이라도 불청정하다고 하면,

如是道場 多不成就
여시도량 다불성취

이와 같은 도량은 흔히 성취하지 못하느니라.

그러니까 계를 가장 중요시하는 겁니다.

從三七後 端坐安居 經一百日
종삼칠후 단좌안거 경일백일

삼칠일 후를 좇아서 단정히 앉아 1백 일을 안거하면,

선禪 하는 겁니다.

有利根者 不起于座 得須陀洹
유이근자 불기우좌 득수다원

근성이 영리한 이는 자리에서 일어나지 않고 수다원을 얻을 것이며,

단좌端坐하여 백 일 안거하는 그 자리에서 수다원과를 증證한다는 말입니다. 지금 우리가 수다원·사다함 하는 건 소승 사과四果를 말하는데, 여기에서는 소승 수다원이 아닙니다. 소승의 수다원이 소승 견도위니까 대승으로 말하면 십지 가운데 초지입니다.

수다원을 번역하면 성류聖流에 들어간다고 해서 입류入流라고 하는 것이니까 소승 사과 가운데 수다원과를 가리키는 게 아니라 대승과다, 이렇게 보는 것입니다. 그러니까 여기의 이근자는 수다원이 견도위見道位니까

대승의 견도위가 되는 겁니다.

> 縱其身心 聖果未成
> 종 기 신 심 성 과 미 성

비록 몸과 마음에 성과를 이루지 못할지라도,

수다원은 성과인데, 이건 이근利根이 못 되는 사람입니다.

> 決定自知 成佛不謬
> 결 정 자 지 성 불 불 류

결정코 스스로 성불함에 어긋나지 않음을 알지니,

그 당시에 수다원과를 증하지 못한다 하더라도, 이렇게 하는 걸 가지고 성불할 때까지 이르러 갈 줄 알라는 말입니다.

> 汝問道場 建立如是
> 여 문 도 량 건 립 여 시

네가 물은 도량 건립함이 이와 같으니라.

도량을 어떻게 건립해야 부처님 법에 맞느냐고 물은 법이 이와 같다고 능엄주를 하기 위해서 도량 건립하는 법칙을 얘기했습니다.

阿難 頂禮佛足 而白佛言
아 난 정 례 불 족 이 백 불 언

아난이 불족에 정례하고 부처님께 아뢰어 말하였다.

自我出家 恃佛憍愛
자 아 출 가 시 불 교 애

제가 출가함으로부터 부처님의 교애함을 믿고,

시恃 자는 믿을 신信 자의 뜻은 아닙니다. 다만 의지한다는 말입니다.

求多聞故 未證無爲
구 다 문 고 미 증 무 위

다문만 구한 연고로 무위를 증證하지 못했으니,

아난이 수다원과는 증한 사람이지만, 아직 무학위까지 올라가지 못했다는 말입니다.

다문만 하고 실제 수행해서 과果를 증득하지 못했기 때문에,

遭彼梵天 邪術所禁
조 피 범 천 사 술 소 금

저 범천의 사술에 금한 바를 만나서,

마등가녀의 사비가라선범천주娑毗迦羅先梵天呪를 말합니다.

금禁이란 제어해서 마음대로 못 하게 하는, 말하자면 그 사주邪呪에 홀렸다는 말입니다.

心雖明了
심 수 명 료

마음은 비록 명료했으나,

마등가에게 홀려 가 있을 때에 마음으로는 분명히 깨끗해서 자기 잘못을 알지만,

力不自由
역 부 자 유

힘이 자유롭지 못하더니,

일어날래야 일어날 수가 없는, 그것이 주문에 홀린 것입니다.
마등가한테 홀려 가 그렇게 되었으니,

賴遇文殊 令我解脫
뇌 우 문 수 영 아 해 탈

문수를 뇌우하여 하여금 제가 해탈하였나이다.(정석: 나로 하여금 해탈하게 하였나이다.)

뢰賴 자는 힘입을 뢰 자입니다.

부처님의 능엄주력楞嚴呪力을 힘입어 가지고 제가 해탈하게 되었습니다, 그 말입니다.

雖蒙如來 佛頂神呪 冥獲其力
수몽여래 불정신주 명획기력

비록 여래의 불정신주를 받자와 그윽이 그 힘을 얻었사오나,

명冥 자는 모르는 사이에 자기는 어떻게 된 건지 모르지만 부처님의 능엄신주 힘을 가지고 정신을 차려 일어났으니까 그 힘을 얻었지만,

尚未親聞
상미친문

아직 친히 듣지 못하였으니,

그 주력呪力 때문에 문수보살이 와서 주력을 해 가지고 자기가 깨어났지만, 그 주력을 친히 들어 보지 못했습니다, 그 말입니다.

그러니,

唯願大慈 重爲宣說 悲救此會 諸修行輩
유원대자 중위선설 비구차회 제수행배

오직 바라건대 대자로 거듭 선설하사 자비로 이 회중의 모든 수행

하는 무리를 구호하시며,

> **末及當來 在輪廻者**
> 말 급 당 래 재 윤 회 자

말세와 당래의 윤회에 있는 이에게,

> **承佛密音 身意解脫**
> 승 불 밀 음 신 의 해 탈

부처님의 밀음을 받잡고 몸과 뜻이 해탈하게 하소서.

능엄주를 다시 한번 설해 주십시오, 그 말입니다.

> **于時會中一切大衆 普皆作禮**
> 우 시 회 중 일 체 대 중 보 개 작 례

이때에 회중의 일체 대중이 널리 다 예禮를 짓고,

> **佇聞如來 秘密章句**
> 저 문 여 래 비 밀 장 구

가만히 여래의 비밀장구를 듣자오려 하였다.

장章이란 한 가지 이론이 끝나는 걸 말합니다. 그건 뭐 열 줄이 될 수도 있고, 작게는 한 줄이 될 수도 있으나 그 한 편이 다 끝나는 게 장이고, 구句란 그 가운데의 한 구절들을 말합니다. 그러니까 크게 나눈 것은 장이고, 적게 나눈 것은 구이고, 그렇습니다.

저佇 자는 가만히 기다리고 있다는 말입니다.

爾時世尊 從肉髻中 涌百寶光
이 시 세 존   종 육 계 중   용 백 보 광

그때에 세존께서 육계 중으로 좇아 백 보광을 용출하시니,

육계는 정상頂上을 말합니다.

光中涌出 千葉寶蓮 有化如來 坐寶華中
광 중 용 출   천 엽 보 련   유 화 여 래   좌 보 화 중

광명 중에 천 엽 보련이 용출하고, 화신 여래께서 보화 중에 앉으사,

頂放十道 百寶光明
정 방 십 도   백 보 광 명

정상으로 십도의 백보 광명을 놓으시고,

십도는 열 줄기라는 말입니다.

그 십도의 낱낱 광명 속에서,

一一光明 皆遍示現 十恒河沙 金剛密跡
일 일 광 명 개 변 시 현 십 항 하 사 금 강 밀 적

낱낱 광명에서 다 두루 10항하사의 금강밀적을 시현하시는데,

밀적도 금강신의 호號입니다. 그러니까 금강이나 밀적이나 같은 것입니다.

擎山持杵 遍虛空界
경 산 지 저 변 허 공 계

산을 받들며 저杵를 가지고 허공계에 가득하였다.

大衆仰觀 畏愛兼抱
대 중 앙 관 외 애 겸 포

대중이 앙관하고 외畏와 애愛를 겸포하여,

　금강신이 산을 들고 금강저金剛杵를 들고 나서니까 무섭고, 또 부처님은 광명을 내시니까 사랑스럽다는, 그 둘을 겸해 가졌다는 말입니다.

求佛哀祐² 一心聽佛 無見頂相 放光如來 宣說神呪
구 불 애 우 일 심 청 불 무 견 정 상 방 광 여 래 선 설 신 주

　부처님의 애우를 구하여 일심으로 부처님의 무견정상에서 방광하시는 여래의 선설신주를 듣잡고 있었다.

2　고려대장경에는 시호恃怙로 되어 있으나, 송본·원본·명본에는 본문과 같이 되어 있다.

이게 전부가 능엄주인데, 어제도 대원정사에서 『능엄경』을 설하고 나오니까 인천에 산다는 나이 여든여덟 된 거사가 나를 찾아와서는, 자기가 3년 전에 『능엄경』을 얻어서 거기에 있는 주문이 대단히 좋아서 외웠다는 얘기를 하는데, 잘못 읽지 않도록 하는 데는 몇 달이 걸렸다는 얘기를 하면서 이렇게 좋은 것을 자기만이 할 게 아니라, 해서 그걸 붓으로 쓰는데 하루에 한 번밖에 못 썼다는 겁니다. 그래서 80여 장을 써 가지고 여러 사람에게 주어 능엄주를 선전한 겁니다.

3년 동안 80여 장이니, 얼마나 애를 썼겠습니까? 그런데 그 말을 듣고 어떤 처사 하나가 능엄주만을 베껴서 책을 내서 선전하겠다고 하던데, 그 위에다 이름은 뭐라고 쓰고, 이 주呪의 공능을 뭐라고 쓸까 하더니 아마 조판組版이 다 된 모양이고, 거기다 또 불상을 모시면 좋겠다고 해서 『능엄경』 통도사판에 보면 부처님의 능엄회楞嚴會가 있는데, 그걸 베껴 왔습니다.

요새 들어 능엄주를 했던 것은 해방 직후 봉암사에서 지금 해인사 계시는 방장 화상이라든지, 돌아가신 청담 스님, 자운 스님 등 여러 유수한 스님들이 "이 능엄주를 하자." 이랬다는 겁니다.

그리고 또 예전에 석교 스님이 그 회상에서 능엄주를 했다는 얘기를 들었고, 그리고는 별로 모르겠는데, 중국이나 일본에서는 법회를 하려면, 더구나 선방에서는 능엄주를 해야 장애가 나지 않는다 하여 능엄주를 한다고 합니다. 그래서 그때 봉암사에 모인 스님들이 능엄주를 하자고는 했는데, 한문 그대로 읽을 수도 없고, 그 주呪를 번역을 하질 못해 어떻게 발음을 해야 할지 분명히 나타나질 않는다는 말입니다. 그래서 이대로는 못 하고, 해인사에 가면 번역한 능엄주판이 5백 구절인가 되는 게 있는데, 번역한 게 없어서 그걸 갖다 했다고 그럽니다.

이전부터도 아마 석교 스님 회상에서도 그걸 갖다 한 모양입니다. 지금도 해인사에 가면 그 판을 베껴 올 수가 있는데, 그것은 경을 번역한 게 아니라 번역은 중국에서 했겠지만, 경 가운데 있는 능엄주만을 따로 번역한 모양입니다.

또 돌로 당을 하고서 새긴 능엄다라니 당이 있는데, 우리나라에 세 군데가 있다고 하는데, 모두 이북에 있습니다. 그래서 그것을 번역한 것이 하나 있는데, 그 번역은 성철 스님이 했습니다. 이 경에 있는 번역은 아마 우리가 가진 이게 처음인데, 내가 『능엄경』을 번역한 것이 지금으로부터 한 20년 전일 겁니다.

그때 처음 번역할 때 이 능엄주를 번역해야겠는데, 한문 이대로 할 수도 없고, 어디 의거할 것도 없고 해서 해인사의 그 능엄주와 또 중국 계시다 오신 스님들이 중국 말로 능엄주를 하는데, 경에 있는 것과 같은데 음이 다른 그것과, 또 일본에 능엄주 하는 스님들이 있는데, 그것도 들어 보니까 경에 있는 것과 같은데 말은 다른 그런 것들을 참고해서 능엄주를 처음 번역했습니다.

이게 아마 출판한 것은 진주 있을 때에 프린트로 한 것일 겁니다. 그것도 지금 누가 가지고 있긴 할 텐데, 저기에서 번역한 것과 좀 다른 게 있을 겁니다. 그래서 이 경에 있는 능엄주를 우리나라 음으로 번역한 것은, 그 책이 처음일 텐데 내가 자신이 없습니다.

범어를 아는 사람도 아니고, 또 다라니를 전문한 사람도 아니고, 그저 여러 것을 대조해서 무슨 글자는 어떻게 발음이 되고, 무슨 글자는 어떻게 발음이 되겠다 해서 이렇게 해 놓은 건데, 내가 생각할 때 틀린 게 있다 해도 몇 자겠지, 많이 틀리진 않았을 겁니다.

왜 그런고 하니, 해인사에서 능엄주 한 것을 보면 여기 없는 게 더러 있고, 또 여기 있는 게 빠진 것도 더러 있기는 하지만, 빠진 것은 적고 없는 게 더 많이 있습니다. 그래, 그 가운데 전부 다 대조해 보니, 이건 어디 구절이고, 어디 구절인 걸 다 알게 되고, 또 거기 없는 것은 중국 발음이나 일본 발음을 참고하고, 또 다른 다라니들을 참고해서 해 놓았으나 별로 많이 틀리진 않았을 겁니다.

틀린 게 있다고 해도 몇 군데겠지만 대충 같지 않겠나 이런 생각입니다. 앞에서도 얘기했지만 425를 지나 426에 '다냐타 옴 아나레' 하는, 이게 참말 능엄주문이라는 겁니다.

그 위로는 다 예경하고 발원하고 하는 이런 것뿐이고, 거기서부터가 참말 능엄다라니라고 얘기하고, 우리나라에서도 이것만 합니다. 그런데 다라니는 번역을 해서는 안 된다고 합니다.

부처님 교敎가 현교顯敎와 밀교密敎가 있는데, 이건 밀교에 속한 것이기 때문에 번역하면 효력이 없다고 그랬습니다. 그래서 여기에서 하는 얘기는 보통 우리는 인도 말을 모르지만, 인도 사람은 자기네의 말이니까 다 알면서도 그것이 보통 하는 말과는 다르기 때문에 인도 사람이 이걸 읽어도 잘 모른다 하고, 또 다라니 중에는 부처님께서 하시는 다라니도 있고, 보살들이 하는 다라니가 있어서 아래 계급에 있는 사람이 윗 계급에서 하는 다라니의 뜻을 모른다 이랬습니다.

그래서 이 부분은 그냥 지나갈 수밖에 없습니다. 그냥 한번 한문 음으로 읽고 지나가도록 하고, 이제 능엄다라니를 독송하면 이런 이익이 있다는 걸 얘기합니다.[3]

나모사다타소가다야　　　아라하데삼먁삼못다야　　　　　　나모
南牟薩怛他蘇伽哆耶 歸命一切諸佛一 阿囉訶帝三藐三菩陁耶 歸命一切如來應正等覺二 娜牟

살바못다　　　　　몯디사다볘뱌　　　　　나모삽다남삼먁삼못다구티남
薩婆勃陁 敬礼一切諸佛三 勃地薩哆吠弊 歸命菩薩毗哪反四 娜牟颯哆喃三藐三菩陁俱胝喃

3　고려대장경에는 이 아래에 "大佛頂如來放光悉怛多鉢囉菩薩萬行品灌頂部錄出一名中印度那蘭陀曼茶羅灌頂金剛大道場神呪"라는 43자가 있으나, 송본·원본·명본에는 없다.

사시라 바 가싱가남　　　　나모로계아라아다남
敬礼正遍知五薩失囉引皤去迦僧伽喃敬礼辟支佛及四果人六娜牟嚧雞阿囉曷哆喃歸命羅漢等衆

나모소로다반나남　나모스갈-　　타 가　미남　　　　나모로계
七娜牟蘇嚕哆半那喃八娜牟塞羯唎二合陁引伽輕去弥喃敬礼斯陁含阿那含衆九娜牟盧鷄

사먁가다남　　　나모사먁발-　디반나 남　나모몌바리시남
三藐伽哆喃敬礼過去未來十娜牟三藐鉢囉二合底半那去喃十一娜牟提婆唎史喃敬礼三十三

나모미신타야미　야-　다라남　　나모신타미야-
天及一切諸仙天等十二娜牟微悉陁耶微人聲呼地也二合陁囉喃敬呪仙十三娜牟悉陁微地也二

다라리시남　　　사바 나아라하사하마라다　남　　나모발
合陁囉㗚史喃敬礼持呪成就仙人十四舍波拏揭囉訶娑訶摩囉陁二合喃攝惡作善十五娜牟皤

- 하마 니　　나모인 달-　야　　나모바가바데　　　로
囉二合訶摩二合涅歸命梵天十六娜牟因去陁囉二合耶歸命帝釋十七娜牟婆伽嚩帝歸命世尊十八嚕

달-　야　오마바디 사혜야야　　나모바가발 데
陁囉二合引耶大自在天十九烏摩鉢底天后娑醯夜耶及眷屬等二十娜牟婆伽筏蒲末反帝世尊二十一

나라연나야　　반자마하몯다라　　나모스갈-　다야　　나
那囉延拏耶地祇衆二十二半遮摩訶沒陁囉大印二十三娜牟塞訖哩二合多耶頂礼世尊二十四娜

모바가 바데마하가라야　　딜- 보라나가 라　비타라바나
牟婆伽上呼筏帝摩訶迦囉耶大黑天神二十五底哩二合補囉那伽囉城二十六毗陁囉皤拏

가라야　　아데목다가시마사나바신니　마달- 가나
迦囉耶破壞二十七阿底目多迦尸摩舍那縛悉涅尸陁林中二十八摩怛唎二合伽拏鬼神衆二十九

나모스그리다야　나모바가바데 다타아다구라야　　나모바다마
娜牟塞訖唎多耶三十娜牟婆伽筏帝舊怛他揭多俱囉耶如來族三十一娜牟鉢頭摩二合

구라야　　　나모바저라구라 야　　　나모마니구라
俱囉耶歸命蓮華族菩薩等三十二娜牟筏折囉俱囉半音用同下耶歸命金剛族三十三娜牟摩尼俱囉

야　　나모가 자구라야　　나모바가바데 딜- 다슈라혜
耶歸命寶族三十四娜牟伽上闍俱囉耶歸命衆三十五娜牟婆伽筏帝三十六地唎二合茶輸囉哂

나 발- 하라나라 자야　　　　　다타아다야　　나모바가
那三十七鉢囉二合訶囉拏引闍耶大猛將各持器仗三十八怛他揭多耶如來三十九娜牟婆伽

바데 아미타 바 야　　다타아다야　아라하데삼먁삼보다야
筏帝四十阿弥陁引婆引耶无量壽佛四十一怛他揭多耶四十二阿囉訶帝三藐三菩陁耶應等

　　　　　　나모바가바데　　　아추뱌-　　　　다타아다야　　　아라하데삼먁
正覺四十三娜牟婆伽筏帝四十四阿鄒鞞也阿閦如來四十五怛他揭多耶四十六阿囉訶帝三藐

삼몯다야　　　나모바가바데　　　비사자구로　베유리리야　　　　　　발-
三菩陁耶四十七娜牟婆伽筏帝四十八毗沙闍俱嚕二合吠琉璃唎耶藥師如來四十九鉢囉二

바라　자야　　　다타아다야　　　아라하데삼먁삼몯다야　　　나모바가바데
合婆囉闍耶光王五十怛他揭多耶五十一阿囉訶帝三藐三菩陁耶五十二娜牟婆伽筏帝

　　　사보스비다사라라　자야　　　　다타아다야　　　아라하데삼먁삼몯
五十三三布瑟畢多娑囉囉引闍夜娑羅花王五十四怛他揭多耶五十五阿囉訶帝三藐三菩

다　야　　　나모바가바데　　　사꺄-　　모나예　　　다타아다야　　　아
陁引耶五十六娜牟婆伽筏帝五十七舍抧也二合母娜曳釋迦牟尼佛五十八怛他揭多耶五十九阿

라하데삼먁삼몯다　야　　　나모바가바데　　　라다나구소마　　　계도라　자
囉訶帝三藐三菩陁引耶六十娜牟婆伽筏帝六十一囉怛那俱蘇摩寶花六十二雞都囉引闍

야　　　다타아다야　　　아라하데삼먁삼몯다　야데보　　나모스갈-
耶　　　寶幢王如來六十三怛他揭多耶六十四阿囉訶帝三藐三菩陁引耶帝瓢六十五娜牟塞訖哩

　　　다바예마함바가바다　　　사다타아도오스니삼　　　　싣다다　바다람
二合多皤翳摩含婆伽筏多六十六薩怛他揭都烏瑟尼衫如來佛頂六十七悉怛多引鉢怛嚂

　　　나모아바　라지단　　　　바라등　　의　라　사바보다
二合華蓋六十八娜牟阿波引囉支單半音敬礼是辰勝六十九鉢羅登登甑反擬擬異反囉七十薩嚩部多

알-　하가라니　　　바라미　댜-　　체　다　니　　　아가
揭囉二合訶迦囉尼一切神衆作罰七十一波囉微入地也二合掣車曳反陁輕呼你能斷他呪七十二阿哥

라　밀-　투　　바리다라야　나아리　　　살바반타나목가사나가
引囉輕呼微哩入二合駐橫死七十三波唎怛囉耶引那揭唎救取七十四薩嚩畔陁那悄乞叉那迦

리　　　살바도-　따　　　　도사바나니바라니　　　자도라
唎一切縛禁解脫七十五薩嚩突瑟吒二合除一切惡七十六上突莎般那你縛囉尼惡夢七十七者都囉

　싣디남　　　아라하사하사라　남　미타방사　나가리　　　아스
引室底喃八万四千衆神七十八揭囉訶娑訶娑囉引喃七十九微陁防娑引那羯哩打破八十阿瑟

타빙샤디남　　　낙샤다라남　　발-　사　타나가리　　아스타
吒冰設底喃去聲呼八十一呼皆同諾刹怛囉喃八十二鉢囉二合娑引陁那羯哩正行阿瑟吒二合

남　마하아라하남　　미타방　사나가리　　　살바사도로　니바라
喃八十三摩訶阿囉訶喃辰八十四微陁防二合薩那羯哩打破八十五薩嚩舍都嚕二合你嚩囉

니　　　거　라남　도실핍　바나난차나사니　　　비사샤사다라
尼除一切惡八十六巨去囉喃八十七突室乏二合鉢那難遮那舍尼除却嚴惡八十八毗沙設薩怛囉

　　　아기니　　오다가라니　　아바　라시다구라　　　마하바라젼
器仗八十九阿祁尼火九十烏陁迦囉尼水九十一阿波引囉視多具囉荷能勝嚴九十二摩訶跋囉戰

나　　　마하뎨다　　마하뎨자　　마하세미　다　　지바
拏大力嗔怒九十三摩訶提哆火天九十四摩訶帝闍大滅九十五摩訶稅尾二合多太白九十六什伐二合

라　　마하바라　　반다라바　시니　　아리야다라　　빌一
囉光焰九十七摩訶跋囉大力九十八半茶囉嚩引悉你白拂九十九阿唎耶多囉聖者一百毗哩二合

구디제바비자야　　　바저라　마례디비슈로다　　　바답마가
俱知制嚩毗闍耶最勝菩薩百一筏折囉二合摩礼底毗輸嚕多摧碎金剛百二鉢踏囥迦降伏百三

바저라체　　하바자　　마라제바　　바라시다　　　바저
跋折囉兒爍曳反訶縛者金剛力士百四摩囉制縛隨一逐百五般囉室多金剛神杵百六跋折囉時熱反上

라　단디　　비사라마차　　션다사비몌바보시다소마로바
囉二合檀持金剛神杵百七毗舍羅摩遮天神力士百八扇多舍毗提嚩布室哆蘇摩嚕波參辰日月

　　　마하　세미　다　　아리야다라　　마하　바라아바라
天子及二十八宿百九摩訶引稅尾二合多引太白星百十阿哩耶多羅百十一摩訶引跋囉阿波囉百十二

바저라　상갈라제바　　　다타　　바저라구마리가　　　구람
跋折囉二合商羯囉制婆金剛連鏁百十三怛他天可反跋折囉俱摩唎迦金剛童女百十四俱嚂盧

　　타리　　바저라하사다자　　미야一　　　건차나마
紺反咥唎金剛童子百十五跋折囉訶薩哆者二合金剛手百十六微地也大明呪藏百十七乾遮那摩引

리가　　　구소바아라다라다나　　비로차야나구리야　　도담　야
唎迦四天王太子百十八俱蘇婆喝囉怛囉怛那百十九毗嚕遮耶那俱唎耶百二十韜淡吐炎夜

라오스니　사　　비저람바마라차　　　바저라　가야가
囉烏瑟尼二合沙佛頂百二十一毗折藍婆摩邏遮羅刹神女百二十二跋折囉二合迦那迦金剛使者

　　발一　바기　차나　　바저라　돈니차　　　세미다차가
百二十三鉢囉二合婆咾去遮那蓮華神衆百二十四跋折囉二合敦尼遮金剛擎山百二十五稅尾多遮迦

마　락一사　　사시발一　바예뎨이뎨　　모　달一　니아라
摩引囉引乞叉二合百二十六舍施鉢囉二合婆翳帝夷帝如是等百二十七母引陁囉二合尼揭拏衆

　　사볘락一삼　　　　구라반　도인누나마마　　나샤
印可百二十八娑吠囉乞懺二合一切護我百二十九俱囉飯二合都印甕那麽麽某乙稱名那寫誦呪者但

오훔 몰- 스아 나 발- 사 사다
至此語皆自稱名百三十 嗚吽二合牟哩二合瑟揭二合渠羯反皆同拏仙衆百三十一 鉢囉二合舍引薩多善相
사다타아도 오스니사 호훔 도로훔 첨바
百三十二薩怛他揭都一切如來百三十三 烏瑟尼沙百三十四 呼吽二合咄嚕吽三合警悮百三十五 瞻婆
나 호훔 도로훔 사탐바나 호훔 도로훔
那押領百三十六 呼吽二合咄嚕吽三合百三十七薩耽婆那鎭守百三十八 呼吽二合咄嚕吽三合百三十九
바라미댜-삼박-사나라 호훔 도로훔 살바보스타남 사
婆囉微地也三婆乞叉那囉百四十 呼吽二合咄嚕吽三合百四十一薩婆部瑟吒喃百四十二塞
담바나가라 호훔 도로훔 살바야차 갈라 샤사
曇婆那羯囉喫却他呪百四十三 呼吽二合咄嚕吽三合百四十四薩嚩藥叉勇猛百四十五喝囉引刹婆
아라하남 비타방사나가라 호훔 도로훔 자도라시디
揭囉訶喃百四十六 毗陁防娑那羯囉打破百四十七 呼吽二合咄嚕吽三合百四十八者都羅尸底
남 아라하사라남 비타방사나가라 호훔 도로훔
喃百四十九 揭囉訶娑囉喃八萬四千神王衆百五十 毗陁防娑那羯囉百五十一 呼吽二合咄嚕吽
아스타미 마사데남 나카 사다라남 바라마타나가
三合百五十二 阿瑟吒微二合摩舍帝喃上百五十三 那伕上沙怛囉喃上百五十四 婆囉摩馱那伽
라 호훔 도로훔 라샤라샤 바가범
囉百五十五 呼吽二合咄嚕吽三合百五十六 囉刹囉刹護一切諸佛菩薩金剛天仙皆護百五十七 薄伽梵佛
사다타아도오스니사 바라등의리 마하사하사라보아
百五十八薩怛他揭都烏瑟尼沙佛頂百五十九 鉢囉登擬哩百六十 摩訶薩訶薩囉部兒千臂大神
사하사라시리 구디사다사하사라녜다례 아볘댜-
百六十一娑訶薩囉室囇千頭神百六十二 俱胝舍多娑訶薩囉寧怛囇百千眼神百六十三 阿弊地也
지바리다나타가 마하바저로타 라 뎨리보바나 만
什嚩哩多那吒迦百六十四 摩訶跋折嚕陁引囉大輪金剛百六十五 帝哩菩嚩那三世百六十六 曼
다라 오훔사신뎨 바바도 인누마마 라자바
茶囉檀場百六十七 嗚吽莎悉底百六十八 薄婆都與我平等百六十九 印菟麽麽某乙百七十 囉闍婆
야 주라바야 아기니바야 오타가바야 볘사
夜王難百七十一 主囉婆夜賊難百七十二 阿祇尼婆夜火難百七十三 烏陁迦婆夜水難百七十四 吠沙
바야 사사다라바야 바라자가라바야 도리사바야
婆夜毒難百七十五 舍薩多囉婆夜刀伏難百七十六 波囉斫羯囉婆夜兵難百七十七 突㗚叉婆夜

아사니바야 아가라마릴 투바야 아다라니
穀貴飢饉難百七十八阿舍你婆夜罰難百七十九阿迦囉沒㗚利吉反駐婆夜掩死難百八十阿陁囉尼

보미검바 가바다바야 오라라가바다바야 라자
部弥劍波總持地動百八十一伽波哆婆夜險難百八十二烏囉囉迦波多婆夜道路難百八十三囉闍

단다바야 나 가바야 미디슈바야 소바릴니
彈茶婆夜王刑罰難百八十四那上伽婆夜龍怖難百八十五微地揄婆夜閃電難百八十六蘇跋㗚尼

바야 야차아라하 라샤사아라하 비리다알－하
婆夜金翅烏難百八十七藥叉揭囉訶百八十八羅刹娑揭囉訶百八十九畢唎哆揭囉訶二合訶餓鬼

비사 차아라하 보다알－하 구반다아라하
難百九十毗舍上遮揭囉訶廁神百九十一部多揭囉訶二合訶神鬼衆百九十二鳩槃茶揭囉訶守宮婦女

보다나알－하 가타보다나알－하 스건타
鬼一百九十三布單那揭囉二合訶魄鬼百九十四羯吒布單那揭囉二合訶奇魄鬼一百九十五塞揵陁

아라하 아바사마라알－하 오단마타알－하
揭囉訶鳩摩羅童天子百九十六阿婆娑摩囉揭二合囉訶羊頭鬼百九十七烏檀摩陁揭囉二合訶熱鬼

차야알－하 리바디아라하 자디하리니 가
百九十八車耶揭囉二合訶影鬼百九十九梨婆底揭囉訶陰謀鬼二百闍底訶哩泥食初産鬼二百一羯

라바하리니 로디라하리니 망사하리니 계타하리
囉婆訶哩㖿食懷孕鬼二百二嚧地囉訶哩泥食血鬼二百三芒娑訶哩泥食肉鬼二百四計陁訶哩

니 마자하리 니 자다하리니 시볘다하리니
泥食脂鬼二百五摩闍訶哩輕呼去聲泥食髓鬼二百六闍多訶哩泥食氣鬼二百七視吠哆訶哩泥食壽

바다하리니 바다하리남아슈차하리니 짇다하리
命鬼二百八婆多訶哩泥食風鬼二百九嶓多訶哩喃阿輸遮訶哩泥食不淨鬼二百一十質多訶哩

니 예삼살비삼 살바아라하남 비뱌－
泥食心鬼二百十一帝衫薩毗衫如是等衆二百十二薩嚩揭囉喃一切執祖鬼二百十三毗地也明呪藏

진타야미 기라야미 바리바라자가라 가리
二百十四嗔陁夜弥斬伐罪者二百十五枳囉夜弥二百十六波哩跋囉斫迦囉外道二百十七訖哩離枳

담미댜－ 진타야미 기라야미 다기니
反上擔微地也明呪藏二百十八嗔陁夜弥二百十九枳囉夜弥捕罰二百二十茶枳尼狐魅鬼二百二十一

가리담미댜－ 진타야미기라야미 마하바슈바디야 로
訖哩擔微地也明呪二百二十二嗔陁夜弥枳囉夜弥二百二十三摩訶鉢輸鉢底夜二百二十四嚕

타라　　　　　　가리탐미댜ー　　　진타야미기라야미　　　나라야
陁囉大自在天二百二十五訖哩耽微地也明呪二百二十六嗔陁夜弥枳囉夜弥二百二十七那囉耶

나야　　　　　가리탐미댜ー　　　진타야미기라야미　　　다드바가
拏耶天神二百二十八訖哩耽微地也明呪二百二十九嗔陁夜弥枳囉夜弥二百三十怛怛嚩伽上

로다　　　　　가리참미댜ー　　　진타야미기라야미　　　마하가라
嚕荼金翅鳥王二百三十一訖哩耽微地也二百三十二嗔陁夜弥枳囉夜弥二百三十三摩訶迦囉大

　　　　마다라가나가리　　탐미댜ー　　　진타야미기라야미
黑天神二百三十四摩怛囉伽拏枳哩離枳反上耽微地也二百三十五嗔陁夜弥枳囉夜弥二百三十六

가바리가　　　　가리탐미댜ー　　　진타야미기라야미　　　자야가
迦波哩迦髑髏外道二百三十七訖哩耽微地也二百三十八嗔陁夜弥枳囉夜弥二百三十九闍夜羯

라　　만도가라　　살바라타사다니　　가리탐미댜ー
囉二百四十曼度羯囉二百四十一薩婆囉他娑達different持一切物二百四十二訖哩耽微地也二百四十三

진타야미기라야미　　자도릴　　바기니　　　가리탐미댜ー
嗔陁夜弥枳囉夜弥二百四十四者都㗚利吉反薄祁你姊妹神女二百四十五訖哩耽微地也二百四

진타야미　　기라야미　　빙 의리지　　　　　난니　계
十六嗔陁夜弥二百四十七枳囉夜弥二百四十八憑去儀哩知鬪戰勝神幷器仗二百四十九難泥外道雞

수바라　　　가나바디　　　사혜야
首婆囉孔雀王器仗二百五十伽那鉢底毗那夜迦王二百五十一娑醯夜野叉王兄弟三人各領二十八萬衆二百

　　　가리탐미댜ー　　　진타야미　　기라야미　　　나연나실라 바나
五十二訖哩耽微地也二百五十三嗔陁夜弥二百五十四枳囉夜弥二百五十五那延那室囉引婆拏

　　　　가릴　　탐미댜ー　　　진타야미　　　기라야미
裸形外道二百五十六訖哩離吉反皆同耽微地也二百五十七嗔陁夜弥二百五十八枳囉夜弥二百五十九

아라하다　　　가리탐미댜ー　　　진타야미　　기라야미　　　미
阿囉訶多羅漢二百六十訖哩耽微地也二百六十一嗔陁夜弥二百六十二枳囉夜弥二百六十三微

다　라 가　　　가리탐미댜ー　　　진타야미　　기라야미
怛多普囉引迦起尸鬼二百六十四訖哩耽微地也二百六十五嗔陁夜弥二百六十六枳囉夜弥二百六

바저　라바니　　　　바저라바　니　　구혜야가
十七跋折時熱反囉波你執金剛神二百六十八跋折囉婆重呼尼二百六十九具醯夜迦密跡力士二百七十

디바디　　　가리탐미댜ー　　　진타야미기라야미　　　라사라사망
地鉢底攝管二百七十一訖哩耽微地也二百七十二嗔陁夜弥枳羅夜弥二百七十三囉叉囉叉罔

바가범　　　　인누나마마나샤　　　바가범
一切諸佛菩薩天仙龍神方護二百七十四薄伽梵佛二百七十五印兎那麽麽那寫某乙寫二百七十六婆伽梵

사다타아도오스니사　　실달다바다라　　나무소 도 양
薩怛他揭都烏瑟尼沙二百七十七悉怛多鉢怛囉華蓋二百七十八南无嚛上都上羝頂礼二百七十

아싣다나 라 라가　　　바라바비사보타　　비가싣달다
九阿悉多那引囉迦白光分明二百八十鉢囉婆毗薩普吒二百八十一毗迦悉怛多二百八十二

바디리　　지바라지바라　　타라타라　　빈타라빈타라
鉢底哩二百八十三什嚩囉什嚩囉光焰二百八十四陀囉陀囉二百八十五頻陀囉頻陀囉二百八十六

진타진타　　함후함후　　바바바　　바타바타　　사바하
嗔陀嗔陀二百八十七含吽含吽二百八十八泮泮泮二百八十九泮吒泮吒二百九十莎皤訶二百九十

혜혜바　　아모가야바　　　아바라디하다바　　　바라발
一醯醯泮二百九十二阿牟伽耶泮不空大使二百九十三阿鉢囉底訶多泮无障礙二百九十四皤囉鉢

　타바　　아소라비타아바가바　　　살바데볘볘바
囉二合陀泮與願二百九十五阿素囉毗陀囉皤迦泮修羅破壞二百九十六薩皤提吠弊泮一切天神二

살바나나가볘바　　　살바야차볘바　　　살바건달바
百九十七薩皤那那伽弊泮一切龍衆二百九十八薩皤藥叉弊泮一切勇鬼神二百九十九薩皤乾闥婆

볘바　　살바아소라볘바　　살바로다볘바　　살바긴나라볘바
弊泮一切音樂神三百薩皤阿素囉弊泮三百一薩皤揭嚕茶弊泮三百二薩皤緊那羅弊泮三百

살바마호라가볘바　　살바라샤사볘바　　살바마노쇄볘바　　살바아마
三薩皤摩護囉伽弊泮三百四薩皤囉刹莎弊泮三百五薩皤摩努囉弊泮三百六薩皤阿摩

노쇄볘바　　살바보다나볘바　　살바가타보다나볘바　　살바도란기데볘
努囉弊泮三百七薩皤布單那弊泮三百八薩皤迦吒布丹那弊泮三百九薩皤突蘭枳帝弊

바　　　살바도스타비리가시데볘바　　　살바지바리볘바
泮一切難過三百十薩皤突瑟吒畢哩乞史帝弊泮一切難三百十一薩皤什皤梨弊泮一切瘡壯熱三

　살바아바살마려볘바　　　살바사라바나볘바　　　살바디리티
百十二薩皤阿波薩麽嚛弊泮一切外道三百十三薩婆奢羅皤拏弊泮三百十四薩嚩底㘑耻

계볘바　　살보다바데볘바　　살바미댜－라서차려볘바
雞弊泮三百十五薩菩怛波提弊泮一切鬼惡三百十六薩皤微地也囉誓遮黎弊泮一切持呪博士等

　자야가라마도가라　　살바라타사타계볘바　　　미댜－차
三百十七闍耶羯囉摩度羯囉三百十八薩婆囉他娑陀雞弊泮一切物呪博士三百十九微地也遮

리예베바 자도라남바기니베바 바저라구마리가베바
喇曳弊泮三百二十者咄囉南薄祁你弊泮四姊妹神女三百二十一跋折囉俱摩喇迦弊泮金剛童

바저라구람타리베바 미댜-라 자베바 마하바라
子三百二十二跋折囉俱藍陁利弊泮三百二十三微陁也囉引闍弊泮呪王等三百二十四摩訶鉢囉

등자려베바 바저라상갈라 야바 바라등기라라 자 야바
登耆囉弊泮三百二十五跋折囉商羯囉引夜泮金剛連鎖三百二十六鉢囉登祁囉囉引闍引耶泮

마하아라야바 마하마달- 가나야바 나모스
三百二十七摩訶揭囉耶泮大黑天神三百二十八摩訶摩怛哩二合伽拏耶泮鬼衆三百二十九娜牟塞

알- 다야바 비슬나미예바 바라훔마니예바 아
揭哩二合多耶泮三百三十毗瑟拏尾曳泮毗紐天子三百三十一皤囉訸摩尼曳泮梵王三百三十二阿

기니예바 마하가리예바 가라다다예바
祁尼曳泮火天三百三十三摩訶迦哩曳泮大黑天女三百三十四迦囉檀特曳泮大鬼帥黑奥神三百三十五

예니리예바 차문지예바 로다리예바 가라 다
翳泥哩曳泮帝釋三百三十六遮文遲曳泮怒神三百三十七嘮怛哩曳泮瞋怒神三百三十八迦囉引怛

리예바 가바려예바 아디모기다가시마사나바신니예바 예
哩曳泮三百三十九迦波唎曳泮三百四十阿地目抧多迦尸麽舍那婆悉你曳泮三百四十一曳

기자나사다사다바 도스타진다 로특라진다 오
髻者那薩怛薩怛皤若有衆生三百四十二突瑟咤質多惡心鬼三百四十三嘮持囉質多三百四十四烏

자하라 아바하라 로디라하라 망사하라
闍訶囉食精氣鬼三百四十五揭婆訶囉食胎藏鬼三百四十六嘮地囉訶囉食血鬼三百四十七芒娑訶囉

마사하라 사다하라 시미다하라 바
食肉鬼三百四十八摩社訶囉食産鬼三百四十九社多訶囉三百五十視微多訶囉食壽命鬼三百五十一皤

략야하라 건타하라 보스바하라 바라하라
略耶訶囉食祭鬼三百五十二健陁訶囉食香鬼三百五十三布瑟波訶囉食花鬼三百五十四破訶囉食

사샤하라 바바진다도스타 진다
五果子鬼三百五十五薩寫訶囉食五穀種子鬼三百五十六波波質多突瑟咤知諌反質多惡心鬼三百五十七

로타라진다 다라진다야차아라하 라샤사아라하 베려
嘮陁羅質多瞋心鬼三百五十八陁囉質多藥叉揭囉訶三百五十九囉刹娑揭囉訶三百六十閉囉

다아라하비샤차아라하 보다아라하 구반다아라하 스
多揭囉訶毗舍遮揭囉訶三百六十一部多揭囉訶神衆三百六十二鳩槃茶揭囉訶三百六十三塞

건타아라하　　　　오다마타아라하　　　　차야아라하　　　　아바사마라
健陀揭囉訶三百六十四烏怛摩陀揭囉訶三百六十五車夜揭囉訶影鬼三百六十六阿波娑摩囉

아라하　　　　　　　타　　　　　가다기니아라하　　　　리바디
揭囉訶羊嗔鬼鬼如野狐三百六十七侘坼阿反上長平呼迦茶祁尼揭囉訶魅魅魅女鬼三百六十八唎婆底

아라하　　　　　　자미가아라하　　　　　사구니아라하　　　　만다
揭囉訶如狗惱小鬼三百六十九闍弭迦揭囉訶如烏鬼三百七十舍俱尼揭囉訶如馬三百七十一漫怛

라난데가아라하　　　　아람바아라하　　　　하노건도바니아라하
囉難提迦揭囉訶如貓兒三百七十二阿藍婆揭囉訶如蛇三百七十三訶奴建度波尼揭囉訶如雞

　　　　　지　　　　바라　　　　예가혜가　　　　　데리뎨약가
三百七十四什入音幡囉壯熱癎鬼翳迦醯迦一日一發德吠底迦二日一發三百七十五帝哩帝藥迦三日

저도리타가　　　　　니디야지바라　　　　　비사마지바라
一發折咄噪他迦四日一發三百七十六昵底夜什幡囉常壯熱鬼三百七十七毗沙摩什幡囉壯熱三百七

바디가　　　　배디가　　　실레스미가　　　　사니바디가
十八幡底迦風病鬼背底迦黃病鬼三百七十九室禮瑟弥迦痰飲三百八十娑你波底迦痢病三百八十一

사바지바라　　　실로아라디　　　아라다바데　　　아가
薩幡什幡囉一切壯熱三百八十二室嚕喝囉底頭痛三百八十三阿羅陀幡帝半頭痛三百八十四阿吃

사로검　　　모카로감　　　가리도로감　　　가라하슈람
史嚧劍飢不食鬼三百八十五目佉嚧鉗口痛三百八十六羯唎突嚧鉗愁鬼三百八十七羯囉訶輸藍咽喉

　　가나슈람　　　단다슈람　　　길리타야슈람　　　마마슈
痛三百八十八羯拏輸藍耳痛三百八十九檀多輸藍齒痛三百九十頡哩馱耶輸藍心痛三百九十一末摩輸

람　　　바라시바슈람　　　배리스타슈람　　　오타라슈람
藍盧鉗反三百九十二跋囉喀婆輸藍肋痛三百九十三背哩瑟吒輸藍背痛三百九十四烏馱囉輸藍盧

　　단지슈람　　　바신데슈람　　　오 로슈람
鉗反腹痛三百九十五羯知輸藍腰痛三百九十六跋悉帝輸藍髀骨痛三百九十七鄔上嚧輸藍腿胜痛三百九

상가슈람　　　아사다슈람　　　바다슈람　　　안가바라등슈람
十八常伽輸藍腕痛三百九十九喝薩多輸藍手痛四百波陀輸藍脚痛四百一頞伽鉢囉登輸藍四支

보다베다　　　다기　　　니　　　스바라타도로건추　　　기디
節痛四百二部多吠怛茶起尸鬼四百三茶枳呼哽反上尼魅鬼四百四什幡囉陀突盧建紐四百五吉知

바로다　　　베사라바로하　　　릉　　가　　　슈사다　라사나가라비사
蜘蛛婆路多丁瘡四百六吠薩囉波嚕訶侵淫瘡四百七凌里孕反伽赤瘡四百七輸沙多引囉娑那迦囉毗沙

슈가   아기니   오타가   마라볘라건다라   아가라밀—   투   다
喻迦上坎四百八阿祁尼火烏陁迦水摩囉吠囉建多囉四百九阿迦囉蜜唎二合駐橫死四百十怛
려보가디리라타비실지가   사라바   나구라   싱   가
囉部迦地哩囉吒毗失脂迦蝎四百十一薩囉波蛇四百十二那俱囉虎狼四百十三僧思孕反伽師子四

뱌—아라   다가사   다라가사마라   시바뎨삼   살
百十四吠也揭囉大虫四百十五怛乞叉豬熊四百十六怛囉乞叉末囉馬熊視皤帝衫此等四百十七薩

비삼살비삼   싣달다바다라   마하바저로   스니
毗衫薩毗衫一切此說者四百十八悉怛多鉢怛囉花蓋四百十九摩訶跋折嚕大金剛藏四百二十瑟尼

삼마하바라등기람   야바수타사수사나   편다려나비
衫摩訶鉢囉登祁藍四百二十一夜婆坢陁舍喻社那乃至二由旬成界四百二十二便怛囉拏毗

디야반타가로미   뎨수반타가   로미
入聲地夜畔馱迦嚧弥云我大明呪十二由旬結界禁縛莫入四百二十三帝殊畔陁迦居那反嚧弥佛頂光聚縛

바라미댜—   반타가로미   다냐타
結不得入界四百二十四波囉微地也也途迦反畔陁迦嚧弥能縛一切惡神鬼四百二十五怛地他卽說呪曰四百

옴   아나례비사뎨   비라   바저라   아리반타
二十六唵四百二十七阿那㘑毗舍提四百二十八鞞囉四百二十九跋折囉四百三十阿唎畔陁四百三十

비타니   바저라바니바   호훔   도로훔   사바하
一毗陁你四百三十二跋折囉波尼泮四百三十三呼吽四百三十四咄嚕吽三合四百三十五莎皤訶四百

옴훔   비로뎨   사바하
三十六唵吽四百三十七毗嚧提四百三十八莎皤訶四百三十九[4]

3) 다라니의 공덕

阿難 是佛頂光聚 悉怛多般怛囉 秘密伽陀 微妙章句
아난 시불정광취 실달다반달라 비밀가타 미묘장구

---

4 고려대장경에는 이 아래 "右此呪句總有四百三十九句"라는 12자가 있다.

아난아, 이 불정광취 실달다반달라 비밀가타 미묘장구는,

취聚 자는 덩어리, 무더기라는 말입니다. 부처님 정상頂上에서 나온 광명 속에서 설한 것이기 때문에 불정광취라고 합니다.

비밀가타는 한문 말인데, 내용을 알 수 없는 것이기 때문에 비밀이라고 했고, 가타란 위에서도 얘기했지만 게송을 말하는 겁니다.

이 불정광취, 실달다반달라, 비밀가타, 미묘장구라는 게 이 경 가운데 있는 능엄다라니의 이름입니다.

그래서 이름을 드러냈고,

出生十方 一切諸佛
출 생 시 방   일 체 제 불

시방의 일체제불을 출생하나니,

이 주문을 의지해서 부처님이 다 생긴다는 얘깁니다.

十方如來 因此呪心
시 방 여 래   인 차 주 심

시방 여래께서 이 주심을 인하여,

심心이란 『반야심경』하듯이 중심되어 염통과 같다는 의미, 그래서 주심呪心입니다. 심주心呪라고도 하는데 마찬가지입니다.

```
得成無上正遍知覺
득 성 무 상 정 변 지 각
```

무상정변지각을 이루시느니라.

무상정변지각은 아뇩다라삼먁삼보리입니다.

시방 여래를 출생한다는 건 총히 표한 말이고, 시방 여래께서 이 주심呪心을 의지해 가지고 무상정변지각을 출생하신다는 건 부처님께서 여기에서 나왔다는 말입니다.

```
十方如來 執此呪心
시 방 여 래  집 차 주 심
```

시방 여래께서 이 주심을 집執하시어,

글자가 좀 다른데 인차주심因此呪心이나 집차주심執此呪心이나 다 같습니다.

```
降伏諸魔 制諸外道
항 복 제 마  제 제 외 도
```

모든 마魔를 항복받고 모든 외도를 제어하시느니라.

```
十方如來 乘此呪心 坐寶蓮花 應微塵國
시 방 여 래  승 차 주 심  좌 보 련 화  응 미 진 국
```

시방 여래께서 이 주심을 승乘하여 보련화에 앉아 미진 국토에 응하시느니라.

十方如來 含此呪心 於微塵國 轉大法輪
시 방 여 래 함 차 주 심 어 미 진 국 전 대 법 륜

시방 여래께서 이 주심을 함솜하여 미진국에서 대법륜을 굴리시느니라.

十方如來 持此呪心 能於十方 摩頂授記
시 방 여 래 지 차 주 심 능 어 시 방 마 정 수 기

시방 여래께서 이 주심을 가져서 능히 시방에서 마정수기하시며,

自果未成 亦於十方 蒙佛授記
자 과 미 성 역 어 시 방 몽 불 수 기

자기의 과果를 이루지 못했으면 시방에서 부처님의 수기를 받느니라.

성불한 이는 다른 이에게 수기를 주고, 성불을 못 한 이는 다른 부처님의 수기를 받고 성불한다는 이런 말입니다.

十方如來 依此呪心 能於十方 拔濟群苦
시 방 여 래 의 차 주 심 능 어 시 방 발 제 군 고

시방 여래께서 이 주심을 의지하여 능히 시방에서 군고를 발제하시나니,

어떤 고품냐 하면,

> 所謂地獄 餓鬼畜生 盲聾瘖瘂 怨憎會苦 愛別離苦
> 소 위 지 옥 아 귀 축 생 맹 롱 음 아 원 증 회 고 애 별 리 고
> 求不得苦 五陰熾盛 大小諸橫 同時解脫
> 구 부 득 고 오 음 치 성 대 소 제 횡 동 시 해 탈

이른바 지옥, 아귀, 축생, 맹롱, 음아, 원증회고, 애별리고, 구부득고, 오음치성과 대소 제횡액을 동시에 해탈하게 하시며,

맹롱음아는 눈멀고, 귀먹고, 벙어리 되는 것이고, 원증회고는 원수나 미운 사람이나 그런 사람을 만나게 되는 괴로움, 애별리고는 사랑하는 사람을 떠나게 되는 괴로움, 오음성고五陰盛苦는 색·수·상·행·식의 오음이 치성해서 생기는 고품입니다.

대소제횡이란 횡액, 뜻밖에 생기는 것 횡橫이란 말이니, 원칙이 아니고 요행으로 된 것을 말합니다. 가령 갑자기 차 사고를 당하는 그런 것들이 다 횡橫입니다.

그래서 이 능엄주를 의지해 가지고 시방 중생들을 제도하는데, 이런 이들을 다 해탈하게 해주며, 그 말입니다.

> 賊難 兵難 王難 獄難 風水火難 飢渴 貧窮 應念銷散
> 적 난 병 난 왕 난 옥 난 풍 수 화 난 기 갈 빈 궁 응 념 소 산

적난, 병난, 왕난, 옥난, 풍수화난과 기갈, 빈궁이 염송에 응해서 소산하게 하시니라.

왕난이란 국법에 저촉이 되어서 받는 난難인데, 옳은 것도 있겠지만 임금이 횡포하고 백성을 해롭게 하는 그런 것이 다 왕난입니다. 그래서 여기까지의 모든 난難이 능엄주를 의지해서 한 생각을 응해서 다 녹아 없어지게 된다는 얘깁니다.

十方如來 隨此呪心 能於十方 事善知識
시방 여래 수 차 주심 능 어 시방 사 선 지 식

시방 여래께서 이 주심을 따라 시방에서 선지식을 섬기시되,

四威儀中 供養如意
사 위 의 중 공 양 여 의

사위의 중에서 여의(뜻대로)하게 공양하시며,

恒沙如來會中 推爲大法王子
항 사 여 래 회 중 추 위 대 법 왕 자

항하사 여래의 회중에서 대법왕자로 추추하시느니라.

十方如來 行此呪心 能於十方 攝受親因
시방여래 행차주심 능어시방 섭수친인

시방 여래께서 이 주심을 행하여 능히 시방에서 친親·인因을 섭수하시며,

친親 자는 아난이 부처님의 사촌이니까 아난을 가리키고, 인因 자는 인연 있는 사람을 말하니까 마등가를 가리킵니다.

친척 되는 이와 인연 있는 이를 섭수해 가지고,

令諸小乘 聞秘密藏
영제소승 문비밀장

모든 소승으로 하여금 비밀장을 듣고도,

『능엄경』 같은 경을 듣고도,

不生驚怖
불생경포

경포를 생하지 않게 하시느니라.

十方如來 誦此呪心 成無上覺
시방여래 송차주심 성무상각

시방 여래께서 이 주심을 송하여 무상각을 이루시고,

> 坐菩提樹 入大涅槃
> 좌 보 리 수 입 대 열 반

보리수에 앉으사 대열반에 드시느니라.

> 十方如來 傳此呪心 於滅度後 付佛法事
> 시 방 여 래 전 차 주 심 어 멸 도 후 부 불 법 사

시방 여래께서 이 주심을 전하여 멸도하신 후에 불법사를 부촉하시어,

> 究竟住持 嚴淨戒律 悉得淸淨
> 구 경 주 지 엄 정 계 율 실 득 청 정

구경까지 주지하게 하시며, 계율을 엄정히 하여 다 청정을 얻게 하시느니라.

　여기도 계율 얘기를 했는데, 수행한다고 하는 것은 중노릇하는 것부터도 계율이 가장 중요합니다. 위에서도 특별히 계율을 자세하게 얘기한 것으로 보아 우리에게 가장 중요한 것이 계율인데, 현 우리 종단에서 가장 천대받는 게 계율입니다. 그러니 불법이 옳게 되질 못하는 겁니다.

若我說是佛頂光聚般怛囉呪
약 아 설 시 불 정 광 취 반 달 라 주

만약 내가 이 불정광취반달라주의 공덕을 설하려면,

그러니까 주呪의 신력神力을 설한다면,

從旦至暮 音聲相連
종 단 지 모 음 성 상 련

아침으로 좇아 저녁에 이르도록 음성이 서로 이어지며,

음성이 아침부터 저녁까지 끊어지지 않고 잠깐도 쉬지 않고 얘기한다는 말입니다. 아침 단旦 자를 우리는 조라고 읽습니다.

왜 그런고 하니 이성계가 임금이 되어 가지고는 성계라는 이름을 고쳐서 조旦 자를 썼기 때문입니다. 그래서 임금의 이름을 단이라고 읽을 수가 없어서 같은 아침이라는 뜻으로 아침 '조' 자로 읽었습니다. 그래서 정월 초하루도 원조元旦라고 했었는데, 지금은 뭐 상관없이 다 원단元旦이라고 합니다.

그래서 조선 5백 년 동안엔 언제든지 '조'라고 읽게 되었는데 그게 하나 있고, 또 중국 주周나라의 문왕의 아들 이름이 주공인데, 그 주공의 이름에 이 단旦 자를 씁니다. 그래서 중국에서도 이 주공이라는 사람이 유수한 이이니까 아마 중국 사람도 피해서 읽었을 겁니다. 그러나 우리는 단旦으로 읽습니다.

字句中間 亦不重疊
자 구 중 간 역 부 중 첩

자구의 중간에 또한 중첩되지 아니하며,

능엄주의 공은 아침에서부터 저녁까지 하는 중간에 했던 말을 다시 하지 않고 새 말을 자꾸 하는데, 그렇게 하기를,

經恒沙劫 終不能盡
경 항 사 겁 종 불 능 진

항사 겁을 지낼지라도 마침내 능히 다하지 못하느니라.

부처님의 변재로도 다할 수 없을 만큼 능엄주의 공덕이 한정 없다는 걸 말하는 겁니다.

亦說此呪 名如來頂
역 설 차 주 명 여 래 정

또한 설하되, 이 주呪의 이름을 여래정이라고도 하나니,

부처님의 정상頂上으로부터 나왔으니까 여래정이라고도 하나니,

汝等有學 未盡輪廻 發心至誠 取阿羅漢[5]
여 등 유 학 미 진 윤 회 발 심 지 성 취 아 라 한

너희 등 유학이 윤회를 끊지 못하여도 지성으로 발심하여 아라한을 취하되,

소승 아라한과는 무학이고, 대승 아라한과는 성불, 부처 되는 게 아라한과입니다.

우리가 여래 아라하阿羅訶라고 하는 아라하가 내내 이 말입니다.

> 不持此呪 而坐道場 令其身心 遠諸魔事 無有是處
> 부 지 차 주 이 좌 도 량 영 기 신 심 원 제 마 사 무 유 시 처

이 주呪를 지송하지 않고 도량에 앉아서 그 신심으로 하여금 모든 마사를 여의게 하려 함은 이러한 도리가 없느니라.

능엄주를 해야 마구니가 오지 못한다는 말입니다.

> 阿難 若諸世界 隨所國土 所有衆生
> 아 난 약 제 세 계 수 소 국 토 소 유 중 생

아난아, 만약 모든 세계의 수소국토에 있는바 중생이,

수소란 가는 데마다, 그 말입니다.

---

5 고려대장경에는 이 구절이 취향아뇩다라삼먁삼보리趣向阿耨多羅三藐三菩提로 되어 있으나, 송본·원본·명본에는 본문과 같이 되어 있다.

> 隨國所生 樺皮 貝葉 紙素 白疊書寫此呪
> 수 국 소 생 화 피 패 엽 지 소 백 첩 서 사 차 주

나라를 따라 생한 바의 화피, 패엽, 지소, 백첩에 이 주呪를 서사하여,

화피는 글자 그대로 보면 벚나무 가죽일 텐데, 아마 나무거죽이 종이같이 되어서 찢어지지 않는 그런 게 있는 모양입니다. 그러니까 이것은 예전에 중국에서 종이가 생기기 전에 쓰던 것 같습니다.

패엽은 패다라수貝多羅樹의 잎을 말하는데, 이걸 보리수 잎이라고 잘못 아는 경우가 있습니다. 이 패엽을 인도나 남방에 갔다 오는 사람들이 많이 가져오는데, 거기서 갖고 오는 건 대개 남방에 있는 소승 경전입니다.

이번에 그쪽 사람이 자운 스님께 다녀가면서 율문律文에 관한 패엽을 주고 갔는데, 매우 소중한 것입니다. 우리나라에는 동화사에 가면 있는데, 범어를 모르니 어느 경인지 모르겠고, 나도 한번 봤는데 오래되어서 다 떨어져 천으로 깁고 그랬던 걸 봤습니다. 그리고 내게도 우리 노스님이 가지고 계시던 패엽이 있었는데, 그것이 어떻게 6·25난리를 지내면서도 없어지지 않고 다행히 남아 있어서 사진 찍어서 방 앞에 걸어두었고, 또 이렇게 소중한 것을 내가 가지고 있다가 죽는다고 하면 상좌들이 누가 어떻게 될는지 모르겠고, 또 노스님 때부터 내려오던 게니까 잘 보관해야겠다 싶어서 동국대학교 도서관에 기증을 했습니다.

아마 지금도 그 도서관에 있을 텐데, 도서관에 기증하면 누가 훔쳐 가기 전에는 없어지지 않을 겁니다. 우리나라에도 더러 있긴 있을 텐데 내가 아는 바로는 그 둘이 있습니다.

동대 총장 조명기 박사가 인도에 간다길래 오는 길에 패엽을 하나 갖다 주면 좋겠다고 부탁을 했더니, 한 장에 5백 달러를 달라고 하더랍니다. 그

래서 그건 못 하고 말았는데, 남방에서 패엽을 구해 온 이는 많습니다. 또 대구 동화사 포교당 보현사에 있는 그걸 얘기했더니, 누가 주어서 그것까지 나란히 동대에다 기증했습니다.

그런데 우리나라엔 지공 스님이 채 우리나라에 1년은 못 있었는데, 그 스님이 올 때에 가져온 패엽이 있는데, 말이 육백부반야六百部般若라고 그럽니다.

그 패엽이 장단의 화장사에 있었는데, 다른 데 어디 패엽이 있는 곳은 없으니까 아마 우리 노스님이 가졌던 것도 거기서 나오지 않았나 생각됩니다. 그때 혹 노스님이 거기 있는 패엽을 달라고 해서 가지셨는지, 또 노스님이 화장사에 계실 때 화장사에 있는 스님이 갖다 드렸는지는 알 수 없으나 지금은 그 화장사가 불타서 패엽이 다 없어졌지만 아마 패엽이 있다고 하면 거기서 나온 것일 거라고 그렇게 생각이 됩니다.

대단히 소중한 패엽인데 그걸 보면 패다라 잎을 똑같은 규모로 잘라 가지고는 거기다 먼저 날카로운 송곳 같은 걸로 금을 그어 글자를 새겨서 그 속에다 먹을 넣는다는 겁니다. 그러니까 그 패엽 조성하기가 수공이 많이 드는 겁니다.

지소紙素는 종이이고, 백첩白氎이란 인도에 있는 천 가운데 가장 좋은 천이라고 합니다. 모직 같은 걸로 만들었는지는 모르나 부처님께서 열반하신 후에 몸을 염할 때에 몸을 백첩으로 쌌다고 그럽니다. 그리고 서書와 사寫가 뜻이 좀 다른데, 서書 자는 붓으로 쓰는 것을 말하고, 사寫 자는 그림으로 그린다든지 경전을 판에다 박는 그것도 사寫에 속합니다.

貯於香囊
저 어 향 낭

향낭에 두어야 하며,

향낭이란 향을 차고 다니기 위해 처음에 만들었겠지만, 조그만 주머니를 향낭이라고 하게 되었습니다. 그렇게 가지고 다니든지, 주머니에 넣고 다니든지 이건 다 능엄주를 공양하는 겁니다.

是人心惛 未能誦憶
시 인 심 혼 미 능 송 억

이 사람의 마음이 혼둔하여 능히 송억할 수 없거든,

或帶身上 或書宅中
혹 대 신 상 혹 서 택 중

혹 신상에 차거나 혹 집 가운데 써 두면,

當知是人 盡其生年 一切諸毒 所不能害
당 지 시 인 진 기 생 년 일 체 제 독 소 불 능 해

마땅히 알라. 이 사람은 그 생년이 다하도록 일체 모든 독이 능히 해하지 못할 바이니라.

阿難 我今爲汝 更說此呪 救護世間 得大無畏
아 난 아 금 위 여 갱 설 차 주 구 호 세 간 득 대 무 외

아난아, 내가 이제 너를 위하여 다시 이 주呪가 세간을 구호하여 대무외를 얻으며,

```
成就衆生出世間智
성 취 중 생 출 세 간 지
```

중생의 출세간하는 지혜를 성취하게 함을 말하리라.

```
若我滅後 末世衆生 有能自誦 若敎他誦
약 아 멸 후  말 세 중 생  유 능 자 송  약 교 타 송
```

만약 내가 멸도한 후에 말세 중생이 혹 능히 스스로 송하거나 혹 타인으로 하여금 송하게 하면,

교敎 자는 시켜서 외운다는 말입니다.

```
當知 如是誦持 衆生 火不能燒
당 지  여 시 송 지  중 생  화 불 능 소
```

마땅히 알라. 이와 같이 송지하는 중생은 불이 능히 태우지 못하고,

```
水不能溺 大毒小毒 所不能害
수 불 능 닉  대 독 소 독  소 불 능 해
```

물이 능히 빠뜨리지 못하며, 대독·소독이 능히 해하지 못할 바이며,

> 如是乃至 龍天鬼神 精祇魔魅 所有惡呪 皆不能着
> 여시내지 용천귀신 정기마매 소유악주 개불능착

이와 같이 내지 용·천·귀·신·정기·마매의 있는바 악주가 다 능히 착착하지 못하며,

불능착이란 게 여러 잡신들이 이 사람을 홀리게 하지 못한다는 말입니다.

> 心得正受
> 심 득 정 수

마음에 정수를 얻어서,

정수는 삼매의 번역입니다.

> 一切呪詛[6]
> 일 체 주 저

일체 주저와,

---

6 고려대장경에는 저咀로 되어 있으나, 송본에는 본문과 같이 되어 있다.

저詛 자는 주呪와 같은데, 주문을 가지고 사람을 해치는 나쁜 주문도 있지만, 주문이 아니라고 해도 이렇게 해 달라고 하는 소원의 뜻입니다.

그래서 나쁜 그런 방법으로 은밀히 다른 사람을 해롭게 하는 게 주저입니다.

厭蠱	毒藥	金毒	銀毒	草木蟲蛇	萬物毒氣
염고	독약	금독	은독	초목충사	만물독기

염고, 독약, 금독, 은독, 초목충사의 만물의 독기가,

염고란 양밥이라고 해서 벌레라든지 그런 나쁜 것을 그 사람의 좌복이나 이불 속에 넣으면 그것이 효력이 생겨서 그 사람이 병이 난다든지 죽는다든지 하는데, 우리나라 말로는 방자한다고 하는 그런 것들을 다 염고라고 그럽니다.

본래 이 고蠱 자는 벌레 고 자인데, 지네라든지 나쁜 독벌레들을 잡아서 한 그릇에 넣어 두면 다른 건 먹을 게 없으니, 저희끼리 서로 잡아먹고는 마지막 벌레 한 마리가 남는답니다. 그러니까 그 여러 독한 벌레의 독이 한 군데로 모인 한없이 독한 그 벌레를 가지고 다른 사람을 해롭게 하는 그것이 염고입니다.

入此人口	成甘露味
입차인구	성감로미

이 사람의 입에 들어가면 감로미를 이루며,

감로미가 되어 오히려 이익되게 한다는 말입니다.

> 一切惡星 並諸鬼神
> 일 체 악 성 병 제 귀 신

일체 악성과 아울러 모든 귀신과,

천상의 기상이 우리 인간과 관계가 있다고 믿는 것이 미개하다고 하나 확실히는 어떤지 모르는 일입니다.

> 磣毒心人 於如是人 不能起惡
> 참 독 심 인 어 여 시 인 불 능 기 악

가만히 사람을 독해하려는 것들이 이 사람에게는 능히 악을 일으키지 못하며,

참磣 자는 가만히, 은밀하게 다른 사람을 해롭게 한다는 뜻입니다.

> 毗那 夜迦 諸惡鬼王 並其眷屬
> 비 나 야 가 제 악 귀 왕 병 기 권 속

비나, 야가와 모든 악귀의 왕과 아울러 그 권속이,

악귀왕은 귀신 가운데 우두머리입니다.

皆領深恩 常加守護
개 령 심 은 상 가 수 호

다 깊은 은혜를 받았을새, 항상 더욱 수호하느니라.

지금까지는 능엄주의 공능을 말했고, 여기에서는 능엄주를 해서 공부하여 도업道業을 이루는 데 이익되는 걸 얘기하는 겁니다.

阿難當知
아 난 당 지

아난아, 마땅히 알라.

是呪常有 八萬四千 那由他 恒河沙 俱胝金剛藏王
시 주 상 유 팔 만 사 천 나 유 타 항 하 사 구 지 금 강 장 왕
菩薩種族
보 살 종 족

이 주呪는 항상 8만 4천 나유타 항하사 구지의 금강장왕 보살 종족이,

一一皆有 諸金剛衆 而爲眷屬
일 일 개 유 제 금 강 중 이 위 권 속

낱낱이 다 모든 금강중으로 권속을 삼아서,

금강장보살도 숫자가 많은데, 그 많은 보살들이 각각 금강중의 권속들이 있어 가지고,

晝夜隨待[7]
주 야 수 대

주야로 따라 모시리라.

設有衆生 於散亂心 非三摩地
설 유 중 생   어 산 란 심   비 삼 마 지

설사 어떤 중생이 산란심이어서 삼마지가 아닐지라도,

정定에 들지 않고 산란한 마음으로라도,

心憶口持
심 억 구 지

마음으로 억憶하고 입으로 지持하면,

심억은 그냥 생각하는 게 아니고 마음으로 읽는 겁니다.

---

7 고려대장경에는 이 구절이 없으나, 송본 · 원본 · 명본에는 있다.

是金剛王
시 금 강 왕

이 금강왕이,

위의 금강장왕들입니다.

常隨從彼諸善男子
상 수 종 피 제 선 남 자

항상 저 모든 선남자를 따르거든,

산란심으로 해도 모시고 다니는데,

何況決定 菩提心者
하 황 결 정 보 리 심 자

하물며 보리심을 결정한 자리오.

삼마지를 옳게 닦는 사람들을 말합니다.

此諸金剛菩薩藏王 精心陰速
차 제 금 강 보 살 장 왕 정 심 음 속

이 모든 금강보살장왕의 정심이 음속하여,

이 신장들이 이렇게 동작을 해서 공부하는 사람의 정신이 새롭도록 해준다는 말입니다.

發彼神識
발 피 신 식

저 신식을 발명하게 함이리오.

그러니까 은밀한 가운데서 마음이 열리도록 해주는 것입니다.
그렇게 해주면,

是人應時 心能記憶 八萬四千 恒河沙劫
시 인 응 시 심 능 기 억 팔 만 사 천 항 하 사 겁

이 사람이 그때에 마음에 능히 8만 4천 항하사 겁을 기억하여,

周遍了知 得無疑惑
주 변 요 지 득 무 의 혹

두루 요지하여 의혹 없음을 얻으리라.

발피신식發彼神識하기 때문에 이렇게 된다는 얘깁니다.

從第一劫
종 제 일 겁

제1겁으로 좇아,

이건 능엄주를 시작한, 발심한 제1겁입니다.

乃至後身
내 지 후 신

이에 후신에 이르러,

후신은 최후신最後身이니까 성불하는 마지막 몸을 말합니다.

生生不生 藥叉羅刹 及富單那 迦吒富單那 鳩槃茶
생생불생 야차나찰 급부단나 가타부단나 구반다
毗舍遮等 并諸餓鬼 有形無形 有想無想 如是惡處
비사차등 병제아귀 유형무형 유상무상 여시악처

생생에 야차, 나찰, 부단나, 가타부단나, 구반다, 비사차 등과 아울러 모든 아귀, 유형, 무형, 유상, 무상 이와 같은 악처에 생生하지 아니하며,

십이유생十二類生 가운데 나쁜 무리들인데, 능엄주만 하면 그 공덕으로 이런 곳에 나지 않는다는 말입니다.

是善男子 若讀 若誦 若書 若寫 若帶 若藏 諸色供養
시선남자 약독 약송 약서 약사 약대 약장 제색공양

이 선남자가 읽거나 외우거나 쓰거나 사寫하거나 차거나 장藏하여 여러 색色으로 공양하면,

> 劫劫不生 貧窮下賤 不可樂處
> 겁 겁 불 생 빈 궁 하 천 불 가 락 처

겁겁마다 빈궁하고 하천한 불가락처에 나지 아니하리라.

> 此諸衆生 縱其自身 不作福業 十方如來 所有功德
> 차 제 중 생 종 기 자 신 부 작 복 업 시 방 여 래 소 유 공 덕
> 悉與此人
> 실 여 차 인

이 모든 중생이 비록 그 자신이 복업을 짓지 못했더라도 시방 여래의 있는바 공덕을 다 이 사람에게 주며,

능엄주 하는 사람에게 주어 복을 받게 한다는 말입니다.
시방 여래가 복을 주기 때문에,

> 由是 得於恒河沙 阿僧祇 不可說 不可說劫
> 유 시 득 어 항 하 사 아 승 기 불 가 설 불 가 설 겁

이로 말미암아 항하사 아승기 불가설 불가설 겁 동안에,

常與諸佛 同生一處
상 여 제 불 동 생 일 처

항상 제불로 더불어 함께 일처에 생하며,

부처님 나는 곳에 나서 부처님 법을 듣고 부처님께 공양하고 할 수가 있다는 애깁니다.

無量功德 如惡叉聚 同處熏修 永無分散
무 량 공 덕 여 악 차 취 동 처 훈 수 영 무 분 산

무량한 공덕이 악차취와 같아서 동처에서 훈수하고 길이 분산함이 없으리라.

부처님과 같이 난다고 했으니까 같은 곳에서 훈수, 공부하고 있는 겁니다.

是故能令破戒之人 戒根清淨
시 고 능 령 파 계 지 인 계 근 청 정

이런고로 능히 파계한 사람으로 하여금 계근이 청정하게 하며,

未得戒者 令其得戒
미 득 계 자 영 기 득 계

계를 얻지 못한 이는 그로 하여금 계를 얻게 하고,

未精進者 令得精進 無智慧者 令得智慧
미 정 진 자 영 득 정 진 무 지 혜 자 영 득 지 혜

정진하지 못한 이는 하여금 정진을 얻게 하고, 지혜가 없는 이는 하여금 지혜를 얻게 하며,

不淸淨者 速得淸淨 不持齋戒 自成齋戒
불 청 정 자 속 득 청 정 부 지 재 계 자 성 재 계

청정하지 못한 이는 속히 청정을 얻게 하며, 재계를 가지지 못한 이는 스스로 재계를 이루게 하느니라.

阿難 是善男子 持此呪時
아 난 시 선 남 자 지 차 주 시

아난아, 이 선남자가 이 주呪를 가지는 때에는,

設犯禁戒於未受時
설 범 금 계 어 미 수 시

설사 수지하기 전에 금계를 범했을지라도,

持呪之後 衆破戒罪 無問輕重 一時銷滅
지 주 지 후 중 파 계 죄 무 문 경 중 일 시 소 멸

주呪를 가진 후에는 모든 파계한 죄가 경하고 중함을 묻지 않고 일시에 소멸되며,

이건 분명히 능엄주를 가지기 전에 지었던 죄업이 능엄주 가진 후에는 일시에 소멸한다는 말이지, 능엄주 가진 후에 죄를 범해도 없어진다는 건 아닙니다. 어미수시於未受時니까 능엄주 수지하기 전에 그때 범했던 것이 능엄주 가진 후에는 아주 없어진다는 말입니다.

縱經飮酒 食噉五辛 種種不淨
종 경 음 주 식 담 오 신 종 종 부 정

비록 음주를 지나고 오신을 먹어서 종종으로 부정하여도,

一切諸佛菩薩 金剛天仙 鬼神 不將爲過
일 체 제 불 보 살 금 강 천 선 귀 신 부 장 위 과

제불과 보살과 금강과 천·선·귀·신이 허물을 삼지 아니하느니라.

능엄주를 외우는 사람이면 오신채나 술을 먹는다 해도 나쁘다고 하지 않는다는 말입니다.

設着不淨 破弊衣服 一行一住 悉同淸淨
설 착 부 정 파 폐 의 복 일 행 일 주 실 동 청 정

설사 부정하고 파폐한 옷을 착着하여도 일행일주에 모두 청정하며,

縱不作壇 不入道場 亦不行道
종 부 작 단 불 입 도 량 역 불 행 도

비록 단壇을 짓지 않고, 도량에 들지 않고, 또한 행도하지 아니하여도,

저 위에서 단壇 만드는 법을 얘기했는데, 그 단 하는 일도 짓지 않고, 도량에 들어가지도 않고, 또한 삼칠일 동안 행도한 것도 아니라 해도,

誦持此呪 還同入壇 行道功德 無有異也[8]
송 지 차 주 환 동 입 단 행 도 공 덕 무 유 이 야

이 주呪를 송지하면 단壇에 들어가 행도한 공덕과 같아서 다름이 없으며,

능엄주를 잘 외우면 단壇을 안 하고 해도 공덕이 그와 같다는 얘깁니다.

若造五逆 無間重罪 及諸比丘 比丘尼 四棄八棄
약 조 오 역 무 간 중 죄 급 제 비 구 비 구 니 사 기 팔 기

---

8 고려대장경에는 무유이야無有異也가 없으나, 송본·원본·명본에는 있다.

만일 오역과 무간중죄와 및 모든 비구, 비구니가 사기, 팔기를 지었더라도,

비구는 사기요, 비구니는 팔기인데 그런 것을 범했다고 하더라도, 즉 능엄주 가지기 이전에 범했다고 하더라도,

誦此呪已 如是重業
송 차 주 이 여 시 중 업

이 주呪를 송해 마치면 이와 같은 중업重業이,

猶如猛風 吹散沙聚 悉皆滅除 更無毫髮
유 여 맹 풍 취 산 사 취 실 개 멸 제 갱 무 호 발

마치 맹풍이 모래 무더기를 취산하는 것과 같아서 다 멸제하여 다시 호발도 없으리라.

阿難 若有衆生 從無量無數劫來 所有一切 輕重罪障
아 난 약 유 중 생 종 무 량 무 수 겁 래 소 유 일 체 경 중 죄 장

아난아, 만일 중생이 무량무수겁을 좇아오므로 있는바 일체 경중한 죄장을,

> 從前世來 未及懺悔
> 종 전 세 래 미 급 참 회

전세래로 좇아 참회하지 못했을지라도,

죄만 짓고 참회를 못 했다고 할지라도,

> 若能讀誦 書寫此呪 身上帶持 若安住處 莊宅園舘
> 약 능 독 송 서 사 차 주 신 상 대 지 약 안 주 처 장 택 원 관

만약 능히 이 주呪를 독송 서사하거나 신상에 대지하거나 주처의 장택, 원관에 두면,

안安 자는 능엄주를 모신다는 뜻입니다. 장莊이란 산장이나 별장처럼 임시로 가 있는 곳이고, 원園이나 관舘은 여관 같은 별관을 가리킵니다.

> 如是積業 猶湯消雪
> 여 시 적 업 유 탕 소 설

이와 같이 적업이 끓는 물에 눈이 녹는 것과 같으며,

> 不久皆得悟無生忍
> 불 구 개 득 오 무 생 인

오래지 않아 다 무생인을 득오하리라.

復次阿難 若有女人 未生男女
부 차 아 난 약 유 여 인 미 생 남 녀

다시 또 아난아, 만약 어떤 여인이 남녀를 생하지 못하여,

欲求孕[9]者 若能至心 憶念斯呪
욕 구 잉 자 약 능 지 심 억 념 사 주

잉쭈하기를 구하는 이가 만약 능히 지심으로 이 주呪를 억념하거나,

或能身上 帶此悉怛多鉢怛羅者 便生福德 智慧男女
혹 능 신 상 대 차 실 달 다 발 달 라 자 변 생 복 덕 지 혜 남 녀

혹 능히 신상에 이 실달다발달라주를 차면 문득 복덕과 지혜 있는 남녀를 생하며,

求長命者 速得長命
구 장 명 자 속 득 장 명

장명을 구하는 이는 속히 장명을 얻게 하며,

---

9 고려대장경에는 생생으로 되어 있으나, 송본·원본·명본에는 본문과 같이 되어 있다.

欲求果報 速圓滿者 速得圓滿
욕 구 과 보   속 원 만 자   속 득 원 만

과보가 속히 원만하기를 구하는 이는 속히 원만을 얻게 하며,

身命色力 亦復如是
신 명 색 력   역 부 여 시

신·명·색·력도 다시 이와 같으며,

색色이란 사대육신을 가리키는 말입니다.
여기까지는 살았을 때 얘기고,

命終之後
명 종 지 후

명을 마친 후에는,

隨願往生 十方國土
수 원 왕 생   시 방 국 토

원을 따라 시방 국토에 왕생하며,

必定不生邊地下賤 何況雜形
필 정 불 생 변 지 하 천 하 황 잡 형

반드시 결정코 변지, 하천에도 나지 아니하거늘, 하물며 잡형이겠는가.

변지라는 건 국경 지대 같은 변두리여서 나라의 은혜가 미치지 못하는 좋지 않은 곳이며, 잡형은 천·용·야차·건달바 같은 종류를 말합니다.

阿難 若諸國土 州縣聚落
아 난 약 제 국 토 주 현 취 락

아난아, 만일 모든 국토의 주, 현, 취락에,

주州는 큰 곳이고, 현縣은 작은 곳인데, 주를 지금으로 하면 도道가 됩니다.

飢荒疫癘 或復刀兵 賊難鬪諍
기 황 역 려 혹 부 도 병 적 난 투 쟁

기황과 역려와 혹 도병과 적난과 투쟁과,

기飢 자는 곡식이 여물지 않은, 열매를 맺는데 결실을 못 한다는 말이고, 황荒 자는 묵을 황 자입니다.

역려는 돌림병·유행병이고, 도병은 전쟁이 일어나는 것을 말하며, 적난은 도적이 치성하는 것을 말합니다.

> 兼餘一切厄難之地 寫此神呪
> 겸 여 일 체 액 난 지 지 사 차 신 주

겸하여 일체 액난의 지지에 이 주뭐를 써서,

> 安城四門 幷諸支提 或脫闍上
> 안 성 사 문 병 제 지 제 혹 탈 도 상

성의 사문에나 아울러 모든 지제나 혹 탈도상에 모시거나(安),

지제란 청정해서 공양할 만한 곳이고, 탈도란 당幢·깃대 같은 것을 말합니다.

그러니까 그런 곳에 둔다 해도,

> 令其國土 所有衆生 奉迎斯呪
> 영 기 국 토 소 유 중 생 봉 영 사 주

그 국토의 있는바 중생으로 하여금 이 주뭐를 봉영하게 하며,

> 禮拜恭敬 一心供養 令其人民 各各身佩
> 예 배 공 경 일 심 공 양 영 기 인 민 각 각 신 패

예배하고 공경하며 일심으로 공양하거나, 하여금 그 인민들이 각각 몸에 차거나,

或各各安所居宅地 一切災厄 悉皆銷滅
혹 각 각 안 소 거 택 지 일 체 재 액 실 개 소 멸

혹 각각 거居한 바의 택지에 모시면 일체 재액이 다 소멸하리라.

阿難 在在處處 國土衆生
아 난 재 재 처 처 국 토 중 생

아난아, 재재처처의 국토 중생이,

隨有此呪 天龍歡喜 風雨順時 五穀豊殷 兆庶安樂
수 유 차 주 천 룡 환 희 풍 우 순 시 오 곡 풍 은 조 서 안 락

이 주呪가 있는 곳마다 천룡이 환희하고, 풍우가 때에 순順하며, 오곡이 풍은하고, 조서가 안락하며,

은殷 자는 많아진다, 풍년 든다는 말입니다.
조서는 억조창생(수많은 백성)과 같은 말이니까 억조나 되는 백성, 서민들을 말합니다.

亦復能鎭 一切惡星 隨方變怪 災障不起
역 부 능 진 일 체 악 성 수 방 변 괴 재 장 불 기

또 능히 일체 악성이 처소를 따라 변괴함을 진압하여 재장이 일어

나지 않게 하며,

  진鎭 자는 진압한다는 말입니다.

人無橫夭 杻械枷鎖 不着其身
인 무 횡 요 추 계 가 쇄 불 착 기 신

사람이 횡액과 요사夭死함이 없고, 추계가쇄가 몸에 착着하지 못하여,

  요夭 자는 일찍 죽을 요夭 자입니다.

晝夜安眠 常無惡夢
주 야 안 면 상 무 악 몽

주야에 편히 자며 항상 악몽이 없으리라.

阿難 是娑婆界 有八萬四千 災變惡星
아 난 시 사 바 계 유 팔 만 사 천 재 변 악 성

아난아, 이 사바계에 8만 4천의 재변악성이 있는데,

  그 가운데,

> 二十八大惡星 而爲上首
> 이 십 팔 대 악 성 이 위 상 수

이십팔 대악성이 상수가 되고,

이십팔수二十八宿를 가리키는 말일 겁니다.

> 復有八大惡星 以爲其主
> 부 유 팔 대 악 성 이 위 기 주

다시 팔대악성이 그 주主가 되어,

> 作種種形 出現世時 能生衆生 種種災異
> 작 종 종 형 출 현 세 시 능 생 중 생 종 종 재 이

가지가지의 형상으로 세世에 출현할 적에 능히 중생에게 종종의 재이를 생하거니와,

> 有此呪地 悉皆銷滅
> 유 차 주 지 실 개 소 멸

이 주呪가 있는 지地에는 다 소멸하고,

十二由旬 成結界地
십이유순 성결계지

12유순이 결계지를 이루어,

諸惡災祥 永不能入
제악재상 영불능입

모든 악재상이 길이 능히 입入하지 못하느니라.

상祥 자는 흔히 상서롭다고 쓰이지만, 미리 앞에 생길 징조입니다. 그러니까 재災나 상祥이 다 좋지 못한 것입니다.

是故 如來宣示此呪 於未來世 保護初學 諸修行者 入三摩提
시고 여래선시차주 어미래세 보호초학 제수행자 입삼마제

이런고로 여래가 이 주呪를 선시하여 미래세에 초학으로 수행하는 이를 보호하여 삼마제에 들게 하되,

身心泰然 得大安隱
신심태연 득대안은

신심이 태연하여 대안은을 얻게 하며,

```
更無一切 諸魔鬼神 及無始來 冤橫宿殃 舊業陳債
갱무일체 제마귀신 급무시래 원횡숙앙 구업진채
來相惱害
내상뇌해
```

다시 일체 제마와 귀신이 없고, 무시래의 원횡과 숙앙과 구업과 진채가 와서 서로 뇌해함이 없으리라.

```
汝及衆中 諸有學人 及未來世 諸修行者
여급중중 제유학인 급미래세 제수행자
```

너와 이 회중의 유학인들과 미래세에 수행할 이들이,

```
依我壇場 如法持戒
의아단장 여법지계
```

나의 단장을 의지하여 여법히 지계하며,

```
所受戒主 逢淸淨僧 於¹⁰此呪心 不生疑悔
소수계주 봉청정승 어 차주심 불생의회
```

수계한 바의 주도도 청정승을 만나서 이 주심에 대하여 의회를 생하지 아니하고도,

```
是善男子 於此父母 所生之身 不得心通
시 선 남 자  어 차 부 모  소 생 지 신  부 득 심 통
```

이 선남자가 이 부모의 생한 바의 몸으로 심통을 얻지 못하면,

```
十方如來 便爲妄語
시 방 여 래  변 위 망 어
```

시방 여래가 문득 망어가 되리라.

『능엄경』 전편이 모두 능엄주를 중심으로 생겼음을 알 수 있습니다.

4) 신장神將들이 보호함

```
說是語已 會中 無量百千金剛 一時佛前 合掌頂禮
설 시 어 이  회 중  무 량 백 천 금 강  일 시 불 전  합 장 정 례
而白佛言
이 백 불 언
```

이 말을 설하여 마치니, 회중의 무량백천 금강이 일시에 불전에 합

---

10 고려대장경에는 지持로 되어 있으나, 송본·원본·명본에는 본문과 같이 되어 있다.

장 정례하고 부처님께 아뢰어 말하였다.

> 如佛所說 我當誠心 保護如是 修菩提者
> 여불소설 아당성심 보호여시 수보리자

부처님께서 설하신 바와 같이 제가 마땅히 성심으로 이와 같이 보리를 닦는 이를 보호하겠나이다.

신중들이 능엄주 가진 이들을 보호하겠다는 말입니다.

> 爾時梵王 並天帝釋 四天大王 亦於佛前 同時頂禮
> 이시범왕 병천제석 사천대왕 역어불전 동시정례
> 而白佛言
> 이백불언

이때에 범왕과 아울러 제석과 사천대왕이 또한 불전에 동시에 정례하고 부처님께 아뢰어 말하였다.

> 審有如是 修學善人 我當盡心 至誠保護
> 심유여시 수학선인 아당진심 지성보호

진실로 이와 같이 수학하는 선인이 있으면 제가 마땅히 마음을 다해 지성으로 보호하여,

심審 자는 진실로라는 말입니다.

令其一生 所作如願
영 기 일 생 소 작 여 원

그로 하여금 일생의 짓는 바를 소원과 같게 하겠나이다.

復有無量 藥叉大將 諸羅刹王 富單那王 鳩槃茶王
부 유 무 량 야 차 대 장 제 나 찰 왕 부 단 나 왕 구 반 다 왕
毗舍遮王 頻那夜迦 諸大鬼王 及諸鬼帥 亦於佛前
비 사 차 왕 빈 나 야 가 제 대 귀 왕 급 제 귀 수 역 어 불 전
合掌頂禮
합 장 정 례

다시 한량없는 야차 대장, 나찰 왕, 부단나 왕, 구반다 왕, 비사차 왕, 빈나, 야가, 대귀왕과 귀수들이 또한 불전佛前에 합장 정례하되,

我亦誓願 護持是人 令菩提心 速得圓滿
아 역 서 원 호 지 시 인 영 보 리 심 속 득 원 만

제가 또한 서원코 이 사람을 호지하여 하여금 보리심이 속히 원만함을 얻게 하겠나이다.

復有無量 日月天子 風師雨師 雲師 雷師 並電伯等
부 유 무 량 일 월 천 자 풍 사 우 사 운 사 뇌 사 병 전 백 등
年歲巡官 諸星眷屬
연 세 순 관 제 성 권 속

또 무량한 일천자, 월천자, 풍사, 우사, 운사, 뇌사와 아울러 전백 등과 연세순관, 제성권속이,

전백電伯의 백伯이란 백작이라 하듯이 그 주인입니다.

亦於會中 頂禮佛足 而白佛言
역 어 회 중 정 례 불 족 이 백 불 언

또한 회중에서 불족에 정례하고 부처님께 아뢰어 말하였다.

我亦保護 是修行人 安立道場 得無所畏
아 역 보 호 시 수 행 인 안 립 도 량 득 무 소 외

제가 또한 이 수행인을 보호하여 도량을 안립하고 무소외를 얻게 하겠나이다.

復有無量 山神海神 一切土地 水陸空行 萬物精祇
부 유 무 량 산 신 해 신 일 체 토 지 수 륙 공 행 만 물 정 기
並風神王 無色界天
병 풍 신 왕 무 색 계 천

다시 무량한 산신, 해신, 일체 토지와 수륙공행하는 만물 정기와 아울러 풍신왕과 무색계가,

정기精祇라는 건 만물의 귀신을 말합니다.

於如來前 同時稽首 而白佛言
어 여 래 전 동 시 계 수 이 백 불 언

여래 전에 동시에 계수하고 부처님께 아뢰어 말하였다.

我亦保護 是修行人 得成菩提 永無魔事
아 역 보 호 시 수 행 인 득 성 보 리 영 무 마 사

제가 또한 이 수행인을 보호하여 보리를 득성하매 길이 마사가 없게 하겠나이다.

爾時 八萬四千 那由他 恒河沙 俱胝金剛藏王菩薩
이 시 팔 만 사 천 나 유 타 항 하 사 구 지 금 강 장 왕 보 살
在大會中
재 대 회 중

이때에 8만 4천 나유타 항하사 구지 금강장왕 보살이 대회 중에 있다가,

卽從座起 頂禮佛足 而白佛言
즉 종 좌 기 정 례 불 족 이 백 불 언

자리로 좇아 일어나 불족에 정례하고 부처님께 아뢰어 말하였다.

世尊 如我等輩 所修功業 久成菩提
세존 여아등배 소수공업 구성보리

세존이시여, 아등배가 닦은바 공업으로는 오래전에 보리를 이루었겠지만,

不取涅槃 常隨此呪 救護末世 修三摩提 正修行者
불취열반 상수차주 구호말세 수삼마제 정수행자

열반을 취하지 않고 항상 이 주呪를 따라 말세에서 삼마제를 닦는 정수행자를 보호하겠나이다.

世尊 如是修心 求正定人 若在道場 及餘經行
세존 여시수심 구정정인 약재도량 급여경행

세존이시여, 이와 같이 마음을 닦아 정정을 구하는 사람이 혹 도량에 있거나 또는 경행하거나,

도량에 있는 것은 지금 도道를 행하고 있는 것이고, 경행은 다닐 때를 말합니다.

乃至散心 遊戲聚落 我等徒衆 常當隨從 侍衛此人
내지산심 유희취락 아등도중 상당수종 시위차인

내지 산심으로 취락에서 유희하여도 저희 도중이 항상 마땅히 수종하여 이 사람을 시위하겠나이다.

縱令魔王 大自在天 求其方便
종령마왕 대자재천 구기방편

비록 마왕, 대자재천이 그 방편(짬)을 구하여도,

짬을 내서 해롭게 하려고 하더라도,

終不可得 諸小鬼神 去此善人 十由旬外
종불가득 제소귀신 거차선인 십유순외

마침내 가히 얻지 못하며, 제소귀신이 이 선인에게서 10유순 밖으로 가게 하되,

除彼發心 樂修禪者
제피발심 요수선자

저 발심하여 즐거이 선禪을 닦는 이는 제하나이다.

발심해서 선禪 닦기를 좋아하는 천마天魔는 가까이 와도 괜찮다는 말입니다.

世尊 如是惡魔 若魔眷屬
세존 여시악마 약마권속

세존이시여, 이와 같은 악마나 혹 마魔의 권속이,

欲來侵擾 是善人者 我以寶杵 殞碎其首
욕래침요 시선인자 아이보저 운쇄기수

이 선인에게 와 침요하려는 자는 제가 보저로써 그 머리를 운쇄하며,

猶如微塵 恒令此人 所作如願
유여미진 항령차인 소작여원

마치 미진과 같이 하여 항상 이 사람으로 하여금 짓는 바가 원과 같게 하겠나이다.

이렇게 능엄주를 하면 여러 신장들이 와서 보호한다는 말입니다. 여기까지 사마타奢摩他와 삼마三摩를 끝냈고, 오늘부터는 선나禪那를 얘기하겠습니다.

Ⅲ. 선나禪那를 말하여 수행의 제위諸位를 보이다

1. 십이유생十二類生이 생김

> 阿難 卽從座起 頂禮佛足 而白佛言
> 아난 즉종좌기 정례불족 이백불언

아난이 자리로 좇아 일어나 불족에 정례하고 부처님께 아뢰어 말하였다.

> 我輩愚鈍 好爲多聞 於諸漏心 未求出離
> 아배우둔 호위다문 어제누심 미구출리

저희 무리가 우둔하여 다문만 좋아하고 모든 누심에서 출리하기를 구하지 아니할새,

다문만 하려 했지 실제 공부를 하지 못했습니다, 그 말입니다.

> 蒙佛慈誨 得正熏修 身心快然 獲大饒益
> 몽불자회 득정훈수 신심쾌연 획대요익

부처님의 자회를 입사와 정훈수를 얻어서 신심이 쾌연하여 대요익을 얻었나이다.

> 世尊 如是修證 佛三摩提
> 세존 여시 수증 불삼마제

세존이시여, 이와 같이 삼마제를 수증할 적에,

닦는 건 수행하는 것이고, 증證하는 건 과果를 증하는 겁니다.

> 未到涅槃
> 미 도 열 반

열반에 이르지 아니했을 때를,

지금부터 발심해 가지고 수행하는데 열반 자리에 이르기 전까지, 그 말입니다.

> 云何名爲乾慧之地 四十四心
> 운 하 명 위 간 혜 지 지 사 십 사 심

어떤 것을 이름하여 간혜지, 사십사심이라 하며,

간혜지부터 닦아 가지고 간혜지과乾慧地果를 얻어서 지나가야 십신十信을 닦게 되는데, 사십사심은 간혜지를 지나 십신·십주十住·십행十行·십회향十廻向, 열씩 넷이니까 40 하고, 그 아래 십회향을 마치고 초지初地에 올라가는데 네 가지 더 행해야 하는 사가행四加行이 있습니다. 그것까지 아울러서 간혜지에서 초지까지 올라가는데 사십사심이 됩니다. 『정맥소正脈疏』에는 토를 그렇게 안 달았는데, 내 생각은 경에 있는 대로 하는 게 좋겠습니다.

> 至何漸次 得修行目 詣何方所 名入地中 云何名爲
> 지 하 점 차 　 득 수 행 목 　 예 하 방 소 　 명 입 지 중 　 운 하 명 위
> 等覺菩薩
> 등 각 보 살

어느 점차에 이르러야 수행자라는 명목을 얻으며, 어느 방소에 나아가야 지地 중에 입入한다 이름하오며, 무엇을 이름하여 등각 보살이라 하옵니까?

나의 생각은 '지하점차하여 득수행목하며', 이건 차차 올라가는 게 사십사 점차라고 보고, 가령 십신은 어떻고, 초지는 어떻고, 십회향은 어떻고 하는 이게 수행목입니다.

예하방소 명입지중은 초지에서 십지까지입니다.

운하명위 등각보살은 여기에서 볼 때는, 간혜지가 처음이니까 등각 보살은 대열반에 이르러 가면 묘각妙覺, 부처님이 되는 건데, 이건 아직 부처님이 채 못 되었으니까 등각 보살입니다.

그렇게 하면 그동안에 사십사심이 있고, 십지가 있고 이렇게 됩니다. 그래서 나는 그렇게 생각을 하는데, 『정맥소』의 얘기는 지하점차라고 하는 점차를 사십사심으로 보지 않고, 여기 보면 간혜지에 들어가기 전에 삼점차가 있는데, 지하점차를 그 삼점차로 본다는 말입니다. 그래서 '부처님의 삼마지에 들려고 하면 어느 점차에 이르러야 수행자라는 명목을 얻으며', 이렇게 한다는 말인데, 그렇게 하면 처음 시작이 삼점차로부터라는 얘깁니다.

그러나 나는 간혜지를 처음으로 보고, 사십사심은 간혜지를 지난 후이고, 운하점차云何漸次라고 하는 것은 사십사심 가운데로 보면 좋을 것 같은데, 어쨌거나 여기에 대해서는 나와 『정맥소』의 생각이 좀 다릅니다.

이 아래에 삼점차, 간혜지에서부터 등각까지 다 나오는데, 미리 수행하는 점차를 물은 겁니다.

```
作是語已 五體投地 大衆一心 佇佛慈音 瞪瞢瞻仰
작 시 어 이 오 체 투 지 대 중 일 심 저 불 자 음 징 몽 첨 앙
```

이 말을 지어 마치고 오체투지하여 대중과 일심으로 불佛의 자음을 기다려 눈을 바로 뜨고 첨앙하였다.

징瞪이란 눈을 똑바로 뜨고 본다는 말이고, 몽瞢이란 눈을 깜짝거리지 않는다는 말입니다.

```
爾時世尊 讚阿難言 善哉善哉
이 시 세 존 찬 아 난 언 선 재 선 재
```

그때에 세존께서 아난을 칭찬해 말씀하셨다.
선재 선재라.

```
汝等乃能 普爲大衆 及諸末世 一切衆生 修三摩提
여 등 내 능 보 위 대 중 급 제 말 세 일 체 중 생 수 삼 마 제
求大乘者
구 대 승 자
```

너희들이 이에 능히 널리 이 대중들과 말세의 중생들로서 삼마제를 닦아 대승을 구하려는 이를 위하여,

위爲 자가 거기까지 와야 합니다.

從於凡夫
종 어 범 부

범부로부터,

처음 발심한 간혜지 위位를 가리킵니다.

終大涅槃 懸示無上正修行路
종 대 열 반 현 시 무 상 정 수 행 로

대열반을 마치도록 무상정수행로를 현시하시니,

汝今諦聽 當爲汝說
여 금 제 청 당 위 여 설

네가 지금 자세히 들으라. 마땅히 너를 위하여 설하리라.

아난 존자가 수행하는 점차를 물으니까 대답하는 겁니다.

> 阿難大眾 合掌刳心 默然受教
> 아난대중 합장고심 묵연수교

아난과 대중이 합장 고심하여 묵연히 가르침을 받고 있었다.

고刳 자가 깎아 버린다는 고 자입니다. 마음에 있던 생각을 없이 해 버린다는, 즉 허심虛心, 마음을 비게 한다는 말과 같습니다.

> 佛言 阿難當知
> 불언 아난당지

부처님께서 말씀하셨다.
아난아, 마땅히 알라.

> 妙性圓明
> 묘성원명

성이 원명하여,

이건 본 불성 자리를 가리킵니다.

> 離諸名相
> 이제명상

모든 명상을 여의어서,

명상이란 진청眞淸에서부터 염법染法이 생겨 나오는 데도 명상이 있고, 그 염법을 닦아 열반에 이르러 가는 데도 명상이 있으니까. 그러나 생멸문生滅門에만 명상이 있지, 진여문眞如門에는 명상이 없을 겁니다.

그러니까 묘성妙性이 원명圓明한 그 자리는 이름과 모양(名相)을 다 여의어서,

本來無有 世界眾生
본래무유 세계중생

본래 세계와 중생이 없건마는,

여기에서의 세계는 무정無情을 가리키는 것보다는 아래에 세계 얘길 하는데, 지금 우리가 중생으로 있어서 중생이 살아가는 이게 다 세계니까 세世란 시간을 가리키는 말이고, 계界는 공간을 가리키는 말인데, 우리 몸부터가 공간을 차지해 가지고서 얼마 동안의 시간을 살아가고 있으니까 중생 사는 세계다, 이겁니다. 본래 묘진여성妙眞如性 자리로 보면 세계와 중생이 다 없다는 얘깁니다.

그런데 그게 생긴 것은,

因妄有生
인망유생

망妄을 인하여 생이 있고,

망妄은 처음으로 무명이 하나 생기는 겁니다.

그러니까 이것은 진여眞如에서부터 염법染法이 생겨 나오는, 세계가 생겨 나오고, 중생이 생겨 나오는 걸 가리키는 말입니다. 망妄은 무명이고, 생生은 업상業相, 전상轉相, 이건 아직 사람이 난다는 것까지는 아니고, 그저 염연기染緣起가 생기는 것을 말합니다.

因生有滅
인 생 유 멸

생生을 인하여 멸滅이 있음이어든,

뭐든지 생겨 가지고는 없어지는 거니까 생이 있기 때문에 생을 인해서 멸이 있는 것이니,

生滅名妄
생 멸 명 망

생멸은 이름이 망妄이요,

이건 염연기染緣起, 중생이 생겨 나오는 걸 가리키는 말입니다.
이 아래는 망妄을 끊어 버리고 열반 자리에 들어가는 정연기淨緣起를 가리킵니다.

滅妄名眞
멸 망 명 진

망妄을 멸하면 이름이 진眞이라.

생멸하는 게 망妄이라고 했는데, 그 망妄을 없애 버리는 겁니다. 그건 본성 자리로 돌아가는 겁니다.

是稱如來 無上菩提 及大涅槃 二轉依號
시 칭 여 래 무 상 보 리 급 대 열 반 이 전 의 호

이를 일컬어 여래의 무상보리와 대열반의 두 전의호라 하느니라.

대열반이면 보리도 대보리라고 할 수가 있는데, 글자를 넉 자씩 맞추느라고 그랬습니다. 또 보리와 열반이 둘이니까 이二 자를 썼고, 그러니까 보리도 전의이고, 열반도 전의입니다.

보리는 전번뇌轉煩惱・의보리依菩提, 지금 우리는 번뇌인데, 이 번뇌를 굴려 없애 가지고 보리에 의지하는 것이며, 또 열반은 전생사轉生死・의열반依涅槃입니다. 생사 아닌 것이 열반이니까 생사를 전해서 열반에 든다, 보리도 전의요, 열반도 전의인데, 전해서 의지하는 그게 다르다는 말입니다.

번뇌를 전해 가지고 열반에 의지한다 했으니까 보리와 열반을 전의라고 한다, 두 가지 전의하는 명호, 이름이라 한다는 말입니다. 그래서 망妄을 멸하고 진眞에 돌아가면 보리, 열반에 이르러 가게 되니까 망을 멸하는 게 전轉이고, 진眞에 돌아가는 게 의依라는 말입니다.

그래서 이걸 간략히 말하면 처음에 인망유생因妄有生이라는 건 염연기染緣起이고, 멸망명진滅妄名眞이라고 한 것은 정연기淨緣起이고, 그렇습니다.

> 阿難 汝今欲修眞三摩地 直詣如來大涅槃者
> 아 난 여 금 욕 수 진 삼 마 지 직 예 여 래 대 열 반 자

아난아, 네가 지금 진삼마지를 닦아 바로 여래의 대열반에 나아가고자 할진댄,

하고자 할 욕欲 자가 거기까지 내려옵니다.

> 先當識此衆生世界 二顚倒因
> 선 당 식 차 중 생 세 계 이 전 도 인

마땅히 이 중생과 세계의 두 가지 전도한 인을 알아야 하느니라.

이것을 중생과 세계라고 해도 되지만, 세계도 유정有情을 가리키는 말입니다. 지금 『정맥소』에서는 무정세계無情世界가 아니라 이건 유정세계有情世界라 해서 중생이 즉 세계라고 봤는데, 본래 여기도 이 전도라고 해서 위에서도 세계, 중생이라 했고, 저 아래도 중생 전도, 세계 전도가 따로 있다는 말입니다.

그러니까 이것은 무정인 세계가 아니고, 세계는 시간과 공간을 가리키는 말이고, 중생이 시간 공간을 의지해서 살아가니까 중생인 세계를 가리키는 말입니다.

> 顚倒不生
> 전 도 불 생

전도가 생하지 아니하면,

전도해서 중생이 생기고 세계가 생겼는데 그 전도한 것이 없어지면, 그 말입니다.

> 斯則如來 眞三摩地
> 사 즉 여 래 진 삼 마 지

이것이 곧 여래의 진삼마지이니라.

이제 닦아 가는 총론입니다.

> 阿難 云何名爲衆生顚倒
> 아 난 운 하 명 위 중 생 전 도

아난아, 어떤 것을 이름해 중생 전도라 하는가?

먼저 중생 전도를 얘기하고, 아래에 또 세계 전도를 얘기합니다.

> 阿難 由性明心 性明圓故
> 아 난 유 성 명 심 성 명 원 고

아난아, 성명심의 성性이 명원함을 말미암는 연고로,

성각性覺은 묘명妙明하고, 본각本覺은 명묘明妙라고 해서 우리 본 성품이 밝은 이 성명性明이라고 하는 마음은, 허물이 없는 진여자체불성眞如自體佛性, 진리를 가리키는 말입니다.

심성心性이 명원明圓하다는 명明 자는, 위의 성명심이라는 명 자와는 좀 다릅니다. 이 '성명원고性明圓故로' 하는 명 자는, 위에서 '성각은 묘명하고 본각은 명묘'라고 하던 그런 명명이 아니고, '성각이 필명必明하여 망위명각妄爲明覺'이라는 그런 필명이니까 좋지 못한 것이라는 얘깁니다.

성性이 명명하고 원圓하다는 것은, 온갖 것에 다 펼쳐져 있다는 말입니다. 또한 이것은 우리 본성 자리의 원圓만이 아니라 본성 자리에서부터 진여가 수연隨緣해 가지고 온갖 세계와 유정, 무정이 생긴다는 말입니다.

말하자면 불수자성수연성不守自性隨緣成, 자성을 지키지 않고 연緣을 따른다고 했으니까 『기신론』의 불변不變, 수연중隨緣中, 성명심性明心은 불변하는 것이고, 불변하는 진여가 연緣을 따라서 유정, 무정의 세계가 생기는 거니까 '성性이 명원고明圓故'로 하는 그 명明 자에서부터 필명必明이라는 명이니까 온갖 것을 반연하려고 하는 것이라는 말입니다. 또 이 원圓 자는 성性 자체가 원圓한 것보다도 성性에서 온갖 것을 다 원만하게 만들어 낸다는 의미입니다.

성性이 명명하고 원圓하기 때문에,

因明發性
인 명 발 성

명明을 인하여 성性을 발發하고,

성명원性明圓하는 그 명을 인한 것이니까 이건 망명妄明입니다.

저 '성性이 명원고明圓故'로 하는 명은 성각필명性覺必明의 명인데, 그러니까 그건 아직 망妄은 채 안 들어갔는데, 인명因明이라는 그 명明 자는 망위명각妄爲明覺이라는 명명 자입니다.

성性도 또한 망성妄性, 명명과 성性이 다 망명망성妄明妄性입니다. 그러니까 망명을 인해 가지고 망성이 생기게 되는데, 분명히 그걸 잘 알아야 합니다. 그냥 성명性明이라는 명明 자, 이대로 하면 이유가 잘 안 맞습니다.

망명妄明을 인해서 망성妄性이 발發하고,

性妄見生
성 망 견 생

성性에서 망견이 생하였는지라,

성性 자가 내내 망성妄性입니다. 망성을 의지해서 허망한 소견, 좋다 나쁘다 하는 소견이 생기게 된다는 망견이 생긴다는 것이 번뇌를 가리키는 말입니다. 그게 한문 문법으로는 '성性이 망妄해서 견見이 생긴다', 이래야 좋을 것 같지만, 이치가 맞질 않으니까 '망성妄性에서 망견妄見이 생긴다', 이렇게 볼 수밖에 없습니다. 그래서 이것은 처음 무명無明에서부터 시작해 가지고 업상業相, 전상轉相으로 내려오는 걸 가리키는 말입니다. 아래는 또 그걸 전부 다 거두는 것을 말했습니다.

從畢竟無
종 필 경 무

필경 무無를 좇아,

성명심性明心 가운데는 이런 업상業相, 전상轉相 등이 없습니다.
그 본래 없던 데를 좇아서,

成究竟有
성 구 경 유

구경유를 이루었느니라.

하나는 필경畢竟, 하나는 구경究竟이라고 썼으나 그게 다르지 않습니다. 구경은 끝까지 있는 것, 무에서 유가 생긴다는 말입니다.

이 유有 자는 아직 중생 생기지 않은 것, 즉 우리 몸 생기는 유가 아니고 십이인연 가운데 애愛·취取·유有 하는 유, 즉 업業이 생겼다는 것입니다.

업을 의지해 가지고 우리가 몸을 받게 되는데, 구경유를 이룬다고 하는 것은, 그 유有 자가 십이인연 가운데의 유, 즉 이 세상에 태어날 업이 존재한다고 해서 유라고 했습니다. 여기까지는 무에서부터 유 생기는 것을 얘기했고, 이제 유에서 무 생기는 얘기를 합니다.

此有所有
차 유 소 유

이 유有와 소유가,

유有는 능유能有의 혹惑이요, 소유는 업業입니다.

업은 번뇌에서부터 생기게 되는데, 번뇌가 있어 가지고 능히 업을 소유하게 되니까 위의 유는 번뇌·혹惑을 가리키고, 소유는 업業을 가리킵니다.

이걸 분명하게 알아야 하는데, 그 소유라는 유 자가 내내 성구경유成究竟有라는 그 유를 가리키는 겁니다.

非因所因
비 인 소 인

인因도 소인所因도 아니어서,

이것은 업業이 진능인眞能因도 아니요, 이 혹惑이 진소인眞所因도 아니라는 말입니다. 능인能因과 소인所因이 아니다. 그러니까 여기에서 유有는 번뇌가 들어서 능히 업을 유하니까 소유所有가 업이 되지만, 위의 능유能有가 번뇌이고, 여기 인소인因所因은 번뇌를 인해서 업이 생기는 것이니까 능인은 위의 인因 자가 되고, 소인은 번뇌입니다. 그게 다릅니다. 그러니까 유소유有所有와 인소인因所因이 서로 반대되는 것입니다.

그 위의 인因 자는 업을 가리키는 말이고, 아래의 소인所因은 번뇌를 가리켜서 번뇌를 의지해 가지고, 번뇌를 인해 가지고 업이 있게 되니까 업은 능인이 되고, 번뇌는 소인이 되는 것입니다. 그러니까 비인소인非因所因이라는 말은 인因이 없이, 원인이 없이 허망하게 생겼다, 이런 말입니다.

인因과 소인所因이 아니라는 말은, 업과 번뇌가 아니라는 말이 아니라, 유有와 소유혹所有惑으로부터 업이 생긴 것이지만, 그게 무슨 인이 있어서 생긴 게 아닌 인이 다 없다는 건 인을 부인하는 말입니다. 망妄이니까 망이 무슨 인을 가지고 있겠느냐는 얘깁니다.

住所住相
주 소 주 상

주住와 소주所住의 상相이,

이것도 위의 주住 자는 업을 가리키는 말이고, 아래의 소주는 번뇌를 가리키는 말입니다.

그런 모양이,

了無根本
요 무 근 본

요연了然히 근본이 없는지라,

인因이 있어서 생기면 근본이 있다고 할 텐데, 인因도 아니고, 연緣도 아니고, 아무 까닭 없이 생긴 것이니까 주소주상住所住相이 번뇌라든지 업이니까 아무런 까닭이 없다. 처음 생기는 것만 까닭이 없는 게 아니라 지금도 아무것도 없는 것이다, 이런 말입니다. 그러니까 없는 데서 이런 게 생긴다는 얘기를 되풀이하는 겁니다.

本此無住
본 차 무 주

이 무주를 근본하여,

이 무주라는 건 '주소주상住所住相이 요무근본了無根本'이라고 하는 그 무無 자와 주住 자입니다. 즉 아무것도 존재가 없다는 말입니다. 좋지 못한 근본을 무주라고 했습니다.

그 무주에서 시작하여,

建立世界 及諸衆生
건 립 세 계 급 제 중 생

세계 및 중생을 건립하였느니라.

무엇이 있는 데서 나오면 전도顚倒가 아닐 텐데, 아무것도 없는 데서 혹惑이 생기고 업이 생긴 거니까 그게 전도라는 얘깁니다. 이게 그러니까 전도한 소이所以인 것입니다.

어떤 데는 또 무주를 아무것도 주住하는 게 없다고 해서 우리 본성 자리로 보기도 하는데 그런 말이 아니고, 저 위의 '주소주상住所住相이 요무근본了無根本'이라고 하는 그 주住 자와 무無 자라 했습니다.

아무것도 없는데도 세계가 생겼다, 그러니까 전도라는 말입니다.

迷本圓明
미 본 원 명

본 원명을 미迷하여,

본래 원명한 불성, 진여를 가리키는 말입니다.

'성각필명性覺必明 망위명각妄爲明覺' 그것이 미迷니까 미한 것이 전도입니다.

본래 원명한 것을 미해 가지고,

是生虛妄
시 생 허 망

허망이 생기었나니,

본래는 허망이 아닌데 미迷해서 허망이 생긴다는 말입니다. 허망한 것이란 혹惑과 업을 가리킵니다.

妄性無體
망 성 무 체

망성이 체體가 없어서,

'주소주상住所住相이 요무근본了無根本'이라고 하는 말이나 같은 말입니다.

非有所依
비 유 소 의

소의가 있지 아니함이니라.

인因한다는 게 내내 소의所依니까, 본차무주本此無住한다는 게 의지한다는 말이나 같은 게니까 허망한 것이 생겼지만, 허망한 자성이 체體가 없기 때문에 인因이 없다는 말입니다.

將欲復眞
장 욕 복 진

장차 진眞에 복復하려 할진댄,

진여의 성품에서부터 허망이 생겼으니까 옳게 닦아 가지고 진성眞性을 회복하려 하는 게 장욕복진입니다.

이 진眞 자는 소승에서나 대승에서나 망妄을 없애 가지고 진여 성품에 돌아가려고 하는 것이니까 이건 옳은 차례를 의지해 가지고 진眞을 회복하는 얘깁니다. 그러니까 이 복진은 소승에서든지 대승에서든지 부처님께서 말씀하신 그 순서를 밟아 가지고 우리의 본래 있는 진성 자리를 회복하려고 하는 겁니다.

欲眞已非眞眞如性
욕 진 이 비 진 진 여 성

진眞하고자 함이 이미 진진여성이 아니니라.

옳은 차례를 밟아 가지고 진성眞性 자리를 회복하려 하더라도 그것이 벌써 참 진여성이 아니라 욕진欲眞이 진성 자리를 회복하려 하는 것입니다. 본래 진여성은 회복할 것도 없는데, 지금 우리가 미迷했기 때문에 부처님께서 말씀하신 수행의 차례를 의지해 가지고 진성 자리를 욕진, 회복하려고 하더라도 진眞하려고 하는 그 자체부터가 이미 참이 아니라 참말 진여성이 회복할 게 뭐 있겠느냐, 이런 말입니다.

지금 이렇게 산하대지가 생겼다고 하더라도 이게 다 그대로지, 진여가 변해 가지고 된 게 아니다, 내내 이대로가 진여다, 그 얘깁니다.

그러니까 불변不變, 수연隨緣, 진여가 변하지 않으면서도 연緣을 따라 이루게 된다는 것이 우리 본성 자리에서 산하대지, 유정, 무정이 생겼다고 하더라도 이 유정, 무정이 이대로 다 진眞이라는 겁니다.

가령 금을 가지고 반지나 비녀를 만든다고 하면 그 반지나 비녀가 산하대지 중생과 같은 것입니다. 그러나 비녀도 금이고 반지도 금이지, 그러니까 금을 다듬어 반지도 만들고 비녀도 만든 것이지 금의 자성이 변한 게 아니니까 연緣을 따라서 길쭉하기도 하고 둥글기도 해서 여러 가지가 생기는 것이, 마치 우리의 우주 진리인 진여 자리에서 산이 생기고, 물이, 중생이, 세계가 생기는 것과 같은데, 세계, 중생이 생긴 이대로가 다 진眞이다, 그런 말입니다.

그렇기 때문에 진眞을 복復하려고 하는 것이, 욕진欲眞하겠다고 하는 것이 벌써 진진여성이 아니라는 말입니다. 또 지금 우리나라의 불교 수행하는 걸 봐도 우리가, 말은 미迷해서 중생이 되었으니까 중생의 미한 번뇌를 없애 버려야 부처 된다고 하지만, 언제 이 중생을 다 버리고 부처 되느냐, 말입니다. 이것은 다 번뇌니까 번뇌를 깨달으면 우리 몸 이대로 부처가 되는 것이지, 따로 뭘 버리고 새로 부처가 된다는 것은 아닙니다. 소승이나 대승권교에서는 부득불 얘기할 때 이 망상심妄想心과 육신을 다 버리고 새로 부처가 된다고 하지만 대승원교大乘圓敎나 대승돈교大乘頓敎에 가서는 중생 이대로, 심불급중생心佛及衆生이 시삼무차별是三無差別, 마음과 부처와 및 중생, 이 셋이 차별이 없다고 하는 이것이 『화엄경』 도리인데, 그대로 두고 중생 이대로 불이고, 이 망상심 이대로가 불성이다, 이런 말입니다.

이 『능엄경』은 원교, 돈교나 같은 것이니까 그래서 하는 말입니다. 그러니까 장욕복진將欲復眞이라는 복復 자는 부처님께서 말씀하신 소승이나 대승권교에서 수행하는 차례를 그대로 밟아 닦아서 진성 자리 회복하는 걸 말한 것입니다.

非眞求復
비 진 구 복

진眞이 아니매 복復하기를 구할진댄,

장욕복진將欲復眞은 부처님께서 말씀하신 참말 진眞인데, 이건 외도들이 하는 겁니다. 그렇게 해 가지고는 진성眞性을 회복하는 게 못 되니까 비진非眞입니다.

진眞이 아닌 데서 복復하기를 구하면 복해진다고 해도 진이 아니고, 망妄으로 간다는 겁니다. 내내 장욕복진이나 비진구복이나 마찬가지인데, 이것은 외도들이 여래장묘진여성如來藏妙眞如性으로 가는 게 아니라 자기네가 말하는 명제冥諦로 간다든지, 신아神我로 가는 걸 진眞이라고 합니다. 그러니까 그건 진부터가 옳지 못하니까 비진입니다.

잘못된 진으로써 회복하길 구한다고 하면, 옳은 진여 회복하기를 구해도 진진여성眞眞如性이 아니라고 하는데, 잘못된 진여에서 복하기를 구한다고 하면,

宛成非相
완 성 비 상

완연히 비상을 이루느니라.

상相이 아니라는 게 아니고, 그른, 잘못된 상相이 비상입니다.

非生非住
비 생 비 주

비非한 생生과 비한 주住와,

난다고 하는 건 번뇌망상이 생기는 걸 말하는 것이니까 잘못된 생과 잘못된 주, 생주이멸生住異滅을 가리키는 말입니다.

非心非法
비 심 비 법

비非한 심心과 비한 법이,

온갖 것이 다 잘못된 것이라는 말입니다.

展轉發生
전 전 발 생

전전히 발생하고,

비생非生으로부터 비주非住가 생기고, 비심非心으로부터 비법非法이 생기고, 이렇다는 말입니다.

生力發明
생 력 발 명

생生하는 역力이 발명하여서는,

비생非生하는 그 힘을 가지고 발명하는 것이니까 이건 잘못된 소견을 가리키는 말입니다.

그래서 진眞으로 회복한다고 하는 외도들의 얘기를 발명을 하고, 발명한 그것을 자꾸,

熏以成業
훈 이 성 업

훈熏하여 써 업業을 이루나니,

훈熏 자는 익히고 또 익히는 것이니까 생生하는 역力이 발명해 가지고 훈하여 써 업을 이루게 되는 것이니, 번뇌로부터 업이 생기는 겁니다. 이 업은 중생될 업입니다.

同業相感
동 업 상 감

같은 업으로 서로 감感하며,

한 집안의 부, 모, 자식이 다 같은 동업중생同業衆生이 만납니다. 그렇기 때문에 한 집안에 모인 식구들은 좋은 일은 만나도 다 똑같이 만나고, 궂은일을 만나도 다 똑같이 만나게 되는데, 같은 업으로 서로 감해서 중생이 서로 생기게 되는 거니까 그게 동업상감입니다.

因有感業
인 유 감 업

감업이 있음을 인하여,

감업은 동업상감입니다.
동업상감하기 때문에 그 감하는 업이 있는 것을 인해 가지고,

相滅相生
상 멸 상 생

서로 멸하고 서로 생하나니,

서로 멸한다는 건 원수끼리 서로 죽이는 것이고, 상생은 애정으로 서로 낳는 것, 그러니까 상생은 애정을 가지고 하는 것이고, 상멸은 해로운 마음을 가지고 하는 것입니다. 그래서 상생하고 상멸하는 일이 있는데, 그런 일이 왜 생기는고 하니, 동업상감하기 때문이다, 그 말입니다.
그래서 번뇌를 가지고 업을 짓고, 업을 가지고 서로 상생상멸하기 때문에,

由是故有 衆生顚倒
유 시 고 유 중 생 전 도

이런 까닭을 말미암아 중생 전도가 있느니라.

그래서 중생이 본래 성명심性明心, 성性의 밝은 마음, 그것을 몰라 망명

妄明, 망성妄性이 생기게 되는 것이니까 중생 가운데 전도한 중생이 있고, 전도 안 한 중생이 있다는 게 아니라 중생 자체는 벌써 전도다. 그래서 중생 전도가 있게 되는 것이다. 그런 얘깁니다.

그래서 두 가지 전도 가운데 중생 전도를 여기에서는 간략히만 얘기했습니다. 이제 세계 전도에 대해서 얘기합니다.

> 阿難 云何名爲世界顚倒
> 아 난 운 하 명 위 세 계 전 도

아난아, 어떤 것을 이름하여 세계 전도라 하느냐?

이 세계는 무정 세계가 아니고, 중생 세계를 가리킨다는 것입니다.

> 是有所有 分段妄生
> 시 유 소 유 분 단 망 생

이 유有와 소유로 분단이 허망하게 생生하나니,

저 위에서 '차유소유此有所有가 비인소인非因所因이라'라고 얘기했는데, 그걸 가져 내려온 겁니다. 그걸 처음에 얘기했기 때문에 여기에 와서 지금 얘기하는 것이 유有는 혹惑을 가리키고, 소유는 업業을 가리키는 말인데, 업을 의지해 가지고 정보正報, 의보依報가 생기는 겁니다.

저 위에서는 차유소유此有所有라 해서 차此 자를 썼는데, 여기는 시是 자를 썼구만요. 그러니까 소유는 업으로부터 중생과 세계가 생기는 걸 가리키는 말입니다. 여기의 분단은 분단생사分段生死를 말합니다.

우리가 지금 사는 이것이 분단생사인데, 분단이라는 말이 얼마 산다고 하는 목숨의 분한分限이 있고, 몸은 또 형단形段이 있다고 해서 그래서 분단이라고 합니다.

그러니까 번뇌가 업을 짓고, 업을 지어서 세계와 중생이 생기는 것이니,

因此界立
인 차 계 립

이를 인하여 계界가 성립되고,

계界는 분단생사하는 공간입니다.

非因所因 無住所住
비 인 소 인 무 주 소 주

인因도 소인所因도 아니며, 주住와 소주所住가 없어서,

위에서 하던 '차유소유此有所有 비인소인非因所因 주소주상住所住相 요무근본了無根本'이라 했던 그걸 다시 갖다 놓는 말입니다. 본래 이 시간이란 게 있을 수가 없지만, 그 말입니다.

그 없는 것이,

遷流不住
천 류 부 주

천류하여 머물지 아니할새,

삼세가 천류하는 게니까 옮아 흘러가 머물지 않기 때문에 시간이 자꾸 흘러서,

因此世成
인 차 세 성

이를 인하여 세世가 성립되나니,

그래서 세世와 계界 생기는 것이 본래 실제 있는 게 아닌데, 망생妄生하는 거니까 세계가 전도顚倒라는 말입니다.
그렇게 허망하게 세와 계가 생기는데,

三世四方 和合相涉
삼 세 사 방 화 합 상 섭

삼세와 사방이 화합하여 서로 섭涉하여,

삼세는 과거 · 현재 · 미래니까 셋이고, 방方이라는 건 계界 · 공간이니까 동 · 서 · 남 · 북의 사방입니다.
그러니까 삼세를 가지고 사방을 섭涉하고, 사방으로 삼세를 섭涉한다, 지금의 산수로 얘기하면 곱한다는 말입니다. 그러니까 삼세사방 화합상섭이라는 말이 3×4는 12, 십이유생十二類生이 생긴다는 얘깁니다.
그래서,

變化衆生 成十二類
변 화 중 생 성 십 이 류

변화하는 중생이 십이류를 이루느니라.

是故世界 因動有聲
시 고 세 계 인 동 유 성

이런고로 세계가 동함을 인하여 성聲이 있고,

이건 색·성·향·미·촉·법의 육진六塵 생기는 얘기인데, 이렇게 다 순서 있게 생겼다는 말입니다.

동動이란 무엇이 생기려면 온갖 것이 다 동하는 데서부터 생기니까 원동력, 뭐든지 동하면 소리가 생기게 되는데, 그래서 성진聲塵이 맨 처음 생긴다는 겁니다.

因聲有色
인 성 유 색

성聲을 인하여 색이 있고,

이것을 이치에 맞게 대 봐야 할 텐데, 그냥 봐 가지고는 '소리가 있기 때문에 빛이 있다', 이걸 잘 모릅니다.

그 소리 있는 것을 인해 가지고 추구해 보면, 그 바탕은 물질(色)이니까 물질을 인정하게 된다, 그런 의미일 겁니다. 그러니까 육진도 서로 인해서 생긴 것이지 까닭 없이 생긴 것이 아니라는 걸 지금 얘기하는 겁니다.

因色有香
인 색 유 향

색을 인하여 향이 있고,

이 향은 향기만이 아니라 구린내도 향입니다. 물질 자체는 뭐든지 향기가 있는 것인데, 가령 나무 같은 것에도 다 향기가 있는 것인데, 감각하지 못한다고 하는 것은, 코가 예리하지 못해서이지 뭐든지 다 냄새가 있습니다.

因香有觸
인 향 유 촉

향을 인하여 촉이 있고,

몸으로 아는 촉진觸塵입니다.

因觸有味 因味知法
인 촉 유 미 인 미 지 법

촉을 인하여 미가 있고, 미를 인하여 법을 아나니,

이건 법진法塵입니다. 여기까지는 색·성·향·미·촉·법의 육진 생기는 것이 처음에 동하는 데서부터 차례대로 생기는 걸 얘기한 겁니다.

六亂妄想 成業性故
육 란 망 상 성 업 성 고

여섯 가지 어지러운 망상이 업성을 이루는 연고로,

색·성·향·미·촉·법이 여섯인데, 이 육진이 다 혼란한 망상입니다. 이 업은, 업을 짓는다는 그 업보다는 우리가 익혀 온 버릇이나 습성의 뜻으로 보는 게 좋겠습니다.

그 여섯 가지 난망상이 업성業性을 이루었기 때문에,

十二區分 由此輪轉
십 이 구 분 유 차 윤 전

십이구분이 이를 인하여 윤전하느니라.

위의 십이유생十二類生을 가리키는 말입니다. 이 업성業性을 말미암아서 자꾸 육취六趣로 순환하게 된다는 말입니다. 이것은 글이라서 그렇지, 참말 생기는 자체를 분명히 알아야 하는데, 그냥 우리가 말하는 것만 가지고는 그게 인정이 되지 않으니까 여기를 의지해서 자꾸 연구해 생각해 봐야 할 겁니다.

질문 거기의 인동유성因動有聲이 물질이 동하는 겁니까?
답 물질이 생기기 전입니다. 소리를 인해 가지고 색에서부터 물질이 생기는 것이니까, 아직 근본무명根本無明에서 처음 마음이 동하는 걸 업상業相이라고 그랬으니까 일념초동一念初動하는 게 업상입니다.

> **是故世間 聲香味觸**
> 시 고 세 간 성 향 미 촉

이런고로 세간의 성·향·미·촉이,

사진四塵만 들고, 색과 법은 안 들었는데, 생략해서 말한 거니까 색진色塵과 법진法塵은 없는 가운데 포함이 되어서 육진을 다 가리키는 말입니다.

> **窮十二變**
> 궁 십 이 변

십이변을 궁진窮盡하여,

말하자면 색·성·향·미·촉·법이 여섯인데, 동하는 걸 인해서 성聲이 있는 등등 인因하는 게 있고, 유有하는 게 있으니까 열둘이 되게 된다는 말입니다.

궁窮 자는 끝까지 이르러 간다는 말입니다.

> **爲一旋復**
> 위 일 선 복

한 선복이 되느니라.

한 바퀴 돌아오는 겁니다. 그러니까 열둘을 가지고 십이유생 생기는 것이 끝난다, 이런 얘깁니다. 선旋은 한 바퀴 돈다는 말이고, 복復 자는 다시 돈다는 말이고, 이렇게 총론으로 십이유생 나는 걸 얘기해 놓고, 이 아래에 그 십이유생을 낱낱이 다 얘기합니다.

> 乘此輪轉 顚倒相故
> 승 차 윤 전 전 도 상 고

이 윤전하는 전도상을 승乘하는 연고로,

탄다는 건 의지한다는 말입니다.

> 是有世界 卵生胎生 濕生化生 有色無色 有想無想
> 시유세계 난생태생 습생화생 유색무색 유상무상
> 若非有色 若非無色 若非有想 若非無想
> 약비유색 약비무색 약비유상 약비무상

이 세계에 난생·태생·습생·화생·유색·무색·유상·무상· 비유색·비무색·비유상·비무상이 있느니라.

'십이구분十二區分이 유차윤전由此輪轉이라'라고 하는 윤전이 다 전도顚倒니까 그 전도상顚倒相을 의지하기 때문에 열두 가지 전도를 의지해서 열두 가지 윤전이 생기게 되는 겁니다.

여기 이제 열두 가지를 낱낱이 얘기하는데, 난생부터 얘길 합니다. 우리가 흔히 태·난·습·화 그러는데, 여기에서 난생부터 든 것은 처음에는 난생 같은 게 있어 가지고 그게 태생으로 변한다는 겁니다.

그렇기 때문에 십이유생이 생기는 걸 볼 때 난생이 시초, 처음이라고 보는 겁니다.

> **阿難 由因世界 虛妄輪廻 動顚倒故**
> 아 난 유 인 세 계 허 망 윤 회 동 전 도 고

아난아, 세계에서 허망하게 윤회하는 동전도를 유인하는 연고로,

위에 보면 '난유상생卵唯想生'이라고 해서 난생은 상想, 생각을 가지고 생生하는 것이라고 했는데, 생각은 허망한 겁니다. 그 허망한 생각을 가지고 윤회하니까 그래서 허망한 윤회라고 그랬습니다. 유由 자, 인因 자가 다 말미암는다는 뜻입니다.

허망은 망상을 가리키고, 그 허망하다는 건 동動이니까 동하는 전도, 그것을 유인하기 때문에,

> **和合氣成 八萬四千 飛沈亂想**
> 화 합 기 성 팔 만 사 천 비 침 난 상

기氣와 화합하여 8만 4천의 비침하는 난상을 이루나니,

전에도 얘기했지만 인도에서 많은 수효를 말할 때 낱낱이 8만 4천을 대기도 하지만, 그저 많은 것을 얘기할 때 8만 4천이라고 그럽니다. 중국에서는 아마 360이라고 할 겁니다.

기氣와 화합한다는 난생, 난생은 우리가 볼 때 새나 물고기인데, '난유상생卵唯想生', 난생은 허망한 생각을 가지고 생긴다 이랬는데, 난생은 아직 정情까지는 안 갔다 이겁니다.

우리나라 속담에도 "새들은 방귀를 뀌어서 배우配偶한다."라는 말이 있는데, 속담이 무근無根하기도 한 것이지만, 이걸 봐도 상상으로만 하지 정情으로 통하는 건 아니라는 겁니다.

더구나 물고기 같은 것은 암놈이 혼자 알을 슬어 놓으면 후에 수놈이 알 슬어 놓은 그 위로 지나가면서 정을 통해 가지고 수정을 하게 된다고 하는데, 서로 교섭하지 않으니까 정이 있을 게 없다, 그래서 기운만 가지고 한다는 말입니다.

기운이란 바람이나 마찬가지인데, 난생은 새와 같이 날아다니는 것도 있고, 물고기와 같이 물속에 잠기는 것도 있으니까 그게 비침飛沈입니다. 그래서 비飛하고 침沈하는 난상亂想, 그게 허망한 생각이라는 겁니다.

그래서 이것이 다 난생 생기는 원인을 가리키는 말이고,

> 如是故有 卵羯邏藍 流轉國土
> 여시고유 난갈라람 유전국토

이와 같은 연고로 난생 갈라람이 국토에 유전하여,

사람이 어머니의 태 속에 처음으로 생을 받아 가지고 들어간 초칠일 동안 그때의 형상을 인도에서 갈라람이라고 하는데, 다른 것처럼 흩어져 있는 게 아니고 한데 엉겨 있다는 뜻에서 응활凝滑이라고 번역합니다. 어머니 태 속에 처음 들어가 가지고 있는 것이 응凝하고, 또 이것은 미끌미끌하니까 응활이라고 그랬습니다.

태중 오위五位가 있는데, 초칠일부터 오칠일인 35일 동안에 생길 것이 모두 형성된다고 해서 그걸 얘기했는데, 여기는 난생의 갈라람만 갖다 대서 그렇지, 그렇다고 알포담頞蒲曇이 없는 건 아닙니다.

그래서 이 국토인 무정 세계에 여러 곳으로 흘러서 난생들이 어디 안 가는 데 없이 다 있으니까 자꾸 전전展轉히 생기게 된다, 그 말입니다.

그렇기 때문에,

魚鳥龜蛇 其類充塞
어 조 구 사 기 류 충 색

어·조·구·사의 그 유가 충색하느니라.

8만 4천 종류가 있어 가지고 세계에 가득 찬다, 그 말입니다.

이 아래에도 다 이와 같은 어법, 문법인데, 윤회하는 게 제각기 다르고, 전도顚倒가 제각기 다르고, 기氣와 화합하는 게 다르고, 비침난상飛沈亂想하는 그런 게 제각기 달라집니다.

이제 태생胎生입니다.

由因世界 雜染輪廻 欲顚倒故
유 인 세 계 잡 염 윤 회 욕 전 도 고

세계에서 잡염으로 윤회하는 욕전도를 유인하는 연고로,

태생하는 원인이 잡염입니다. 아주 추잡하고 물들고 더러운 그게 잡염인데, 태생은 다 정情으로 생기니까 정情 자체가 잡염입니다. 또한 음욕을 지니고 하는 것이기 때문에 욕전도입니다.

그렇기 때문에,

和合滋成 八萬四千 橫竪亂想
화 합 자 성 팔 만 사 천 횡 수 난 상

자滋와 화합하여 8만 4천의 횡수橫竪의 난상亂想을 이루나니,

자양분이라고 하는 자滋 자가 물에 붙을 자 자입니다. 난생은 기운으로 하지만, 태생은 물기, 자滋를 가지고 한다는 것인데, 처음 뱃속에 들어갈 때 형상이 자滋로 해서 들어간다는 겁니다. 또한 짐승처럼 엎드려 가로로 다니는 건 횡橫이고, 사람은 서서 다니니까 수竪인데, 태생의 종류가 횡으로 다니는 것도 있고 수로 다니는 것도 있다는 얘깁니다.

그러한 난상을 이루는 것이,

```
如是故有 胎遏蒲曇 流轉國土
여 시 고 유  태 알 포 담  유 전 국 토
```

이와 같은 연고로 태생 알포담이 국토에 유전하여,

알포담은 태중에 들어간 둘째 7일, 여드렛날부터 열나흘까지를 말합니다. 만약에 일을 많이 하여 손이 부르튼다고 하면, 그 부르튼 안에는 맑은 물이 있고, 겉에는 꺼풀이 있어 가지고 둘러싸고 있는데, 그게 꼭 포胞는 아니지만 굳이 갖다 대자면 물집을 싸고 있는 껍질, 그게 포胞입니다. 그러니까 알포담을 번역하면 포胞인데, 처음 태중에 들어가 응활凝滑할 때는 아직 껍데기는 안 생기고, 끈끈하고 미끈미끈한 액체로만 있다가 그것이 이칠일이 되었을 때는 겉으로 껍데기가 생기게 되는데, 그걸 포胞라고 그랬습니다.

```
人畜龍仙 其類充塞
인 축 용 선  기 류 충 색
```

인·축·용·선의 그 유들이 충색하느니라.

인취人趣에 있는 사람이 약을 먹는다든지, 신선 되는 공부를 해 가지고 이 몸, 육신을 굳혀 가지고 오래 살려고 하는 게 신선인데, 그래서 여긴 선취仙趣를 따로 두었다는 것, 글을 쓰려니까 그랬겠지만 따로 두었다는 겁니다.

> 由因世界 執着輪廻 趣顚倒故
> 유 인 세 계 집 착 윤 회 취 전 도 고

세계의 집착으로 윤회하는 취전도를 유인하는 연고로,

습생濕生이라는 중생이 생길 때는 다 습기를 의지해 가지고 생하는데, 종자가 있어서 나는 그것까진 얘기하지 않았고, 어쨌든 바짝 마른 그런 데서는 생길 수가 없고 습기와 화합해서 생기는 거니까 축축한 데서만 생기기 때문에 습생입니다.

습기가 있는 거기를 좋다고 해서 그 습기에서 나게 되니까 그걸 집착이라고 했는데, 집착이란 가서 붙는다는 말입니다.

취전도의 취趣 자는 나아간다는 말이니까 습기 있는 곳으로 나아가는 그것이 잘못되었다는 그게 취전도입니다.

> 和合煖[11]成 八萬四千 飜覆亂想
> 화 합 난 성 팔 만 사 천 번 복 란 상

난煖과 화합하여 8만 4천의 번복하는 난상을 이루나니,

습생은 따뜻한 온기를 의지해야 생기지 겨울에는 잘 안 생깁니다.

---

11 고려대장경에는 연輭으로 되어 있으나, 송본·원본·명본에는 본문과 같이 되어 있다.

번복은 벌레들처럼 엎어지고 자빠져 있는 모습을 말합니다.

```
如是故有 濕相蔽尸 流轉國土
여시고유 습상폐시 유전국토
```

이와 같은 연고로 습상폐시가 국토에 유전하여,

폐시는 연육軟肉이라고 번역합니다. 그것은 태중에 들어간 삼칠일, 보름부터 스무하룻날까지의 동안인데, 처음에는 그 속에 물이 들어 있던 것이 살이 되어 버립니다. 그러니까 겉에 싸여 있던 껍데기나 그 속의 물이 모두 한꺼번에 굳어져서 살이 생기는데, 그 살이 아직 단단하지 못하고 보드랍다고 해서 연육이라고 그럽니다.

```
含蠢蠕動 其類充塞
함 준 연 동  기 류 충 색
```

함준, 연동의 그 유가 충색하느니라.

함含 자는 입에 온갖 것을 머금고 있다는 말이고, 준蠢 자는 벌레가 꿈틀거린다는 것이고, 연蠕 자 역시 꿈틀거린다는 말이고, 동動 자는 동動한다, 그러니까 벌레 가운데는 함含도 있고 준蠢도 있고 연蠕도 있고 동動도 있다, 그런 말입니다.

이제 화생化生을 얘기하게 되는데, 그 화생을 두 가지로 봅니다. 슬기라는 벌레는 나중에 잠자리가 되고, 굼벵이는 변화해서 매미가 되는데, 굼벵이나 슬기는 기어 다니는 벌레인데도 나중에는 잠자리, 매미가 되어 날아다닙니다. 그것을 소위 몸을 전轉해서 허물을 벗는다 해서 전세화생轉蛻化生이라고 그럽니다.

전轉한다는 건 바꾼다는 말이고, 세蛻 자는 허물 벗는다는 세 자인데, 그것을 전세화생이라고 그럽니다. 그 다음에 또 하나 천상이나 지옥, 귀신 같은 것은 사차생피死此生彼를 하는데, 여기에서 죽어서 저기 가서 생하는 사차생피가 그것입니다. 우리는 지금 부모를 의지해서 태생으로 나지만, 천상에는 남녀의 구별이 없습니다. 그래서 천상에 가 나는 건 화생으로 나는 것인데, 지옥도 그렇고 극락도 그렇고 부모가 있어서 나는 게 아니고, 화생하는 겁니다. 그래서 그 화생이 두 종류인데, 여기는 전세화생轉蛻化生을 중심으로 얘기했습니다.

由因世界 變易輪廻 假顚倒故
유 인 세 계 변 역 윤 회 가 전 도 고

세계에서 변역하여 윤회하는 가전도를 유인하는 연고로,

슬기란 것이 분명히 벌레인데, 잠자리가 되어서 날아다니는 그게 변역입니다. 그리고 가령 뱀이 허물을 벗을 때도 언덕이나 뭘 의지해서 하는 모양인데, 그게 가자한다는 가假입니다.

和合觸成 八萬四千 新故亂想
화 합 촉 성 팔 만 사 천 신 고 란 상

촉觸과 화합하여 8만 4천의 신고의 난상을 이루나니,

굼벵이가 매미가 되더라도 어디다 갖다 대야 한다는, 돌이나 나무를 갖다 대고서야 껍데기가 벗겨진다는 그게 촉觸입니다. 또 굼벵이가 매미가 되었다고 하면 매미는 새것이고, 굼벵이는 예전 것이니까 이전 것을 벗어버리고 새것이 되는 그게 신고新故입니다.

>如是故有 化生[12]羯南 流轉國土
>여 시 고 유 화 생   갈 남 유 전 국 토

이와 같은 연고로 화생 갈남이 국토에 유전하여,

갈남은 경육硬肉이라 번역합니다. 앞에서 말한 폐시蔽尸는 보드라운 살인데, 갈남은 태중에 든 지 사칠일 동안의 모습, 즉 단단한 살로 완전히 되는 것입니다.

그래서 갈라람·알포담·폐시·갈남, 이게 태중 사위四位이고, 그 다음 다섯 번째가 발라사거鉢羅奢佉인데, 그때는 수족이 다 형성된다고 합니다.

이 아래 나머지는 다 갈남을 가지고 통용했습니다.

>轉蛻飛行 其類充塞
>전 세 비 행 기 류 충 색

전세비행하는 그 유가 충색하느니라.

굼벵이의 몸을 전轉해 가지고서 매미로 세蛻한다는 그게 전세입니다. 그러니까 처음에는 기어 다니던 몸이 날아다니게 되는 것이지요. 그래서

---
12 고려대장경에는 상相으로 되어 있다.

생하는, 나는 모습을 가지고 나누어 놓은 것이 태·난·습·화입니다.

> 由因世界 留礙輪廻 障顚倒故
> 유인세계 유애윤회 장전도고

세계에서 유애로 윤회하는 장전도를 유인함을 말미암는 연고로,

이것은 별 같은 것을 가리키는 말인데, 별이 빛이 있는 그 자체가 형상이 있어 가지고 그 별이 있는 자리에는 다른 게 들어가 있지 못하는 그게 유애입니다.

그 자체가 머물러 있어 가지고 다른 것이 통과하는 걸 장애하고 있다는 것이 유애인데, 물건 자체가 하나 있는 그게 유留이고, 다른 것이 그 자리를 통과하지 못하게 하는 그게 애礙입니다. 그러니까 이건 생각은 없고 빛, 물질만 있다는 유색有色입니다.

장障이란 그 자리는 못 들어오게 한다는 것입니다.

> 和合著成 八萬四千 精耀亂想
> 화합저성 팔만사천 정요난상

저著와 화합하여 8만 4천의 정요한 난상을 이루나니,

나타날 저著 자, 별이 반짝거리는 게 저著입니다.

정精은 정미로운 것이고, 요耀는 빛나는 것입니다. 이것은 사람이 죽어서 별이 된다는 것인데, 중국에서나 우리나라에서나 자기의 직성直星이 있다고 해서 내 자체를 표시하는 별이 하나 따로 있다고 합니다.

중국의 제갈공명이 죽을 때 오장원五丈原에 별이 떨어졌다고 하는 그런 말이 있는데, 지금 과학은 그런 말이 없지만 예전 사람들은 별과 인간과 관계가 있다고 생각을 했습니다.

如是故有 色相羯南 流轉國土
여 시 고 유 색 상 갈 남 유 전 국 토

이와 같은 연고로 유색(色相)의 갈남이 국토에 유전하여,

색상이라는 말은 유색有色이라는 말이니까 그런 게 있어 가지고,

休咎精明 其類充塞
휴 구 정 명 기 류 충 색

휴·구·정명의 종류가 충색하느니라.

지금도 살성殺星이 있으면 세상에 이변이 생긴다든지, 재앙·흉년이 든다고 얘길 하는데, 별 가운데는 좋은 별도 있고 나쁜 별도 있다는 얘깁니다.

그러니까 별 가운데 인간에게 이로운 별도 있고 해로운 별도 있는데, 휴休 자는 좋은 별이고, 구咎 자는 나쁜 별이라는 말입니다.

또 무슨 점성술이라는 게 있어서 서양 사람들도 별을 보고서 그 사람을 점쳐 준다는데, 사람이 가지 않고 편지만 해도 그걸 봐 가지고 평생의 길·흉·화·복을 얘기해 준다고 그럽니다.

그래서 여기에서 하는 얘기로 볼 때 별이 따로 객관적으로 생기는 게

아니라 중생들이 저 별이 좋다 해서 별을 따라 공부해 가지고 죽어서 별이 된다고 이렇게 얘기합니다.

중국에서도 부연赴燕이라고 하는 유명한 사신使臣이 있는데, 그 사람이 죽어 가지고 귀성鬼星이 되었다고 하는 그런 말을 합니다. 그래서 별 하나마다에 사람이 하나씩이라고 하는데, 우리나라 동요의 '별 하나 나 하나'라는 구절도 아마 그런 의미에서 나온 것일 겁니다.

由因世界 銷散輪廻 惑顚倒故
유 인 세 계 소 산 윤 회 혹 전 도 고

세계에서 소산하여 윤회하는 혹전도를 유인하는 연고로,

소산이란 별과 같이 반짝하는 형상이 있는 게 아니라 죽어 가지고는 아무것도 없어서 허공에 흩어져 있다는 그게 소산입니다. 다 소멸해 흩어졌어도 그래도 있긴 있는데 허공 가운데 있는 그걸 소산이라고 그럽니다.

옳은 진리를 모르고 허공 가운데 흩어져서 오래 있다는 그건 생각이 잘못되어서 그러는 게니까 혹전도입니다.

和合暗成 八萬四千 陰隱亂想
화 합 암 성 팔 만 사 천 음 은 난 상

암暗과 화합하여 8만 4천의 음은한 난상을 이루나니,

저 위에서는 현저하다고 했는데, 이것은 허공 가운데 흩어져 있으니까 아무것도 없이 어둡다는 얘깁니다. 음陰 자는 그늘진다는 뜻이니까 보이지 않는다는 말이고, 은隱 자는 숨어 있다는 말입니다. 그래서 허공 가운데 그렇게 있는 걸 공산소침空散銷沈이라고 그럽니다.

```
如是故有 無色羯南 流轉國土
여시고유 무색갈남 유전국토
```

이와 같음을 말미암는 연고로 무색 갈남이 국토에 유전하야,

그 유有 자는 그런 자체가 있다는 것입니다.

```
空散銷沈 其類充塞
공산소침 기류충색
```

공산, 소침하는 그 유가 충색 하느니라.

허공에 흩어져 있고 다 녹아 가지고 어두운 가운데 잠겨 있다는 게 공산소침입니다.

우리 눈에 보이는 것도 아니고 허공 가운데 아무 형상도 없이 그렇게 흩어져 있다는 것인데, 이건 외도들이 그렇게 공부해 가지고 열반을 얻는다고 하는 것들입니다.

이제 유상有想에 대해서인데 형상은 없지만 그래도 생각은 있는 게 유상입니다.

```
由因世界 罔象輪廻 影顚倒故
유인세계 망상윤회 영전도고
```

세계에서 망상으로 윤회하는 영전도를 유인하는 연고로,

망상이란 한문 술어인데, 망罔 자는 없다는, 허망하다는 말이고, 상象 자는 모양이라는 말이니까 모양이 없다는 겁니다. 귀신이라는 존재도 있는지 없는지 모르지만, 귀신이라는 존재가 있다고 안 해도 눈에 보이고 손에 잡히는 게 아니니까 그걸 망상이라고 그럽니다.

이 말이 선문禪文에도 많이 나오고 『전등록傳燈錄』 같은 데도 많이 나오는데, 본래 한문 말이지 불교 술어가 아니고, 형상이 없는 걸 망상이라고 그럽니다.

영전도는 그림자와 같다는 것입니다. 그림자가 실제로 있는 건 아니지만 아주 없는 것도 아니니까 귀신 자체가 그림자와 같다는 얘깁니다.

和合憶成 八萬四千 潛結亂想
화 합 억 성 팔 만 사 천 잠 결 난 상

억憶과 화합하여 8만 4천의 잠결하는 난상을 이루나니,

이건 몸뚱이를 가진 게 아니고 기억만 가지고 된다는 겁니다.

잠결은 드러나 보이는 게 아니고 가만히 결정되어 있다는, 전부 없는 게 아니니까 결정되어 있다는 말입니다.

如是故有 想相羯南 流轉國土
여 시 고 유 상 상 갈 남 유 전 국 토

이와 같은 연고로 상상想相(有想)의 갈남이 국토에 유전하여,

神鬼精靈 其類充塞
신 귀 정 령 기 류 충 색

귀·신·정령의 그 유가 충색하느니라.

우리가 덮어놓고 귀신이라고 하지만 귀鬼는 어두운 것이고, 신神은 밝은 것입니다. 그래서 사귀邪鬼라든지 세력이 없는 건 귀鬼이고, 신神은 오신통五神通을 다 부리고 산신처럼 세력도 있고, 상당한 지위를 가지고 있는 걸 말합니다.『화엄경』에 나오는 주공신主空神, 주풍신主風神이나, 저 위에 나왔던 항하사 여신 같은 신神은 다 세력과 지위가 있는 걸 말합니다.

정精이란 온갖 것이 오래되면 그 정기가 모여 가지고 변화해서 무엇이 된다고 하는 그것을 말합니다.

령靈은 신령스럽다고도 하고, 산신을 산신령이라고도 하듯이 지위가 높아서 아주 령靈한 존재를 말하고, 정精은 정기가 모여서 귀신 된다는 말입니다.

由因世界 愚鈍輪廻 癡顚倒故
유 인 세 계 우 둔 윤 회 치 전 도 고

세계에서 우둔하게 윤회하는 치전도를 유인由因함을 말미암는 연고로,

한번 생각하면 꼭 그것만 지키고 앉아 있는 게 우둔입니다. 우愚가 내내 치癡니까 치전도입니다.

和合頑成 八萬四千 枯槁亂想
화 합 완 성 팔 만 사 천 고 고 난 상

완頑과 화합하여 8만 4천의 고고한 난상을 이루나니,

완頑이라는 게 동서도 구분 못 하고 이치도 모르고 그저 먹을 것만 아는, 그게 완頑입니다.

고고란 사람이 죽어 나무도 되고 돌이 될 때 빳빳해서 아무 데도 활용 못 하는, 그걸 말합니다.

如是故有 無想羯南 流轉國土
여 시 고 유 무 상 갈 남 유 전 국 토

이와 같은 연고로 무상갈남이 국토에 유전하여,

물질은 있지만 생각이 없어진 그게 빛은 있지만 생각이 없다는 말(無想)입니다.

精神化爲 土木金石 其類充塞
정 신 화 위 토 목 금 석 기 류 충 색

정신이 화하여 토·목·금·석이 되는 그 유가 충색하느니라.

몸뚱이는 죽어 없어졌지만 정신이 화해 가지고 토·목·금·석이 된다는 말입니다.

『인명론因明論』에 보면 그런 얘기가 있습니다. 겁비라劫毘羅라고 하는 선인仙人이 있는데, 이 사람이 자기가 공부를 해서 주장하던 인명론이라는 게 있습니다. 그래서 이 사람이 살아 있는 동안에는 그 사람이 주장하는 학설에 대해서 누구도 반박할 수 없는 변재와 자기의 학설이 제일이라고 하는 신념이 있었습니다.

그런데 자기가 죽으면 자기의 학설에 대해 누가 반대해도 반론할 수가 없겠더라는 말입니다. 그래 가지고 오래 존재해야 자기의 학설을 후세에도 펼칠 수 있다 하여 죽어서 돌이 되겠다고 했다는 겁니다. 그래서 그런 공부를 해 가지고 돌이 되어 죽으면서 권속들에게 이르기를, "이 다음에 누구든지 내 학설이 잘못되었다고 얘기하는 사람이 있으면 내가 돌이 될 테니 돌 앞에 와서 얘기하라고 해라. 그러면 내가 어떻게든지 그 사람의 말을 부인해서 내 학설을 옳게 하겠다." 하고는 진짜 죽어서 돌이 되었습니다.

그 다음에 인명론의 학설을 편 사람이 진나陳那인가 그런데, 이 『인명론』이 세계 논리학 중에서 제일 발달된 것이라고 하며, 지금 우리가 보는 것도 이 사람이 편 『인명론』입니다. 그래서 진나가 『인명론』을 발명해 가지고는 겁비라의 학설을 뒤집으려고 갔단 말입니다. 갔으나 이미 죽고 없어서 권속들에게 이러한 이유로 왔다고 하니까 누구든지 돌 앞에 와서 당신의 학설을 주장하면 돌이 변명을 할 것이라고 했답니다. 그래 진나가 자기가 발명한 『인명론』을 가지고 그 돌 앞에 가서 겁비라의 잘못된 것들을 논리적인 이유를 들어 낱낱이 뒤집으니까 어떻게 할 수가 없어서 그 돌이 깨졌다는 겁니다.

인명론에 대해서 그런 얘기가 있습니다. 그러니까 정신이 화해서 토·목·금·석이 된다는 게 내내 그런 말입니다. 또한 그게 완頑입니다.

由因世界 相待輪廻 僞顚倒故
유인세계 상대윤회 위전도고

세계에서 상대하여 윤회하는 위전도를 유인하는 연고로,

자기 혼자는 독립할 수가 없고 다른 것을 기다려 가지고 한다는, 즉 남을 의지한다는 그게 상대相待인데, 그렇게 하니까 제 자체로는 나서질 못하고 남을 의지해서 하게 되는 것이니, 그게 거짓된 위전도라는 얘깁니다.

和合染成 八萬四千 因依亂想
화합염성 팔만사천 인의난상

염染과 화합하여 8만 4천의 인의하는 난상을 이루나니,

물질 자체가 깨끗하지 못하다는 게 염染입니다.
또한 자기 혼자는 못 하고 인因해 가지고 하는 그게 인의난상입니다.

如是故有 非有色相成色羯南 流轉國土
여시고유 비유색상성색갈남 유전국토

이와 같은 연고로 비유색의 상相인 성색 갈남이 국토에 유전하여,

본래는 색상이 있던 게 아닌데 지금 와서 색을 이루었다는 것입니다.

諸水母等 以蝦爲目 其類充塞
제수모등 이하위목 기류충색

수모들이 새우로써 눈을 삼는 그 종류들이 충색하느니라.

하蝦는 새우입니다.

수모란 우리나라 말로 해파리인데, 내가 일부러 동해, 남해 등지의 바닷가에 가서 봤는데, 이건 물거품과 같습니다. 물거품이란 게 본래 아무것도 없는 게니까 해파리 자체에 눈이 없어서 새우 눈을 빌려 가지고 보는 작용을 한다는 겁니다. 그러니까 인의因依입니다.

그렇게 해서 해파리가 된다고 얘기하는데, 이 해파리는 보기에는 무슨 형상이 있는 건 아니고 어물어물하는 반투명이고, 그걸 건져서 반찬으로 먹기도 하는데, 어물어물하는 것이 역시 동물 가운데 하나입니다.

질문 이끼와 같은 것입니까?

답 이끼도 아니고, 허릉허릉하는 게 늘었다 줄었다 하더구만요. 그게 자기 눈이 없으니까 새우 눈을 빌려 가지고 본다, 아마 해파리한테 새우가 가 있었던 모양입니다. 그러니까 본래 이것이 해파리 되기 전에는 물거품이었다고 했으니까 빛(色)이 없던 건데 지금 와서 생겼다는 비유색非有色이라는 말입니다. 해파리를 한문으로 쓸 때는 수모水母인데 이것은 불교에서만 쓰는 말이 아니고, 본래 한문말로 수모입니다.

由因世界 相引輪廻 性顚倒故
유 인 세 계 상 인 윤 회 성 전 도 고

세계에서 상인하여 윤회하는 성전도를 유인하는 연고로,

> 和合呪成 八萬四千 呼召亂想
> 화 합 주 성 팔 만 사 천 호 소 난 상

주呪와 화합하여 8만 4천의 호소하는 난상을 이루나니,

이런 얘기가 있는데, 術術 하는 사람이 버드나무로 사람의 형상을 깎아 가지고 깊은 산중에 닭소리, 개소리 안 들리는 데다 갖다 놓고 백 날인가 삼백 날인가를 주문을 외워 가지고 '유목동柳木童아'라고 부르면, 혼이 차서 유목동이 되어 '예' 하고 나온다는 겁니다.

그러니까 나오는 것은 버드나무가 아니고 보이지 않는 귀신이겠죠. 그렇게 되면 그 유목동이 그 사람을 따라다니게 되는데, 가령 뭘 잃어버렸다고 하면 그 유목동에게 알아보고 오라고 하면 아무 곳에 그 물건이 있더라고 알려 준다는 겁니다. 그래서 길흉을 그 사람에게 알려 준다는 그런 얘기가 있습니다.

유목동이란 버드나무로 만든 동자라고 해서 버드나무 류柳 자, 나무 목木 자, 아이 동童 자를 씁니다.

본래 주呪와 화합한다는 것은 유목柳木으로 만들어 가지고 귀신을 탄생시키니까 그게 서로 이끌어낸다는 상인相引이고, 버드나무가 뭐가 있어서 귀신이 되겠느냐, 그 자성이 전도顚倒되었다는 말입니다.

호소呼召란 '유목동아'라고 부르면, '예' 하고 나온다는 말인데, 나오기만 하면 그 사람에게 매여서 그 사람이 하는 대로 따라한다는 겁니다.

> 由是故有 非無色相 無色羯南 流轉國土
> 유 시 고 유 비 무 색 상 무 색 갈 남 유 전 국 토

이를 말미암는 연고로 비무색의 무색 갈남이 국토에 유전하여,

본래 이것은 나무로 되었으니까 색상이 없는 게 아닌데, 그러니까 색상이 나무로 있었는데, 지금 와서는 귀신이 되었으니까 색상이 없습니다.

呪咀厭生 其類充塞
주 저 염 생 기 류 충 색

주저, 염생의 그 종류들이 충색하느니라.

염厭 자는 '양밥'입니다.
방자한다고 하기도 하는데, 사람을 해롭게 하기 위해서 약을 만들어 그 사람의 자리에 두면 그 사람이 미친다든지 빳빳이 죽는 그걸 양밥, 염厭이라고 그럽니다.

由因世界 合妄輪廻 罔顚倒故
유 인 세 계 합 망 윤 회 망 전 도 고

세계에서 합망하여 윤회하는 망전도를 유인하는 연고로,

이것은 나나니가 뽕나무벌레를 잡아다 놓고, 자꾸 '날 닮아라, 날 닮아라' 하면 그 뽕나무벌레가 나나니가 된다는, 그런 얘깁니다. 참말 그러는지는 모르지만 대개가 그렇게 믿고 있습니다.
벌도 새끼를 깔 때에 다른 벌레를 잡아다 놓고 집을 지어 자꾸 뭐라고 뭐라고 하면 나중에 새끼가 된다는데, 그게 합망입니다. 그러니까 합망이란 허망한 것과 합했다는 말입니다.

> 和合異成 八萬四千 廻互亂想
> 화 합 이 성 팔 만 사 천 회 호 난 상

　이異와 화합하여 8만 4천의 회호하는 난상을 이루나니,

　뽕나무벌레가 나나니가 된다고 하면, 뽕나무벌레와 나나니의 성질이 서로 다른 것이 이異입니다.
　또한 저놈이 이놈 되는, 뽕나무벌레가 나나니 되는 그런 게 회호입니다.

> 如是故有 非有想相 成想羯南 流轉國土
> 여 시 고 유 비 유 상 상 성 상 갈 남 유 전 국 토

　이와 같은 연고로 비유상 성상갈남이 국토에 유전하여,

　본래 뽕나무벌레가 나나니 되려는 생각이 있는 게 아닌데, 지금 와서는 나나니가 되었으니까 그런 생각을 이룬 갈남이 국토에 유전한다는 말입니다.

> 彼蒲盧等 異質相成 其類充塞
> 피 포 로 등 이 질 상 성 기 류 충 색

　저 포로 등의 이질이 서로 이루는 그 유가 충색하느니라.

　포로라는 게 나나니입니다.
　이질상성이란, 바탕이 서로 다른데, 뽕나무벌레와 나나니가 바탕이 서

로 다른데 와서 나나니가 되듯이 다른 바탕이 서로 이루어서 된다는 말입니다.

> 由因世界 怨害輪廻 殺顚倒故
> 유인세계 원해윤회 살전도고

세계에서 원해로 윤회하는 살전도를 유인하는 연고로,

원수가 죽어 버리는 겁니다.

> 和合怪成 八萬四千 食父母想
> 화합괴성 팔만사천 식부모상

괴怪와 화합하여 8만 4천의 식부모의 난상亂想을 이루나니,

짐승이 새끼를 까서 먹이도 물어다 주고 해서 소중히 키워 놓았어도, 그 새끼가 어미가 먹이를 물고 오면, 오히려 어미를 잡아먹는다는 게 살전도殺顚倒입니다. 지금도 그런 일이 있다고 하는데, 토효土梟라고 하는 게 올빼미인데, 참말 올빼미인지는 모르지만, 새가 둥우리, 즉 보금자리를 마련해서 알을 낳아 놓으면 다른 놈이 와서는 그 자리에 또 알을 낳는다는 겁니다.

그런데 그 새는 그것도 모르고 품어서 새끼를 까서 자기 새끼인 줄 알고 정성껏 먹이를 물어다 키운다는 겁니다. 자꾸 먹여서 다 키워 놓으면, 이놈이 크게 되어 가지고는 먹이를 물고 오는 어미를 잡아먹는다는 겁니다. 그러니까 애써서 새끼를 길러 놓았는데, 잡아먹는 게 식부모상食父母想

이라는 겁니다.

또 거미는 새끼가 처음 나서는 어미를 빨아먹고 자라납니다. 거미가 거미줄을 치고, 알을 슬어 놓으면 으레 그 새끼는 어미를 빨아먹어서 어미는 껍데기만 남습니다. 그래서 그 새끼들이 빨아먹고 남은 어미의 껍데기가 거미줄에서 왔다 갔다 하면 '우리 엄마 그네 잘 뛴다'라고 한다고, 그럽니다. 그런 것들을 우리가 볼 수가 있습니다.

如是故有 非無想相 無想羯南 流轉國土
여 시 고 유 비 무 상 상 무 상 갈 남 유 전 국 토

이와 같은 연고로 비무상의 무상갈남이 국토에 유전하여,

처음에는 원수가 되어 해하려고 왔으니까 생각이 없는 게 아닌데, 지금 와서는 그 생각이 다 없어졌다는 말입니다.

如土梟等 附塊爲兒 及破鏡鳥 以毒樹果 抱爲其子
여 토 효 등 부 괴 위 아 급 파 경 조 이 독 수 과 포 위 기 자

토효 등은 부괴하여(흙덩이를 품어서) 새끼를 삼고, 파경조는 독수의 과果로써 품어 그 새끼를 삼다가,

토효는 앞에서 얘기했던 올빼미이고, 파경은 새가 아니고 짐승인데, 조鳥 자를 쓴 것은 후세의 사람이 잘못 쓴 것이라고 합니다.

그 파경은, 모양은 이리 같고 눈은 호랑이처럼 생겼는데, 그 놈은 커서 애비를 잡아먹는다고 합니다. 파경은 독수毒樹의 과果를 품고 있으면 거기

에서 생겨난다고 하는데, 꼭 그러는지는 모르겠고, 『사기史記』에 보면 중국에서 산천신령께 제사를 지낼 때에 그 파경을 한 마리 잡아 가지고 상에 올렸다고 하는데, 그건 나쁜 짐승이기 때문에 멸종시키려고 그랬다고 하는 얘기가 있습니다.

> 子成父母皆遭其食 其類充塞
> 자 성 부 모 개 조 기 식 기 류 충 색

새끼가 성장하여 부모는 다 그 먹힘을 만나는 그 유가 충색하느니라.

> 是名衆生 十二種類
> 시 명 중 생 십 이 종 류

이 이름을 중생의 십이 종류라 하느니라.

능엄경 강화 2

2022년 6월 10일 초판 1쇄 인쇄
2022년 6월 30일 초판 1쇄 발행

저 자 운 허
발행인 박기련
발행처 동국역경원

출판등록 제1964-000001호
주소 04626 서울시 중구 퇴계로36길2 신관1층 105호
전화 02-2264-4714
팩스 02-2268-7851
Homepage http://dgpress.dongguk.edu
E-mail abook@jeongjincorp.com

편집디자인 다름 이순하
인쇄처 한일문화사

ISBN 978-89-5590-385-0 94220
　　　 978-89-5590-383-6 (세트)

값 38,000원

이 책의 무단 전재나 복제 행위는 저작권법 제98조에 따라 처벌받게 됩니다.